Rohstoff Mensch, das flüssige Gold der Zukunft?

WISSENSCHAFT UND RELIGION

Veröffentlichungen des Internationalen Forschungszentrums für Grundfragen der Wissenschaften Salzburg

Herausgegeben von Hans Paarhammer und Alfred Rinnerthaler

Band 20

PETER LANG

Frankfurt am Main · Berlin · Bern · Bruxelles · New York · Oxford · Wien

Paul Weingartner (Hrsg.)

Rohstoff Mensch, das flüssige Gold der Zukunft?

Ist Ethik privatisierbar?

PETER LANG
Internationaler Verlag der Wissenschaften

Bibliografische Information der Deutschen Nationalbibliothek
Die Deutsche Nationalbibliothek verzeichnet diese Publikation in der Deutschen Nationalbibliografie; detaillierte bibliografische Daten sind im Internet über <http://www.d-nb.de> abrufbar.

Gedruckt mit Unterstützung des Bundesministeriums für Wissenschaft und Forschung in Wien, der Stiftungs- und Förderungsgesellschaft der Paris-Lodron-Universität Salzburg sowie der Universität Salzburg.

Umschlagabbildung:
Edmundsburg (rechts) und Edith-Stein-Haus, Salzburg (Mönchsberg 2 und 2a).

Abdruck mit freundlicher Genehmigung des Internationalen Forschungszentrums für Grundfragen der Wissenschaften Salzburg.

ISSN 1611-454X
ISBN 978-3-631-57611-3

www.peterlang.de

Inhaltsverzeichnis

Vorwort

Der vorliegende Band basiert auf einem internationalen Wissenschaftlergespräch vom 26. – 28. Oktober 2005 über brisante Themen der Wissenschaft und Gesellschaft der Gegenwart. Sie betreffen die Stammzellenforschung, die assistierte Fortpflanzung beim Menschen, den Status und die Würde des menschlichen Embryos und damit verwandte Probleme, die vom biologischen, medizinischen, rechtlichen und ethischen Standpunkt untersucht werden. Die Konferenz wurde vom Forschungsbereich *Fides et Ratio* des Instituts für Wissenschaftstheorie zusammen mit dem Institut für Rechtspolitik – beide am Internationalen Forschungszentrum für Grundfragen der Wissenschaften Salzburg – veranstaltet.

Im Anschluss an die jeweiligen Referate sind auch wesentliche Teile der Diskussionen in den Band aufgenommen. Die ursprünglichen Diskussionen wurden vom Herausgeber zunächst redigiert und dann von allen Diskussionsteilnehmern in Bezug auf Transparenz und wesentliche Punkte optimiert. Sie stellen eine wichtige Ergänzung zu den einzelnen Beiträgen dar.

Der Herausgeber dankt Fr. Eva Alteneder und Hrn. Christian Feldbacher für die redaktionelle Mitarbeit. Ohne die zusätzliche Hilfe der folgenden Sponsoren hätte dieses internationale Wissenschaftlergespräch nicht stattfinden können. Deshalb sei an dieser Stelle in besonderer Weise der Dank dem Bundesministerium für Bildung, Wissenschaft und Kultur, dem Raiffeisenverband Salzburg und der Universität Salzburg ausgesprochen.

Salzburg, Mai 2008 — Paul Weingartner

Teil 1

Rohstoff Mensch – Biologische und medizinische Aspekte

Stammzellforschung und Klonen – Biologische Grundlagen und medizinische Aspekte

Einige biologische Grundlagen der Bioethik und der Versuch einer Aufarbeitung der nachfolgenden Diskussion.

Michael Breitenbach und Peter Laun

Einleitung

Die Bioethik ist eine „boomende" Wissenschaft. In Europa und den USA werden immer mehr Kongresse über diese Thematik abgehalten. An jeder Universität und jedem Krankenhaus sind Ethikkommissionen bereits ein fester Bestandteil. Jede Regierung oder auch die EU-Kommission in Brüssel bindet diese bereits in die diversen Entscheidungsfindungen ein. Eine wachsende Zahl von internationalen Journalen und universitären Instituten befassen sich bereits mit diesem neuen akademischen Fach. So ist es nicht zu verwundern, dass im Jahre 2005 in Salzburg zwei internationale bioethische Kongresse stattfanden.

Auf diesen beiden Kongressen haben wir über biologische Grundlagen der Bioethik referiert. Einer dieser Beiträge ist als Buchkapitel erschienen[1] und behandelt ausschließlich die biologischen Grundlagen, die uns für die bioethische Diskussion der Stammzell- und Gentherapie (inklusive „nuclear cloning") relevant erschienen. Eine ausführliche Stellungnahme zu den eigentlich ethischen Problemen war in diesem Artikel nicht enthalten.

Unsere Aufgabe ist es nunmehr, einerseits das damals Gesagte zu aktualisieren und in kurzer Form nochmals darzustellen und andererseits auf zwei Fragestellungen näher einzugehen, die zu einer lebhaften Diskussion geführt hatten. Erstens, gibt es biologische Techniken, die zu einer allgemeinen akzeptierten Methode der Gewinnung von menschlichen embryonalen Stammzellen führen? Und zweitens im direkten Zusammenhang mit der ersten Frage: Was ist der ontologische und moralische Status des menschlichen Embryos? Welchen Stellenwert hat die frühestmögliche Grenze, die wir hier ziehen können, nämlich der Zeitpunkt der Bildung der Zygote durch Vereinigung der beiden haploiden Vorkerne? Schärfer formuliert: Ist diese (frühestmögliche) Grenze durch die Natur (d.h. die Biologie) vorgegeben oder hat sie auch den Charakter einer Setzung, für die sich der Mensch entschieden hat?

Es geht hier, wie uns scheint um das Verhältnis eines wissenschaftlichen Faktums zu einer gesellschaftlichen Norm. Dieses Verhältnis scheint uns nicht linear, sondern dialektisch „verzahnt“ zu sein.

Nun aber zurück zu einer Darstellung des gegenwärtigen Standes der Molekularbiologie der Säugetierentwicklung.

Thesen über die gegenwärtig sich entwickelnde medizinische Technik

Der Übersichtlichkeit halber möchten wir nur solche Themen behandeln, die von unmittelbarer Relevanz für die Medizin (hauptsächlich für die Medizin der Zukunft) sind. Fast alle diese Themen haben mit der gegenwärtigen Stammzellforschung zu tun, in die von vielen Seiten große Hoffnungen gesetzt wird. Unsere Darstellung ist thesenhaft. Für eine genauere Beschreibung und Argumentation verweisen auf die zitierte Originalliteratur und auf unseren vor kurzem geschriebenen ausführlichen Artikel[1].

Embryo research oder verbrauchende Embryoforschung

Diese ist in vielen Staaten verboten, in einigen jedoch unter bestimmten Bedingungen erlaubt. Die Begründung für dieses Verbot liegt genau in der bereits oben erwähnten Fragestellung des ontologischen und moralischen Status des menschlichen Embryos – eine zentrale Frage, zu der die bioethische Diskussion immer wieder zurückkehrt. Durch dieses Verbot sind nur wenige molekularbiologische Aussagen über die frühesten Stadien des menschlichen Embryos in der Literatur vorhanden und die uns hier interessierenden Fragen der Stammzellbiologie sind in der großen Mehrzahl an dem Modellsystem der Maus gewonnen. Sehr oft (aber nicht immer) sind diese Aussagen auf den Menschen übertragbar und wir können durch die Experimente mit der Maus den Weg erkennen, der zu zukünftigen therapeutischen Strategien führt. Wenn aber solche therapeutische Strategien auf Grund einer letztlich politischen Entscheidung (durch Schaffung der gesetzlichen Voraussetzungen) wünschenswert erscheinen und wenn dieser Weg beschritten werden soll, dann ist es unerlässlich, dass die an der Maus gewonnen Erkenntnisse mit menschlichen Zellen und Embryonen überprüft werden, weil sonst die sichere gesetzliche Basis für klinische Versuche fehlen würde.

Grundsätzliche Bemerkungen über Stammzellen

Obwohl das Konzept der gewebstypischen Stammzellen in der Biologie schon seit langem existiert, haben erst die letzten Jahre eine genauere Erforschung und Charakterisierung von embryonalen Stammzellen und gewebstypischen, somatischen Stammzellen gebracht. Nur von einem einzigen Typus von Stammzellen ist bisher eine ins Detail gehende genetische und zellbiologische Charakterisierung gelungen, das ist die hämatopoietische Stammzelle des roten Knochenmarks. Die meisten der bisher durchgeführten klinischen Versuche mit Stammzellen wurden mit hämatopoietischen Stammzellen durchgeführt.

Eigenschaften von Stammzellen

Wir unterscheiden die Begriffe „Totipotenz", „Pluripotenz" und „Multipotenz" für die Beschreibung der Eigenschaften der Stammzellen (Abbildung 1). Bei Säugetieren und beim Menschen ist nur die Zygote und die aus ihr unmittelbar entstehenden Zellen bis zum 8-Zell Stadium totipotent, das bedeutet, dass aus einer Zelle ein vollständiges, neues Individuum entstehen kann, wie es bei der normalen oder auch assistierten Fortpflanzung und bei der Entstehung eineiiger Zwillinge geschieht. In einem kurz darauf folgenden immer noch sehr frühen Embryonalstadium (noch vor der Nidation) entsteht die Blastozyste, bestehend aus einer inneren Zellmasse, die später den Embryo bildet, und einer Hülle, die zu einer der mit dem Embryo genetisch identischen Embryonalhüllen wird[2]. Die Zellen der inneren Zellmasse sind die pluripotenten embryonalen Stammzellen (ES-Zellen). Darunter ist zu verstehen, dass diese Zellen, wenn sie in einen anderen frühen Embryo transferiert werden und ein so genanntes chimäres Tier entsteht, alle differenzierten Zelltypen inklusive der Keimbahn entstehen können. Etwas salopp formuliert: diese Zellen „können noch alles" aber nur im Kontext eines lebenden Embryos und nicht zellautonom.

Nun kommen wir zu einer weiteren und für die Medizin höchst relevanten Eigenschaft: ES-Zellen können aus dem Embryo entfernt und in Kultur genommen werden. Wenn das Kulturmedium die richtigen Zusatzstoffe (Peptidhormone, Wachstumsfaktoren) enthält, können die ES-Zellen über lange Zeit vermehrt werden ohne ihre pluripotenten Eigenschaften zu verlieren. Diese Fakten sind für die Maus gut etabliert, beim Menschen aber nur ansatzweise durch die Forschung in jenen Ländern, wo verbrauchende Embryoforschung nicht verboten ist. Wenn die kultivierten ES-Zellen der Maus *in vitro* zur Differenzierung gebracht werden, so entwickeln sie „embryoid bodies", das sind Zellaggregate, die verschiedene differenzierte Zelltypen enthalten, z.B. somatische Stammzellen, wie hämatopoietische Stammzellen. Diese können, wie später gezeigt wird, bei der Maus zur Zell und Gentherapie eingesetzt werden[3].

Multipotente, somatische Stammzellen unterschieden sich von ES-Zellen durch ihr eingeschränktes Entwicklungspotential. Um ein Beispiel zu geben: Hämatopoietische Stammzellen können *in vivo* über mehrere Zwischenstufen alle im Blut vorhandenen Zelltypen bilden, aber keine anderen Zellen des menschlichen Körpers. Diese Aussage muss allerdings wieder modifiziert werden, weil neuerdings auch Transdifferenzierung *in vivo* beobachtet wurde[4] und somit auch somatische Stammzellen *in vivo* ein weit größeres Entwicklungspotential haben können als unter Normalbedingungen. Diese neuen Ergebnisse lassen es im Prinzip möglich erscheinen, auch somatische Stammzellen vermehrt therapeutisch einzusetzen. Vor allem dann, wenn es gelingt, die Transdifferenzierung auch *in vitro* gesteuert einzusetzen. Dies würde die medizinische Perspektive eröffnen, vermehrt autologe somatische Stammzellen einzusetzen. Dadurch könnte auf die notwendige Immunsuppression des Empfängers verzichtet werden, die bei Therapie mit heterologen Zellen unerlässlich ist.

Eine besondere Stellung nehmen die somatischen Stammzellen aus Nabelschnurblut ein[5-7]. Ihr Entwicklungspotential liegt nach Meinung einiger Entwicklungsbiologen in der Mitte zwischen ES-Zellen und somatischen Stammzellen Erwachsener.

Medizinische Anwendung und proof of principle für die Kombination aus Stammzell- und Gentherapie

Stammzellen in der Therapie von genetischen oder auch erworbenen Krankheiten (z.B. in der Tumortherapie) sind zurzeit noch eine seltene Ausnahme in der Medizin. Bei den wenigen klinischen Versuchen, die publiziert wurden, wurden sowohl autologe als auch heterologe Stammzellen eingesetzt. Bei der Verwendung von heterologen Stammzellen ist ebenso wie bei jeder Organtransplantation das Problem der Histoinkompatibilität zu beachten und eine immunsuppressive Begleittherapie zu verwenden, die für den Patienten belastend und risikoreich ist. Trotz allem besteht unter den Klinikern und Molekularbiologen Einigkeit über das sehr große therapeutische Potential humaner Stammzellen. Bevor dieses Potential verwirklicht werden kann, müssen jedoch noch eine Reihe von Voraussetzungen geschaffen werden. Wir nennen hier die wichtigsten: Die Biologie menschlicher Stammzellen muss viel genauer erforscht werden, als dies jetzt der Fall ist. Insbesondere geht es erstens um die Stabilität bei *in vitro* Kultur von Stammzellen, zweitens um die Frage „wie altert eine Stammzellpopulation im Organismus?“ Um für einen Moment bei dieser Frage zu bleiben: Es ist ungeklärt, ob hämatopoietische Stammzellen eines 60-Jährigen noch ein ausreichendes Regenerationspotential für die Therapie haben und ob es vielleicht einmal möglich erscheint, diese Zellen *in vitro* zu kultivieren und durch geeignete Kulturbedingungen zu verjüngen. Drittens: Es müssen Methoden gefunden werden, um bei *in vitro* Kulturen von Stammzellen die gewünschten Eigenschaften zu erhalten und zu verbessern, vielleicht sogar in Richtung auf Pluripotenz. Dies erscheint wünschenswert, weil die Explantation von Stammzellen oft zu wenig Material für die Therapie liefert. Ein Fernziel wäre die gesteuerte und sichere Transdifferenzierung, um gezielt und autolog eine ganze Reihe von Organschäden behandeln zu können, die heutzutage nicht therapiert werden können. Das allgemeine und höchst relevante biologische Problem, das hier zugrunde liegt, ist das Problem der Steuerung der Genaktivität durch Steuerung der Chromatinstruktur in Zellen während der Differenzierung. Wie wir heute wissen, haben alle diese Zellen das gleiche Genom, jedoch sehr unterschiedliche Muster in der Expression der Gene. Dies ist das für die Biologie des 21. Jahrhunderts zentrale Problem der Steuerung epigenetischer Veränderungen und über dieses Grundproblem müssten wir viel mehr als jetzt wissen, um erfolgreich das therapeutische Potential von Stammzellen ausnützen zu können.

Die Rolle von Stammzellen bei der Entstehung von Tumoren muss viel genauer als bisher erforscht werden und Wege müssen gefunden werden, um bei der Stammzelltherapie das Risiko der Tumorentstehung zu vermindern oder auszuschalten. Es muss die Frage geklärt werden, ob humane ES-Zellen für bestimmte Therapieansätze notwendig sind, oder ob sie etwa durch autologe somatische Stammzellen ersetzt werden können. In diesem Zusammenhang muss die Frage geklärt werden, ob durch den Aufbau großer Nabelschnurblut-Banken vielleicht genügend verschiedene HLA-Subtypen eingelagert und vermehrt werden können, um für jeden Patienten histokompatible Stammzellen zu finden.

In der schon erwähnten „Opinion" der EU-Kommision[5] wird dieser Art der öffentlichen und für den Einzelnen kostenlosen Verwendung von Nabelschnurblut eindeutig der Vorzug gegeben und von der individuellen und sehr teuren Einlagerung von Nabelschnurblut, für den sehr unwahrscheinlichen Fall dass ein individueller Mensch sein eigenes Nabelschnurblut irgendwann im Laufe seines Lebens brauchen wird, abgeraten. Hier unterscheidet sich die „bio-politische" Entwicklung Europas anscheinend sehr stark von der Entwicklung in den USA.

Während diese Fragen noch auf eine Klärung warten oder daran gearbeitet wird, sind im Mausmodell eine Reihe von Therapieansätzen, die eventuell auf den Menschen übertragen werden können, modellhaft beschrieben und ihre Realisierbarkeit gezeigt worden. Es handelt sich dabei in einem prominenten Beispiel um die Kombination aus Stammzell- und Gentherapie[3].

Wir wollen an dieser Stelle den Modellversuch in kurzen Worten beschreiben und beziehen uns dabei auf Abbildung 2. Die Autoren gehen von Mäusen aus, die durch eine monogene rezessive Erbkrankheit (Rag2-SCID) die zelluläre und humorale Immunabwehr völlig verloren haben. Vergleichbare monogene Erbkrankheiten spielen auch beim Menschen eine bedeutende Rolle. Der Modellversuch zur kombinierten Stammzell- und Gentherapie verlief nun folgendermaßen: Zunächst wurde eine Fibroblastenzellkultur des homozygoten und daher immundefizienten Tieres angelegt, aus einer dieser Zellen ein Zellkern entnommen und in eine entkernte Eizelle eingebracht („nuclear cloning"). Die Eizelle war nunmehr mit einem diploiden Kern ausgestattet und die Autoren ließen die Eizelle sich bis zum Blastozystenstadium weiterentwickeln. Nota bene: bis zu diesem Zeitpunkt wurden noch keine Probleme auf Grund von „imprinting" oder anderen epigenetischen Veränderungen am Genom des somatischen Kerns beobachtet, der für das nuclear cloning verwendet wurde. Im nächsten Schritt wurde aus der inneren Zellmasse der Blastozyste eine ES-Zellkultur angelegt und *in vitro* durch genetische Manipulation das funktionelle Rag2 Wildtyp-Gen in das Genom der ES-zellen eingeführt. Im nächsten Schritt differenzierten sich die ES-Zellen zu embryoid bodies. Zellen aus diesen embryoid bodies wurden unter Kulturbedingungen für HSC weitergezüchtet und durch die Schwanzvene in das kranke Tier injiziert. Diese Zellen besiedelten das rote Knochenmark des Tieres und nach wenigen Wochen zeigte das Tier eine normale Immunabwehr. Wir haben hier ein für das Prinzip des Therapieversuches unwichtiges Detail übergangen, nämlich die genetische Markierung der Zellen vor ihrer Injektion in den Empfänger, um ihr Schicksal weiter verfolgen zu können. Das nuclear cloning bei diesem Modellversuch diente dazu, Zellen zu erzeugen, die mit dem „Patienten" genetisch identisch waren und dadurch bei ihrer Verwendung nicht zu einer Abstoßungsreaktion führten. Das Anlegen einer ES-Zellkultur war notwendig, weil zum gegenwärtigen Zeitpunkt nur ES-Zellen in ihren biologischen Eigenschaften ausreichend genau erforscht sind und man nur von ES-Zellen weiß, dass sie ein für diesen Versuch ausreichendes Entwicklungspotential besitzen. Es ist wahrscheinlich, dass ähnliche Techniken auf den Menschen übertragbar wären. Unsere Kenntnis der Biologie menschlicher Stammzellen ist aber noch nicht ausreichend, um einen ähnlichen klinischen Versuch durchführen zu können. Was bis jetzt bei ähnlichen monogenen Immundefizienzen (X-SCID) in klinischen Versuchen durchgeführt wurde, ist die Transformation von autologen HSC mit viralen Vektoren, die das entsprechende Wildtyp-Gen enthielten. Diese Versuche sind aus verschiedenen Gründen noch weit von der klinischen Routine und Sicherheit entfernt[8].

Der geschilderte Modellversuch wirft aber auch für viele Menschen schwerwiegende ethische Probleme auf, die wir im nächsten Abschnitt diskutieren möchten.

Die ethische Problematik der Gewinnung von Stammzellen

Wir wollen dieses Thema in drei Teilen abhandeln, wobei die ethische Problematik je nach der Art der verwendeten Stammzellen unterschiedlich schwerwiegend ist.

Stammzellen aus Nabelschnurblut: Dieses fällt bei jeder Geburt an und es besteht die Möglichkeit, dass die Eltern ihren ,informed consent' dafür geben, dass die Blutprobe eingefroren, typisiert und in einer der großen Nabelschnurblutbanken eingelagert wird. Es ist aber auch möglich, dass die Eltern die Blutprobe von einer Privatfirma einfrieren und gegen eine jährliche Gebühr einlagern lassen. In der Opinion der EU[5] wird die erste dieser beiden Möglichkeiten bevorzugt. Bei einer ausreichend großen Zahl von Blutproben kann wie die Praxis bereits zeigt, in vielen Fällen eine HLA-verträgliche (histokompatible) Blutprobe gefunden werden und es können gewisse therapeutische Maßnahmen (Krebstherapie) ohne oder mit minimaler Immunsuppression durchgeführt werden.

Die ethische Problematik besteht hier im ,informed consent' und in der Entscheidung, welche Politik das staatliche Gesundheitssystem einschlagen soll, z. B. in Richtung auf private oder öffentliche Nabelschnurblutbanken. Dabei spielt die Frage eine Rolle, wer sich diese Maßnahmen privat leisten kann und wer in den Genuss der therapeutischen Möglichkeiten kommen soll.

Warum sind die im Nabelschnurblut vorhandenen Stammzellen zurzeit noch nicht klar erkennbar als die Lösung der meisten Stammzellprobleme? Weil es erstens noch nicht gelungen ist, die Stammzellen aus Nabelschnurblut so zu vermehren, dass sie die gewünschten Eigenschaften behalten. Zweitens sind noch keine sicheren Methoden bekannt, wie man diese Zellen transformieren und selektieren kann, um Gentherapie durchzuführen. Drittens sind auch keine Methoden bekannt, wie man diese Zellen gezielt *in vitro* „transdifferenzieren" kann um auch andere Organe als das blutbildende System behandeln zu können.

Autologe somatische Stammzellen: Hier wird die gegenwärtige Situation veranschaulicht durch das oben beschriebene Beispiel der Gentherapie von X-SCID. Das ethische Problem ist hier relativ einfach. Es besteht darin, dass die Methode noch nicht ausgereift ist und dass eine Risikoabwägung erfolgen muss (Risiko der Leukämieauslösung durch den therapeutischen Eingriff), wozu auch der informed consent der Eltern notwendig ist. Die technischen Probleme, die noch zu lösen sind, sind weitgehend dieselben, die soeben für Stammzellen aus Nabelschnurblut beschrieben wurden.

Embryonale menschliche Stammzellen: Wir wissen mit einiger Sicherheit (aus den beschriebenen Modellversuchen an der Maus, insofern sie auf den Menschen übertragbar sind), dass die oben beschriebenen wünschenswerten Eigenschaften für die Stammzell- und Gentherapie für menschliche ES-Zellen wahrscheinlich zutreffen. Die wichtigsten dieser Eigenschaften sind: Vermehrungsfähigkeit, Transformierbarkeit, Selektierbarkeit und die Fähigkeit zur Transdifferenzierung. Nuclear cloning würde das Problem der genetischen Identität und damit der HLA-Kompatibilität lösen. Allerdings ist „therapeutic cloning" und die verbrauchende Embryoforschung in den meisten Staaten Europas verboten (Ausnahme z.B. England). Die ethischen Einwände vieler Menschen gegen das therapeutische Klonen kommen daher, dass für viele Menschen ein menschlicher Embryo (auch ein sehr früher menschlicher Embryo) den Status und die Schutzwürdigkeit einer menschlichen Person hat.

Dies wird mit großer Deutlichkeit in den entsprechenden Dokumenten des katholischen Lehramtes ausgedrückt [9, 10], die zu einer immer noch andauernden heftigen Diskussion in vielen Staaten der Welt geführt haben.

Es ist vorstellbar, dass die zukünftige Forschung uns Wege zu einer ausreichenden Sicherheit und Einsatzfähigkeit der Stammzellen aus Nabelschnurblut zeigen wird und dass auf diese Weise eine für alle Menschen ethisch akzeptable Methode für die kombinierte Stammzell- und Gentherapie gefunden wird. Dies ist aber noch nicht der Fall, und es wird daher nach Wegen zur Gewinnung von humanen ES-Zellen gesucht, die möglicherweise ebenfalls ethisch akzeptierbar sein könnten.

Zwei experimentelle Auswege aus der ethischen Problematik und ihre Diskussion in der neuesten Literatur

Die Modellversuche zur Gewinnung von ES-Zellen, die vermeintlich oder wirklich die dabei auftretenden ethischen Probleme umgehen, wurden vor kurzem beschrieben([11-13]). Die Arbeitsgruppe von R. Jaenisch[11] modifizierte die schon früher vorgestellte Methode[3] dahingehend, dass die Fibroblastenkultur der Maus (stellvertretend für den Patienten) zunächst mit einem viralen Antisense-Konstrukt transformiert wurde, welches die Expression eines für die spätere Embryonalentwicklung notwendigen Gens (Cdx2) inaktiviert, jedoch nicht die Bildung einer Blastozyste verhindert. Von dieser Blastozyste wurde eine ES Kultur gewonnen und in den ES-Zellen später durch eine spezielle Technik das Antisense-Konstrukt wieder entfernt. Es ist dabei also kein Embryo vernichtet worden, der das volle Potential der Entwicklung zu einem erwachsenen Individuum besessen hat. Vielen erscheint dies als ein genetischer Trick, der das ethische Problem nicht lösen kann. Eine Einwendung von katholischen Ethikern (diskutiert in Ref.[13]) lautet, dass zwar kein gesunder Embryo vernichtet wurde, sehr wohl, aber ein „behinderter".

In einem anderen Versuch[14] wurde aus einem 8-Zell Stadium eines Mausembryos eine einzige Zelle entnommen und daraus erfolgreich eine ES Zelllinie gezüchtet. Durch Implantation des verbleibenden 7-Zellembryos in den Uterus einer Maus wurde gezeigt, dass diese Prozedur den Embryo nicht schädigt und die Bildung einer normalen Maus nicht verhindert. Der Vorgang entspricht der heftig diskutierten und in vielen Ländern bereits durchgeführten Präimplantationsdiagnostik im Zusammenhang mit der IVF. Auch zu diesem Verfahren wurde eingewendet, dass es mehr ethische Fragen aufwirft, als es lösen kann.

In diesem frühen Stadium könnte die verwendete Zelle selbst noch potenziell zu einem vollen Individuum werden (Zwillingsbildung) und somit könnte auch hier eingewendet werden, dass ein potenzielles menschliches Leben zerstört wurde.

Zusätzlich ist zurzeit noch völlig unklar, ob die beiden hier vorgestellten Verfahren auch auf menschliche Embryonen bzw. menschliche ES Zellen anwendbar wären.

Eine spektakuläre Reihe von Versuchen zur Gewinnung von menschlichen ES Linien von individuellen Patienten, also die Übertragung der Versuche von Jänisch[3] von der Maus auf den Menschen[15] wurde inzwischen publiziert musste aber zurückgenommen werden, weil aller Wahrscheinlichkeit nach Betrug vorliegt. Es ist uns in diesem Zusammenhang wichtig, darauf hinzuweisen, dass damit natürlich nur die Ergebnisse aus dem Labor von Hwang aber nicht die grundsätzliche Methode widerlegt ist. Grundsätzlich ist zu erwarten, wenn auch nicht mit Sicherheit vorhersehbar, dass ähnliche Techniken wie in[3] beschrieben, auch für menschliche ES-Zellen etabliert werden können.

Biologische Fakten und gesellschaftliche Normen

Wir kommen nun zu der schon eingangs erwähnten Problematik des ontologischen und moralischen Status des frühen menschlichen Embryos. Die Frage ist für das Thema dieser kurzen Betrachtung zur Gewinnung und Verwendung von humanen Stammzellen relevant. Mit unterschiedlicher Gewichtung kommen in dem von Jänisch und seiner Gruppe vorgestellten Verfahren[3] drei Schritte vor, die ethische Fragen aufwerfen. Der erste und am meisten kontroversielle Schritt ist die verbrauchende Verwendung eines frühen menschlichen Embryos (Gewinnung der inneren Zellmasse zur Etablierung einer ES-Kultur). Der Status des frühen menschlichen Embryos und die daraus abgeleitete Rechtsnorm bestimmt direkt, ob ein solcher Schritt durchgeführt werden darf. Der zweite kontroversielle Schritt ist der üblicherweise mit „therapeuticher Klonierung" umschriebene Schritt der Klonierung durch Kerntransfer. Therapeutische Klonierung ist in manchen Ländern prinzipiell erlaubt. Der dritte ethisch kontroversielle diskutierbare Schritt besteht darin, dass ja eine menschliche Eizelle und daher auch eine Spenderin dieser Eizelle benötigt wird.

Der Status des Embryos ist in der Literatur und auch auf vielen Kongressen intensiv diskutiert worden, wobei diese Diskussion schon lange, bevor die Diskussion menschlicher Stammzellen einsetzte, ausgelöst und geführt wurde.

Der Auslöser dieser Diskussion war der Beginn der gesetzlichen Straffreiheit des Schwangerschaftsabbruchs bis zum dritten Monat, der in den meisten Ländern in den siebziger Jahren des vorigen Jahrhunderts stattfand.

Die verschiedensten biologischen Kriterien wurden geltend gemacht, um eine zeitliche Grenze für das Menschsein und für die Schutzwürdigkeit des Embryos zu definieren. Unter anderem wurden genannt: Die Vereinigung der Vorkerne und die Bildung der Zygote, die Einnistung in den Uterus, der Zeitpunkt, zu dem noch Zwillingsbildung erfolgen kann, der Zeitpunkt, ab dem es eine Schmerzempfindung gibt, und vieles weitere. Unserer Ansicht nach sind alle derartigen Versuche der biologischen Definition zum Scheitern verurteilt, weil, wie man leicht zeigen kann, durch eine biologische Tatsache allein keine Norm festgelegt kann. Aber die Sachlage ist bei dieser Grundfrage der Bioethik noch komplizierter. Zweifellos ist eine Kenntnis biologischer Tatsachen notwendig, um auf dieser Basis in freier und verantwortlicher Form Normen festzusetzen. Das Problem, dass die Wissenschaft fortschreitet und sich oft selbst korrigiert, wollen wir hier zunächst beiseite lassen. Bei der Festlegung von Normen kommen nun aber außer der Kenntnis biologischer Tatsachen noch weitere Überlegungen zum Tragen. Zum Beispiel sollten die Normen ein widerspruchsfreies System bilden, welches das Zusammenleben der Menschen in der menschlichen Gesellschaft ermöglicht. Weiters sollte man sich der Historizität aller Normen bewusst sein. Gerade im Hinblick auf ungeborenes oder neugeborenes menschliches Leben hat es – auch in der direkten Tradition unserer heutigen Religion und Kultur – schon sehr unterschiedliche Auffassungen gegeben. Was sind nun die wichtigsten historischen Wurzeln unserer heutigen Rechtsauffassung vom Menschen? Ganz zweifellos sind dies die Ideen der Toleranz, der Freiheit und Gleichheit aller Menschen, wie sie sich in Europa vor etwa 200 Jahren entwickelten. An jeder dieser Ideen musste im Detail weitergearbeitet werden, weil sie auch in Aporien führen können, und jede dieser Ideen wurde in der Geschichte seither vorübergehend wieder missachtet. Siehe z.B. Sklaverei in Nordamerika, Sozialdarwinismus als Gegenpol zur Gleichheitsidee, siehe die eugenische Bewegung mit ihrer Perversion im Nationalsozialismus. Übrigens ist der Sozialdarwinismus ein gutes Beispiel dafür, wie die Perversion (Umdrehung) eines rein biologischen Konzepts (Darwins Konzept der Evolution) in eine gesellschaftliche Norm katastrophale Auswirkungen haben kann.

Zurück zu unserem Problem des Status des menschlichen Embryos. Der gesellschaftliche Grundkonsens, wie er soeben (vielleicht mit ungenügenden Mitteln) beschrieben wurde, kann unsere Frage nach dem Status des menschlichen Embryos ebenfalls nicht auf einfache Weise lösen. Wir sind einig, dass die Menschenwürde unteilbar ist und allen Menschen zukommt (auch komatösen unheilbar Kranken, auch verurteilten Verbrechern), aber wir können nicht so einfach sagen, zu welchem Zeitpunkt sie beginnt. Ein biologisches Argument, das vorgebracht wurde, um die Festlegung auf den Zeitpunkt der Bildung der Zygote abzusichern, scheint uns nicht tragfähig. Dies ist das Argument der „genetischen Identität der Zygote mit dem späteren Menschen". Dies ist zwar eine biologische Tatsache, taugt aber nicht gut zur Begründung einer ethischen Norm, weil der Mensch im besonderen Maße und anders als seine nächsten Verwandten, in hohem Maß eben nicht absolut festgelegt ist durch seine Gene, vielmehr genetisch auf Offenheit, Lernen und soziale Interaktion hin angelegt ist. Wir sind uns der dialektischen Wendung dieses letzten Satzes sehr wohl bewusst. Als anschauliches Beispiel für das gesagte mögen die Unterschiede dienen, die zwischen eineiigen Zwillingen durchaus auftreten. Das kirchliche Dokument[9] von 1974 (also aus einer Zeit, wo der genetische Determinismus noch von vielen Biologen vertreten wurde), betont die vermeintliche Bestätigung kirchlicher Thesen durch die „modernste genetische Wissenschaft" und ist dabei selbst in der Nähe des genetischen Determinismus, nennt aber die genetische Identität nur als Zusatzargument, nicht als zentrale Begründung für die Festlegung des Zeitpunktes der Bildung der Zygote als ethisch relevant. Die zentrale Begründung ist für die Autoren dieses Dokuments nicht naturwissenschaftlich, sondern theologisch. Zusätzlich wird ein wichtiges Thema berührt, das wir hier nicht diskutieren konnten, nämlich die Relation zwischen Potenz und Aktualität. Zumindest in der vereinfachten Form, in der es im letzten Satz erwähnt wird, erscheint es uns nicht als tragfähig für eine Begründung, wenn gesagt wird, dass die Potentialität, ein Mensch werden zu können, schon das Menschsein begründet. Der nächste Absatz möge dies im Originalzitat veranschaulichen:

„Zu dieser Evidenz, die schon immer bestand (ganz unabhängig von den Diskussionen über den Zeitpunkt der Beseelung), liefert die moderne genetische Wissenschaft wertvolle Bestätigungen. Sie hat gezeigt, daß vom ersten Augenblick an das Programm feststeht, was dieses Lebewesen sein wird: ein Mensch, dieser individuelle Mensch mit seinen charakteristischen und schon bestimmten

Eigenschaften. Seit der Befruchtung hat das Abenteuer eines menschlichen Lebens begonnen, für das jede der großen Anlagen Zeit braucht, eine hinreichend lange Zeit, um ihren Platz einzunehmen und um aktionsfähig zu werden. Zumindest kann man sagen, daß die heutige Wissenschaft auf ihrem höchsten Entwicklungsstand den Verteidigern der Abtreibung keinerlei wesentliche Stütze bietet. Übrigens steht es den biologischen Wissenschaften nicht zu, ein entscheidendes Urteil über streng genommen philosophische und ethische Fragen zu fällen, wie jene über den Zeitpunkt, zu dem die menschliche Person gebildet wird, und die Erlaubtheit der Abtreibung. In ethischer Hinsicht aber steht fest: Selbst wenn ein Zweifel bestehen sollte über die Tatsache, daß die Frucht der Empfängnis schon eine menschliche Person sei, so bedeutet es jedoch objektiv eine schwere Sünde, das Risiko einer Tötung einzugehen. ‚Der ist schon ein Mensch, der es sein wird.'"

Ausblick

Zusammenfassend hoffen wir, mit diesen kurzen biologischen Ausführungen zur gegenwärtigen bioethischen Debatte einen brauchbaren Beitrag geliefert zu haben. Darüber hinaus hoffen wir, dass auch unsere Diskussion der Argumente nützlich sein wird, die vorgebracht wurden um einen bestimmten Zeitpunkt für den Beginn des Menschseins und damit der Menschenwürde und Schutzwürdigkeit zu definieren. Die Bioethik ist durch die Entwicklung der Methoden der molekularen Medizin gehalten, sich über diese Methoden zu informieren und auch zukünftige Entwicklungen abzuschätzen. Diese Erkenntnisse fließen in unsere Werturteile ein. Wir sollten aber immer bedenken, dass die Biologie unsere Werturteile letztlich nicht begründen kann, und dass wir selbst für unsere Werturteile verantwortlich bleiben. Damit ist keineswegs einem Wertrelativismus das Wort geredet, und auch nicht einem Rechtspositivismus. Es geht ja nicht darum oder nicht ausschließlich darum, festzustellen, ob z.B. therapeutische Klonen unseren bisherigen Rechtsnormen widerspricht, sondern darum, neue Rechtsnormen zu definieren, die früher nicht definiert werden konnten, weil die entsprechenden medizinischen Techniken noch nicht existierten. Dabei sollten wir alle zur Verfügung stehenden Argumente berücksichtigen im Sinne eines gesellschaftlichen Konsens und sollten von den Naturwissenschaften nicht verlangen, was sie nicht leisten können, nämlich von sich aus Werturteile zu begründen.

Abbildungen

Abbildung 1: Entwicklungspotential von Stammzellen

Zygote und junger Embryo (bis zum 8-Zell Staduim)	totipotent
ES-Zelle (embryonale Stammzelle)	pluripotent
somatische Stammzelle (z.B. haematopoietische Stammzelle)	multipotent

Anmerkung: Die drei Begriffe totipotent, pluripotent und multipotent werden in der entwicklungsbiologischen Fachliteratur nicht einheitlich verwendet, meist aber in der obigen definierten Bedeutung, die uns sinnvoll erscheint.

Abbildung 2: Heilung durch therapeutisches Klonen

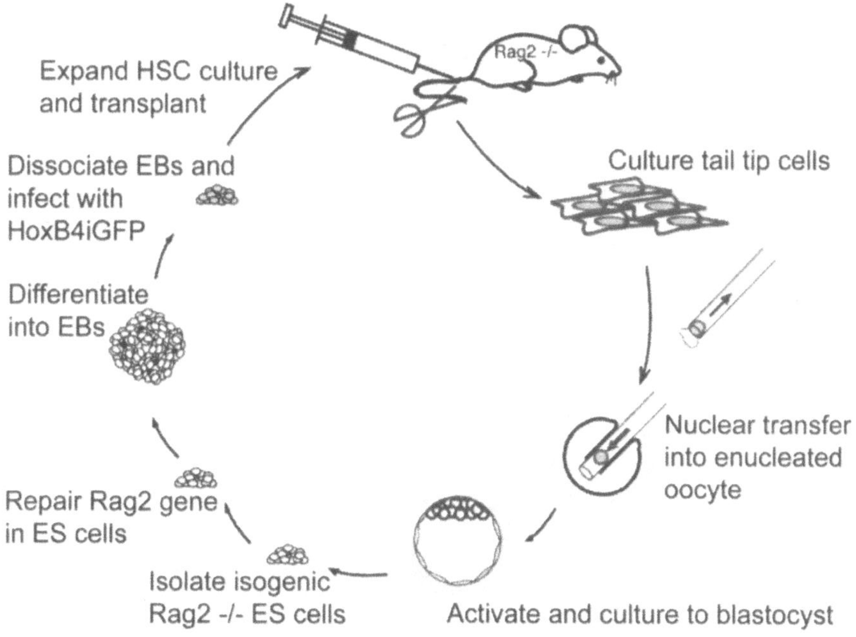

Ausgangspunkt ist eine für die Mutation rag2 homozygote (rag2-/-) Maus. Aus dieser Maus wurde eine Fibroblastenkultur gezüchtet, ein Zellkern entnommen und in eine entkernte Eizelle transferiert. Aus der resultierenden Blastozyste wurden ES-Zellen angezüchtet. Durch Transformation mit der Wildtyp-DNA des Rag2 Gens und homologe Rekombination wurde das funktionierende Wildtypgen chromosomal integriert. Die ES-Zellen waren also genetisch geheilt. Sie differenzierten spontan zu so genannten „embryoid bodies“ (EB), die verschiedene Zelltypen, darunter auch HSC enthielten. Diese wurden genetisch markiert, selektiv gezüchtet und durch Infusion in das mutante Empfängertier eingebracht, dessen eigene HSC durch eine genau dosierte Strahlenbehandlung abgetötet wurden. Bei einem genetischen Defekt, der fast ausschließlich im blutbildenden System zur Ausprägung kommt, genügte es, die geheilten Zellen intravenös zu injizieren. Diese besiedelten dann das rote Knochenmark. Innerhalb von Wochen entwikkelten die Tiere die Fähigkeit zu einer normalen Immunreaktion.

Abbildung 3: Stammzellgewinnung

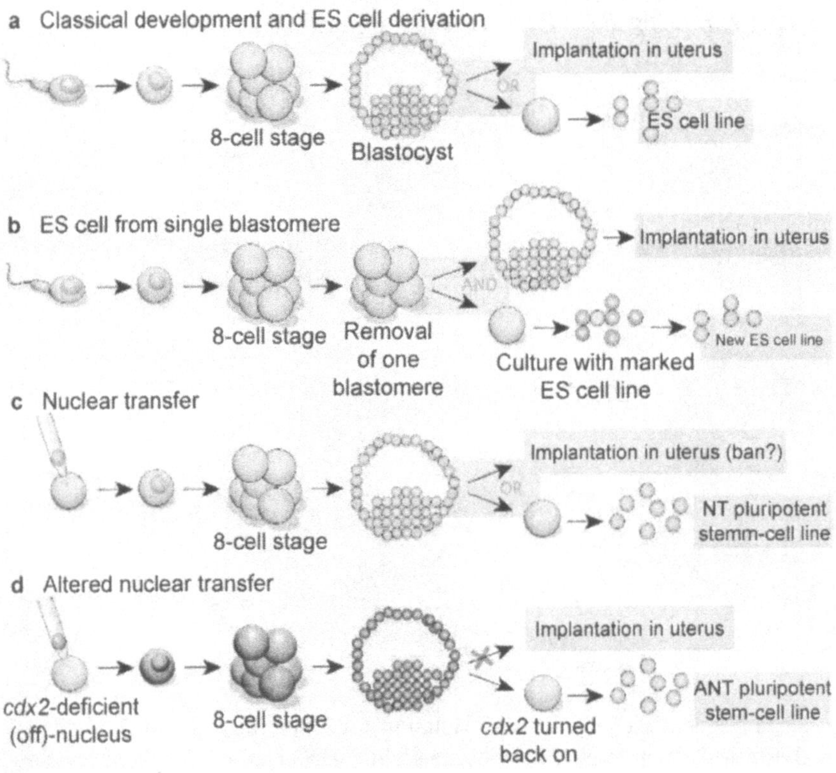

a) Pluripotente Stammzellen können aus einem frühen Embryo gewonnen werden, bevor dieser in den Uterus implantiert wird. Diese Zellen werden ‚embryonic stemcells' genannt. Der frühe Embryo (Blastozyste) besteht aus eine äußeren Zellschicht welche für die Einnistung im Uterus von Bedeutung ist und einer inneren Zellschicht, aus dem er sich weiter entwickelt. Um Stammzellen zu bekommen, muss der Zellhaufen der inneren Schicht entnommen und kultiviert werden, mit der Folge, dass der Embryo dabei zerstört wird.
b) Stammzellen werden gewonnen indem eine Blastomere im 8-zell Stadium entnommen, mit bestehenden markierten embryonalen Stammzellen co-kultiviert und anschließend auf eine neue ES-Linie selektiert wird. Die Entfernung einer Blastomere zu diesem Zeitpunkt, erlaubt die Weiterentwicklung zum Blastozysten und gewährleistet eine Implantation des Embryos in den Uterus.
c) Der ‚nuclear transfer' ist eine Möglichkeit pluripotente Stammzellen von einem spezifischen Spender zu erhalten. Hierbei wird einer Eizelle der Zellkern entnommen und ein Zellkern, der aus eine Zelle (z.B. Hautzelle) des Spenders entnommen wurde, injiziert. Die Eizelle wird nun stimuliert einen Embryo zu bilden. Hierbei muss der Zellkern ‚re-programmiert' werden, da dieser ein Genexpressionsmuster einer Hautzelle aufweist und nicht jenes einer pluripotenten Zelle. Wie im ersten Beispiel (a) kann nun der Embryo entweder implantiert werden oder die Zellen der inneren Schicht für die Etablierung einer Stammzelllinie verwendet werden. Vorteil dieser Methode ist die genetische Identität von Spender und gewonnen Stammzellen.
d) Bei dieser Methode wird eine Fibroblastenkultur angelegt und mit dem im Text erwähnten Antisense Konstrukt für das Gen cdx2 integrativ transformiert. Ein Zellkern einer solchen Fibroblastenzelle wird in eine entkernte Eizelle injiziert. Durch die Deaktivierung von cdx2 ist es dem Embryo nicht möglich, nach einer Transplantation in den Uterus, sich weiter zu entwickeln. Bei den entnommenen Zellen der inneren Schicht wird die Expression von cdx2 wieder angeschaltet und eine Stammzelllinie etabliert. Diese Methode versucht, die Problematik zu umgehen, einen lebensfähigen Embryo zu zerstören um an embryonale Stammzellen zu gelangen, da ein cdx2 defizienter Embryo an sich nicht lebensfähig ist.
Referenzen:

Anmerkungen

1 M. Breitenbach, P. Laun, Einige biologische Grundlagen der modernen Reproduktionsmedizin und der Stammzell- bzw. Gentherapie., Ethik interdisziplinär, 1, Peter Lang Verlag, Frankfurt/M, (2006), pp. 29-47.
2 A. Benninghoff, D. Drenckhahn, Anatomie: Makroskopische Anatomie, Histologie, Embryologie, Zellbiologie., 16th ed., Urban & Fischer, München, (2002).
3 W.M. Rideout, 3rd, K. Hochedlinger, M. Kyba, G.Q. Daley, R. Jaenisch, Correction of a genetic defect by nuclear transplantation and combined cell and gene therapy, Cell 109 (2002) 17-27.
4 C.M. Verfaillie, Adult stem cells: assessing the case for pluripotency, Trends Cell Biol 12 (2002) 502-508.

5 P. Puigdomenech Rosell, G. Virt, Ethische Aspekte von Nabelschnurblutbanken, in: Stellungnahme der Europäischen Gruppe für Ethik der Naturwissenschaften und der neuen Technologien bei der Europäischen Kommission, 2004, 45-66
6 J.N. Barker, J.E. Wagner, Umbilical-cord blood transplantation for the treatment of cancer, Nat Rev Cancer 3 (2003) 526-532.
7 T.A. Lane, Umbilical cord blood grafts for hematopoietic transplantation in adults: a cup half empty or half full?, Transfusion 45 (2005) 1027-1034.
8 J. Kaiser, Gene therapy. Panel urges limits on X-SCID trials, Science 307 (2005) 1544-1545.
9 F. Kardinal Seper, H. Hamer, Erklärung über den Schwangerschaftsabbruch (Quaestio de abortu procurato), L'Osservatore Romano 48 (1974) 9-11.
10 J. Kardinal Ratzinger, A. Bovone, Donum vitae, Instruktion der Kongregation für die Glaubenslehre über die Achtung vor dem beginnenden menschlichen Leben und die Würde der Fortpflanzung., Verlautbarungen des Apostolischen Stuhls, Sekretariat der Deutschen Bischofskonferenz, Bonn, (1987), pp. 1-42.
11 A. Meissner, R. Jaenisch, Generation of nuclear transfer-derived pluripotent ES cells from cloned Cdx2-deficient blastocysts, Nature 439 (2006) 212-215.
12 I.L. Weissman, Medicine: politic stem cells, Nature 439 (2006) 145-147.
13 G. Vogel, Stem cells. Deriving 'controversy-free' ES cells is controversial, Science 310 (2005) 416-417.
14 Y. Chung, I. Klimanskaya, S. Becker, J. Marh, S.J. Lu, J. Johnson, L. Meisner, R. Lanza, Embryonic and extraembryonic stem cell lines derived from single mouse blastomeres, Nature 439 (2006) 216-219.
15 W.S. Hwang, S.I. Roh, B.C. Lee, S.K. Kang, D.K. Kwon, S. Kim, S.J. Kim, S.W. Park, H.S. Kwon, C.K. Lee, J.B. Lee, J.M. Kim, C. Ahn, S.H. Paek, S.S. Chang, J.J. Koo, H.S. Yoon, J.H. Hwang, Y.Y. Hwang, Y.S. Park, S.K. Oh, H.S. Kim, J.H. Park, S.Y. Moon, G. Schatten, Patient-specific embryonic stem cells derived from human SCNT blastocysts, Science 308 (2005) 1777-1783.

Diskussion

Dohr: Wie stabil sind die von Ihnen beschriebenen genetisch modifizierten Zellen? Kann ausgeschlossen werden, dass solche Zellen in die Keimbahn gelangen und wenn nein was wären die Konsequenzen?

Karl: Ich möchte auf die Aussage zurückkommen, dass in Südkorea Menschenversuche erlaubt sind, in anderen Ländern sind sie verboten. Mich würde interessieren, wie da die Scientific Community mit diesem Umstand umgeht. Werden da die Forschungsergebnisse aus Südkorea ignoriert? Mir fällt als Jurist da ein vielleicht paralleles Beispiel ein. Folter ist verboten. Wenn nun Polizisten Ermittlungsergebnisse mittels Folter erzielen, dann dürfen die in einem Prozess nicht verwendet werden. Aber das kann ich mir bei der Wissenschaft nicht vorstellen, sondern wenn es Ergebnisse gibt, dann werden sie natürlich verwendet werden.

Breitenbach: Ist auch so. Aber ich denke, dass wir mit Riesenschritten auch zu einer Globalisierung auch dieser ethischen Standards kommen. Und dass das nicht sehr lange so bleiben wird, dass es Länder gibt, wo man eben fundamental andere Bestimmungen hat für diese Dinge. Die Südkoreaner sind ja auf dem besten Weg, dass sie ein sehr, sehr hoch entwickeltes und in jeder Hinsicht mit uns vergleichbares Land sind und da werden sie vermutlich auch entsprechende ethische Standards haben. Das ist nur eine vorübergehende Phase, das ist meine Meinung. Embryo research zur Gewinnung von menschlichen ES-Zelllinien ist nicht nur in Südkorea erlaubt, sondern in einer Reihe von weiteren Ländern (England, USA, Israel).

Breitenbach: China hat ja nicht den hohen medizinischen-technischen Standard das machen zu können. Andere Länder haben vielleicht Gesetze nicht, aber sie haben nicht die Forschung, dass sie das machen können. Ich habe keine Information darüber, ob therapeutisches Klonen in China erlaubt ist. Ich muss mich aber korrigieren hinsichtlich des medizinisch-technischen Standards in China, dieser ist auf mehreren Gebieten ebenso hoch wie in Europa.

Knoepffler: Ich wollte nur sagen der Begriff „Menschenversuche" ist deswegen so schwierig, weil ja alleine schon der Europäische Gerichtshof in Straßburg letztes Jahr gesagt hat, also was vor der Geburt passiert, ob das ein Mensch ist sozusagen in dem Sinn, das ist nicht einmal in Europa geklärt. Also da ging es eigentlich um eine Abtreibungsproblematik, also um ein viel späteres Stadium. Es geht mir nur drum, dass hier stehen bleibt, dass Korea Menschenversuche in dem Sinn erlaubt. Also ich weiß ja, dass Sie das nicht so gemeint haben.

Breitenbach: Embryo research zur Gewinnung menschlicher ES-Zelllinien ist in Südkorea erlaubt und ist dort unproblematisch. Die anderen Details der medizinrelevanten Rechtsprechung in Südkorea sind mir nicht bekannt.

Knoepffler: Und das was dort unproblematisch ist, ist in vielen anderen Ländern zumindest auch de jure nicht verboten. Die sind nur technisch nicht so weit, weil in Südkorea ja im Moment sehr gut ausgestattete Institute arbeiten. Da fließen richtig große Fördergelder hinein. Deswegen haben wir es hier mit einem Rechtsproblem zu tun, das auf einer ganz anderen Ebene liegt.

Greil: Ich würde ganz gerne noch etwas dazu sagen, vor allem zu Ihrem Einwand. Zuerst eine kurze Bemerkung – den Begriff „Menschenversuche" gibt es in der Medizin nicht mehr seit dem Zweiten Weltkrieg bzw. dem Naziregime. Das ist ganz grundsätzlich festzuhalten. Das sind auch keine Menschenversuche, sondern es sind Versuche mit menschlichem Zellmaterial und wenn wir von „klinischen Experimenten“ sprechen dann sind das Experimente oder klinische Studien mit Menschen. Den Begriff „Menschenversuche“ als solchen lehne ich als Arzt ab, das ist ein nationalsozialistischer Begriff.

Das zweite ist – natürlich haben Sie vollkommen Recht. Die Frage ist, die Medizin hat sich grundsätzlich ethische Grenzen darüber gestellt, was sie publizieren darf. Es gibt einen hochgradigen Konsens der führenden wissenschaftlichen Journale, der davon ausgeht, zu sagen, wenn ein Experiment – und sei es noch so interessant – unter Bedingungen zustande gekommen ist, die den ethischen Standard der zivilisierten Welt verletzen, dann dürfen diese Resultate nicht berichtet werden. Das wird üblicherweise festgemacht an den Ergebnissen der wissenschaftlichen Experimente im Nationalsozialismus.

Nun ist es aber so, dass diese Richtlinien so gut wie nie eingehalten werden. Man muss sich die Frage stellen warum. Ich zeige Ihnen das an einem Beispiel: Das Nationale Institut für Gesundheitswesen in den Vereinigten Staaten verbietet beispielsweise, dass klinische Studien unter anderen als amerikanischen Standards in anderen Ländern durchgeführt werden dürfen. Das heißt, amerikanisches Geld darf nicht dafür verwendet werden, unterhalb der amerikanischen Standards in einem Entwicklungsland klinische Studien durchzuführen. Diese Regelung hält die amerikanische Regierung selbst nicht ein. Die führenden Journale der amerikanischen Welt beachten diese von ihnen selbst mitgegebene Regel ebenfalls nicht.

Um jetzt zurückzukommen auf diesen Aspekt. Man muss sich die Frage stellen, wenn in all diesen Ländern, so wie in den meisten Ländern der zivilisierten und entwickelten Welt, jedenfalls zum derzeitigen Zeitpunkt mit Ausnahme Großbritanniens und einzelner Staaten der Vereinigten Staaten, diese Experimente verboten sind, dann dürften derartige Experimente und ihre Resultat nicht publiziert werden. Warum aber werden sie publiziert? Weil es ein unglaubliches Auseinanderklaffen zwischen dem gibt, was die Perzeption von Ethik ist. In der Wissenschaft, also in der Wissenschaftsethik, wenn Sie so wollen, gewinnt der Neuigkeitscharakter die maximale Dominanz über die konsekutiven gesellschaftlichen Auswirkungen neuer Entdeckungen. Ethisch ist in der Wissenschaft, um es sehr aggressiv zu formulieren, was den höchsten Neuigkeits- und Informationswert hat und damit auch das höchste Potential für Innovation hat im Hinblick auch auf Auswirkungen auf die Gesellschaft. Unabhängig davon wehrt sich die Wissenschaft gegen jede Verantwortung für die Konsequenzen, die aus diesen grenzüberschreitenden, grenzdurchbrechenden Entdeckungen entstehen. Im Gegensatz dazu steht die Sichtweise der Gesellschaft, die fragt – wofür ist das gut? Wo nützt uns das? oder auch im Hinblick worauf kann uns dies schaden? Für diese Aspekte gibt es, wie erwähnt, ein völliges Unverständnis der wissenschaftlichen Welt, diese Kriterien anzunehmen oder jedenfalls Verantwortung dafür zu übernehmen. Der Grenzsetzungsprozess der Gesellschaft gegenüber der Wissenschaft ist von der Wissenschaft keineswegs in sich selbst akzeptiert. Im Gegenteil – er stellt eine massive Stimulation dar, über die neuen Grenzüberschreitungen nachzudenken, eben deshalb, weil es den intrinsischen Augmentations- und Unterstützungsprozess gibt, dass die beste Wissenschaft auch jene ist, die den höchsten grenzüberschreitenden Charakter hat. Wenn also Regierungen und damit letzten Endes Gesellschaften darangehen zu sagen, es gibt ein bestimmtes Limit, das wir nicht überschreiten dürfen, setzen wir also einen Rahmen, innerhalb dessen sich die medizinischen Naturwissenschaften frei bewegen dürfen, dann wird dies mit Sicherheit niemals weltweit akzeptiert werden. Dies sei an einem Beispiel erwähnt: Bereits vor Jahrzehnten gab es die ersten Versuche von Mario Lanza, die nur durch zufällige Publikation im Sinne eines Nebensatzes bekannt geworden sind. Dabei wurden Chimären hergestellt, die aus humanen Speichelzellen bzw. Zellen der Mundhöhlenepithelien und deren Kernen und den Eizellen einer Kuh hergestellt wurden. Die Zellen wurden in einem Wenigzellstadium gezüchtet, angeblich wurde danach die weitere Entwicklung unterbrochen. Dies ist in den Vereinigten Staaten geschehen und niemals vor eine Ethikkommission gebracht worden. Der Autor ist ein hoch anerkanntes Mitglied der amerikanischen Kommission für Bioethik und hat ganz offensichtlich niemals dabei eine Grenzüberschreitung intrinsisch wahrgenommen. Ganz offensichtlich ist also die Dynamik des Wissenschaftsprozesses in sich keineswegs geeignet, um auch bei den absoluten Spitzenproponenten naturwissenschaftlicher Forschung ein Gefühl für den ethischen und gesellschaftlichen Stellenwert ihrer Experimente zu erzeugen.

Dohr: Was wir im Bereich der biomedizinischen Forschung bis jetzt noch nicht angesprochen haben sind die wirtschaftlichen Interessen der Industrie. Rechtliche Barrieren in der ersten Welt werden umgangen indem ethisch heikle Experimente in Drittländern mit liberalerer Gesetzgebung abgewickelt werden.

Isensee: Die Unterschiede der Rechtsordnungen lassen sich nicht einebnen. Im Wettbewerb der Forschungsstandorte wehren sich alle Schwellenländer gegen den Oktroi rechtlicher und ethischer Standards. Die rechtlichen und ethischen Standards, die wir in Europa akzeptieren, lassen sich auch nicht ohne weiteres auf andere Kulturräume übertragen. Hier hilft auch die Berufung auf die Menschenrechte nicht weiter. Denn der menschenrechtliche Status des Embryos ist auch in Europa umstritten.

Die Analogie zum Verbot der Folter verfängt nicht. Zwar gibt es ein Verbot, im Strafprozess Aussagen zu verwerten, die durch Folter erzwungen wurden. Doch das Verbot wirkt sich nur auf den laufenden Strafprozess aus. Die Informationen, die unter dem Druck der Folter mitgeteilt wurden, sind nun einmal in der Welt; sie werden von den Medien verbreitet und zeitigen Wirkung. Jedermann kann sich der Informationen bedienen. Die Menschheit stellt sich nicht künstlich dumm. Niemand verschließt sich einer Wahrheit nur deshalb, weil sie auf unlautere Weise – hier kann man auch an den Bruch von Amts- und Berufsgeheimnissen denken – an den Tag gekommen ist. Nichts anderes gilt für die Wissenschaft. Die Forschung verschließt sich einer Erkenntnis nicht deshalb, weil sie contra legem, wenn sie nur lege artis zustande gekommen ist.

Eine nur scheinbar von weither geholte Analogie: die Kirche missbilligt den ehebrecherischen Geschlechtsverkehr, doch sie akzeptiert das Kind, das aus ihm hervorgeht.

Breitenbach: Was Sie gesagt haben, gilt vielleicht für ein historisches Zeitfenster. Aber wenn sie es historisch betrachten, dann ist es schon ein bisschen anders. Denn dann war das uneheliche Kind sozial völlig benachteiligt.

Pichler: Aber Herr Breitenbach, Normativbestände bilden sich im Laufe der Zeit am jeweiligen Hintergrund der gesellschaftlichen Überzeugungen oder der social demands und sie verändern sich heute bei rasch sinkenden Halbwertszeiten. Man kann zwar Normativbestände unterschiedlicher Zeitschichten miteinander vergleichen, aber nicht um eine nach vorne weisende Erkenntnis abzuleiten.

Greil: Ich würde davor warnen, die ethischen Standards in einem so starken Gefälle zu beurteilen und insbesondere aus unserer Perspektive, indem wir sagen, dass unsere Wertestandards sozusagen diejenigen sind, die eine höhere Wertigkeit haben. Hinter diesen Werten steckt eine Frage des Verhältnisses vom Individuum zur Gesellschaft. Und die asiatischen Gesellschaften haben offensichtlich eine andere Beziehung zwischen dem Wert des Individuums und dem Wert der Gesellschaft und daraus resultiert eine andere Handhabung. Ob das automatisch besser oder schlechter ist wird in einem sozialdarwinistischem Prinzip, das keine allgemeine Weltordnung hat, ... entschieden werden und wir müssen auch ganz klar sagen, dass unsere Werteordnung ja auch nicht eine ist, die wir zunächst initial abgeleitet haben, sondern sie hat deshalb Gewicht, weil die Gesellschaften, die diese Werteordnung anerkannt haben, letztlich die dynamischeren und in der Praxis erfolgreicheren und dominanteren gewesen sind. Ich glaube man sollte vorsichtig damit sein, unserer ethischen Werteordnung automatisch mit einer hohen Wertigkeit zu bestimmen.

Luf: Ganz kurz, aber nur um das Bild der Folter zu bemühen. Wir haben ja genau diese Diskussionen heute z.B. in Deutschland, wo von manchen die Meinung vertreten wird, unter gewissen Bedingungen könne man die Folter doch rechtfertigen. Hier zeigen sich Analogien zur medizinischen Forschung. Mögen deren Ergebnisse auch auf fragwürdige Weise gewonnen worden sein, so dienen sie doch der Menschheit. Sofern mit diesen Forschungen gewisse Verheißungen und therapeutische Wirkungen verknüpft werden, kann man sie bei der Bevölkerung auch gut verkaufen. Dahinter steht freilich ein starker Utilitarismus, der sich immer mehr zu verbreiten scheint.

Anmerkung: Ein kleiner Teil der Diskussion wurde weggelassen, da sie sich auf Punkte bezog, die jetzt im Text des Beitrags von Breitenbach ergänzt wurden; sie waren damals in der Diskussion noch nicht nach den neuesten Forschungsergebnissen aktualisiert.

Assistierte Fortpflanzung bei Menschen: Biologische Rahmenaspekte und ethisches Konfliktpotential

Christian J. Thaler

Unerfüllter Kinderwunsch

Weltweit sind mindestens 60 bis 80 Millionen Paare mit dem Problem des unerfüllten Kinderwunsches konfrontiert und alleine in Deutschland sucht fast jede achte Frau in der Altersspanne zwischen 20 und 45 Jahren reproduktionsmedizinsiche Beratung oder Hilfe auf. In der Bundesrepublik Deutschland entstammen mittlerweile etwa 1,5 % aller Neugeborenen einer in vitro Fertilisation (IVF-Zeugung im Reagenzglas).

Der unerfüllte Kinderwunsch – klinisch die sogenannte „Ehesterilität" – ist eine medizinisch durchaus relevante Problemstellung und keineswegs nur eine Frage des „Lifestyle". Die psychischen und psychosomatischen Konsequenzen des unerfüllten Kinderwunsches sind vielgestaltig – Antriebsstörungen, Beziehungskonflikte, Psychosomatosen und lavierte Depressionen – sind die wichtigsten, aber keineswegs einzigen Probleme, mit denen betroffene Paare längerfristig zu rechnen haben.

Ähnlich vielgestaltig wie die verschiedenen medizinischen Ursachen für den unerfüllten Kinderwunsch – 30 bis 40 % sind jeweils einem der beiden Partner zuzuordnen, und etwa 30 % sind durch Probleme bei Mann und Frau zu erklären – sind die diagnostischen und therapeutischen Verfahren, die im Bereich der Fortpflanzungsmedizin zur Verfügung stehen. Eine kompetente ärztliche Beratung und Führung betroffener Paare ist von hoher Bedeutung für eine adäquate Planung und Durchführung verschiedener diagnostischer und therapeutischer Schritte. Dabei ist ein großes Maß an Sensibilität erforderlich, denn ein intimer, partnerschaftlicher Bereich wird hier in den klinischen Bereich quantifizierender und qualifizierender Medizin gebracht.

Methoden der Assistierten Fortpflanzung

Ein entscheidender Schritt bei der Behandlung von Paaren mit unerfülltem Kinderwunsch war im Juli 1978 die Geburt von Louise Brown, dem ersten mit Hilfe des Reproduktionsphysiologen Robert Edwards und des Gynäkologen Patrik Steptoe im Reagenzglas gezeugten Kind.

Seither ist diese Methode der Retortenbefruchtung (IVF) zu einer Routinebehandlung geworden, die in Deutschland von über 100 spezialisierten Zentren angeboten wird. Ein weiterer wichtiger Meilenstein der Reproduktionsmedizin was in den frühen 90-iger Jahren die Entwicklung der intra-cytoplasmatischen Spermien-Injektion (ICSI), einer Methode, die auch Männern mit schwersten Formen der Zeugungsunfähigkeit zu einem eigenen Kind verhelfen kann. Mittlerweile werden in Deutschland jährlich fast 100 000 Behandlungsversuche in Form von IVF und ICSI unternommen. Bei dieser aufwendigen Form der assistierten Fortpflanzung muss den betroffenen Frauen über mehrere Tage im Menstruationszyklus durch die Injektion bestimmter Hormone die Eireifung in subtiler Weise verstärkt werden. Hierbei wird beabsichtigt, mehrere befruchtungsfähige Eizellen auszureifen, um diese dann im Rahmen eines kleinen operativen Eingriffs aus den Eierstöcken der Frau zu entnehmen. Die reifen Eizellen der Frau werden dann zur Befruchtung im Reagenzglas mit den Spermien des Mannes zusammengebracht. Bei der ICSI-Methode wird die Befruchtung der Eizellen durch Injektion einer einzelnen Spermie (welche ggf. operativ aus den Hoden gewonnen wurde) erreicht.

Befruchtung der Eizelle und Embryogenese

Etwa 20 Stunden nach dem Zusammenbringen von Eizellen und Spermien kann durch die Bildung der sogenannten Vorkerne festgestellt werden, welche Eizellen sich befruchtet haben. Wenn die befruchteten Eizellen weiter kultiviert werden, verschmelzen die beiden Vorkerne mit dem väterlichen und dem mütterlichen Erbgut (Syngamie) und es entsteht dabei das bisher nie da gewesene Erbgut eines neuen Individuums. Von diesem Zeitpunkt an spricht man von einem Embryo, bzw. von einem Präimplantations-Embryo (Embryo vor der Einpflanzung in der Gebärmutter). Während der folgenden 3-4 Tage teilt sich der Embryo mehrfach, bis er etwa am 5 Tag nach der Befruchtung das Stadium eines Zystengebildes (Blastozyste) erreicht. Spätestens dann, meist aber bereits am 2. oder 3. Tag (d.h. im Stadium des 4 oder 8-Zells) werden die Embryonen dann mit einem sehr feinen, flexiblen Katheter in die Gebärmutter der Patientin zurückgesetzt.

In dieser Phase des Embryos sind tiefgreifende Regulations- und Wachstumsvorgänge erforderlich und nur maximal ein Drittel der kultivierten Embryonen entwickeln sich normal bis zur Blastozyste und selbst hiervon pflanzt sich nur etwa die Hälfte normal in der Gebärmutter ein.

Bereits in den ersten Stunden und Tagen im Brutschrank zeigen Embryonen bereits bestimmte Charakteristika, welche Hinweise auf ihre Entwicklungsfähigkeit geben: Die 2-, 4- oder 8-Zeller können symmetrisch oder asssymmetrisch sein, sie können lichtmikroskopische Unregelmäßigkeiten (sogenannte Fragmente) aufweisen und sie können sich relativ schnell (z.B. ein 8- oder v16-Zeller am dritten Entwicklungstag) oder langsam (z.B. ein 2-Zeller am dritten Entwicklungstag) entwickeln. Diese Kriterien deuten bereits stark auf die weiteren Entwicklungschancen des einzelnen Embryos hin und damit letztlich auf die Chancen einer Schwangerschaft und eines normalen Schwangerschaftsverlaufes. So finden sich beim Transfer von zwei symmetrisch entwickelten, normal wachsenden Embryonen ohne lichtmikroskopisch erkennbarer Fragmente nachfolgende Schwangerschaftsraten in der Größenordnung von 30 %. Demgegenüber reduzieren sich die Schwangerschaftschancen beim Transfer von fragmentierten, asymmetrischen Embryonen auf weniger als 15%.

Gesetzliche Rahmenbedingungen

Es ist deshalb in vielen Ländern (u.a. in Österreich) gebräuchlich, mehrere Embryonen zu kultivieren und hinsichtlich ihres Entwicklungspotentials zu beobachten, um diejenigen mit einer guten Entwicklungschance für den Embryotransfer zu verwenden. Man kann damit einerseits relativ hohe Schwangerschaftschancen und andererseits ein geringes Risiko von frühen Fehlgeburten erreichen. In manchen Ländern (u.a. der Schweiz, neuerdings auch Italien, nach Einschätzung verschiedener Experten auch Deutschland – hier ist die Interpretation des Gesetzestextes derzeit in Bewegung geraten) ist diese Auswahl aus einer größeren Zahl kultivierter Embryonen nicht möglich, die hier die Gesetzgebung die Kultivierung überzähliger Embryonen verbietet. Es finden sich hier gesetzliche Vorgaben, wonach bereits ab dem Vorkernstadium (siehe oben) nur noch so viele Zellen kultiviert werden dürfen, wie in diesem Zyklus transferiert werden sollen. Diese Zahl sollte zwei nicht überschreiten, da sonst ein Risiko höhergradiger Mehrlingsschwangerschaften (Drillinge, Vierlinge etc.) besteht. Es findet sich also ein Konflikt zwischen dem fortpflanzungsmedizinischen Ziel, eine möglichst hohe Schwangerschaftsrate und eine möglichst geringe Fehlgeburtsrate zu erreichen (Voraussetzung: Identifikation entwicklungsfähig normaler Embryonen aus einer größeren Zahl kultivierter Embryonen) und dem Ziel, möglichst keine überzähligen Embryonen zu riskieren.

Ohne die Identifikation entwicklungsfähiger Embryonen, müssen diese ohne Berücksichtigung ihres Entwicklungspotentials am zweiten oder dritten Tag nach der Befruchtung in die Gebärmutter zurückgegeben werden mit der Konsequenz von relativ geringen Schwangerschaftsraten. Diese Einschränkung der Schwangerschaftschancen ist besonders hart für relativ ältere Paare: So hat etwa eine Frau mit 42 Jahren selbst beim Transfer von drei Embryonen nur eine Schwangerschaftschance von etwa 12 % – dabei eine Fehlgeburtsrate von über 30 %! Und selbst diese eingeschränkten Ergebnisse können nur erreicht werden unter Inkaufnahme eines Drillingsrisikos in Höhe von etwa 5 %! Denn wenn nur zwei oder gar nur ein Embryo transferiert würden (wodurch das Mehrlingsrisiko zu reduzieren ist), werden die Schwangerschaftschancen noch weiter vermindert! Die Situation ist ganz besonders beklemmend, da eine Drillingsschwangerschaft durchschnittlich bereits zwei Monate vor dem normalen Schwangerschaftsende (40 Wochen) zur Frühgeburt kommt – mit allen Problemen der kindlichen Frühgeburtlichkeit, einschließlich dem Risiko einer erheblichen kindlichen Behinderung – 30 % pro Drillingskind! Und 50 % pro Drillingsfamilie!

Ethisches Konfliktpotential

Hier werden klare ethische Konfliktpotenziale erkennbar: Die Erhöhung der Schwangerschaftschancen durch den undifferenzierten (d. h. ohne lichtmikroskopische Auswahl getätigten) Transfer von zwei (bis zu drei) Embryonen ist möglich, aber mit der Gefahr von (höhergradigen) Mehrlingsschwangerschaften – mit erheblichen Risiken für die Kinder und auch für die Mutter – erkauft. Die Identifikation von Embryonen mit normalen Entwicklungschancen wiederum erfordert die Kultivierung von potenziell überzähligen Embryonen – mit der Konsequenz diesen womöglich die Entwicklungs- und Lebenschancen zu nehmen bzw. auch mit einem bisher nicht näher definierten Risiko einer Fremdverwendung (überzählige kryokonservierte Embryonen!) Zusätzlich zu dieser Problematik, die im Bereich der „Routine"-Fortpflanzungsmedizin täglich in großer Zahl auftritt, finden sich im Rahmen der modernen Reproduktionsmedizin weitere Konfliktpotenziale:

Durch die Kultivierung im Reagenzglas werden menschliche Eizellen und Embryonen in einer bisher nicht vorstellbaren Form dem Einfluss von Wissenschaftlern und Ärzten ausgesetzt, und entsprechend sind hier sehr strenge Schutzvorschriften erforderlich, um jedweden Missbrauch definitiv zu verhindern.

Diesbezüglich war das deutsche Embryonenschutzgesetz von 1991 zweifelsohne von großem, vorhersehenden Wert, denn es gelang hierdurch, das erhebliche Missbrauchspotenzial, das in verschiedenen Ländern mehr oder weniger deutlich in die Schlagzeilen (...Versteigerung der Eizellen von Fotomodels, Erbschaftsprozesse für kryokonservierte Embryonen, verwaiste Embryonen, Pläne des reproduktiven Klonens...) gerieten. Allerdings sind restriktive Gesetze, wie das deutsche Embryonenschutzgesetz im Lichte der modernen Möglichkeiten in wichtigen Aspekten deutlich reformbedürftig. So sollten die modernen Möglichkeiten der verlängerten in vitro Kultur von Embryonen (einschließlich der Möglichkeit, Embryonen mit normalem Entwicklungspotenzial zu identifizieren – vgl. oben), Anlass sein, die Gesetzgebung im Sinne der Menschen und vor allem der betroffenen Paare fortzuschreiben. Ziel sollte es sein, eine ärztlich begründete Zahl überzähliger Embryonen zu kultivieren, um hieraus ein oder zwei normal entwicklungsfähige Embryonen zu identifizieren und zu transferieren.

Eine weitere Entwicklung, die derzeit intensiv in der Diskussion ist und die eine Fortschreibung von Gesetzen erfordert, ist die Möglichkeit, Embryonen mit einem hohen Risiko monogener Erbkrankheiten oder chromosomaler Fehlverteilungen bereits während der Kultur im Reagenzglas zu identifizieren. Auch diese Techniken der Präimplantationsdiagnostik (im englischen Sprachraum meist Preimplantantion Genetic Diagnosis genannt und PGD abgekürzt) erfordern die Kultivierung potenziell überzähliger Embryonen. Auch hier werden ethische Interessenskonflikte sehr deutlich: Betroffene Eltern, die womöglich die schwere Erkrankung und das Sterben eines oder mehrerer Kinder oder verwandter Kindes ein- oder mehrfach miterlebt und begleitet haben, können hier eine hohe Chance auf ein chromosomal/genetisch unauffälliges Kind realisieren. Die Alternative für diese Paare, nach einer eingetretenen Spontanschwangerschaft das ungeborene Kind durch die pränatale Diagnostik (Ultraschall und Fruchtwasserpunktion) zu untersuchen und ein womöglich betroffenes Kind dann abzutreiben („Schwangerschaft auf Probe“) ist zwar vom Gesetzgeber gestattet, bringt aber ohne Zweifel ein ungleich größeres körperliches und vor allem auch seelisches Trauma mit sich. Dennoch ist in manchen Ländern (unter anderem Deutschland) die Diagnostik an nicht implantierten Embryonen (PGD) bisher immer noch nicht akzeptiert. Es wird hier der ethische Konflikt im Sinne der Priorität des Embryo und seinem Recht auf Selbsterhalt und auf die Realisierung seiner individuellen Entwicklungspotenz entschieden.

Gesellschaftlicher Diskurs

Derartige Konfliktpotenziale (Priorität Eltern – Priorität Embryo) sind sicher nicht alleine ärztlich, sondern letztlich nur im gesellschaftlichen Diskurs zu entscheiden. Die Form der gesellschaftlichen Meinungs- und Entscheidungsbildung kann sich durchaus zwischen einzelnen Ländern erheblich unterscheiden. So scheinen die gegenwärtige Entwicklung in Großbritannien von Interesse, wo das Gesundheitsministerium hinsichtlich der geplanten Reformierung des (ohnehin relativ liberal gestalteten) Embryonenschutzgesetzes eine große Internetbefragung bei der Bevölkerung initiiert hat, um hier Ansprüche, Bedenken und Begrenzungswünsche zu hinterfragen.

Diskussion

Breitenbach: Habe ich das richtig verstanden, dass die rechtlichen Vorschriften in Deutschland so sind, dass Sie genau das nicht machen dürfen, nämlich eine größere Zahl von Embryonen züchten und sie zum spätestmöglichen Zeitpunkt vor der Implantation morphologisch anschauen und die morphologisch besten nehmen. Habe ich das richtig in Erinnerung?

Thaler: Ganz genau richtig.

Breitenbach: Dem schließt sich aber sofort die zweite Frage an. In einem dieser Papers von Jänisch, die Sie ja auch kennen, hat er, einfach weil es leicht möglich war, allerdings bei der Maus, nachgesehen, was der Unterschied ist zwischen natürlicher Fortpflanzung, Invitrofertilisation und Kerntransplantation. Er wollte diese drei Stufen vergleichen. Und er hat zu seiner eigenen Überraschung bei der Invitrofertilisation auch eine überhöhte – also beim Kerntransfer habe ich es ja erwähnt – aber bei der Invitrofertilisation hat er zur seiner Überraschung eine deutlich erhöhte Steigerung von Missbildungen gesehen. Ist das jetzt eigentlich beim Menschen auch so?

Thaler: Also das ist zunächst natürlich ein Fragezeichen gewesen und es ist anhand großer Studien untersucht worden. Es gibt hier unterschiedliche Aspekte: Der eine bezieht sich auf das Imprinting, das während der Eireifung und der frühen Embryogenese wichtige Veränderungen durchläuft. Störungen des Imprintings sind sehr sehr selten. Allerdings treten Probleme des Imprintings, also Imprinting-Defekte deutlich häufiger als im Rahmen der normalen Fortpflanzung auf. Das ist also ein Aspekt, bei dem man sehr gründlich nachdenken muss. Das Basisrisiko ist zwar außerordentlich gering, insofern ist selbst eine Steigerung auf das Mehrfache relativ nicht ganz so dramatisch und tatsächlich ist es bisher nicht aufgefallen. Angesichts der sehr großen Zahlen von IVF- und ICSI Kindern, sieht man jetzt aber eine diskrete Häufung z. B. des Angelman-Syndroms. Das ist ein Aspekt, über den wir aufklären müssen und über den wir auch nachdenken müssen. Der andere Aspekt sind andere Formen von Fehlbildung, die also keine typischen genetischen Defekte oder Imprintings darstellen. Diese sind z. B. kardiale Fehlbildungen unterschiedlichsten Ausmaßes. Es gab in Deutschland über mehrere Jahre eine große multidisziplinäre Studie, wo alle Kinder, die nach ICSI entstanden waren, von Pädiatern nach einem standardisierten Verfahren untersucht wurden. Hierbei hatte man tatsächlich eine Steigerung von Missbildungen um den Faktor 1,3, also um 30 % festgestellt. Das ist also erheblich und hierzu klären wir unsere Patientinnen sorgfältig auf. Wobei es offensichtlich aber nicht die

Technik der ICSI ist, die das mit sich bringt, sondern das ist das Kollektiv von Kinderwunschpatienten, die offenbar insgesamt ein deutlich höheres Risikopotential für ihren Nachwuchs haben.

Breitenbach: Hat das zu tun mit der bei natürlichen Geburten stattfindenden strikten Selektion?

Thaler: Das ist natürlich primär die offensichtliche Argumentation: Die Spermien werden rausgesucht und diese sind natürlich nicht unbedingt auch die besten. Es spricht allerdings momentan tatsächlich einiges dafür, dass es eben nicht die KSI-Technik ist, nicht die Selektion von Spermien, sondern dass es eben bestimmte grundsätzliche Hintergrundrisiken dieser Paare sind. Für uns hat dies vor allem die wichtige Konsequenz, dass wir sehr intensiv unsere Patientinnen aufklären und wir dann sagen müssen: Sie haben, wenn Sie eine Schwangerschaft anstreben, insgesamt ein höheres Risiko ein Kind zu erhalten, was bestimmte Probleme haben könnte und dieses Risiko ist um 30 % höher als bei ihren Freunden, Kollegen, etc. Das ist nämlich die Frage, die wir gestellt bekommen. Ist das Risiko höher? Ob wir jetzt sagen, das ist durch die Technik oder durch die Hormone oder das ist ein inhärentes Risiko, das ist wahrscheinlich für die Patientinnen gar nicht so entscheidend, denn sie haben ja meistens keine andere Alternative wenn sie denn eigene Kinder wollen. Aber es ist natürlich aus grundsätzlichen Überlegungen heraus von hoher Relevanz, ob das jetzt die Selektion ist, ob das jetzt die Embryokultur ist, ob das die hormonelle Vorbehandlung ist oder ob das das Grundrisiko dieser Paare ist.

Knoepffler: Ich habe eine ganz kurze begriffliche und dann eine sachliche Frage. Die begriffliche ist nur – könnte man die In-Vitro-Fertilisation auch als Oberbegriff nennen für ICSI? Also dass man sagt, ICSI sei eine Spezialform der In-Vitro-Fertilisation? Ginge das begrifflich?

Thaler: Typischerweise würde man beide Verfahren subsumieren unter dem Begriff der assistierten Reproduktionstechnik. Die Invitrofertilisation war sozusagen der Standard für die ursprüngliche Methode und die ICSI wurde dann dazu entwickelt, und hat sich als eine eigene Begrifflichkeit davon abgegrenzt.

Knoepffler: Sachliche Frage – wir sind ja hier der katholischen Kirche verbunden. Die katholische Kirche hält ja alle diese Formen der assistierten Reproduktion für in sich schlecht, weil Zeugungsakt und Liebesakt getrennt werden. Wie geht es da sozusagen einem Reproduktionsmediziner damit, wenn er sich der Kirche verbunden fühlt? Wenn Sie dazu überhaupt Stellung nehmen wollen.

Thaler: Also ich kann dazu gerne Stellung nehmen. Denn ich erlebe Paare in ihrer Not, die keineswegs aus Lifestyle jetzt noch drei hübsche, blonde, blauäugige Kinder wollen, sondern erlebe sie in ihrer Not und mit den Opfern, die sie auch auf sich nehmen, um Kinder zu haben in einer Welt, die eben eine medizinische Hilfe anbieten kann. Ich habe es wirklich oft genug erlebt, wie sehr diese Paare ohne Hilfe oft in Schwierigkeiten geraten mit ihren Partnern, mit Partnerschaft, mit ihrem Leben. Da kommt es oft zu einem Knick in der Lebenslinie, wo man wirklich von einer Heilung sprechen kann, wenn diese Menschen letztlich doch ein Kind kriegen und ihr Leben damit wieder eine andere Sinnhaftigkeit bekommt. Ich habe die Reproduktionsmedizin in vielen Fällen wirklich heilbringend erlebt. Wobei wir uns, glaube ich, alle klar darüber sind, dass diese Techniken auch unglaubliche Risiken mit sich bringen, persönliche und auch gesellschaftliche, bis hin zu so absurden Geschichten wie in den USA, wo dann die Eizellen von Models im Internet versteigert wurden etc., etc. ...

Rager: Ich hab zwei Fragen. Sie haben gezeigt wie die Embryonen aussehen und haben dann gesagt, welche morphologisch nicht ideal aussehen. Gibt es dazu Erkenntnisse, ob die sich auch nicht ideal entwickeln würden, d.h. ob hier eine höhere Missbildungsrate hätten. Und die zweite Frage bezieht sich auf die Tabellen, die Sie zu Schluss gebracht haben, wo auch zu Recht der Einwand kam über Verschmelzung und Vereinigung. Und da sagen Sie in der letzten Zeile, dass in den Tagen drei bis zehn eine zunehmende Aktivierung des paternalen Genoms stattfindet. Wie kann man das aussagen, dass es das paternale Genom ist und nicht einfach das embryonale Genom?

Wolbert: Zunächst eine Bemerkung, dann eine Frage. Bemerkenswert ist ja nicht, dass Sie darauf hingewiesen haben, auf die Risiken von Fehlbildung ... Ich habe auch schon mal in der Information einer IVF-Klinik gelesen, dass hier kein höheres Risiko bestehe als bei der normalen Fortpflanzung, auch das kann man lesen.

Zweite Frage: Nach einem Aspekt der mir nur durch Zufall mal mitgeteilt worden ist, dass also wegen der Hyperstimulation der Frau dadurch auch notwendig sei, dass das Paar bis zu diesem Eingriff Empfängnisverhütung betreibe, damit es nicht plötzlich auf natürliche Weise klappt. Dieser Fall soll, nachdem was in Salzburg passiert sei, nur war der Hintergrund offensichtlich nicht bekannt, das war ein – glaube ich – ein ägyptisches Paar, das plötzlich Vierlinge bekam und das ging natürlich durch die Medien, die sind dann auch glaube ich einigermaßen gesund zur Welt gekommen. Und da hörte ich durch Zufall, es sei genau das passiert, also dass sie eben nicht Empfängnisverhütung betrieben haben und dann hätte es plötzlich natürlich geklappt. Also das habe ich zum ersten Mal auf diese Weise gehört. Leuchtet mir natürlich ein, dass das notwendig ist...

Greil: die Frage ob Kinderlosigkeit Krankheit ist. Also um das was Sie aus Ihrer Empirie heraus geschildert haben auch wohl annehmen zu können, würde man eigentlich einige Daten ganz gerne wissen. Also beispielsweise – gibt es longitudinale Lebensqualitätsuntersuchungen der betroffenen Partner und zeigt sich darunter, dass die Intervention tatsächlich zu einer signifikanten Veränderung im Sinne einer Verbesserung der Lebensqualität der Ehepartner führt. Zweitens, welchen Einfluss hat das auf die Partnerschaftsverhältnisse, denn das ist ein unglaublicher aufwendiger Prozess, der tief in das Sexualleben und die Partnerschaft eingreift. Und bei wie viel Prozent würden Sie glauben führt das zu einem Auseinandergehen der Partnerschaft, zu einer Verbesserung der Partnerschaft, zu einem anderen Verhältnis der Partnerschaft?

Walser: Ich möchte daran anknüpfen, nämlich von feministischer Seite her. Da wird immer eingewandt, dass Reproduktionsmedizin eigentlich die Tatsache, dass Kinderlosigkeit als Krankheit deklariert wird, noch verstärkt. Also dass das Problem sozusagen noch größer wird, weil ja der Druck auf Paare und auf Frauen eben immer größer wird, dadurch dass Reproduktionsmedizin existiert. Und so geht das dann in einem endlosen Kreislauf weiter und führt unter Umständen gar nicht zu einer Verbesserung der Lage, sondern gesamt gesehen sogar zu einem größerem Druck auf die Frauen.

Thaler: Ich fasse das jetzt zusammen. Zum einen, paternal/embryonal würde ich genauso sehen. Die Daten sind embryonal.

Hyperstimulation – das ist genau der Punkt. Ich habe Ihnen vorhin die Indikation für Invitrofertilisation gezeigt, sind zum Beispiel in verschlossenen Tuben. Wenn sie das klar dokumentiert haben, dann ist das natürlich überhaupt kein Problem, wenn ein Paar vorher Verkehr hat. Wenn – wie es durchaus vorkommen kann – völlig normale Befunde bei der Frau und völlig normale Befunde beim Mann erhoben werden, die aber seit sieben Jahren trotz allen Versuchen keine Kinder kriegen, dann kann die Invitrofertilisation, also nach Ausschöpfung aller konservativen Maßnahmen durchaus weiterhelfen. Wobei man dann bei so einem Paar, wo bei Mann und Frau völlig normale Befunde vorliegen, dann durchaus raten sollte, dass sicherheitshalber ein Kondom verwendet wird, um eine spontane Mehrlingsschwangerschaft auszuschließen. Dass es dann natürlich auch gelegentlich vorkommt, dass ein Paar dann in der Situation immer wieder gibt, dass ein Paar dann plötzlich im Urlaub schwanger wird, dann geht dies möglicherweise auch auf psychosexuelle Aspekte zurück, die hier auch mehrfach angesprochen wurden. Und dies ist auch bei der Begleitung der Paare von allergrößter Bedeutung, dass man denen nicht jetzt sagt, unter allen Umständen muss jetzt hier das so und so passieren. Da wird ja auch ein enormer Druck zum Teil auch auf uns dann übertragen, jetzt da möglichst viel und möglichst intensiv tätig zu sein. Wir haben jetzt genau auch unter diesem Aspekt kürzlich ein Buch herausgegeben, wo wir eben unseren Patientinnen auch sagen: „bezieht euch auf euch und achtet darauf, wie es euch selbst geht. Und da stand ein Aphorismus vorne dran von Hilde Domin, wo sie sagt: „Nicht müde werden, sondern dem Wunder leise, wie einem Vogel die Hand hinhalten." Das heißt die innere Bereitschaft ist wichtig, aber es kann nicht erjagt und nicht erzwungen werden. Ich glaube das ist eine ganz wichtige Voraussetzung, die man gerade bei dieser Medizin auch anwenden sollte. Es geht hier nicht um Erfolg auf Teufel komm raus, sondern man muss hier wirklich auch gucken, wo die Paare sind. War jetzt noch etwas ganz wichtiges, was ich vergessen hab?

Rager: Die Missbildungsrate bei den morphologisch nicht gut aussehenden Embryonen.

Thaler: Ach so. Also wir finden, dass diese Aspekte, die man jetzt morphologisch sehen kann – dass diese ein alles oder nichts-Gesetz repräsentieren. Das führt entweder zu einer Schwangerschaft oder zu keiner Schwangerschaft. Es führt zu nicht einmal einer höheren Missbildungsrate Es scheint offenbar sehr früh zum Zeitpunkt der Implantation diese Abgrenzung zu geben, die sich auf morphologische Aspekte bezieht. Die genetischen Aspekte klar, da können natürlich zu Fehlgeburten, zu Totgeburten oder genetisch auffälligen Kindern führen. Die Morphologie scheint sich aber nur im ganz frühen Bereich auszuwirken.

Breitenbach: Wenn ich bitte eine ganz kurze Bemerkung machen darf, die vielleicht nicht allgemein bekannt ist, aber in dem Zusammenhang herpasst. Bei völlig normalen Konzeptussen findet man im Lehrbuch (Griffiths, An Introduction to Genetic Analysis, 7th edition, 2000, p. 569), dass 15 % zu spontanen Fehlgeburten führen, von denen etwa die Hälfte sichtbare Anomalien der Chromosomen zeigen. Von denen, die lebend geboren werden, zeigen etwa 0,5 % sichtbare Anomalien der Chromosomen und etwa 1,7 % sterben perinatal. Das ist eine enorm hohe Anzahl, die aber offensichtlich der Entwicklung der Art nicht im Weg steht. Es ist nicht so, dass die Natur, wenn man sie in Ruhe tun lässt, ideal funktioniert. Davon sind wir ganz weit entfernt. Ich wollte das nur sagen in diesem Kreis, weil das vielleicht nicht allgemein bekannt ist.

Dohr: Nur die Morphologie als Auswahlkriterium zu nehmen, ist – wie Sie auch selber andeuten – nicht optimal, aber es gibt jetzt Bestrebungen auch im Verband Europäischer Netzwerkforschungsprogramme, andere Parameter zu definieren, um eine Aussage darüber treffen zu können, ob ein Vierzeller, Achtzeller oder eine Blastozyste „gesund ist“. – Ein weiteres wichtiges Thema wäre und ich hoffe, dass wir darüber noch diskutieren werden – die Nomenklatur die in der Reproduktionsmedizin verwendet wird. Es gibt in der Literatur den Präembryo, es gibt die Zygote, es gibt den Embryo, es gibt den Zweizeller, den Vierzeller, den Achtzeller und noch einige andere Beschreibungen des frühen Entwicklungsstadiums eines Menschen. Es gab vor gar nicht so langer Zeit eine Tagung in Graz, wo darüber diskutiert wurde, wie die verschiedenen Stadien der menschlichen Entwicklung benannt werden und welche Auswirkungen diese Beschreibungen auf unser Verhalten, auf unsere Gesetze und auf die Wirtschaft haben. Ist die Zygote schon ein Embryo, ist der Embryo schon eine Person? Existiert, wie in der jüdischen Terminologie ein Mensch erst ab dem 40., oder nach der islamischen Sichtweise erst ab dem 120. Tag nachdem eine Seele eingehaucht wurde? Ein ganz komplexes und diffiziles Problem und wir WissenschaftlerInnen sind uns hier in der Nomenklatur und in der Bewertung noch nicht einig.

Pichler: Vorweg: In der Juristerei stellt sich die Frage Kind oder Mensch nicht, sondern Leben oder nicht Leben. Und die hätten wir gerne von der Medizin beantwortet, denn dann können wir erst mit normativen Anknüpfungen aufwarten, es wäre albern, wenn wir meinten, es könnte heute noch längerfristige haltende von Juristen geschaffene Wirklichkeiten geben. Aber das war jetzt nicht mein Punkt, es geht mir mehr um die Intervention Greil. Herr Greil, es geben sich verschiedene Gesellschaften verschiedene Antworten auf die gleiche Grundproblematik, weil sie verschiedene Werteannahmen treffen. Deswegen geht man in Deutschland – eine umstrittene, bisweilen als inhuman gegenüber Frauen qualifizierte, aber dennoch aus Lebens- und Rechtssicherheitserwägungen heraus nicht unverständliche Entscheidung im Übrigen – wie auch in anderen Ländern den Weg, dass man die Zulässigkeit der Produktion von mehreren Embryonen eben ausschließt. Wir haben in Österreich das Problem, dass wir aus sehr humanitären Überlegungen eine solche zugelassen haben, aber dafür eine bei Gott nicht überflüssige Debatte um den Lebensschutzes durchmachen, die den Ethikrat wieder und wieder beschäftigt hat. Was passiert denn wirklich nach diesen einem Jahr? Ich wiederhole diese Frage im Lichte der hier vorgebrachten Fakten. Sie haben nobel gesagt, die werden nicht mehr weiter kultiviert. Das ist eine elegante Medizinerumschreibung Wir Juristen fragen weniger euphemistisch, entsorgt oder nicht entsorgt und damit Lebensschutz oder nicht Lebensschutz. Die ethischen Bedenken, die schon genannt wurden, rund um die Fortpflanzungsmedizin oder assistierte Medizin, die halten wir Juristen Anbetrachts der dahinter gekommenen Herausforderungen heute für fast schon vernachlässigbar, wie wohl sie diskutabel sind. Interessanterweise sind, obwohl die Kirche die Fortpflanzungsmedizin nicht gerade gerne sieht und sich hinter der Bühne auch so positioniert hat, es in Europa gerade die christdemokratischen Parteien, die mit dem Argument des Helfenmüssens, wenn die Medizin helfen kann, diese Assistenzen möglich machten und gerade die sich selber nicht christlich nennenden Parteien, wie die Grünen und die Sozialdemokratie, sind eher dagegen. Sie argumentieren, die Bereitstellung von Assistenzangeboten übe einen enormen Druck auf Frauen auf, viel mehr als auf die Väter, die zusätzlich sogar noch Teil des druckausübenden Systems sein können. Die Grünen haben in der Debatte auch Empirie und Psychologie bemüht und versucht nachzuweisen, dass es den assistierten Familien in der Partnerbefindlichkeit nachher gar nicht so berauschend besser gehe und es beobachtbarer Weise viele post-fertilisierte Depressionen gäbe. Gut, das sind Positionen. Ich meine, das Kirchenargument der Nichthinnehmbarkeit der Trennung von Zeugungs- und Liebensakt wurde in den parlamentarischen Verhandlungen deshalb immer an die Wand gespielt, weil ja auch im realen Leben, lapidar verkürzt, nicht jeder Zeugungsakt uno actu auch ein Liebesakt ist. Für einen Juristen wiegt das alles nicht so sehr, weil wir von der Grundannahme ausgehen, ausgehen müssen, dass Menschen mit den von der Rechtsordnung bereitzustellenden und abzusichernden Freiheiten selbstverantwortlich umgehen müssen. Für einen Ethiker muss das aber schwer wiegen in der Diskussion.

Anders als mit den ethischen Bedenken verhält es sich jedoch mit den rechtsethischen Bedenken, die wir zum Anknüpfungspunkt für unsere Regulationsmodelle machen. Die liegen in der Tat im Grunde wo anders. Die machen nicht an den psychischen Befindlichkeiten fest, mit denen müssen die Menschen selber zurechtkommen, sondern an der Produktion von überzähligen Embryonen. Dort ist man im Grenzbereich – oder drüber.

Wer diese überzähligen Embryonen nicht „vernichtet" muss entweder zu einem Verbot überzähliger Embryonen gelangen oder zu einer Lösung, in der diese Embryonen zum Weiterleben gebracht werden. Letzterem entsprechen wollend, haben wir in Österreich den Vorschlag von Johannes Huber am Tisch, den man anderswo schon kopiert, man sollte diese überzähligen Embryonen dann zur Adoption freigeben. Damit handelten wir uns dann freilich erst recht neue Probleme ein.

Noch einen letzten Punkt von Ihnen gilt es zu reflektieren, den der Präimplantationsdiagnostik, PID, zu der von Kirchen und Behindertenrepräsentationen große Widerstände kommen. Also da halte ich es mit Greil. Diese Vorbehalte, die einstweilen ja auch noch die Rechtsordnung teilt, werden fallen, weil sie auf Dauer nicht argumentierbar sind. Wenn die Rechtsordnung, wie in Österreich, das Faktum mehrerer zur Implantation bereitgestellter Embryonen geschaffen hat, dann wäre es doch erstens Zynismus, zu sagen, ab jetzt wird gewürfelt, wenn vorher geplant werden darf, und zweitens, ist es dem Selbstbestimmungsrecht der Eltern doch auch gar nicht verwehrbar, darüber zu entscheiden, welcher Embryo von 1 bis 9 nun implantiert werden soll. Da geht es um eine sachlich rechtfertigbare Entscheidung, wie eine vorgezogene medizinische Indikation, besser gesagt, die Verhinderung, dass es später zu einer medizinischen Indikation kommt. Wie treffsicher die Methode ist, sollen die Mediziner unter sich ausmachen und natürlich sollen sie schauen, dass das nil-nocere-Prinzip bestmöglich gewahrt wird. Klar ist, dass solches Tun den Eugenik-Vorwurf nach sich zieht, aber das hätte sich der damals ach so humane, mehrheitlich christdemokratische Gesetzgeber schon überlegen müssen, als er die Mehrfachembryonen zugelassen hat, um Frauen nicht den hohen Belastungen einer eins zu eins Befruchtung auszusetzen. Vorher Planungsfreiheit zu gewähren und nachher Providenz zu verkünden, das ist schon ein echter Wertungswiderspruch.

Greil: Sie machen das ja praktisch in der Präimplantationsdiagnostik, auch wenn Sie das nicht genetisch prüfen indem Sie das nach morphologischen Kriterien machen. Und daher ist meine Frage danach eigentlich folgende: Gibt es für Sie einen gesetzlichen Auftrag den morphologisch besten Embryo zu wählen? Müssen Sie das dokumentieren? Machen Sie sich schuldig, wenn Sie aus Jux oder aus welcher Motivation auch immer, das nicht tun würden. Und umgekehrt, wie ist die Situation, weil es gibt ja eine sehr lautstarke Diskussion mit den Behinderten, dass es auch ein Recht auf den behinderten Embryo gibt. Meine Meinung möchte ich dazu nicht sagen. Wie würden Sie als Person reagieren, wie würden Sie als behandelnder Arzt handeln, wenn dieser Wunsch an Sie herangetragen würde.

Thaler: Sie haben es ja vorhin sehr schön gezeigt, Sie finden bei den morphologisch völlig regelhaft entwickelten Embryonen durchaus einen nicht unerheblichen Prozentsatz an anormalen chromosomalen Situationen, d.h. diese Dinge decken sich nur teilweise und sind durchaus unterschiedliche Aussagen. Zum anderen: Vielleicht ist das vorhin nicht richtig verstanden worden bzw. von mir nicht klar genug gesagt worden: wir können die Auswahl aufgrund der Morphologie in Deutschland ja nicht durchführen, denn wir müssen zum Zeitpunkt des Vorkerns entscheiden, welche zwei oder drei Embryonen wir weiter kultivieren können. Die anderen werden Kryo konserviert oder verworfen. Da passiert sozusagen eine relativ willkürliche Auswahl. Also wir haben zwar ein paar Hinweise, dass jene Vorkernmorphologie auch schon Hinweise auf eine Entwicklungsfähigkeit gibt, aber das ist so früh, dass es fast schon dem Würfeln entspricht. Also da kann ich Ihnen nur aufs intensivste zupflichten, dass es besser wäre anstatt des Würfelns eine fundierte Abschätzung der Entwicklungsfähigkeit gemäß zeitgemäßen Erkenntnissen zu machen und zu nutzen.

Greil: Wenn Sie die Wahl als Arzt hätten. Würden Sie auf Wunsch ein behindertes, oder wahrscheinlich behindertes Kind mithelfen auf die Welt zu bringen, zu zeugen, zu generieren?

Thaler: Ich glaube das ist keine Entscheidung, die sich jetzt so pauschal beantworten lässt, sondern das hat enorm mit der individuellen Situation zu tun. Ich gebe Ihnen trotzdem noch ein bisschen ein persönliches Statement hiezu: Ich habe Situationen erlebt, wo Eltern mehrfach hintereinander genetisch auffällige, schwerkranke Kinder bekommen hatten und in den Tod hinein gepflegt haben. Als dann weitere Schwangerschaften entstanden waren und anhand der Pränataldiagnostik wiederum betroffene Kinder diagnostiziert wurden, konnte dies psychisch nicht mehr verarbeitet werden, mit dem Ergebnis des Schwangerschaftsabbruches. Und dass man so einem Paar den Hinweis geben könnte, dass es Länder gibt, die gar nicht so ganz weit weg sind, wo man durch die Präimplantationsdiagnostik auch einen deutlich weniger belastenden Weg beschreiten kann – dieser scheint mir für einen Arzt durchaus statthaft und hilfreich

Greil: Und so ist das auch in den Behindertenverbänden gemeint, d.h. Sie stellen invitro fest, dass es einen gesunden und einen kranken Embryo, Präembryo, was auch immer, gibt und es besteht der Wunsch, den kranken zu implantieren und nicht den gesunden. Meine Frage an Sie ist, wie würden Sie das sehen – ist das individuelles Gestaltungsrecht eines jeden Menschen?

Thaler: Warum sollte man dann die Diagnostik überhaupt durchführen, wenn daraus keine Konsequenz abgeleitet würde?

Greil: Weil die Frau oder wer auch immer den spezifischen Wunsch danach hat.

Knoepffler: Ich kann schon verstehen wie das gemeint ist. Also in England ist der Wunsch im Rahmen der Präimplantationsdiagnostik von Taubstummen, dass ihr Kind auch taubstumm ist. Die wollten also diese Methode einsetzen, um gerade sicher zu gehen, dass die implantierten Embryonen auf jeden Fall genetisch auch taubstumm sind. Hintergrund war, dass sie gesagt haben, wir haben eine so eigene Kultur und so wertvolle und wichtige Rollen auch für die Kinder.

Thaler: Jetzt verstehe ich die Frage. Also ich stelle mir diese Situation sehr schwer vor. Das geht für mich fast schon in die Richtung – plakativ gesagt, Designerbaby. Wenn Eltern bestimmte Eigenschaften ihres Kindes – und seien dies vordergründig Behinderungen – als Wunsch vorgeben – ohne dabei an den mutmaßlichen Wunsch des ungeborenen Lebens zu denken.

Embryonale versus adulte Stammzellen

Sonja Koestenbauer, Kristina Kofler und Gottlieb Dohr

Einleitung

Ausgehend von der ersten Knochenmarkstransplantation 1957[1], bei der natürlich auch Knochenmarks-Stammzellen transplantiert wurden, nahm das Interesse an diesen besonders entwicklungsfähigen Zellen mit jeder neuen Erkenntnis zu. Sie wurden zu Hoffnungsträgern im Bereich der Transplantations- und regenerativen Medizin.

Definition des Begriffs „Stammzelle"

Stammzellen sind nicht endgültig differenzierte Zellen. Sie werden durch zwei Charakteristika definiert: einerseits können sie ihren eigenen Pool durch Selbsterneuerung/Autoreproduktion (self-renewal) erhalten, andererseits können aus ihnen, durch passende Stimuli, Zellen verschiedenster Zelltypen entstehen. Das beste Beispiel dafür sind die hämatopoetischen Stammzellen, aus denen zeitlebens alle Populationen von Blutzellen entstehen.

Stammzellen folgen einem asymmetrischen oder symmetrischen Teilungsschema. Durch eine symmetrische Teilung entstehen zwei Tochterstammzellen, dadurch wird der Pool an Stammzellen erhalten. Teilen sie sich hingegen asymmetrisch, so entsteht nur eine Tochterstammzelle und eine Vorläuferzelle (Progenitorzellen). Aus der Vorläuferzelle entsteht schlussendlich eine ausdifferenzierte Zelle[2]. Welche Stimuli für den Wechsel zwischen den beiden Teilungsschemata verantwortlich und welche Mechanismen darin involviert sind, ist noch unklar. Es wird aber angenommen, dass es sich dabei um ein Prinzip handelt, das auf vererbte Faktoren der Mutterzellen oder auf Umwelteinflüssen oder auf beidem basiert[3,4].

Einteilung der Stammzellen

Stammzellen können bezüglich ihres Entwicklungsstadiums oder ihres Entwicklungspotentials *in vivo* eingeteilt werden[5,6].

Bei den Entwicklungsstadien unterscheidet man embryonale Stammzellen (Zellen aus der frühen Embryonalphase), fetale Stammzellen (Zellen aus der Fetalphase) und adulte Stammzellen.

Das Entwicklungspotential unterscheidet zwischen totipotenten (lat. totus = ganz, insgesamt, ungeteilt) und pluripotenten (lat. pluris = mehr, plus) Stammzellen. Totipotente Stammzellen findet man ausschließlich bis zum 4-8 Zellstadium in der Embryonalentwicklung. Diese Zellen haben noch die Fähigkeit einen gesamten Organismus zu generieren. Über das 4-8 Zellstadium hinaus wird das Potential der Zellen geringer.

Pluripotente Zellen unterscheiden sich untereinander in ihrem Entwicklungspotential, abhängig davon in welchem Entwicklungsstadium sie sich befinden. So haben Zellen, die die innere Zellmasse einer Blastozyste bilden, ein größeres Potential als die hämatopoetischen Stammzellen im Knochenmark eines Erwachsenen, dennoch sind beide per Definition pluripotent.

Embryonale Stammzellen

Pluripotente embryonale Stammzellen (ES) werden aus der inneren Zellmasse (ICM) von Blastozysten gewonnen. Diese Zellen können sich in fast alle Zell- und Gewebearten differenzieren. Sie können aber kein eigenständiges Individuum mehr generieren, da ihnen die Fähigkeit fehlt, jene Gewebe zu bilden, die aus dem Trophoblasten hervorgehen (Plazenta, Chorion laeve). Abgesehen von ihrem hohen Entwicklungspotential werden embryonale Stammzellen durch verschiedene Oberflächenmarker, Transkriptionsfaktoren, einer starken alkalinen Phosphatase Aktivität, einer starken Telomerase Aktivität sowie einer hohen Kern-zu-Plasma-Ratio charakterisiert.

Embryonale Stammzellen sind durch ein Panel an Oberflächenmarkern in Kombination mit Transkriptionsfaktoren gekennzeichnet.

Die wichtigsten Oberflächenmarker für embryonale Stammzellen humanem Ursprungs sind:

SSEA-3 (*s*tage-*s*pecific *e*mbryonic *a*ntigen), SSEA-4, Tra-1-81 (*T*umor *r*ejection *a*ntigen), Tra-1-60 und GCTM-2 (germ cell tumour monoclonal-2). Es gibt weitere, hier nicht angeführte Stammzellmarker für embryonale Stammzellen[7].

Es sind 3 verschiedenen Formen des Moleküls SSEA bekannt. Man unterscheidet SSEA-1, SSEA-3 und SSEA-4. Die unterschiedlichen Isoformen werden speziesspezifisch expremiert. So findet man SSEA-1 in embryonalen Stammzellen der Maus, nicht aber in humanen embryonalen Stammzellen. SSEA-3 und –4 sind dafür spezifisch für humane embryonaler Stammzellen. SSEA-1 wird mit

Zell-Zell-Adhäsion in Zusammenhang gebracht, die Funktion von SSEA-3 und –4 ist noch unbekannt[7].

Tra-1-60, Tra-1-81 und GCTM-2 sind eigentlich Namen für Antikörper gegen Bestanteile der zellulären Matrix. Über die Namensgebung der Antikörper erhielten die von ihnen erkannten Oberflächestrukturen ihren Namen.

Wichtig bei der Charakterisierung embryonaler Stammzellen sind auch Transkriptionsfaktoren, wie zum Beispiel: Oct4, Sox2 und FoxD3.

Der Transkriptionsfaktor Oct4 ist einer der meist beforschten Stammzellmarker auf Transkriptionsebene. Obwohl er nicht ausschließlich in embryonalen Stammzellen vorkommt, ist er in Kombination mit den oben genannten Oberflächenmarkern das Charakteristikum pluripotenter Zellen. Ähnliches gilt für Sox2, FoxD3 und alle weitern Transpkritionsfaktoren embryonaler Stammzellen[7].

Gewinnung embryonaler Stammzellen

Die ICM kann mit Hilfe zweier verschiedener Techniken isoliert werden: „Immunosurgery“ oder mechanische Isolation[7].

Schon 1981[8, 9] wurden die ersten embryonalen Stammzelllinien der Maus etabliert, Jahre später wurde die erste humane ICM isoliert[10] und die erste humane pluripotente embryonale Stammzelllinie beschrieben[11].

Embryonale Stammzellen können unterschiedlichen Ursprungs sein.

Bei der *in-vitro* Fertilisation (IVF) entsteht ein Überschuss an Blastozysten. Es werden mehr Eizellen befruchtet und in ein Blastozystenstadium gebracht als später implantiert werden. Die überzähligen Blastozysten können eingefroren und für eine weitere Implantation verwendet werden (Kryokonservierung von Blastozysten ist nicht in allen EU-Ländern erlaubt!). Die Lagerung der Blastozysten ist aber durch gesetzliche Fristen zeitlich begrenzt, nach Ablauf dieser Fristen müssen die Blastozysten entsorgt werden. Theoretisch könnten diese Blastozysten, mit Einverständnis der Eltern, zur Stammzellgewinnung herangezogen werden. Die gesamte ICM könnte isoliert und diese pluripotenten embryonalen Stammzellen als heterologe Transplantate verwendet werden.

Sollen die Stammzellen für spätere Transplantationen oder regenerative Maßnahmen am durch IVF gezeugten Individuum einsetzbar sein, können der zu transplantierenden Blastozyste nur wenige Zellen der ICM entnommen und daraus embryonale Stammzelllinien etabliert werden. So können die Zellen nach Bedarf als autologe Transplantate fungieren.

Die Gewinnung embryonaler Stammzellen nach einer IVF ist in Abbildung 1 dargestellt.

Eine Möglichkeit totipotente embryonale Stammzellen zu gewinnen, besteht in einer gezielten Zellseparation. Aus dem 4-Zell Stadium könnten einzelne

Blastomere entnommen werden. Diese Zellen könnten theoretisch direkter Ausgangpunkt für totipotente Stammzelllinien sein.

Ein weiterer Ansatz zur Produktion embryonaler Stammzellen ist das therapeutische Klonen. Das Prinzip des Kerntransfers, auf dem auch dieses Verfahren beruht, wurde durch das Klon-Schaf Dolly 1996 schlagartig bekannt[12]. Es können sowohl toti- als auch pluripotente Stammzelllinien generiert werden.

Ein Zellkern eines adulten Menschen wird aus einer Gewebsbiopsie gewonnen und in eine entkernte, menschliche Eizelle eingebracht. Durch einen elektrischen Impuls wird der Kern zur Teilung angeregt. Im 4-Zell Stadium können wieder Blastomere entnommen und so eine totipotente Stammzelllinie erzeugt werden. Wird die Embryonalentwicklung bis zur Blastozyste weitergeführt, kann wiederum eine pluripotente Stammzelllinie generiert werden. Die entstehenden Zelllinien sind autolog zum Kernspender und könnten somit für Zell-, Gewebe oder sogar, nach entsprechender Vorkultivierung, als Organersatz dienen.

Klinischer Einsatz embryonaler Stammzellen

Embryonale Stammzellen haben das Potential sich in alle Zellarten der drei Keimblätter zu differenzieren[13]. Es konnte gezeigt werden, dass undifferenzierte Stammzellen *in vitro* unter geeigneten Bedingungen 300-450 Zellteilungen durchmachen können[14]. Durch geeignete Stimuli können die undifferenzierten Stammzellen in eine Vorzugsrichtung differenziert werden. Diese Eigenschaft der Stammzellen ist für den klinischen Einsatz von sehr großer Relevanz. Für die meisten Applikationen müssen die ES Zellen vordifferenziert sein.

Im Mittelpunkt der Forschungen für den klinischen Einsatz stehen Zellersatztherapien[15, 16] im Bereich neurodegenerativer Erkrankungen (z.B. Parkinson), muskeldegenerativer Erkrankungen (z.B.: Duchenne Muskeldystrophie), Herzinfarkt bzw. cardiovaskuläre Erkrankungen, Osteogenesis Imperfecta und Diabetes.

Eine längere *in vitro* Kultivierung (die bei einer Vordifferenzierung nötig ist) birgt aber einige Risiken. ES Zellen bleiben zwar lange teilungsfähig, aber mit jeder Zellteilung steigt die Gefahr von Mutationen.

Das Phänomen des Imprinting spielt bei embryonalen Stammzellen eine große Rolle. Epigenetischen Faktoren sind sehr wichtig für Differenzierungsprozesse und die spätere Einsetzbarkeit der aus den ES Zellen differenzierten Zellen[17].

Humane ES Zellen werden auf Mausfeederzellen in einem Medium mit sehr hohem Serumanteil kultiviert[18]. Für einen klinischen Einsatz sind solche Kulturbedingungen nicht akzeptabel. Es dürfen keine tierischen Komponenten verwendet werden, da einerseits die Gefahr besteht, dass tierpathogene Viren übertragen werden[19], andererseits, dass die Zellen ihre Immunkompetenz verlieren. In den Medien, die Komponenten mit tierischem Ursprung enthalten, gibt es Polysaccharide, die sich an die Oberflächen der humanen ES Zellen heften und so die Zellen nicht mehr als human erscheinen lassen.

Es gibt Ansätze für feeder- und/oder serumfreie Kulturbedingungen, zum Teil wird auch versucht, tierische Produkte durch humane zu ersetzten[20-24].

ES Zellen können spontan in alle Zelltypen der drei Keimblätter differenzieren. Unter geeigneten Bedingungen kann man die Differenzierung weitgehend steuern und so Zellen für eine Transplantation in die gewünschte Richtung vordifferenzieren. Eine solche Differenzierung führt nie zu hundert Prozent ausdifferenzierten Zellen, es bleiben immer einige in einem undifferenzierten Stadium. Werden undifferenzierte Zellen transplantiert, entwickeln sich diese in die unterschiedlichsten Zelltypen, *in vivo* können sie auch entarten und Teratokarzinome bilden.

Humane ES Zellen werden aber auch für Entwicklungs- und Medikamentenstudien genutzt. Einsetzbar wären ES Zellen auch in Zusammenhang mit einer Gentherapie[25, 26].

Ein weiteres Problem, dass bei einer klinischen Anwendung von ES Zellen gelöst werden muss, ist die generelle Immunintoleranz gegenüber ES Zellen oder deren Derivaten. Wenn diese Zellen nicht autolog gewonnen wurden, werden sie nicht als eigen erkannt und rufen, so wie jedes andere allogene Transplantat, eine Immunreaktion hervor[25, 27-30]. Diese Reaktion fällt aber geringer aus als bei ausdifferenzierten Zellen.

Beim therapeutischen Klonen ist die entstehende Stammzelllinie nicht völlig autolog. Durch die Eizelle werden Mitochondrien der Spenderin mit in das System gebracht.

Auf Grund der vielen noch zu lösenden Probleme gibt es zahlreiche Studien im Tiermodell. Arbeiten mit humanen embryonalen Stammzellen wurden bis jetzt nur begrenzt durchgeführt, da das Arbeiten mit solchen Zelllinien nicht in allen Ländern erlaubt ist.

Tabelle 1 soll einen Überblick verschaffen, welche Zelltypen schon mit ES Zellen (Tabelle 1(a) Maus; Tabelle 1(b) Mensch) gezüchtet wurden.

Abbildung 1: Gewinnung embryonaler Stammzellen nach IVF (In-vitro Fertilisation).

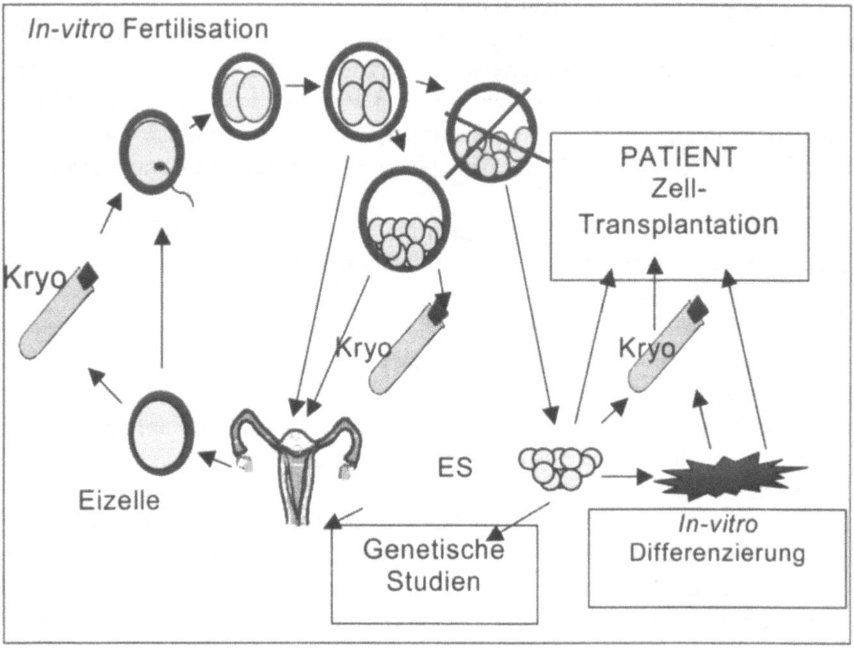

ES = pluripotente Stammzellen
Kryo = Kryokonservierung

Tabelle 1(a) Ausgewählte Experimente mit embryonalen Stammzellen der Maus. Aus mES werden verschiedene Zelltypen generiert.

Ursprungszelle	Entstehender Zelltyp	Ref.
mES	Neuronale Zelltypen: Astrozyten Gliazell-Vorläufer Oligodendrozyten Neuronen Neuronale Vorläufer	31-36
	Cardiomyocyten	37-44
	Chondrozyten	45
	Endothelialezellen	46
	Osteoblasten	47
	Zellen des Pankreas	48, 49
	Skelettmuskulatur	50, 51
	Glatte Muskulatur	46, 52

mES = embryonale Stammzelle der Maus
Ref. = Referenz

Tabelle 1(b) Ausgewählte Experimente mit humanen embryonalen Stammzellen. Aus hES werden verschiedene Zelltypen generiert.

Ursprungszelle	Entstehender Zelltyp	Ref.
hES	Ectoderm Endoderm Mesoderm	11, 13, 53
	Cardiomyozyten	54, 55
	Cardiomyozyten Endoderm hämatopoetische Zellen Neuronen	56
	Pankreas Zellen	54
	Neuronen	53, 57-59
	Hämatopoetische Zellen	60

hES = Humane embryonale Stammzellen
Ref. = Referenz

Adulte Stammzellen

Definition des Begriffs „adulte Stammzellen"

Im adulten Organismus findet man sogenannte Vorläuferzellen (adulte Stammzellen), denen eine gewisse Plastizität zugeschrieben werden kann. Säugetiere haben rund 20 verschiedene Grundtypen an adulten Stammzellen zur Verfügung. Adulte Stammzellen können fast alle in einem Organismus vorhandenen Zell- und Gewebetypen regenerieren. Sie sind aber meist schwer zu identifizieren und nur bedingt zu isolieren, wodurch eine klinische Anwendung oftmals unmöglich wird. Trotzdem sind adulte Stammzellen die Hoffnungsträger der regenerativen Medizin. Die ungeahnten Möglichkeiten der adulten Stammzellen für den Einsatz in der Medizin taten sich mit der Entdeckung des Phänomens „Trans-Differenzierung" auf.

Trans-Differenzierung

Man nahm lange Zeit an, dass adulte Stammzellen nur in Geweben vorkommen, die eine hohe zelluläre turn-over Rate aufweisen (z.B.: Blut, Haut, Darm, ...) und nur Zelltypen ihres Ursprungsgewebes bilden können. Es konnte aber bewiesen werden, dass adulte Stammzellen wesentlich mehr Potential haben als zuerst angenommen. So können sie sich auch in unterschiedliche Zelltypen, die nicht ihrem Ursprungsgewebe entsprechen, differenzieren. Diese Fähigkeit wurde mit dem Begriff „Trans-Differenzierung" beschrieben. Eine Trans-Differenzierung kann innerhalb eines Keimblattes[61-67] stattfinden oder auch über die Keimblattgrenzen[68-75] hinweg.

In Abbildung 2 ist das Differenzierungspotential und Trans-Differenzierungspotential hämatopoetischer Stammzellen veranschaulicht.

Stammzellen aus Nabelschnurblut und Knochenmark

Einen besonderen Stellenwert unter den adulten Stammzellen haben die Stammzellen aus dem Knochenmark und dem Nabelschnurblut. Beide haben den großen Vorteil, dass sie leicht und ohne Gefährdung des Patienten zu isolieren sind. Das Nabelschnurblut ist als Quelle für Stammzellen dem Knochenmark ähnlich[76].

Sowohl im Knochenmark als auch im Nabelschnurblut entstammt ein Hauptanteil der Stammzellen der hämatopoetischen Linie. Im Knochenmark machen aber auch mesenchymale Stammzellen und die sogenannten MAPC (multipotent adult progenitor cells) einen großen Teil an der Gesamtzahl der Stammzellen aus.

Hämatopoetische Stammzellen (HSC) sind die am meist beforschten und am besten charakterisierten adulten Stammzellen. Es konnte gezeigt werden, dass sie in der Population CD34+CD38- Zellen sehr häufig vertreten sind[61, 77].

Aus HSCs können sich zumindest zehn verschiedene Blutzelltypen bilden. Man kann die Stammzellen zusätzlich noch in zwei Gruppen unterteilen: In die „long term repopulating cells“ (LTRC) und die „short term repopulating cells“ (STRCs). Die LTRCs erhalten ihren Pool zeitlebens, aus ihnen entstehen die STRCs, die hin und wieder erneuert werden müssen[78]. Nach einer Knochenmarkstransplantation übernehmen die STRCs als erstes die Wiederherstellung des hämatopoetischen Systems. Die transplantierten LTRCs zeigen erst später Wirkung, erhalten aber danach zeitlebens den Stammzellpool aufrecht.

Über die Aufnahmefähigkeit bzw. die aktive Abgabe von Farbstoffen (Rhodamin 123, Hoest 33342) kann man Stammzellen metabolisch charakterisieren. HSCs schleusen die Farbstoffe mit einer sehr hohen Effizienz aus. Durch eine flow-zytometrischen Analyse kann die sogenannte Side-Population (SP), welche die schwach gefärbten HSCs beinhaltet, definiert werden[79-82].

Die HSCs sind eine sehr heterogene Zellgruppe[83], die durch sehr viele unterschiedliche Oberflächenmarker charakterisiert ist. Die wichtigsten Marker, die auf HSCs vorkommen können, sind: CD34, CD133[84], KDR[85], c-Kit, Thy-1, CD45, CD14. Abwesend sollten die Marker CD38, HLA-DR, CD45RA und CD71 sein[86]. Außerdem haben die HSCs keine Oberflächenmarker ausgereifter Zelltypen – die Zellen sind Lin (lineage-specific antigens) negativ. Der Panel an Lin-Antigenen ist groß, es zählen unter anderem dazu: CD2, CD3, CD4, CD8, CD14, CD15, CD16, CD19, CD20, CD33, CD41, CD56, CD59, CD66b[87].

Die Entdeckung des CD34 Antigens auf der Oberfläche hämatopoetischer Stamm- und Vorläuferzellen war von herausragender Bedeutung für das Verständnis der Physiologie der Blutbildung[88-90]. Es wurde gezeigt, dass das CD34 Molekül wichtig für die Zelladhäsion und den Homing-Prozess ist[91]. Das humane CD34 ist dem Maus CD34 in der Proteinsequenz und dem Expressionsprofil sehr ähnlich[92, 93]. Es hat sich gezeigt, dass in der Population von CD34+ Zellen aktivierte Stammzellen zu finden sind. Diese können aber in einen Ruhezustand, in dem sie CD34 negativ sind, zurückfallen[94, 95]. Die Expression von CD34 steht auch im Zusammenhang mit der Aktivierung des Zellzyklus[96].

CD133 (AC133) ist ein weiterer Oberflächenmarker, der zur Identifizierung von HSCs verwendet wird[84]. Er wird auf HSCs mit CD34 co-exprimiert[97]. CD133 ist ein Oberflächenmolekül mit fünf Transmembrandomänen, dessen Funktion noch nicht bekannt ist[98]. Es wurde gezeigt, dass CD133 ein Marker für sehr frühe HSCs darstellt, die ein hohes Selbsterneuerungspotential und eine niedrige Apoptoserate haben[99]. Man findet mRNA von CD133 in sehr vielen

Zellarten, das Protein CD133 hingegen nur auf wenigen. Abgesehen von den HSCs wird CD133 auch auf epithelialen Zellen exprimiert[100, 101].

Ein weiterer Marker für die hämatopoetischen Stammzellen scheint der „vascular growth factor receptor 2" (VEGFR2 = KDR) zu sein. Es wurde gezeigt, dass Zellen CD34+KDR+ in der HSCs Population stark vertreten sind[85].

C-Kit ist eine Rezeptor-Tyrosin-Kinase, die nach Aktivierung durch ihren Liganden, dem so genannten „Stem cell Factor", Signale in Stammzellen übertragen kann. Die genaue Funktion von c-kit in HSCs ist nicht bekannt, Mutationen in c-kit führen aber zu Störungen im hämatopoetischen System[102].

HSCs tragen als Zellen der hämatopoetischen Reihe das CD45 Molekül an ihrer Oberfläche.

Im Knochenmark finden sich auch mesenchymale Stammzellen (MSCs). Aus ihnen kann das Knochenmarksstroma, Knochen, Knorpel, Fett und Sehnen entstehen. Die MSCs unterscheiden sich gegenüber den HSCs durch ein anderes Panel an Oberflächenmarker. Sie exprimieren weder CD34, CD45, CD14, CD41 noch T- und B-Zell-Marker[103], dafür findet man unter anderem CD13, CD29, CD44, CD49a, CD71, CD90, CD105, CD144 und viele weitere Oberflächenmoleküle[104].

Eine weitere Stammzellgruppe, die im Knochenmark zu finden ist, sind die MAPCs (multipotent adult progenitor cell). Sie sind eine Subpopulation der MSCs und können nicht nur alle Zelltypen, die von MSCs gebildet werden, bilden, sondern auch endotheliale Progenitorzellen (CD34+CD133+VEGFR2+VE-Cadherin+). *In vitro* können MAPCs auch hepatozytenähnliche Zellen[75] sowie neuronale Zelltypen[105] bilden[103].

Innerhalb der mononukleären Zellen (MNC) des Knochenmarks kommen CD34+Zellen mit einer Häufigkeit von 1%-3% vor. Unter den MNCs des Nabelschnurbluts kommen sie mit einer Häufigkeit von 1% vor. Innerhalb dieser CD34+ Population finden sich im Nabelschnurblut 0,1% und im Knochenmark 0,05%[106] CD34+CD38- Stammzellen.

Zwischen Stammzellen aus dem Knochenmark und Stammzellen aus dem Nabelschnurblut besteht nicht nur ein quantitativer Unterschied sondern auch ein funktioneller. Es konnte gezeigt werden, dass Stammzellen aus dem Nabelschnurblut eine höhere Proliferations- und Expansionsrate *in vitro* aufweisen[107]. Das abnehmende Proliferations/Expansionspotential konnte mit der abnehmenden Telomerlänge in Zusammenhang gebracht werden[108]. Die Stammzellen verhalten sich aber auch nachweislich unterschiedlich gegenüber Cytokinen[109]. Zudem verursachen allogene Transplantationen von Stammzellen aus dem Nabelschnurblut eine geringere Immunreaktion[110].

Die erste Knochenmarkstransplantation, die nichts anderes als eine Stammzelltransplantation war, wurde schon 1957[1] durchgeführt. Auf diesem Sektor gibt es daher jahrzehntelange Erfahrung. Es hat sich bei dieser Anwendung gezeigt, dass der Einsatz von autologen Stammzellen ohne Nebenwirkungen bleibt.

Nabelschnurblutstammzellen werden seit 1989 zur Rekonstitution des hämatopoetischen Systems nach Chemotherapien verwendet[111, 112]. Sie haben einige biologische Vorteile gegenüber den Stammzellen aus dem Knochenmark. So sind Stammzellen aus dem Nabelschnurblut meist frei von kontaminierenden Tumorzellen (Mikrometastasen), frei von virusinfizierten Zellen (Zytomegalievirus, Epstein-Barr-Virus), zeigen eine bessere Regenerationskraft als Knochenmarksstammzellen von Erwachsenen, sind einfacher zu gewinnen und zu vermehren. Die Zahl der Stammzellen ist durch die geringe Menge an Nabelschnurblut, die überhaupt gewonnen werden kann, limitiert. Durch *in vitro* Expansion und verbesserte Applikationstechniken versucht man dieses Problem zu lösen.

Bei einer allogenen Transplantation mit Nabelschnurblutstammzellen kommt es mit einer geringeren Wahrscheinlichkeit zu einer Graft versus Host-Reaction (GvHR) als bei einer Transplantation mit Stammzellen aus dem Knochenmark erwachsener Patienten[113].

Ergänzend zum Einsatz dieser Stammzellen in der Hämato-Onkologie wurden schon viele Versuche im Tierexperiment sowie unterschiedlichste klinische Studien durchgeführt, um die Einsatzmöglichkeiten adulter Stammzellen in der Regenerationsmedizin zu erforschen[114].

In Tabelle 2 ist eine Auswahl an solchen *in vivo* Studien angeführt.

Hauptaugenmerk liegt hierbei auf drei besonderen Bereichen:

1.) Regeneration von Myozyten nach Herzinfarkt bzw. Verbesserung der Herzleistung nach Herzerkrankungen[115] z.B. durch Neovaskularisierung.

Es gibt viele Versuche, die diese Thematik als Grundlage haben. Zum Teil werden direkt HSCs oder MSCs in den Herzmuskel injiziert, zum Teil werden Myozytenvorläuferzellen *in vitro* kultiviert und dann implantiert oder es wird versucht, direkt die Regeneration der Herzmuskelzellen zu stimulieren (lokale Stammzellen zu aktivieren)[116].

2.) Behandlung neurodegenerativer Erkrankungen (Morbus Parkinson, Schlaganfall)[117-119]

Zur Therapie von Morbus Parkinson gibt es schon einige klinische Studien. Da nur eine Art von Neuronen (dopaminerge Neurone in der Substantia nigra) betroffen sind, könnte hier bald eine Therapie möglich sein. Neuronale Schäden nach einem Schlaganfall sind wesentlich komplexer zu therapieren, da viele verschiedene Zelltypen betroffen sind. Dennoch gibt es auch hier Bestrebungen zu einer Therapie mit Stammzellen. Es wäre möglich, dass bei dieser Anwendung die Zelltypen zuvor *in vitro* generiert und danach erst transplantiert werden.

3.) Zellersatztherapien hauptsächlich bei Knorpel, Knochenmaterial und Haut[120-123]. Chondrozytenreimplantation wird schon seit einem Jahrzehnt angewendet. Chondrozyten werden durch eine Biopsie gewonnen und *in vitro* vermehrt, bevor sie sodann reimplantiert werden. Chondrozyten haben *in vitro* generell eine begrenzte Teilungsfähigkeit, zusätzlich nimmt die Proliferationsrate mit dem Alter des Patienten ab. Um dieses Problem zu umgehen, versucht man nun nicht Chondrozyten zu isolieren, sondern Stammzellen. Es wird auch versucht, Stammzellen zu charakterisieren, die sowohl Knorpel als auch Knochenzellen bilden können. Einen passenden Knochenersatz aus autologen Stammzellen zu züchten, birgt noch einige Schwierigkeiten, da ein Knochen eine 3D-Struktur aufweist, was noch eine zu überwindende Hürde für den Bereich „Tissue-Engineering" darstellt[124].

In klinischen Studien wird die Regenerationsfähigkeit der Stammzellen auch für autologe Stammzelltransplantate bei der Therapie von Beingeschwüren erforscht[125].

Es gibt aber noch viele weitere Einsatzmöglichkeiten der Stammzellen. Erkrankungen, wie zum Beispiel Thalassämien oder Immundefekte, die pränatal zu diagnostizieren und durch einen Stammzelltransplantation heilbar sind, werden durch *In-Utero*-Transplantationen von hämatopoetischen Stammzellen kuriert[126]. Im Tiermodell werden erfolgreich *In-Utero*-Transplantationen mit HSCs durchgeführt durch die es sogar möglich ist, angeborene Herzfehler zu therapieren[127]. Inwieweit sich die Erkenntnisse aus den Tiermodellen in den klinische Routine übertragen lassen, ist noch ungewiss.

Adulte Stammzellen haben den großen Vorteil, dass sie direkt vom Patienten gespendet werden können und bei Bedarf als autologe Transplantate zur Verfügung stehen. Der routinemäßige, therapeutische Einsatz von Stammzellen ist noch nicht selbstverständlich (Ausnahme: Hämato-Onkologie), aber es gibt schon viele wegbereitende klinische Studien zu deren möglichen Anwendungen. Die größten Hoffnungsträger dafür sind die HSCs. Durch ihre vergleichbar einfache Isolation und ihr erwiesenermaßen großes Entwicklungspotential könnten die HSCs Basis für viele unterschiedliche Therapieformen sein. Zudem erhofft man sich mit jeder weiteren Erkenntnis bald jene Faktoren bestimmen zu können, die es ermöglichen, lokale Stammzellen gezielt zu aktivieren. Damit könnte man sich jede Art von invasivem Eingriff ersparen.

Abbildung 2: Das Differenzierungspotential und Trans-Differenzierungspotential hämatopoetische Stammzellen (HSCs).

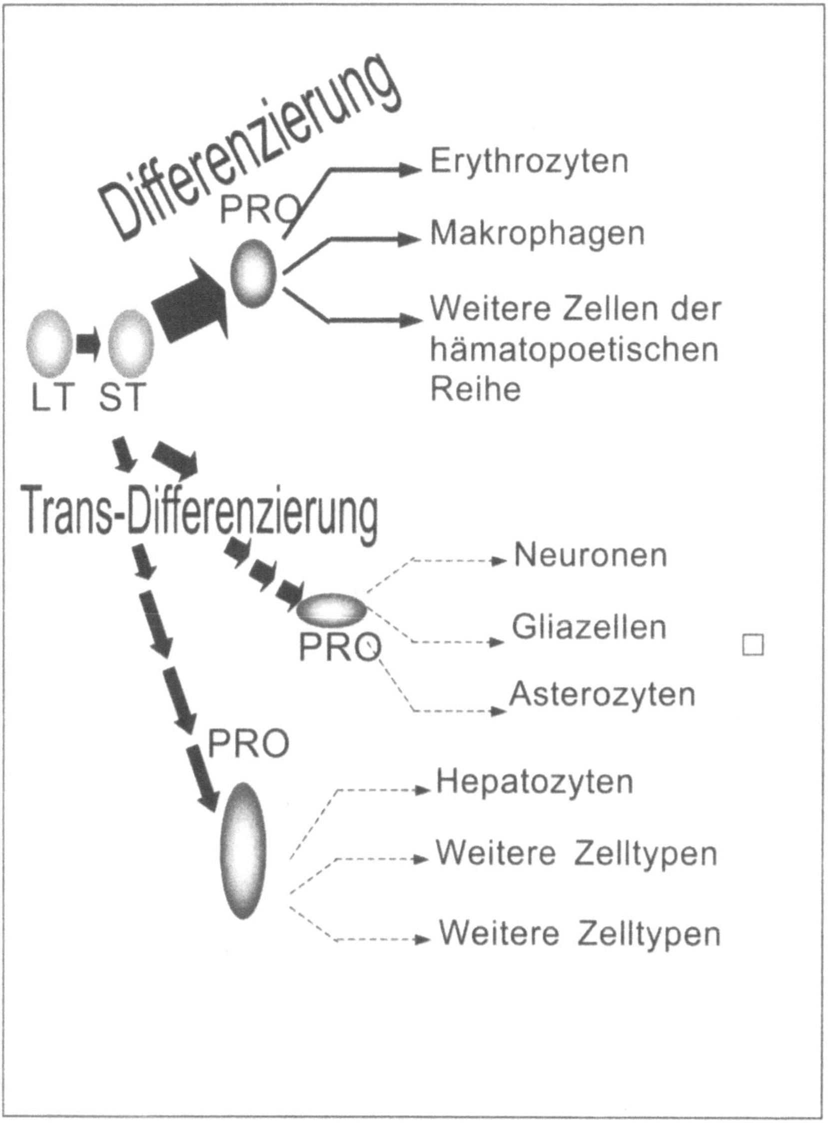

LT = long term repopulating cells (HSCs)
ST= short term repopulating cells (HSCs)
PRO = Progenitorzellen (unterschiedlichster Art)

Tabelle 2 (a): Studien mit adulten Stammzellen am Tiermodell – Studien zu möglichen Therapieansätzen

Ursprungszelle	Krankheitsbild / Therapie	Ref.
HSC (BM)	*mdx* Maus (Tiermodell zu DMD) / Dystrophin Expression wiederhergestellt	63
HSC (BM)	Maus mit Herzinfakt/ Herzfunktion wiederhergestellt	65
HSC (BM)	Maus mit Gendefekt (PU.1), kann keine hämatopoetischen Zellen generieren / Hämatopoetisches System wiederhergestellt Abkömmlinge der HSCs in Leber, ZNS und Niere gefunden	74
MAPC (BM)	Ratte mit Herzinfarkt/ Herzfunktion wiederhergestellt	128
HSC (BM)	Maus mit Tyrosinemia type I/ Dysfunktion der Leber korrigiert	73, 128
HSC (BM)	Maus mit Hepatitis B / C Infektion Reduzierte Viremie	129
HSC (BM)	Ratte mit Leberzirrose Fibrogenese und Apoptose wurden verhindert	130
HSC (BM)	Maus mit ischaemischer Retinopathie verbesserte retinale Angiogenese und Neovaskularisation	131, 121
HSC (UCB)	Ratte mit Schlaganfall Neuronale Schäden werden behoben	133

DMD = Duchenne Muskeldystrophie
UCB = Umbilical cord blood = Nabelschnurblut
BM = Bone marrow = Knochenmark

Tabelle 2(b): Klinischer Einsatz von adulten Stammzellen (humane Stammzellen)

Ursprungszelle	Therapiertes Krankheitsbild	Ref.
HSCs genetisch modifiziert	ADA-SCID	134
MSCs	Osteogenesis Imperfecta	135, 136
BMT	Herzinfarkt	137-140
BMT	Ischaemische Herzkrankheiten	141, 142
BMT	Neurodegenerative Erkrankungen	143, 144
UCBT	Hurler's Syndrom	145

BMT = Bone marrow transplantation = Knochenmarkstransplantation
UCBT = umbilical cord blood transplantation = Nabelschnurbluttransplantation
ADA-SCID = (adenosine deaminase deficiency + served combined immunodeficiency)

Embryonale oder adulte Stammzellen?

Obwohl embryonale Stammzellen ein größeres Potential als adulte Stammzellen haben, ist das Arbeiten mit hES nicht unproblematisch. Es gibt sowohl technische Probleme als auch Vorbehalte über den Ursprung der Zellen.

Im Vordergrund der Diskussion ob embryonale oder adulte Stammzellen im klinischen Bereich eingesetzt werden sollen, stehen sicher die ethischen Bedenken bei der Verwendung embryonaler Stammzellen. Bei der Etablierung von ES-Zelllinien müssen Blastozysten zerstört werden. Dies wirft die Frage auf, ob dadurch schützenswertes Leben zerstört und ein werdender Mensch getötet wird. Heiligt der Zeck die Mittel? Und ist der Benefit der ES-Zellen so groß, dass dieser die bewusste Zerstörung einer Blastozyste rechtfertigt?

Das Leben ist ein Prozess, auch Eizelle und Samenzelle sind „lebendig". Aus dem Fusionsprodukt beider Zellen entsteht die Zygote und später eine Blastozyste – als logische Konsequenz einer Zell- und Kernverschmelzung. Die Frage, die sich stellt, ist nun, ob man das lebendige „Fusionsprodukt" als Subjekt oder Objekt behandelt, und wann das mögliche Objekt zum Subjekt wird. Mit der Kernverschmelzung beginnen nicht mehr rückgängigzumachende biologische Prozesse, die im passenden Umfeld zur Entwicklung eines Menschen führen. Ist das entstehende Leben ab diesem Zeitpunkt zu schützen und mit allen Rechten, die auch ein erwachsener Mensch genießt, auszustatten? Oder kann man einen Zeitpunkt oder eine Entwicklungsstufe definieren, ab der das werdende Leben diese Rechte zugesprochen bekommen werden muss?

Beeinflusst durch die verschiedenen Religionen und Kulturen gibt es unterschiedliche Auslegungen, ab wann das entstehende Leben schützenswert ist. Daraus resultieren die unterschiedlichen Gesetze in den verschiedenen Ländern. So ist das Arbeiten mit ES-Stammzelllinie in einigen Ländern, wie zum Beispiel Österreich, gänzlich verboten, in anderen, Belgien etwa, ohne Einschränkungen möglich.

Abgesehen von ethischen Bedenken gibt es bei der Anwendung im klinischen Bereich noch einige andere Hindernisse. So sind pluripotente ES-Zellen nicht autolog. Auch beim therapeutischen Klonen entstehen keine hundertprozentig autologen Zelllinien. Beim therapeutischen Klonen werden auch humane Eizellen benötigt. Wer darf, soll oder muss diese spenden?

Die direkte Transplantation undifferenzierter embryonaler Stammzellen ist durch die Teratokarzinomgefahr kaum möglich. Die Steuermechanismen der Proliferation und Differenzierung sind noch nicht bekannt, ebenso wenig wie das Verhalten der Zellen *in vivo* restlos geklärt ist. Es gibt zwar einige vielversprechende Versuche im Tiermodell und in klinischen Studien, dennoch hat man im Gegensatz zu den adulten Stammzellen wenig Erfahrung mit ES-Zellen.

Stammzelltherapien auf Basis embryonaler Stammzellen, besonders unter dem Aspekt des therapeutischen Klonens, werden womöglich bald technisch machbar sein. Ohne auf die ethischen und moralischen Bedenken einzugehen, muss festgehalten werden, dass diese Art der Therapie nur für finanziell Gutsituierte zugänglich sein wird. Die Etablierung und Kultivierung einer ES-Zelllinie ist sehr zeit- und arbeitsintensiv, was eine etwaige Therapie kostspielig macht.

Adulte Stammzellen haben zwar nicht ein so großes Entwicklungspotential wie embryonale Stammzellen, aber auch sie können unterschiedlichste Zelltypen bilden. Seitdem das Phänomen Trans-Differenzierung bekannt ist, wurde immer wieder gezeigt, dass die adulten Stammzellen den embryonalen in ihrem Entwicklungspotential kaum nachstehen.

Ohne ethische und moralische Bedenken können adulte Stammzellen, besonders einfach die HSCs, gewonnen werden. Durch eine *in vitro* Expansion und eine gerichtete Trans-Differenzierung können autologe Transplantate geschaffen werden.

Durch den jahrzehntelangen Einsatz von Knochenmarkstransplantationen kann man mittlerweile auf viel Erfahrung beim Einsatz adulter Stammzellen aufbauen. So kann festgehalten werden, dass der Einsatz von autologen, adulten Stammzellen ohne Nebenwirkungen möglich ist.

Es gibt Bestrebungen die Isolation und die *in vitro* Kultivierung der Stammzellen zu umgehen, indem die adulten Stammzellen gezielt im zu regenerierende Gewebe stimuliert und so aktiviert werden[146, 147].

Durch die Entdeckung der Trans-Differenzierung und der Möglichkeit *in vivo* Stammzellen zu aktivieren, erscheinen die adulten Stammzellen zur Zeit wesentlich attraktiver für den klinischen Einsatz als die embryonalen Stammzellen.

In Tabelle 3 sind die Für- und Wider der Verwendung embryonaler und adulter Stammzellen zusammengefasst.

Tabelle 3: Pro und Kontra embryonaler bzw. adulten Stammzellen

Embryonale Stammzellen	Adulte Stammzellen
PRO	
Sehr großes Entwicklungspotential	Großes Entwicklungspotential
Alle Zellarten können sich entwickeln	Durch Trans-Differenzierung können sich alle Zellarten entwickeln
	Autologe Transplantate möglich
	Jahrzehntelange Erfahrung
	Isolation und Anwendung ethisch unbedenklich
KONTRA	
Bildung von Teratomen	
Zerstörung von Blastozysten	
Keine autologen Transplantate möglich	
Kaum Erfahrung	

Anmerkungen

1 Thomas, E.D., et al., *Intravenous infusion of bone marrow in patients receiving radiation and chemotherapy.* N Engl J Med, 1957. *257*(11): p. 491-6.

2 *Wernig,* M., B. *Scheffler*, and O. *Brüstle*, *Grundlagen der Molekularen Medizin.* 2. ed, ed. Ganten and Ruckenpaul. 2003: Springer-Verlag. pp. 680 – 710.

3 Spradling, A., D. Drummond-Barbosa, and T. Kai, *Stem cells find their niche.* Nature, 2001. *414*(6859): p. 98-104.

4 Watt, F.M. and B.L. Hogan, *Out of Eden: stem cells and their niches.* Science, 2000. *287*(5457): p. 1427-30.

5 Raff, M., *Adult stem cell plasticity: fact or artifact?* Annu Rev Cell Dev Biol, 2003. *19*: p. 1-22.

6 Zech, N., *Plasticity of Stem Cells: Cell-fusion versus Transdifferentiation.* Journal für Reproduktionsmedizin und Endokrinologie, 2005. *in press.*

7 Koestenbauer, S., et al., *Embryonic stem cells: similarities and differences between human and murine embryonic stem cells.* Am J Reprod Immunol, 2006. *55*(3): p. 169-80.

8 Evans, M.J. and M.H. Kaufman, *Establishment in culture of pluripotential cells from mouse embryos.* Nature, 1981. *292*(5819): p. 154-6.
9 Martin, G.R., *Isolation of a pluripotent cell line from early mouse embryos cultured in medium conditioned by teratocarcinoma stem cells.* Proc Natl Acad Sci U S A, 1981. *78*(12): p. 7634-8.
10 Bongso, A., et al., *Isolation and culture of inner cell mass cells from human blastocysts.* Hum Reprod, 1994. *9*(11): p. 2110-7.
11 Thomson, J.A., et al., *Embryonic stem cell lines derived from human blastocysts.* Science, 1998. *282*(5391): p. 1145-7.
12 Campbell, K.H., et al., *Sheep cloned by nuclear transfer from a cultured cell line.* Nature, 1996. *380*(6569): p. 64-6.
13 Reubinoff, B.E., et al., *Embryonic stem cell lines from human blastocysts: somatic differentiation in vitro.* Nat Biotechnol, 2000. *18*(4): p. 399-404.
14 Odorico, J.S., D.S. Kaufman, and J.A. Thomson, *Multilineage differentiation from human embryonic stem cell lines.* Stem Cells, 2001. *19*(3): p. 193-204.
15 Gerecht-Nir, S. and J. Itskovitz-Eldor, *Human embryonic stem cells: a potential source for cellular therapy.* Am J Transplant, 2004. *4 Suppl 6*: p. 51-7.
16 Chien, K.R., A. Moretti, and K.L. Laugwitz, *Development. ES cells to the rescue.* Science, 2004. *306*(5694): p. 239-40.
17 Mann, J.R. and P.E. Szabo, *Genomic Imprinting in mouse embryonic stem and germ cells*, in *Stem Cells Handbook*, S. Stewart, Editor. 2004, Humana Press: Totowa. p. 81 – 88.
18 Laslett, A.L., A.A. Filipczyk, and M.F. Pera, *Characterization and culture of human embryonic stem cells.* Trends Cardiovasc Med, 2003. *13*(7): p. 295-301.
19 Gearhart, J., *New human embryonic stem-cell lines--more is better.* N Engl J Med, 2004. *350*(13): p. 1275-6.
20 Verfaillie, C.M., M.F. Pera, and P.M. Lansdorp, *Stem cells: hype and reality.* Hematology (Am Soc Hematol Educ Program), 2002. *1*: p. 369-91.
21 Richards, M., et al., *Human feeders support prolonged undifferentiated growth of human inner cell masses and embryonic stem cells.* Nat Biotechnol, 2002. *20*(9): p. 933-6.
22 Rosler, E.S., et al., *Long-term culture of human embryonic stem cells in feeder-free conditions.* Dev Dyn, 2004. *229*(2): p. 259-74.
23 Inzunza, J., et al., *Derivation of human embryonic stem cell lines in serum replacement medium using postnatal human fibroblasts as feeder cells.* Stem Cells, 2005. *23*(4): p. 544-9.
24 Xu, C., et al., *Feeder-free growth of undifferentiated human embryonic stem cells.* Nat Biotechnol, 2001. *19*(10): p. 971-4.
25 Rideout, W.M., 3rd, et al., *Correction of a genetic defect by nuclear transplantation and combined cell and gene therapy.* Cell, 2002. *109*(1): p. 17-27.
26 Draper, J.S. and P.W. Andrews, *Embryonic stem cells: advances toward potential therapeutic use.* Curr Opin Obstet Gynecol, 2002. *14*(3): p. 309-15.
27 Bradley, J.A., E.M. Bolton, and R.A. Pedersen, *Stem cell medicine encounters the immune system.* Nat Rev Immunol, 2002. *2*(11): p. 859-71.
28 Drukker, M., *Immunogenicity of human embryonic stem cells: can we achieve tolerance?* Springer Semin Immunopathol, 2004. *26*(1-2): p. 201-13.
29 Drukker, M. and N. Benvenisty, *The immunogenicity of human embryonic stem-derived cells.* Trends Biotechnol, 2004. *22*(3): p. 136-41.

30 Lanza, R.P., et al., *Generation of histocompatible tissues using nuclear transplantation.* Nat Biotechnol, 2002. *20*(7): p. 689-96.
31 Brustle, O., et al., *Embryonic stem cell-derived glial precursors: a source of myelinating transplants.* Science, 1999. *285*(5428): p. 754-6.
32 Kawasaki, H., et al., *Induction of midbrain dopaminergic neurons from ES cells by stromal cell-derived inducing activity.* Neuron, 2000. *28*(1): p. 31-40.
33 Lee, S.H., et al., *Efficient generation of midbrain and hindbrain neurons from mouse embryonic stem cells.* Nat Biotechnol, 2000. *18*(6): p. 675-9.
34 Li, M., et al., *Generation of purified neural precursors from embryonic stem cells by lineage selection.* Curr Biol, 1998. *8*(17): p. 971-4.
35 Gottlieb, D.I. and J.E. Huettner, *An in vitro pathway from embryonic stem cells to neurons and glia.* Cells Tissues Organs, 1999. *165*(3-4): p. 165-72.
36 Liu, S., et al., *Embryonic stem cells differentiate into oligodendrocytes and myelinate in culture and after spinal cord transplantation.* Proc Natl Acad Sci U S A, 2000. *97*(11): p. 6126-31.
37 Bader, A., H. Al-Dubai, and G. Weitzer, *Leukemia inhibitory factor modulates cardiogenesis in embryoid bodies in opposite fashions.* Circ Res, 2000. *86*(7): p. 787-94.
38 Klug, M.G., et al., *Genetically selected cardiomyocytes from differentiating embronic stem cells form stable intracardiac grafts.* J Clin Invest, 1996. *98*(1): p. 216-24.
39 Westfall, M.V., et al., *Ultrastructure and cell-cell coupling of cardiac myocytes differentiating in embryonic stem cell cultures.* Cell Motil Cytoskeleton, 1997. *36*(1): p. 43-54.
40 Wobus, A.M., et al., *Development of cardiomyocytes expressing cardiac-specific genes, action potentials, and ionic channels during embryonic stem cell-derived cardiogenesis.* Ann N Y Acad Sci, 1995. *752*: p. 460-9.
41 Min, J.Y., et al., *Transplantation of embryonic stem cells improves cardiac function in postinfarcted rats.* J Appl Physiol, 2002. *92*(1): p. 288-96.
42 Min, J.Y., et al., *Long-term improvement of cardiac function in rats after infarction by transplantation of embryonic stem cells.* J Thorac Cardiovasc Surg, 2003. *125*(2): p. 361-9.
43 Fraidenraich, D., et al., *Rescue of cardiac defects in id knockout embryos by injection of embryonic stem cells.* Science, 2004. *306*(5694): p. 247-52.
44 Kehat, I., et al., *Electromechanical integration of cardiomyocytes derived from human embryonic stem cells.* Nat Biotechnol, 2004. *22*(10): p. 1282-9.
45 Kramer, J., et al., *Embryonic stem cell-derived chondrogenic differentiation in vitro: activation by BMP-2 and BMP-4.* Mech Dev, 2000. *92*(2): p. 193-205.
46 Yamashita, J., et al., *Flk1-positive cells derived from embryonic stem cells serve as vascular progenitors.* Nature, 2000. *408*(6808): p. 92-6.
47 Buttery, L.D., et al., *Differentiation of osteoblasts and in vitro bone formation from murine embryonic stem cells.* Tissue Eng, 2001. *7*(1): p. 89-99.
48 Soria, B., et al., *Insulin-secreting cells derived from embryonic stem cells normalize glycemia in streptozotocin-induced diabetic mice.* Diabetes, 2000. *49*(2): p. 157-62.
49 Lumelsky, N., et al., *Differentiation of embryonic stem cells to insulin-secreting structures similar to pancreatic islets.* Science, 2001. *292*(5520): p. 1389-94.
50 Prelle, K., et al., *Overexpression of insulin-like growth factor-II in mouse embryonic stem cells promotes myogenic differentiation.* Biochem Biophys Res Commun, 2000. *277*(3): p. 631-8.

51 Rohwedel, J., et al., *Muscle cell differentiation of embryonic stem cells reflects myogenesis in vivo: developmentally regulated expression of myogenic determination genes and functional expression of ionic currents.* Dev Biol, 1994. *164*(1): p. 87-101.
52 Hirashima, M., et al., *Maturation of embryonic stem cells into endothelial cells in an in vitro model of vasculogenesis.* Blood, 1999. *93*(4): p. 1253-63.
53 Schuldiner, M., et al., *Effects of eight growth factors on the differentiation of cells derived from human embryonic stem cells.* Proc Natl Acad Sci U S A, 2000. *97*(21): p. 11307-12.
54 Assady, S., et al., *Insulin production by human embryonic stem cells.* Diabetes, 2001. *50*(8): p. 1691-7.
55 Kehat, I., et al., *Human embryonic stem cells can differentiate into myocytes with structural and functional properties of cardiomyocytes.* J Clin Invest, 2001. *108*(3): p. 407-14.
56 Itskovitz-Eldor, J., et al., *Differentiation of human embryonic stem cells into embryoid bodies compromising the three embryonic germ layers.* Mol Med, 2000. *6*(2): p. 88-95.
57 Carpenter, M.K., et al., *Enrichment of neurons and neural precursors from human embryonic stem cells.* Exp Neurol, 2001. *172*(2): p. 383-97.
58 Zhang, S.C., et al., *In vitro differentiation of transplantable neural precursors from human embryonic stem cells.* Nat Biotechnol, 2001. *19*(12): p. 1129-33.
59 Reubinoff, B.E., et al., *Neural progenitors from human embryonic stem cells.* Nat Biotechnol, 2001. *19*(12): p. 1134-40.
60 Kaufman, D.S., et al., *Hematopoietic colony-forming cells derived from human embryonic stem cells.* Proc Natl Acad Sci U S A, 2001. *98*(19): p. 10716-21.
61 Bhatia, M., et al., *Purification of primitive human hematopoietic cells capable of repopulating immune-deficient mice.* Proc Natl Acad Sci U S A, 1997. *94*(10): p. 5320-5.
62 Grompe, M., *Pancreatic-hepatic switches in vivo.* Mech Dev, 2003. *120*(1): p. 99-106.
63 Gussoni, E., et al., *Dystrophin expression in the mdx mouse restored by stem cell transplantation.* Nature, 1999. *401*(6751): p. 390-4.
64 Nilsson, S.K., H.M. Johnston, and J.A. Coverdale, *Spatial localization of transplanted hemopoietic stem cells: inferences for the localization of stem cell niches.* Blood, 2001. *97*(8): p. 2293-9.
65 Orlic, D., et al., *Bone marrow cells regenerate infarcted myocardium.* Nature, 2001. *410*(6829): p. 701-5.
66 Overturf, K., et al., *Serial transplantation reveals the stem-cell-like regenerative potential of adult mouse hepatocytes.* Am J Pathol, 1997. *151*(5): p. 1273-80.
67 Shen, C.N., et al., *Transdifferentiation of pancreas to liver.* Mech Dev, 2003. *120*(1): p. 107-16.
68 Alison, M.R., et al., *Hepatocytes from non-hepatic adult stem cells.* Nature, 2000. *406*(6793): p. 257.
69 Austin, T.W. and E. Lagasse, *Hepatic regeneration from hematopoietic stem cells.* Mech Dev, 2003. *120*(1): p. 131-5.
70 Bjornson, C.R., et al., *Turning brain into blood: a hematopoietic fate adopted by adult neural stem cells in vivo.* Science, 1999. *283*(5401): p. 534-7.
71 Brazelton, T.R., et al., *From marrow to brain: expression of neuronal phenotypes in adult mice.* Science, 2000. *290*(5497): p. 1775-9.

72 Krause, D.S., et al., *Multi-organ, multi-lineage engraftment by a single bone marrow-derived stem cell.* Cell, 2001. *105*(3): p. 369-77.
73 Lagasse, E., et al., *Purified hematopoietic stem cells can differentiate into hepatocytes in vivo.* Nat Med, 2000. *6*(11): p. 1229-34.
74 Mezey, E., et al., *Turning blood into brain: cells bearing neuronal antigens generated in vivo from bone marrow.* Science, 2000. *290*(5497): p. 1779-82.
75 Schwartz, R.E., et al., *Multipotent adult progenitor cells from bone marrow differentiate into functional hepatocyte-like cells.* J Clin Invest, 2002. *109*(10): p. 1291-302.
76 Schauenstein, K. and G. Dohr, *Stammzellen aus dem Nabelschnurblut.* Journal für Fertilität und Reproduktion, 2003. *13*(4): p. 9 – 13.
77 Conneally, E., et al., *Expansion in vitro of transplantable human cord blood stem cells demonstrated using a quantitative assay of their lympho-myeloid repopulating activity in nonobese diabetic-scid/scid mice.* Proc Natl Acad Sci U S A, 1997. *94*(18): p. 9836-41.
78 Bellantuono, I., *Haemopoietic stem cells.* Int J Biochem Cell Biol, 2004. *36*(4): p. 607-20.
79 Goodell, M.A., et al., *Isolation and functional properties of murine hematopoietic stem cells that are replicating in vivo.* J Exp Med, 1996. *183*(4): p. 1797-806.
80 Ponting, I., Y. Zhao, and W.F. Anderson, *Hemtopoietic stem cells*, in *stem cell handbook*, S. Sell, Editor. 2004, Humana Press. Inc: Totowa, NJ. p. 155-161.
81 Kim, M., et al., *The multidrug resistance transporter ABCG2 (breast cancer resistance protein 1) effluxes Hoechst 33342 and is overexpressed in hematopoietic stem cells.* Clin Cancer Res, 2002. *8*(1): p. 22-8.
82 Goodell, M.A., et al., *Dye efflux studies suggest that hematopoietic stem cells expressing low or undetectable levels of CD34 antigen exist in multiple species.* Nat Med, 1997. *3*(12): p. 1337-45.
83 Bonnet, D., *Hematopoietic stem cells.* Birth Defects Res C Embryo Today, 2003. *69*(3): p. 219-29.
84 Yin, A.H., et al., *AC133, a novel marker for human hematopoietic stem and progenitor cells.* Blood, 1997. *90*(12): p. 5002-12.
85 Ziegler, B.L., et al., *KDR receptor: a key marker defining hematopoietic stem cells.* Science, 1999. *285*(5433): p. 1553-8.
86 Szilvassy, S.J., *The biology of hematopoietic stem cells.* Arch Med Res, 2003. *34*(6): p. 446-60.
87 Nakamura, Y., et al., *Ex vivo generation of CD34(+) cells from CD34(-) hematopoietic cells.* Blood, 1999. *94*(12): p. 4053-9.
88 Andrews, R.G., J.W. Singer, and I.D. Bernstein, *Monoclonal antibody 12-8 recognizes a 115-kd molecule present on both unipotent and multipotent hematopoietic colony-forming cells and their precursors.* Blood, 1986. *67*(3): p. 842-5.
89 Civin, C.I., et al., *Antigenic analysis of hematopoiesis. III. A hematopoietic progenitor cell surface antigen defined by a monoclonal antibody raised against KG-1a cells.* J Immunol, 1984. *133*(1): p. 157-65.
90 Strauss, L.C., et al., *Antigenic analysis of hematopoiesis. V. Characterization of My-10 antigen expression by normal lymphohematopoietic progenitor cells.* Exp Hematol, 1986. *14*(9): p. 878-86.
91 Healy, L., et al., *The stem cell antigen CD34 functions as a regulator of hemopoietic cell adhesion.* Proc Natl Acad Sci U S A, 1995. *92*(26): p. 12240-4.

92 Brown, J., M.F. Greaves, and H.V. Molgaard, *The gene encoding the stem cell antigen, CD34, is conserved in mouse and expressed in haemopoietic progenitor cell lines, brain, and embryonic fibroblasts.* Int Immunol, 1991. *3*(2): p. 175-84.
93 Simmons, D.L., et al., *Molecular cloning of a cDNA encoding CD34, a sialomucin of human hematopoietic stem cells.* J Immunol, 1992. *148*(1): p. 267-71.
94 Dao, M.A., J. Arevalo, and J.A. Nolta, *Reversibility of CD34 expression on human hematopoietic stem cells that retain the capacity for secondary reconstitution.* Blood, 2003. *101*(1): p. 112-8.
95 Zanjani, E.D., et al., *Reversible expression of CD34 by adult human bone marrow long-term engrafting hematopoietic stem cells.* Exp Hematol, 2003. *31*(5): p. 406-12.
96 Sato, T., J.H. Laver, and M. Ogawa, *Reversible expression of CD34 by murine hematopoietic stem cells.* Blood, 1999. *94*(8): p. 2548-54.
97 Bhatia, M., *AC133 expression in human stem cells.* Leukemia, 2001. *15*(11): p. 1685-8.
98 Miraglia, S., et al., *A novel five-transmembrane hematopoietic stem cell antigen: isolation, characterization, and molecular cloning.* Blood, 1997. *90*(12): p. 5013-21.
99 Forraz, N., et al., *AC133+ umbilical cord blood progenitors demonstrate rapid self-renewal and low apoptosis.* Br J Haematol, 2002. *119*(2): p. 516-24.
100 Corbeil, D., et al., *The human AC133 hematopoietic stem cell antigen is also expressed in epithelial cells and targeted to plasma membrane protrusions.* J Biol Chem, 2000. *275*(8): p. 5512-20.
101 Quirici, N., et al., *Differentiation and expansion of endothelial cells from human bone marrow CD133(+) cells.* Br J Haematol, 2001. *115*(1): p. 186-94.
102 Rodewald, H.R. and W. Friedrich, *Blutstammzelltransplantation.* Bundesgesundheitsblatt, 2002. *45*(2): p. 85 – 91.
103 Bunting, K.D. and R.G. Hawley, *Integrative molecular and developmental biology of adult stem cells.* Biol Cell, 2003. *95*(9): p. 563-78.
104 Otto, W.R. and J. Rao, *Tomorrow's skeleton staff: mesenchymal stem cells and the repair of bone and cartilage.* Cell Prolif, 2004. *37*(1): p. 97-110.
105 Jiang, Y., et al., *Neuroectodermal differentiation from mouse multipotent adult progenitor cells.* Proc Natl Acad Sci U S A, 2003. *100 Suppl 1*: p. 11854-60.
106 Baum, C.M., et al., *Isolation of a candidate human hematopoietic stem-cell population.* Proc Natl Acad Sci U S A, 1992. *89*(7): p. 2804-8.
107 Mayani, H. and P.M. Lansdorp, *Biology of human umbilical cord blood-derived hematopoietic stem/progenitor cells.* Stem Cells, 1998. *16*(3): p. 153-65.
108 Lansdorp, P.M., *Telomere length and proliferation potential of hematopoietic stem cells.* J Cell Sci, 1995. *108 (Pt 1)*: p. 1-6.
109 Hahn, T., et al., *Differential responses of fetal, neonatal, and adult myelopoietic progenitors to interferon and tumor necrosis factor.* Exp Hematol, 1994. *22*(2): p. 114-21.
110 Todaro, A.M., et al., *Haematopoietic progenitors from umbilical cord blood.* Blood Purif, 2000. *18*(2): p. 144-7.
111 Gluckman, E., et al., *Hematopoietic reconstitution in a patient with Fanconi's anemia by means of umbilical-cord blood from an HLA-identical sibling.* N Engl J Med, 1989. *321*(17): p. 1174-8.

112 Hwang, W.Y., *Haematopoietic graft engineering.* Ann Acad Med Singapore, 2004. *33*(5): p. 551-8.
113 Koh, L.P., *Unrelated umbilical cord blood transplantation in children and adults.* Ann Acad Med Singapore, 2004. *33*(5): p. 559-69.
114 Korbling, M. and Z. Estrov, *Adult stem cells for tissue repair – a new therapeutic concept?* N Engl J Med, 2003. *349*(6): p. 570-82.
115 Bick-Forrester, J., et al., *Partial restoration of myocardial function and perfusion by cell therapy following myocardial infarction.* Curr Opin Cardiol, 2004. *19*(6): p. 631-7.
116 von Harsdorf, R., P.A. Poole-Wilson, and R. Dietz, *Regenerative capacity of the myocardium: implications for treatment of heart failure.* Lancet, 2004. *363*(9417): p. 1306-13.
117 Lindvall, O., Z. Kokaia, and A. Martinez-Serrano, *Stem cell therapy for human neurodegenerative disorders-how to make it work.* Nat Med, 2004. *10 Suppl*: p. S42-50.
118 Lindvall, O. and Z. Kokaia, *Recovery and rehabilitation in stroke: stem cells.* Stroke, 2004. *35*(11 Suppl 1): p. 2691-4.
119 Borlongan, C.V., et al., *Central nervous system entry of peripherally injected umbilical cord blood cells is not required for neuroprotection in stroke.* Stroke, 2004. *35*(10): p. 2385-9.
120 Oakes, B.W., *Orthopaedic tissue engineering: from laboratory to the clinic.* Med J Aust, 2004. *180*(5 Suppl): p. S35-8.
121 Cancedda, R., et al., *Cell therapy for bone disease: a review of current status.* Stem Cells, 2003. *21*(5): p. 610-9.
122 Cancedda, R., et al., *Tissue engineering and cell therapy of cartilage and bone.* Matrix Biol, 2003. *22*(1): p. 81-91.
123 Young, B.H., H. Peng, and J. Huard, *Muscle-based gene therapy and tissue engineering to improve bone healing.* Clin Orthop Relat Res, 2002(403 Suppl): p. S243-51.
124 Bianco, P. and P.G. Robey, *Stem cells in tissue engineering.* Nature, 2001. *414*(6859): p. 118-21.
125 Tateishi-Yuyama, E., et al., *Therapeutic angiogenesis for patients with limb ischaemia by autologous transplantation of bone-marrow cells: a pilot study and a randomised controlled trial.* Lancet, 2002. *360*(9331): p. 427-35.
126 Flake, A.W., *In utero haematopoietic stem cell transplantation*, in *Fetal medicine – Basic science and clinical practice*, C.H. Redeck and M.J. Whittle, Editors. 1999, Churchill livingstone. p. 887-897.
127 Fang, T.C. and R. Poulsom, *Cell-based therapies for birth defects: a role for adult stem cell plasticity?* Birth Defects Res C Embryo Today, 2003. *69*(3): p. 238-49.
128 Yoon, Y.S., et al., *Clonally expanded novel multipotent stem cells from human bone marrow regenerate myocardium after myocardial infarction.* J Clin Invest, 2005. *115*(2): p. 326-38.
129 Eto, T. and H. Takahashi, *Enhanced inhibition of hepatitis B virus production by asialoglycoprotein receptor-directed interferon.* Nat Med, 1999. *5*(5): p. 577-81.
130 Ueki, T., et al., *Hepatocyte growth factor gene therapy of liver cirrhosis in rats.* Nat Med, 1999. *5*(2): p. 226-30.
131 Grant, M.B., et al., *Adult hematopoietic stem cells provide functional hemangioblast activity during retinal neovascularization.* Nat Med, 2002. *8*(6): p. 607-12.

132 Otani, A., et al., *Bone marrow-derived stem cells target retinal astrocytes and can promote or inhibit retinal angiogenesis.* Nat Med, 2002. *8*(9): p. 1004-10.
133 Chen, J., et al., *Intravenous administration of human umbilical cord blood reduces behavioral deficits after stroke in rats.* Stroke, 2001. *32*(11): p. 2682-8.
134 Aiuti, A., et al., *Correction of ADA-SCID by stem cell gene therapy combined with nonmyeloablative conditioning.* Science, 2002. *296*(5577): p. 2410-3.
135 Horwitz, E.M., et al., *Transplantability and therapeutic effects of bone marrow-derived mesenchymal cells in children with osteogenesis imperfecta.* Nat Med, 1999. *5*(3): p. 309-13.
136 Horwitz, E.M., et al., *Clinical responses to bone marrow transplantation in children with severe osteogenesis imperfecta.* Blood, 2001. *97*(5): p. 1227-31.
137 Assmus, B., et al., *Transplantation of Progenitor Cells and Regeneration Enhancement in Acute Myocardial Infarction (TOPCARE-AMI).* Circulation, 2002. *106*(24): p. 3009-17.
138 Stamm, C., et al., *Autologous bone-marrow stem-cell transplantation for myocardial regeneration.* Lancet, 2003. *361*(9351): p. 45-6.
139 Strauer, B.E., et al., *Repair of infarcted myocardium by autologous intracoronary mononuclear bone marrow cell transplantation in humans.* Circulation, 2002. *106*(15): p. 1913-8.
140 Wollert, K.C., et al., *Intracoronary autologous bone-marrow cell transfer after myocardial infarction: the BOOST randomised controlled clinical trial.* Lancet, 2004. *364*(9429): p. 141-8.
141 Perin, E.C., et al., *Transendocardial, autologous bone marrow cell transplantation for severe, chronic ischemic heart failure.* Circulation, 2003. *107*(18): p. 2294-302.
142 Tse, H.F., et al., *Angiogenesis in ischaemic myocardium by intramyocardial autologous bone marrow mononuclear cell implantation.* Lancet, 2003. *361*(9351): p. 47-9.
143 Mezey, E., et al., *Transplanted bone marrow generates new neurons in human brains.* Proc Natl Acad Sci U S A, 2003. *100*(3): p. 1364-9.
144 Weimann, J.M., et al., *Contribution of transplanted bone marrow cells to Purkinje neurons in human adult brains.* Proc Natl Acad Sci U S A, 2003. *100*(4): p. 2088-93.
145 Staba, S.L., et al., *Cord-blood transplants from unrelated donors in patients with Hurler's syndrome.* N Engl J Med, 2004. *350*(19): p. 1960-9.
146 McLaren, A., *Ethical and social considerations of stem cell research.* Nature, 2001. *414*(6859): p. 129-31.
147 Pompe, S., M. Bader, and C. Tannert, *Stem-cell research: the state of the art. Future regulations of embryonic-stem-cell research will be influenced more by economic interests and cultural history than by ethical concerns.* EMBO Rep, 2005. *6*(4): p. 297-300.

Diskussion

Wolbert: Ich habe eine Frage zu dieser Idee, die Sie hatten, also aus den Blastozysten Zellen entnehmen und sie dann in so ein Depot zuführen. Wann soll das indiziert sein, das kann man ja sowieso nur im Rahmen einer Invitrobefruchtung machen, also wann soll das Sinn machen?

Dohr: Embryonale Stammzellen können nach IVF aus der inneren Zellmasse einer Blastozyste gewonnen und in Kultur vermehrt werden. Der Einsatz solcher Zellen ist aus verschiedenen Gründen problematisch. Adulte Stammzellen können z.B. aus dem Nabelschnurblut eines Neugeborenen oder aus dem Knochenmark eines Erwachsenen gewonnen werden. Die Stammzellen werden in Kultur vermehrt und bei Bedarf eingesetzt. Dies funktioniert so ähnlich wie mit Blutproben. Eigenes Blut wird vor größeren Operationen abgenommen und während der Operation wieder zurückgeführt. Diese Möglichkeit finde ich auch für adulte Stammzellen überlegenswert und ist ethisch unproblematisch. Für solche Anliegen gibt es Anbieterfirmen.- Daraus kann sich ein soziales Problem entwickeln-, denn das Gewinnen und das Lagern von solchen Materialien kostet Geld,- das Gesundheitssystem finanziert so etwas nicht und damit – kann sich eine „Zwei-Klassen-Medizin" entwickeln. Aber vom grundsätzlichen Ansatz her denke ich mir, ist die Erforschung eines Einsatzes adulter Stammzellen ein interessanter Aspekt.

Pichler: Zunächst gleich von hinten nach vorne, und damit sofort zur Zwei-Klassen-Medizin. Die haben wir in ganz anderen Zusammenhängen schon. Sie beim cord-blood-banking wieder einmal zu strapazieren, erscheint mir fast lächerlich. Sie verbieten ja auch nicht das Rauchen, weil einige sich das Rauchen nicht leisten können. Und wovon reden wir denn eigentlich, der Wettbewerb hat doch die Preise für das banking regelrecht zertrümmert? Ein halbwegs starker Raucher verheizt sinnlos und selbstschädigend in einem Jahr an Geld das, was heute cord-blood banking kostet. Und damit wollen Sie den Vorwurf einer Zweiklassenmedizin absichern?

Dann: Mit Erstaunen entnehme ich Ihrem Schlagabtausch vorhin mit dem Kollegen Greil, dass offensichtlich die Wissenschaft zu dem Punkt immer noch zwei Positionen vertritt. Denn das Argument der Hämatologen, dass es zu rezirkulären Prozessen käme, wenn man autologes Nabelschnurblut nehme, das stand vor zwei Jahren schon, als wir das hier im Haus debattiert haben, am Prüfstand. Wobei mich, Herr Greil, eines interessieren würde. Diese Frage geht jetzt wirklich an den redlichen Mediziner. Ich würde ihr Argument der Rezirkularität verstehen, wenn ich autologes kontaminiertes Nabelschnurblut verwende, das die Neigung hat Leukämie entstehen zu lassen, um Leukämie zu behandeln. Dann kann ich mir vorstellen, dass die Sache nicht geht. Ich verstehe aber nicht, warum Leukämie ausbrechen sollte, wenn ich es etwa verwende, um bei einem Herzinfarkt abgestorbenes Gewebe zu ersetzen. Proponieren sie, dass das eine vielleicht gelänge, aber als Nebeneffekt unweigerlich Leukämie importiert würde? Wo der doch sowieso schon die Leukämiekonzeption in sich hat, soll das dann erst mit dem Import des gebankten Materials zum akuten Risiko werden? Verzeihen Sie, das verstehe ich nicht.

Ganz kurz zu einer rechtsethischen Fragestellung. Also ich bin teilweise auch wirklich ein bisschen resignativ, mir gefällt das alles gar nicht, was da so abläuft. Aber ich sehe halt, dass es offensichtlich der scientific community gelungen ist, das Embryonalzellforschungsthema so zu pushen, dass einfach die adulte Sache irgendwie ins Hintertreffen gelangt ist. Aber ist es nicht doch wieder begründbar, weil halt von totipotent zu pluripotent so ein riesiges Gefälle ist, dass man argumentieren kann, dass das dann doch wieder das Hantieren mit den totipotenten embryonalen Stammzellen legitimiere? Dankbar wäre ich für Ihre klage Aussage, dass die gewonnen Embryonalstammzellen prinzipiell die Eigenschaft und Fähigkeit gehabt hätten, lebend geboren worden sein zu können. Dem ist nichts hinzuzufügen.

Und noch ein Letztes. Die Biomedizinkonvention (ich sag's jetzt mal unter dem kurzen Arbeitstitel, wir haben uns so dran gewöhnt) sieht natürlich vor, dass reproduktives Klonen wirklich rechtswidrig sein und bleiben soll. Allerdings grenzt der Artikel 18 die Reproduktivität von der therapeutischen Anwendung nicht so klar ab, wenn etwa die Reproduktive gezielt für den therapeutischen Fall eingesetzt werden sollte. Und das ist im Prinzip jene Hintertür, die die Sache sozusagen wieder legalisiert. Allerdings das muss natürlich dann jede.r Forscher.in wirklich mit ihrem, seinem Gewissen ausmachen, ob jetzt das behauptete Argument, dass die Reproduktivität zum Zweck des Therapeutischen eingesetzt wurde, wirklich stimmt. Aber das ist so ähnlich wie mit der indirekt aktiven Euthanasie, wo ja auch geklärt werden muss, welches Ziel als das eigentliche verfolgt wurde und was nur als externer Effekt in Kauf genommen werden musste.

Dohr: Ich denke man muss im adulten System sehr genau hinschauen, welche Möglichkeiten ergeben sich wenn ich Zellen für einen therapeutischen Einsatz brauche. Welche adulten Stammzellen – Stammzellen aus dem Nabelschnurblut oder Stammzellen aus dem Knochenmark – sind für welche Therapie geeignet – Das Beispiel mit der Knochenmarkstransplantation zeigt uns, dass die adulten Stammzellen doch eine sehr hohe Potenz haben, denn sonst würde man nicht – beobachten können, dass diese Zellen – in verschiedensten Organen zu organspezifischen Zellen ausdifferenzieren. Da Stammzellen aus dem Knochenmark mit Stammzellen aus dem Nabelschnurblut gleichzusetzen sind wie dies von der FDA festgestellt wurde, können ähnliche Ergebnisse auch für diese Zellen aus dem Nabelschnurblut erwartet werden. Das ist für mich ein hoffnungsvoller Ansatz in der Forschung.

Breitenbach: Entschuldigung, wenn ich jetzt von einem ganz anderen Thema spreche. Das ist nämlich ein Punkt, der im Vortrag drin war, wo wir aber nie hingekommen sind aus Zeitgründen. Sie haben an einer Stelle erwähnt, dass die Eispende nicht so unproblematisch ist und dass hier eine Problematik liegt und daher möchte ich kurz erwähnten, dass eben schon vor zwei bis drei Jahren Karin Hübner und ihr Chef Hans Schöler aus embryonalen Stammzellenkulturen der Maus in vitro, rein in vitro, Eizellen gemacht haben. Diese Eizellen haben noch nicht alle Eigenschaften gehabt. Sie waren selber total überrascht, dass so etwas geht, dass sich spontan ein Follikel bildet und eine Eizelle, die auch haploid war. Es wird noch daran gearbeitet, es ist noch nicht wirklich das Gelbe vom Ei. Aber es zeigt, dass da ein Weg ist. Und wenn es diesen einen Weg bei der Maus gibt, dann wird es ihn über kurz oder lang, über kürzere oder längere Jahre, auch beim Menschen geben und dann wird nicht mehr diese doch auch sehr problematische Eizellspende notwendig sein. Und übrigens dasselbe ist für die entsprechenden Spermatozyten aufgezeigt worden von anderen Arbeitsgruppen.

Dohr: Ich kenne diese Arbeiten, das ist richtig. Also da gibt es offensichtlich doch Möglichkeiten sogar Keimzellen aus diesen Zellen zu generieren und das wäre natürlich ein interessanter Weg.

Breitenbach: Darf ich noch kurz zu den Nabelschnurblutzellen. Ich finde, dass die Opinion, die unser Freund Günter Virt für das Europäische Parlament verfasst hat, eigentlich alles sagt über die Nabelschnurblutbanken. Dass eben das Aufbewahren von Nabelschnurblut für ein Individuum auf die wirklich winzige Chance hin, dass dieses Individuum im Laufe des individuellen Lebens einmal dieses Nabelschnurblut brauchen wird, eigentlich aus dieser Sicht abzulehnen ist. Das ist nämlich das, was die privaten Nabelschnurbanken uns anbieten, dass wir viel, viel Geld ausgeben sollen um genau das zu machen. Die „Opinion" vertritt den Standpunkt, dass der andere Weg der bessere ist, der eben auch schon existiert. Dass nämlich große, öffentliche Nabelschnurblutbanken existieren, wo die Proben, die da drin sind, alle HLA-typisiert sind und wo man aus 100.000 Blutproben für den, der es braucht, eine kompatible Probe auswählen kann. Und um es noch einmal klar zu sagen, es ist ein technisches Problem, ob man diese Zellen expandieren kann und sie dabei sicher und wirkungsvoll bleiben. Und dieses technische Problem ist nach dem derzeitigen Literaturstand nicht gelöst und deshalb sind bei den klinischen Versuchen, bei welchen Nabelschnurblut tatsächlich erfolgreich verwendet wurde – ich glaube Ihre Grazer Kollegen sind da involviert, in einen sehr erfolgreichen Versuch – das waren immer nicht expandierte Originalproben. Und da hat eine Nabelschnurblutprobe gerade gereicht für einen

Patienten für eine Behandlung. Das ist natürlich ein Punkt, der hier vorläufig nicht so schön ist.

Greil: Das eine ist, dass man eine tatsächliche, der Bedingung des Patienten angepasste, Kosten-Nutzen-Abwägung durchführen muss. Und das bedeutet, dass wir seit Jahrzehnten Stammzellen für Stammzelltransplantationen nach Hochdosischemotherapie verwenden. Wir tun das in einer Weise, die keinesfalls industrialisiert ist, sondern in den Laboratorien von Klinikern für Patienten entwickelt wurde.

Dohr: Tatsache ist jedoch, dass autologe Stammzellentherapien sehr erfolgreich sind, während Transplantationen mit Fremdspenderzellen nicht nur immunologische Probleme verursachen.

Greil: Ja. Sie wird mit bestimmten Indikationen mit Erfolg und lebensverlängernd angewendet. Das ist eine Standardroutinetechnik in der Hämatologie.

Aber für diese Kosten-Nutzen-Abwägung brauchen Sie keine Standardisierung dieser Stammzellen, außer zu wissen, dass genügend Potenzial für Stammzellfunktion in einer bestimmten Zellpopulation wie beispielsweise der CD34+ Zellfraktion des Blutes oder des Knochenmarkes enthalten ist. Es gibt keine überzeugenden Analysen, wie lange Sie solche Stammzellen ohne Schaden aufheben können und das ist auch für die Art der derzeitigen Nutzung nicht relevant. Denn diese Patienten sind in unmittelbarem Bedarf dafür, dass sie diese Stammzellen bekommen und sie haben eine lebensbedrohliche Erkrankung mit hoher Mortalität. Sie können also von diesen Stammzellen nur profitieren.

Wenn diese Stammzellen sagen wir fünf bis zehn Jahre gelagert sind, gibt es überhaupt keine Daten darüber, wie gut die Qualität dieser Stammzellen ist. Und man würde, soferne im Bedarfsfalle eines spät relapsierten Patienten notwendig und möglich eher versuchen erneut Stammuzellen des Patienten zu gewinnen weil es – wie bereits gesagt- keinen Cut-off level für eine sichere Verwendung lange eingefrorener Stammzellen gibt.

Wenn Sie jetzt bei Menschen, die ein gesundes Kind zur Welt bringen, Stammzellen aus dem Nabelschnurblut einfrieren, gibt es keinen Hinweis dafür, unter welchen standardisierten Bedingungen Sie tatsächlich Stammzellpotential nach wie vielen Jahren gewinnen können. Das heißt sie haben keine Informationen darüber, inwieweit, das was Sie einem Menschen über das Potential dieser Zellen versprechen a) einlösbar ist und b) inwieweit die Verwendung dieser Zellen ungefährlich ist. Dafür gibt es keine Daten, denn die Anwendung von Nabelschnurblut ist bis jetzt so gut wie ausschließlich im Kontext mit Leukämietherapien erfolgt und dort haben Sie die gleiche Kosten/Nutzen-Konstellation, die ich

Ihnen zuvor genannt habe. Sie sind bereit ein substanzielles Mortalitätsrisiko durch Übertragung eines fremden Immunsystems und der allogenen Hämatopoese nach intensivster Chemo- und/oder Radiotherapie einzugehen, damit ein kleiner Teil der Patienten unter Umständen geheilt werden kann. Wenn Sie aber Stammzellen aus dem Nabelschnurblut einfrieren in der Hoffnung, dass das Kind als Erwachsener nicht für eine später aufgetretene Leukämie behandelt werden soll, sondern dass diese Zellen für eine Behandlung eines mit 60 oder 70 Jahren auftretenden Alzheimers, einer Demenz, eines Gedächtnis- oder Intelligenzdefektes, eines Hirnschadens nach chronischem Alkoholabusus, einer großflächigen Hautverbrennung verwendet werden soll – und das sind alles Indikationen die ab initiio für die Verwendung von Stammzellen angeführt worden sind – dann gibt es keinerlei Hinweise dafür, dass diese Funktionen mit heute eingefrorenen Stammzellen jemals erfüllt werden können. Das ist ein ganz wesentlicher Punkt.

Der dritte Punkt zu den embryonalen Stammzellen. Bei den embryonalen Stammzellen muss man ganz klar sagen, dass diese Zellen mit großer Wahrscheinlichkeit niemals in dieser Form therapeutisch eingesetzt werden. Und zwar deswegen, weil fast alle Optionen oder fast alle Annahmen darüber, was sie können und was sie vor allem nicht verursachen an Schaden, mit großer Sicherheit nicht wahr ist. Es sind immer noch jene Zellen, die abgestoßen werden und Sie müssen das Immunsystem des Patienten entweder tolerant gegen diese allogenen Zellen machen oder diese Zellen derart genetisch modifizieren, dass Sie sekundäre Immunkompatibilität erreichen. Die derzeit dafür angedachten Methoden sind von beträchtlichem cancerogenem und leukämogenem Risiko für die Patienten. Und wir wissen gar nicht, wie lange diese Information in den Stammzellen bleiben würde, ob sie beispielsweise in den Nachfolgezellen überhaupt enthalten wäre. Das gleiche gilt für das Potential bei Transplantationen. Da sagen uns manche Biologen, das ist gar kein Problem – wir bauen Suizidgene ein und rufen diesen Suizid danach in den Zellen auf, wenn wir diesen programmierten Todesaufruf in den Zellen brauchen, also wenn die entsprechenden Zellen in den frühen Stufen maligner Entartung sind. Das Problem ist nur, wenn Sie einen Teil des Gehirngewebes ersetzt haben, weil dieser Patient es braucht, durch Zellen, die Sie mit einem entsprechenden Suizidgen versehen haben, dann besteht die Gefahr, dass Sie das Gehirn dieses Patienten eliminieren nur weil er im Knochenmark eine Leukämie entwickelt hat. Etc., etc.

Das ist alles nett und recht zu sagen, dass das technische Probleme sind, aber es geht weit darüber hinaus. Und letzten Endes glaube ich embryonale Stammzellen sind eine vorübergehende Erscheinung, aber eine sehr, sehr wichtige, denn das, was man letzten Endes daraus lernen wird sind jene Faktoren, die Stammzellen zu Stammzellen machen und die ihre Differenzierung steuern und das werden letzten Endes Medikamente sein, die in Tablettenform, in Infusionsform weltweit gekauft werden können. Also nur, um das in eine Dimension zu bringen.

Dohr: Was die Haltbarkeit der gelagerten, eingefrorenen Zellen betrifft kann Folgendes gesagt werden: Die Hämatologen frieren Zellen seit den 60 iger Jahren erfolgreich ein und verwenden aufgetaute Zellen für Therapien am Menschen. In der Reproduktionsmedizin werden noch viel heiklere Zellen nämlich Spermien und Eizellen eingefroren, – liegen oft jahrelang in Stickstofftanks und werden dann im Rahmen der IVF oder Inseminationstherapie eingesetzt. Natürlich werden durch den Einfrier- und Auftauprozess einige Prozent an Stammzellen verloren gehen aber das ist unbedeutend.

Ich versuche Sie zu verstehen, wenn Sie als Kliniker sagen, ich brauche sichere Therapien für meine PatientInnen aber dennoch muss es möglich sein, dass ZellbiologInnen bzw. GrundlagenwissenschaftlerInnen, an In vitro Modellen und Tierversuchen Fragestellungen bearbeiten, um sie später in präklinischen und klinischen Studien zu vertiefen und therapiefähig zu machen.

Greil: Genau das haben Kliniker gemacht, die Stammzellen erarbeiten, das tun wir selber auch in Experimenten und in der Forschung. Das sind ja Kliniker, die diese Experimente zu einem großen Anteil in Laboratorien machen, diesen Widerspruch gibt es ja gar nicht.

Dohr: Da muss ich schon widersprechen. Die meisten Grundlagenforscher sind keine Mediziner und noch seltener Kliniker. Möglicherweise sind Sie da eine Ausnahme. Die Kernaussage meines Vortrages war, dass es zu embryonalen Stammzellen durchaus ernsthafte Alternativen gibt – und das sind die adulten Stammzellen. Die embryonalen Stammzellen machen, wie wir alle wissen, nicht nur im ethischen Bereich sondern auch im biologischen Bereich Probleme. Darüber wird sehr wenig gesprochen. Die adulten Stammzellen haben auch ihre Probleme, aber das wird sehr groß dargestellt. Und das muss relativiert werden. Beide Themenbereiche sollten gründlich beforscht werden um dann nach einer gewissen Zeit, zu schauen wo es tatsächlich Ergebnisse gibt, die im klinischen Bereich umsetzbar sind. Ich habe auch primär von degenerativen Prozessen gesprochen die für einen Einsatz von Stammzellen in Frage kommen und nicht von hämatologisch-, onkologischen Erkrankungen. Das sind auch wieder zwei verschiedene Fragestellungen. Wenn wir mit Hämatologen und Onkologen zusammen kommen, dann sprechen wir oftmals aneinander vorbei. Hämatologen wollen vom Einsatz adulter Stammzellen in der regenerativen Medizin nichts wissen und ignorieren die viel versprechenden Daten aus der Literatur.

Pichler: Ich möchte noch einmal aus der Außensicht auf Breitenbach und Greil respondieren zu dem leidigen Thema Nabelschnur-banking. Vorweg ein Offenbarungseid: Ich bin in keiner Weise affin zu cord-blood-banking Unternehmen, ziehe keinen wirtschaftlichen Nutzen und beziehe auch keine Gutachtenserträge von dort.

Wohlan, eines verstehe ich an Ihren sozusagen radikalen Positionen aus der Hämatologie nie. Ich habe bisher nicht verstanden, warum das so ist. Mit Nabelschnurblut stünde über pluripotentes Material eine ethisch wie rechtsethisch völlig unbedenkliche Option bereit, von der lediglich Sie und Ihre Kolleginnen und Kollegen sagen, wir haben keinen Hinweis darauf sozusagen, dass es so sein könnte. Sie laden sich damit große Verantwortung auf, denn damit wird eine, wie ich vorhin sagte, relativ billige Quelle verschüttet, sich heute „Reparaturmaterial“ für morgen auf Reserve zu legen. Erfüllt es die Erwartungen nicht, ist kein großer Schaden passiert und die Leutchen haben sich das auch selber bezahlt. Was aber, wenn Herr Dohr Recht behalten sollte und die Genforschung eines Tages draufkommen sollte, dass da doch Potential da war? Herr Greil, ich frage sie ganz persönlich, was sagen Sie und Ihre Kollegen dann all den Menschen, die sie demotiviert haben, Eigenvorsorge zu treffen und denen sie ehrliche Chancen genommen haben? Und was sind in der Wissenschaft denn eigentlich solche gewagten, von Erfahrung ungedeckten Prognosen? Dogmen! Fallibel von vorn bis hinten. Es scheint manchmal, dass der Geist gegen Galileo Galilei immer noch kräftig weht, diesmal nicht namens der Theologie sonder namens der Wissenschaft. Ihre Branche betreibt das Demotivierungsgeschäft doch ganz hart. Man wirft aus Ihrer Ekke den cord-blood-bankern blanke Abzockerei vor. Ein Vorwurf, den ich in der Medizin immer für ganz interessant halte, wer wem welche Vorwürfe macht, dass Geld verdient werde. Ich habe in meiner Patientenrechtlerzeit aus Ihrem innersten Kreis kreuzweise zu hören gekriegt, wer da aller mit blödsinnigen Therapien sein Geschäft mache, Übertherapie war noch der harmloseste Vorwurf. Ich habe Sie alle aber noch nie mit derselben Entschlossenheit vernommen, wenn es um die tausenden Angebote geht, for ever young bleiben zu können mit all den Pulverln, Salben und plastischer Chirurgie. Nur beim Zuschütten der Nabelschnurbluthoffnung reiten Sie vollen Parcour. Sehen Sie doch bitte, dass das normative Konsequenzen oder faktisch normative hat. Kaum ist in Österreich diese Debatte um Cryocell&Co ausgebrochen und diese Abzockereidebatte, da hat schon eine Landesgesundheitsreferentin verboten und zwar unter Berufung auf die „Empfehlungen“ aus der Hämatologie, dass an „ihren“ Landeskrankenhäusern diese von Patienten sozusagen selbst bestimmte Abnahme von cord-blood durchgeführt werden dürfe. Das heißt, dass da faktisch ein Verbot verhängt wurde.

Greil: Zu Ihrer Frage. Erstens, es wird grundsätzlich niemand daran gehindert. Es ist ein Unterschied, ob man einer Gesellschaft präskriptiv etwas vorschreibt oder sie nicht daran hindert.

Pichler: Verzeihen Sie den Zwischenruf, das stimmt ja eben gerade nicht, wie ich an obigem Beispiel erläutert habe.

Greil: Es mag faktisch der Fall sein, aber theoretisch gilt das nicht. Es gibt kein Verbot, das zu tun. Sie können sagen, etwas, das Sie nicht ermöglichen, das ist verboten, aber es ist nicht verboten das zu tun. Sie können überall hinfahren, wo das angeboten wird und es machen, es gibt weltweit keine Verbote das zu tun, es ist eine reine Preisfrage.

Pichler: Also da erhebe ich ad hoc Einspruch, reden Sie doch nicht mit praktisch und theoretisch herum, sie irren einfach, auch wenn sie Recht haben, dass es kein gesetzliches Verbot gibt. Soll eine Gebärende herumreisen und schauen, wo sie ihr Nabelschnurblut banken darf, wo der lange Arm der Hämatologengesellschaft nicht mehr hinreicht? Verbote können auch faktisch ablaufen, man braucht nicht für alles ein Gesetz und für diese Faktizität, diese normative Kraft des Faktischen hat sich Ihr Stand auf die Schienen geworfen. Wenn Gebärende in einigen Landeskrankenanstalten den Wunsch äußern, dass ihr cord blood abgenommen würde, dann darf es dort ein Arzt bei dienstrechtlicher Konsequenz nicht abnehmen – und die das anordnende Politik versteckt sich hinter und schützt sich mit ihren „Wissenschaftsbeschlüssen. Das ist ein faktisches Verbot.

Nachtrag nach Redaktionsschluss

So, schon ist es soweit: Nicht viel mehr als ein Jahr ist vergangen – und nun ist in: Pediatrics, 2007 Vol.119, 296ss , First Report of Autologous Cord Blood Transplantation in the Treatment of a Child with Leukemia, publiziert, dass autologes Nabelschnurblut eine erfolgreiche Leukämiebehandlung erbringen konnte. Wo sind jetzt alle die, die mit wissenschaftlicher Gewissheit „wussten", dass das nie gelingen könne?

Greil: Nein, ich habe ja gerade gesagt, das ist der Unterschied zwischen einem grundsätzlichen Verbot und einem durch die Praxis, weil Sie etwas nicht ermöglichen, bestehenden Verbot. Das haben Sie in der Abtreibungsdiskussion, das haben Sie in vielen anderen Situationen auch so. Zweitens, es ist ein Unterschied, ob eine Fachgesellschaft wie unsere und viele Vertreter, unabhängig davon, ob das jetzt in der Fachgesellschaft ist, eine Empfehlung aussprechen oder nicht. Es wird niemals ein Verbot ausgesprochen, sondern wir nehmen dazu Stellung und sagen, wir empfehlen es nicht. Und zwar aus vielen Überlegungen. Ich sage Ihnen gleich eine der wesentlichen. Ich glaube, Sie unterschätzen dramatisch, was wir in der Praxis außerhalb dessen, was uns an Forschung im Rahmen klinischer Studien interessiert und welche Projekte und Visionen uns dabei begeistern und was wir als klinische und translationale Forscher am allermeisten selbst in unseren Laboratorien erforschen und entwickeln in der Realität unseren Patienten als ernst zu nehmende Ärzte versprechen dürfen.

Ich sage Ihnen das an einem konkreten Beispiel. Wenn wir Patienten chemotherapieren mit bestimmten Therapien und wenn das sehr junge Menschen sind, dann wird einer dieser Männer infertil werden, weil die Spermatozoenproduktion eingestellt wird. Nun wäre es an sich verpflichtend, diese Menschen vorher darauf hinzuweisen und Sie davon in Kenntnis zu setzen, dass es diese Möglichkeit gibt. In österreichischen Zentralkrankenhäusern ist das bis vor kurzem flächendeckend abgelehnt worden. Und zwar nicht so sehr wie am Beginn deswegen, weil man das für eine nicht ansprechbare und unter der Gürtellinie angesiedelte Form der Diskussion gehalten hat, so war das, wie ich Onkologie begonnen habe, sondern im Prinzip aus einem Haftungsgrund heraus. Dieses Angebot bekommen Sie im Prinzip in Österreich nur von niedergelassenen Gynäkologen, oder Sie müssen außerhalb von Österreich gehen, weil Ihnen keine Krankenanstalt die Rechtssicherheit übernehmen wird, dass diese eingefrorenen Spermatozoen auch tatsächlich intakt bleiben. Das heißt wenn Sie eine Empfehlung aussprechen und in einem Krankenhaus ermöglichen, Stammzellen zu gewinnen und einzufrieren, dann geschieht das mit einer Erwartungshaltung eines Kunden. Nicht eines Patienten. Eines Kunden, der Patient ist nicht krank zum Zeitpunkt, wo die Stammzellen eingefroren werden. Das ist komplett anders, wenn sie einen todkranken Menschen behandeln. Das ist kein Kunde, das ist ein Patient, der eine ganz andere Relation zum Möglichen hat und zu dem Wünschenswerten.

Pichler: Lieber Herr Greil, halten sie mich nicht für altersstarrsinnig, wenn ich weiter hart dagegenhalte. Ich verteidige nur stur die Freiheit. Ich darf in ihren Krankenhäusern nämlich sehr wohl die Entscheidung auch treffen, das ist eine reine Kundenentscheidung, die sie alle goutieren, ob ich die allgemeine oder die Sonderklasse nehme, das darf ich doch auch – und erkaufe mir damit angeblich nur die Hotelkomponente, in Wahrheit ist das aber immer mit der Erwartung verbunden, durch die Chefnähe mehr zu erkaufen. Und alles an mit freiem Auge machbarer Erfahrung deutet daraufhin, dass diese Erwartung nicht enttäuscht wird. Auf diesem Auge der Zweiklassenmedizin ist das System aber ziemlich blind.

Isensee: Ich habe nicht verstanden, wieso das Konservieren von Nabelschnurblut ein Problem sein soll und welcher Art von Bedenken hier auftreten: medizinisch-technische, ökonomische oder moralische und rechtliche. Der Einwand, dass sich hier eine Zwei-Klassen-Medizin etabliere, hat kein Gewicht. Denn das Nebeneinander von staatlich prästierten Gesundheitsleistungen und selbst bezahlten ist die Normalität des freiheitlichen Sozialstaats. Es gehört zur Freiheit der Eltern, für den Bedarfsfall Vorsorge zu treffen, soweit sie die medizinische Leistung bezahlen können und wollen. Wenn die gesetzliche Krankenversicherung dafür nicht aufkommt, ist das deren Problem. An ihr ist es, zu begründen, warum sie für diese Form der Vorsorge nicht aufkommen und die Solidargemeinschaft nicht belasten will. Doch kann aus ihrer Zurückhaltung nicht die Folgerung gezogen werden, dass diese Form der Vorsorge generell unterbunden wird. Sollte das Gesetz diese Vorsorge verbieten, so verstieße es gegen die grundrechtlich geschützte Selbstbestimmung der Eltern bzw. des Kindes.

Breitenbach: Die von mir zitierte „Opinion" sagt ja nur, dass es besser ist, diese großen öffentlichen Nabelschnurblutbanken zu haben. Sie existieren zum Beispiel in Mailand und in drei oder vier anderen Städten rund um die Welt. Die Opinion sagt, dass das einfach der bessere Weg ist als Privatfirmen zu erlauben, dass Sie gegen Geld eben solche Banken anbieten. Es heißt nicht, dass das Einfrieren von Nabelblut prinzipiell abzulehnen ist.

Greil: Es gibt überhaupt keine moralischen Bedenken. Sondern, die Wahrscheinlichkeit, dass jemand, der Nabelschnurstammzellen einfriert für sich oder sein Kind, das jemals benötigen wird oder verwenden kann, ist von minimalem Charakter. Jetzt kann man sagen, das ist im Ermessen des Einzelnen – das ist es auch, und das sagen wir auch. Aber Fakt ist, wenn Sie etwas empfehlen Sie, dann fördern Sie, weil Sie praktisch den Eindruck erwecken, dass es praktischen Nutzen hat, eine flächendeckende Anwendung. Und das wäre, unter dem derzeitigen Aspekt, dass das jemand bezahlen muss, unethisch, Hoffnungen zu wecken, die bezahlt werden müssen, in einem Umfang, der nicht gerechtfertigt ist. Der andere Punkt ist meiner Meinung nach ein wichtiges Gegenargument, weil Sie in diesem Fall Nabelschnurstammzellen zur Verfügung stellen und eine Situation von potentiellem individuellem Nutzen erzeugen, hoch bezahlt durch den Einzelnen, mit tangential 0% Wahrscheinlichkeit, dass dieses Kind diese Zellen jemals verwenden wird können. Dem ist eine Situation gegenüberzustellen, in der die Wahrscheinlichkeit dramatisch erhöht ist, dass jemand Stammzellen auch tatsächlich bekommt, der diese für eine ernste Erkrankung auch tatsächlich benötigt. Dies ist gegeben, wenn die Nabelschnurstammzellen in großen internationalen Banken der Allgemeinheit je nach Bedarf zur Verfügung stehen....

Luf: Nur eine ganz kurze Informationsfrage, die aber juristische Implikationen hat. Ich sage das jetzt als Laie. Es wird doch immer diskutiert darüber, wie lange man überhaupt an Stammzellen forschen kann, also wie frisch sie sein müssen. Wie steht das jetzt in wissenschaftlichen Studien über die Verwendbarkeit, die Dauer der Verwendbarkeit? Wie schaut das mit den Modifikationen aus? Das hat Konsequenzen für die juristische Frage, ob überhaupt eine Stichtagsregelung so wie in Deutschland einen Sinn macht?

Dohr: Nach heutigem Wissensstand ist das Einfrieren von Zellen nicht so ein großes Problem wie es dargestellt wird, sonst würden Reproduktionsmediziner permanent Probleme haben, wenn Sie Spermien, Eizellen oder Embryonen einfrieren. Trotzdem ist es richtig, dass ein bestimmter Prozentsatz an Zellen verloren geht, wenn man sie einfriert und wieder auftaut. Das ist bei Spermien so, das ist bei Eizellen und Embryonen so, das wird auch bei Stammzellen so sein... Zellen haben eine ungeheure Fähigkeit Schäden zu reparieren, das tun sie auch in vivo permanent. Zellen können, Selbstreparaturprozesse in Gang setzen. Wenn ich jetzt 1 Million Zellen eingefroren habe, kann es sein, dass ein paar Tausend beim Auftauen absterben. Ob eine Sticktagregelung sinnvoll ist oder nicht kann ich nicht sagen – ich glaube eher nicht.

Fairerweise muss man dazu sagen, dass eingefrorene Zellen in Plastikgefäßen gelagert werden. Plastikgefäße können spröde werden, sie könnten Phänomene der Materialermüdung zeigen. Darüber sollte man reden und diese Zellen nach einer gewissen Zeit in neue Plastikröhrchen umfüllen.

Greil: Ein letzter Kommentar dazu noch. Das bezieht sich auf die Frage – in Österreich und in Deutschland wurde das diskutiert – ob ethisch unbedenklich, bereits bestehende embryonale Stammzellen, die vor einem bestimmten Stichtag hergestellt worden sind, verwendbar sind. Die Aussage dazu ist eigentlich glasklar – sie sind nicht verwendbar. Vor allem deswegen, weil sie gezüchtet sind, weil sie möglicherweise kontaminiert sind, weil sie niemals am Menschen einsetzbar sind. Das hat man lange davor gewusst, bevor man das jetzt sozusagen bewiesen hat. Man hat das verwendet um ein Fenster aufzumachen, um über die Gesetzgebungsphase hinweg zu kommen. Das ist vollkommen klar, dass diese 50 oder 70 Stammzell-Linien niemals am Menschen zum Einsatz kommen werden und auch unbrauchbar sind für wesentliche Forschungsarbeiten.

Wert und Kosten von Leben und Tod in der Medizin

Der Verteilungskampf in und um die Medizin und die ethischen Auswirkungen auf Individuum und Gesellschaft

Richard Greil

Einleitung

Die gesellschaftliche Entwicklung ist in den führenden wirtschaftlichen Ländern höchster Prosperität von einer eigentümlichen Ambivalenz geprägt. Zum Einen fordern die Wirtschaft aber auch die Regierungen eine immer stärkere Investition in Forschung und Technologie, und dabei insbesondere in die Entwicklung und Herstellung intelligenter, hochpreisiger und weltweit verkaufbarer Produkte. Zum Anderen entwickeln diese Länder einen besonders prononcierten Kulturpessimismus in dem der Eindruck erweckt und die Stimmung breit wird, dass selbst die wohlhabendsten Länder dieser Erde mit den besten Zukunftsaussichten nicht in der Lage sein werden, diese Produkte Ihrer eigenen Bevölkerung zur Verfügung zu stellen.

Dies betrifft in besonderer wenn nicht maximaler Weise den Gesundheitsbereich. Es ist selbstredend, dass extreme Ausmaße an zunächst staatlich geförderter Grundlagenforschung und später von der Industrie übernommenen und vorangetriebenen Entwicklungsarbeit erforderlich sind um neue Medikamente und neue Therapieverfahren etablieren zu können, die bei äusserst komplexen Erkrankungen erfolgreich zur Anwendung gebracht werden können. Gleichzeitig werden die dafür vorhandenen eigenen Märkte, das heißt die eigene kranke Bevölkerung als untragbare finanzielle Belastung der mit diesen Produkten wirtschaftlich erfolgreichen Unternehmen und als nicht finanzierbarer Kostenfaktor bei der Herstellung dieser Produkte gesehen, da adäquate Finanzierung der Sozialversicherungsleistung als Kostentreiber der Lohnneben- und Lohnstückkosten angesehen werden. Zunehmend wird dabei das Interesse entwickelt, die Lösung sozialer, medizinischer und gesellschaftlicher bzw. politischer Probleme der demokratischen und entwickelten Hochleistungsländer nicht als paradigmatische Lösungsmöglichkeiten und als Exportgut bzw. Erfolgsmodell *sui generis* zu sehen, sondern zunehmend die Herstellung von Mitteln der Problembewältigung wie beispielsweise neuer Medikamente oder neuer Therapieverfahren vom gesamten gesellschaftlichen Kontext zu trennen. Es werden daher die vom Problem Betroffenen, z.B. die Kranken, nicht zum Subjekt das jener Solidarität bedarf, welche die Gesellschaft letztlich vorantreibt; sie werden vielmehr zunehmend als das eigentliche Problem verstanden.

Dieser Prozess ist mit einer dazu gehörenden Semantik verbunden, der sich die meisten auch führenden Medien Zentraleuropas aber auch die politischen Parteien mehr oder wenig unabhängig von ihrer gesellschaftspolitischen Positionierung erstaunlich widerstandslos anpassen. Diese Semantik der Bewertung gesellschaftlicher Veränderungen und im gegenständlichen Fall der Bewältigung der medizinischen Herausforderungen wird ihrerseits aber mittelfristig zu einer die Verhältnisse prägenden Kraft aus sich selbst heraus. Der nachfolgende Artikel soll am Beispiel der Erforschung und Behandlung von Krebserkrankungen die Verdeckung der wahren Verhältnisse durch diese Semantik darstellen und auch zeigen, wie unangebracht der derzeit herrschende Pessimismus bei der Bewältigung der bevorstehenden Aufgaben im Gesundheitssystem ist bzw. zu welchen Verwerfungen im sozialen und ethischen Bereich ein solcher Pessimismus und seine Verbreitung führen können.

1 Leben wir in einer Zeit balancierter Bewertung von Fortschritt und Nutzen für Leben und Kapital?

Das Kapitel sei mit einem kurzen *spotlight* begonnen. In keinem anderen Gebiet der Medizin gibt es derzeit einen derartigen basiswissenschaftlichen aber auch praktischen Fortschritt wie in der Erforschung der Grundlagen, der Diagnose und Therapie von Krebserkrankungen. Damit ist eine gestiegene Zahl behandelbarer Erkrankungen [z.B. SEER data bank Patienten mit Bronchuscarcinomen, die mit Cisplatin als Grundlage der Standardtherapie behandelt werden[1], Zunahme neuerdings erfolgreich behandelbarer älterer Patienten auf Grund des Vorhandenseins von wirksamen aber nebenwirkungsärmeren Zytostatika[2, 3], eine Verbesserung der Behandlungsergebnisse [Tabelle 1] und eine Verlängerung der Lebensdauer [Tabelle 1 und Karolinska Report[4, 5], aber eben auch der Behandlungsdauer und damit der Behandlungskosten verbunden. Tatsächlich können durch bessere Verträglichkeit neuer molekularer und immunologischer Therapeutika Patienten behandelt werden, die früher wegen Alters, reduzierten Allgemeinzustandes oder des Vorhandenseins relevanter Begleiterkrankungen von jeder tumorkausalen Versorgung ausgeschlossen wurden.

Tabelle 1: Tumorerkrankungen, bei denen rezente Entwicklungen moderner Medikamente zu Verlängerung von Heilungsraten bzw. Überlebenszeit geführt hat

Krankheit	**Medikament**	**Einführungszeitpunkt Medikament**	**Einfluss auf Heilung bzw. [Überlebenszeitverlängerung]**
Lungenkrebs[6, 7]	• adjuvante Chemotherapie	• 2005*	• Überlebensvorteil +5-10%
	• Docetaxel 2nd line	• 2001	• 1a Überleben 37% vs 12% best supportive care
	• Erlotinib 3rd line	• 2005	• Mortalitätsreduktion 30%
Dickdarmkrebs	• Adjuvant 5-FU, Leukovorin, Oxaliplatin[8]	• 2004	• 30% Überlebensvorteil
	• metastatisch von 5FU-LV ->FOLFIRI+Avastin[9]	• 2004	• 9 Monate auf 22 Monate
Brustkrebs	• adjuvant Aromatasehemmer[10]	• 2002-2006	• Sterblichkeitsreduktion um etwa 40% in 5 Jahren (Absolutdifferenz)
	• Adjuvant Trastuzumab[11]	• 2005-2006	• Sterblichkeitsreduktion ca. 40% (ca. 2% absolut innerhalb von 4 Jahren)
	• metastasiert Trastuzumab[12]	• 2001	• 1a Überleben 33% vs 22%
Lymphdrüsenkrebs Non-Hodgkin Lymphom	• Rituximab follikuläre NHL Induktion[13]	• 2005	• 39% Mortalitätsreduktion
	• Rituximab follikuläre NHL Maintenance[14]	• 2006	• 52m *vs* 15m PFS im Vergleich zu nihil
	• Rituximab hochmaligne NHL[15] Induktionstherapie	• 2001	• +17% Heilungsrate
Chronisch lymphatische Leukämie	• FCR[16]	• 2005	• 60% molekulare Remissionen
	• Campath1[17]	• 2002	• Remissions-benefit 45% vs 0% bei Hochrisiko-Patienten
Hodgkin Lymphome	• BEACOPP eskaliert [18,19]	• 2003	• 5a- Freiheit von Therapieversagen für Höchstrisikopatienten 69% -> 87%

* *Zeitpunkt ab dem die Behandlung als Standard der Therapie angesehen wurde*

Die Entwicklung der modernen Onkologie und ihre Akzeptanz und Leistungsnachfrage bei den Patienten, die Erhöhung von Aufnahmezahlen und Leistungen sowie Ausgaben sind sehr schnell zu einem relevanten Politikum geworden, das die Politik gezwungen hat sich zu bekennen. Die im Rahmen dieser öffentlichen österreichischen Debatte zwischen Salzburg und Wien erfolgten klinikinternen Reaktionen reflektierten aber sehr wohl den oben zitierten verinnerlichten Kulturpessimismus, sie waren mehrheitlich gegen eine ungeteilte Anteiligkeit aller Patienten am gesellschaftlichen und medizinischen Fortschritt gerichtet. Aus ihnen wurde auch eine Änderung des Verpflichtungsmandates der Ärzteschaft an Universitätskliniken manifest. War dieses Verpflichtungsgefühl ehedem ausschließlich auf Seiten der Patienten gelegen, so zeigen die internen Reaktionen von Kollegenschaft und das Schweigen der niedergelassenen Ärzte, dass mittlerweile das Gefühl der primären Verantwortung dem individuellen Patienten gegenüber einem primären Verpflichtungsgefühl gegenüber dem Anstaltenträger und der gesellschaftlichen „Ruhe“ zu weichen beginnt.

Dass es für diesen Pessimismus nicht nur keinen Grund gibt sondern er vielmehr als paradox anzusehen ist, sollen die nachfolgenden Fakten belegen:

(i) Es existiert ein *exponenzieller Zusammenhang zwischen der technischen Revolution ab dem Zeitpunkt der ersten Agrarrevolution bis hin zur erfolgreichen Entwicklung des Genomprojektes und der Dichte der weltweiten menschlichen Population*[20]. Technische Revolution, hatte immer einen hohen Marktwert solange sie innovativ war, erhöhte aber im Durchschnitt die Leistungsfähigkeit der Gesellschaften und damit deren gesamtheitliche Entwicklung.

(ii) *Wirtschaftliche, soziale und wissenschaftliche Entwicklung– wenn richtig miteinander kombiniert– erhöhen die Lebenserwartung der Menschen signifikant.* So ist die Lebenserwartung in Indien und Großbritannien ab dem Jahr 1500 bis etwa 1975 von ehedem 20 bis 25 Jahren auf 65 bzw. 75 Jahre gestiegen. Weltweit wird geschätzt, dass der Anstieg der Lebenserwartung der gesamten Weltpopulation seit dem Jahre 1900 von ebenfalls etwa 20-25a innerhalb von einem Jahrhundert der technischen Revolution (und nur in einem kleinen Teil aller Länder der sozialen Revolution) auf etwas über 65a gestiegen ist. Zwar kann dabei argumentiert werden, dass ein wesentlicher Anteil der Verbesserung der Lebenserwartung auf die Reduktion der Kindersterblichkeit zurückzuführen ist. Dies ist aber nur bedingt als Einwand akzeptabel. Auch die Reduktion der Kindersterblichkeit ist letztlich auf technische und medizinische Entwicklung zurückzuführen. Zudem zeigt eine weitere Betrachtung der Lebenszeitentwicklung innerhalb des 20. Jahrhunderts dass über diesen Zeitraum etwa die Lebenserwartung in Australien vom Geburtszeitpunkt ab um 22 Jahre zugenommen hat, also über einen Zeitraum, da der maximale Einfluss der Kindersterblichkeit auf die Gesamtlebenszeitentwicklung schon überwunden sein sollte. Eine Zusammenfassung der Entwicklung in den USA für die Jahre zwischen 1960 und 2000 zeigt, dass die Zunahme der Lebenserwartung maximal von anderen medizinischen Maßnahmen beeinflusst und nur mehr zu 19% von der Kindersterblichkeit bestimmt wird [Tabelle 2]. Zudem wird auch in dieser Untersuchung als Berechnungsgrundlage angenommen, wenn auch nicht bewiesen, dass im Zeitraum zwischen 1960 und 2000 die beobachtet Zunahme der Lebenszeiterwartung in den USA von knapp +7 Jahren zu etwa 50% auf den medizinischen Fortschritt zurückzuführen ist.

Tabelle 2: Der Einfluss verschiedener Faktoren auf die Entwicklung der Lebenszeit [modifiziert nach[21]]

Ursache der Sterblichkeitsreduktion	Relativer Anteil an der Zunahme der Lebenszeiterwartung
Kardiovaskuläre Krankheiten	70%
Kindersterblichkeit	19%
Äussere Faktoren	5%
Pneumonie oder Grippe	4%
Krebs	3%

(iii)Eine Untersuchung der *European Society of Medical Oncology ESMO* zeigt sehr klar, dass zwischen 1975 und 1999 die Lebenserwartung in allen west-, nord- und zentraleuropäischen Ländern weiter angestiegen ist [EUROCARE Project[22]]. Die höchste Absolutwerte bestehen dabei nach wie vor für die Länder Schweden, Schweiz und Island, zu den stärksten Gewinnern mit der höchsten Anstiegssteilheit der Kurve gehört aber Österreich, das sich deutlich besser als etwa Großbritannien (Kurven bereits geschnitten) oder Niederlande (Kurven kurz vor der Überschneidung) entwickelt. Dies kann als ein erstes Indiz dafür gewertet werden, wie sehr Eingriffe in das Gesundheitssystem mit Entkoppelung der Entwicklung des Bruttoinlandsproduktes von der medizinischen Versorgungs- und Leistungsbereitschaft der Gesellschaft Auswirkungen auf den Endpunkt Überleben haben [A 1]. Dieser Aspekt einer dynamischen Betrachtungsweise der Gesundheitssysteme der verschiedenen Länder hat insofern Bedeutung, als zunehmend von Gesundheitsökonomen postuliert wird, es gäbe keinen Zusammenhang zwischen dem Maß gewinnbaren Nutzens für die Gesundheit und Ausgaben für den Erhalt der Gesundheit. Es wird in diesem Papier mehrfach der Beweis angetreten werden, dass alle derzeit erhältlichen Indizien zu diesem Thema das genaue Gegenteil belegen.

Abbildung 1: Die Entwicklung der Lebenszeiterwartung in den europäischen Ländern

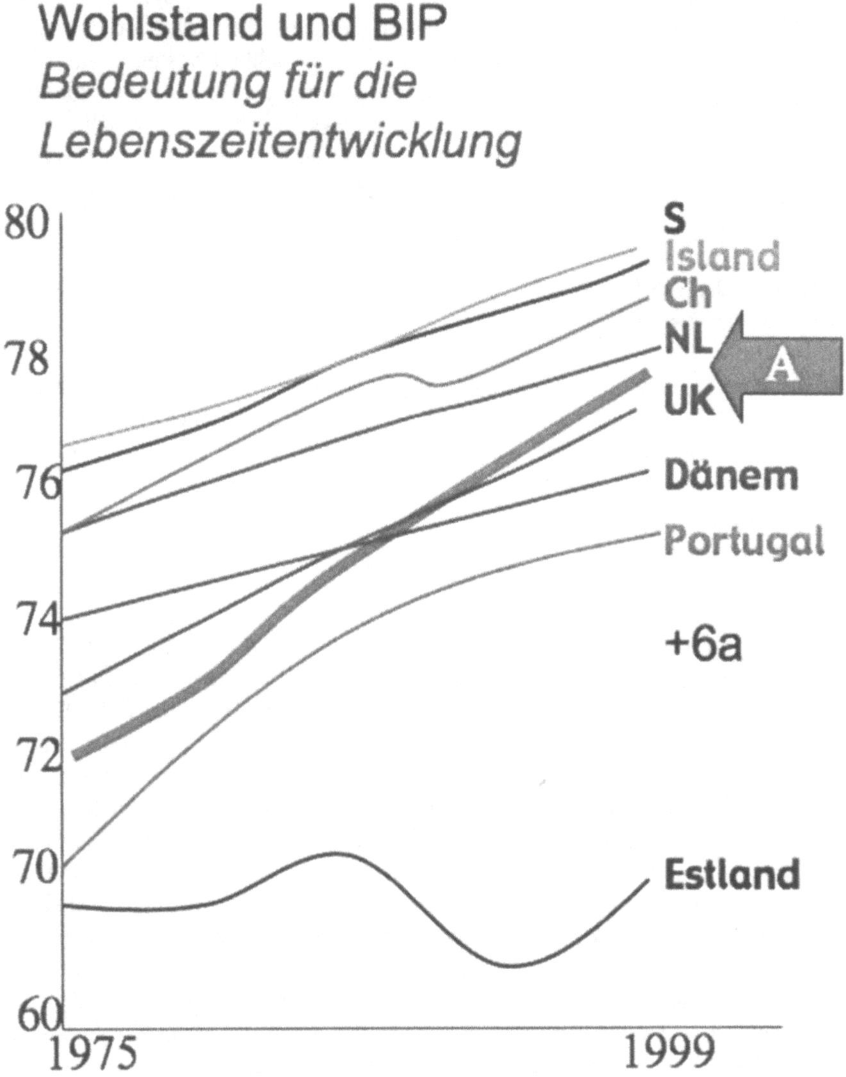

(iv)Zwischen dem Jahre 1975 und dem Jahre 2000 ist es zu einer Zunahme der innerhalb von Quinquennien auf den Markt gebrachten neuen Medikamente gekommen [Statistik der Food and Drug Administration, *internet-Infor-*

mation]. Über diesen Zeitraum der technischen und medizinischen Entwicklung lässt sich, wie die Daten der ESMO für die Gesamtbevölkerung beleuchten, eine signifikante Zunahme der Gesamtlebenszeiten beobachten.

(v) In besonderer Weise kann dies für Tumorerkrankungen im Generellen (Zunahme der 5 Jahresüberlebensraten für fast alle Tumorentitäten in den letzten Jahrzehnten, Abnahme der Rate an Mortalität zu Inzidenz von ca. 0.63 auf 0.45 innerhalb von knapp 10 Jahren etwa im Salzburger Tumorregister[23] aber auch in der SEER Datenbank und für Brustkrebs im Speziellen beobachtet werden. Während der Zunahme der Zahl zur Verfügung stehenden Medikamente hat die Überlebenszeit der Patientinnen signifikant zugenommen, was sich auch in Österreich in einer Abnahme der Ratio von Mortalität zu Inzidenz von ca. 0.4 auf 0.2 für Brustkrebspatientinnen zeigt.

Betrachtet man nur diese kurze und inkomplette Zusammenstellung von Fakten so wird von der Makroebene bis zur Mikroebene klar, dass die Entwicklung von Wissenschaft und Technologie letztlich die Prosperität der Gesellschaft und die Langlebigkeit gefördert haben, und somit existenziellen Fortschritt auf allen Ebenen gebracht haben. Eine Dissoziation zwischen der Fürsorge für das menschliche Leben, die erfinderische Bekämpfung menschlichen Leids und der ökonomischen Entwicklung lässt sich zu keinem Zeitpunkt der historischen Entwicklung und mit keinem Parameter wirklich fassen. Das Gegenteil ist der Fall und sollte an sich zu Optimismus in den fortschrittlichsten Gesellschaften beitragen. Dies wird etwa durch die ausnehmende Bedeutung unterstützt, die die Pharmaindustrie für die weltweite Wirtschaftsentwicklung spielt [siehe weiter unten][A2].

Bemerkenswert ist aber auch dabei sicher, dass die Anstiegssteilheit der Anteiligkeit am Fortschritt der Gesellschaft etwa gemessen an der Entwicklung der Lebenserwartung wesentlich dadurch modifiziert wird, in welche Richtung sich der soziale Verteilungskampf zwischen den verschiedenen Gesellschaften und innerhalb einer Gesellschaft entwickelt. Diese Verzerrung zwischen Wahrnahme der Fakten und prävalenten Meinungen und Befürchtungen erfährt eine weitere Verstärkung durch die Entwicklung der Alterspyramide. So wird etwa aus der Kombination der Zunahme der Langlebigkeit (stärkste Zunahme der Bevölkerungsgruppe über 80 Jahre), der altersassoziierten Inzidenzzunahme von Tumorerkrankungen und der massiven Zunahme der Behandlungsmöglichkeiten von Tumorerkrankungen auf einen drohenden Zusammenbruch der Finanzierbarkeit der Behandlung geschlossen. Dabei ist es korrekt, wenn auch nicht verwunderlich, dass mit zunehmendem Alter der Menschen der Anteil an den Kosten des Gesundheitssystems steigt wie etwa das Beispiel Finnland zeigt[24]. Dies wird auch in der Analyse des deutschen Gesundheitssystems evident, wie die nachfolgende Tabelle veranschaulicht:

Tabelle 3: Der Anteil an den Gesundheitskosten in Abhängigkeit vom Alter in Deutschland[25]

Altersstufe	Anteil an der Bevölkerung	Kostenanteil an den Gesamtgesundheitsausgaben
<15 Jahren	15.2%	5.6%
15-29 Jahre	17.2%	7.9%
30-44 Jahre	24.5%	15.2%
45-64 Jahre	25.9%	28.3%
65-85 Jahre	15.5%	34.6%
>85 Jahre	1.8%	8.3%

Die daraus häufig gezogenen Schlussfolgerungen lassen sich beliebig aus Überschriften und headlines praktisch aller Medien ableiten und lauten wie folgt:

- Die „*Überalterung der Gesellschaft*"
- Die „*Vergreisung der Gesellschaft*"
- Die „*Soziale Überversorgung*"
- Die „*erdrückende Last des Gesundheitswesens*"
- Die „*Kosten in der Medizin fressen die Entwicklung der Gesellschaft auf*"
- „*Futile Care*"

Unabhängig vom damit verbundenen Wertewandel oder damit zum Ausdruck gebrachten Akzeptanz des Wertewandels weg von einer humanistischen hin zu einer ökonomisch utilitaristischen sind diese Aussagen bzw. Interpretationen korrekter Fakten zunächst eines, nämlich nicht wahr, bzw. tendenziös verzeichnend.

2 "Why health care costs too much"[A3] oder Vermeintliche und tatsächliche Fakten

2.1 Es ist festzuhalten, dass eine Lebenszeitverlängerung zunächst mit einer Erhöhung des Bruttoinlandsproduktes verbunden ist, und daher auch ökonomisch kein Schaden ist. Tatsächlich wird bei einer 5% jährlichen Abnahme der Kondersterblichkeit mit einer 18% Zunahme des BIP über 50 Jahre gerechnet[26].

2.2 Tatsächlich belegt eine Analyse US amerikanischer Daten, dass die Gesundheitsausgaben der Gesamtgesellschaft zwischen 1970 und 2002 inflationsbereinigt ca. 5 fach angestiegen sind, was sich in per capita-Ausgabenentwicklungen von 1,200 auf 5,450 US$ und damit einen Anstieg um 4.5% pro Jahr umsetzt[27].

Eine genauere Betrachtung der Fakten etwa aus den USA, die den höchsten mittleren Anteil am Bruttoinlandsprodukt [BIP] für das Gesundheitswesen ausgeben, zeigt aber, dass die Anstiegssteilheit zwischen 1993 und 2030 in etwa auf ein Plateau von 2/3 jenes Wertes sich stabilisieren wird, der zwischen 1950 und 1993 bestand[28]. Dies, trotz einer dramatischen weiteren objektiven Verbesserung der Qualitätszunahme in der Versorgung der Bevölkerung und trotz des damit verbundenen Anteils an der weiter zu erwartenden Zunahme der Gesamtlebenserwartung.

2.3 Darüberhinausgehend und überraschenderweise zeigt eine Studie des *Center for Studying Health System Change (HSC) aus dem Jahre 2001*, dass der Anteil der Alterungszunahme an der Gesellschaft nur einen unerwartet kleinen Anteil an der Gesamtkostenzunahme für das Gesundheitssystem der Menschen ausmachte. So betrug der Alterungs-bedingte Anteil der *per capita*–Gesundheitsausgaben der über 65 Jährigen nur 0.7% oder weniger als 10% an der Zunahme dieses Faktors. Diese Analyse sah für das Jahr 2010 sogar ein Sinken des Altersbedingten Anteils am Anstieg der *per capita*–Kosten voraus [29,30] Insgesamt kommen die Analysten der Gesundheitssysteme der USA, Canadas und Australiens einheitlich zur Konklusion, „dass die meisten Gesundheitssysteme wenig von der Alterung der Gesellschaft zu fürchten haben“[31] und „der Effekt der Alterungsentwicklung klein und managebar sein wird“[32, 33, 34, 35, 36, 37]. Dies beruht vor allem auf der Tatsache, dass die alternde Bevölkerung im Gegensatz zur öffentlichen und veröffentlichten Meinung immer gesünder älter wird. Tatsächlich hat etwa der Anteil der hilflosen und hinfälligen Bevölkerung über 65 Jahren in Schweden zwischen 2,000 und 2002 von 17.3% auf 12.7% abgenommen, während in diesem Zeitraum die Gesundheitsausgaben von 8.6% auf 9.3% gestiegen sind[38]. In guter Übereinstimmung ist diese Gruppe älterer Menschen [elderly disabled] in den USA zwischen 1982 und 1999 von 26.2% auf 19.7% gesunken[39], in Großbritannien hat sich zwischen 1976 und 1991 der Anteil der Menschen, die im Lebensalltag Unterstützung benötigen halbiert. Somit entspricht die wahre Entwicklung sehr viel eher der Vorausschau von Fries aus dem Jahre 1980 als apokalyptischen Perspektiven heutiger Politiker, die eine Armee greiser und hinfälliger Menschen der Versorgungspflicht der Gesellschaft (nicht) mehr anheim stellen wollen. Fries ging in seiner Perspektive von einer immer gesünder älter werdenden Bevölkerung aus, bei der die natürliche Begrenzung der menschlichen Lebensdauer zu einer „Kompression“ der Zeit mit Hinfälligkeit vor dem Tod führen würde[40].

2.4 Dass auch die Gesamtvorausschau der Entwicklung an „düsteren Prognosen“ möglicherweise wie die meisten apokalyptischen Zukunftsvisionen etwa des *Club of Rome* eher aus politischer, denn aus realistischer Perspektive zu sehen sind, belegt auch eine in der Washington Post wider gegebene Analyse des Gesundheitsministeriums der USA. Diese sah etwa für den Zeitraum zwischen 2002 und 2004 eher einen Abfall des Anteils der Gesamtgesundheitsausgaben am GDP voraus, als einen weiteren Anstieg[41]. Dies deutet wesentlich darauf hin, dass die Beurteilung der Höhe der Ausgaben nicht vom absoluten Anstieg der Ausgaben gesteuert wird, sondern vielmehr von ihrem Anteil an der Entwicklung der Gesamtwirtschaftsleistung einer Gesellschaft. Diese aber steigen in den betroffenen Ländern USA und Zentral-, West- und Nordeuropa mindestens so stark, wenn nicht stärker an als die Ausgaben für das Gesundheitssystem [siehe unten]. Die Beurteilung der Wertigkeit und Bewältigbarkeit des Absolutanstieges in den Gesundheitssystem wird damit einerseits davon abhängig wie optimistisch eine Gesellschaft ihre eigene Wertschöpfungsentwicklung sieht, zum anderen aber präferenziell davon, wie sie diese Wertschöpfungszunahme verteilt. Die Tatsache, dass in Österreich aber auch in Deutschland vorzugsweise und isoliert der Absolutanstieg der Gesundheitskosten betrachtet wird bedeutet zunächst nur, dass es zu einer Entkoppelung der Wertschöpfungsgewinner und der von den Solidarleistungen der Gesellschaft Abhängigen gekommen ist, und diese Sichtweise gesellschaftliche Dominanz gewonnen hat.

Abbildung 2: Die Diskrepanz zwischen der absoluten Kostenzunahme in der Gesundheitsversorgung und dem Anteil der Gesundheitsausgaben am Bruttoinlandsprodukt

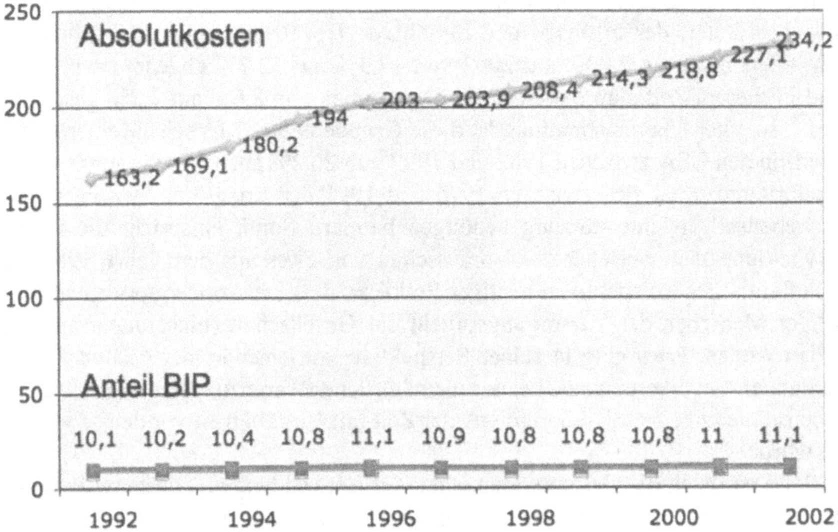

Quelle: Statistisches Zentralamt Deutschland 2004, Statistisches Jahrbuch[25]

2.5 Die Sichtweise wieweit eine Kostenzunahme der medizinischen Versorgung als adäquat oder den gesellschaftlichen Konsens gefährdend zu bezeichnen ist, ist zu einem wesentlichen Teil davon beeinflusst, wer dafür die Kosten zu tragen hat. Eine Analyse aus den USA[2] zeigt, dass es zwischen 1988 und 2004 tendenziell zu einer leichten Abnahme der jährlichen Inflation aber auch des jährlichen Einkommenszuwachses der US-amerikanischen Angestellten gekommen ist [Schwankungsbreite beider Parameter 3-4% innerhalb dieses Zeitraumes], während gleichzeitig ein massives Oszillieren der Prämien der Gesundheitsversicherungen zu beobachten ist [Schwankungsbreite 0.8% bis 18%]. Werden daher, wie unter verschiedenen US Administrationen die modernen Entwicklungen der Medizin im Wesentlichen auf den potentiell Betroffenen als Versicherungsleistung abgewälzt, wird die Pharmaindustrie und die von ihr für ihre Produkte verlangten Preise zu einem wesentlichen Motor der wirtschaftlichen Entwicklung. Dieses Faktum bewirkt die weltweit höchsten Medikamentenpreise in den USA, die naturgemäß auch die Preisentwicklung in Europa bzw. weltweit nach oben drücken, da der US Markt ca. 50% des Weltmarktes an Medikamenten ausmacht. Der Assimilationsdruck den die US amerikanische Sichtweise des Sozialsystems auf die europäische Wertehaltung ausübt ist damit enorm. Er stellt vor die Wahl zu akzeptieren, dass ein Teil der Bevölkerung völlig unversorgt bleibt (ca. 16% in den USA), die gesamte Kostenentwicklung in einer nicht nur zwei- sondern mehrklassigen Medizin auf den individuellen Konsumenten/Patienten umgelegt wird, oder aber die gesellschaftliche Solidarität zum Preis der in ihrem Zuwachs an Einnahmen dramatisch zurückbleibenden öffentlichen Haushalten bzw. deren „Gesundheit“ zumindest noch über eine gewisse Zeit aufrecht zu erhalten.

In objektiven Zahlen aber belegt eine jüngste US amerikanische Untersuchung, dass beispielsweise die Kosten pro gewonnenem Lebensjahr im Zeitraum zwischen 1960 und 2000 angestiegen sind. Zudem zeigt diese Untersuchung auch, dass die Kosten die notwendig sind um Lebenszeit zu gewinnen mit zunehmendem Lebensalter ansteigen. Die Interpretation dieser Fakten kann aber nicht ausschließlich und simpel über die Kostenentwicklung geführt werden.

(i) es ist evident, dass einfache Präventionsmaßnahmen wie etwa das Tragen von Fahrradhelmen oder Maßnahmen zur Verbesserung der Arbeitsplatzsicherheit relativ billig zu einer Überlebenszeitverlängerung führen können. Diese Maßnahmen sind jedoch rasch ausgeschöpft und nicht ad infinitum (jedenfalls nicht zum gleich günstigen Preis) perpetuierbar. In diesem Sinne bestätigt diese Analyse nur, dass in den 1960er Jahren eben wenige hoch technisierte Therapiemaßnahmen zur Lebenszeitverlängerung zur Verfügung standen.

(ii) Es ist ebenso evident, dass die Erkrankungen am Ende des Lebens besonders schwer sind wie Krebs, Alzheimer etc, und diese Erkrankungen oft nur Lebenszeitverlängerungen aber nicht Heilungen oder Todesvermeidungen zulassen. Selbst wenn dies der Fall wäre, würden die Maßnahmen bei gleichem Erfolg etwa einer Heilungsinduktion einen viel geringeren Eingang in den Lebenszeitgewinn bringen als etwa die Vermeidung des Todes eines Säuglings, da eben die natürliche Lebenszeiterwartung eines Menschen nicht nach oben offen ist. Damit ist jede Statistik zur Kosteneffizienz von Therapiemaßnahmen automatisch gegen die ältere Bevölkerung *gebiast.* Nachdem die meisten wesentlichen Krankheiten aber wie erwähnt und in Tabelle/Abbildung gezeigt exponentiell mit zunehmendem Lebensalter auftreten, bedeutet dies, dass jede Kosteneffizienzanalyse im Gesundheitssystem automatisch gegen die große Masse an Erkrankungen gerichtet ist oder umgekehrt hier weit überproportionale Entwicklungen des Fortschrittes gefordert würden, bevor diese Medikamente zur Zulassung kämen.

(iii)Selbst bei älteren Menschen kann in der US Analyse eine Kosteneffizienz für die gesteigerte Lebenserwartung gemäß den herkömmlichen Messparamtern [<50,000-100,000 US $ pro gewonnenem Lebensjahr] konstatiert werden.

3 Die Lebenslügen und die Lügen übers Leben oder: Bestimmen Geld und sozioökonomischer Status den Wert des Lebens?

Eine der am häufigsten zitierten Aussagen von Gesundheitsökonomen lautet: „*Mehr Geld schafft nicht mehr an Gesundheit*“. Es ist erstaunlich, dass diese Meinung und Aussage so sehr ins gesamtgesellschaftliche Bewusstsein dringen konnte. Die durchschnittliche Alltagserfahrung lehrt, dass es zumindest generell einen Zusammenhang zwischen Preis und Leistung gibt. Es erstaunt umso mehr, dass ausgerechnet von Vertretern des freien Marktes in marktwirtschaftlich orientierten und funktionierenden Gesellschaften diese Aussage getätigt wird, da doch die Preise für Leistungen im Gesundheitssystem zumindest über einen teilweise freien Markt entstehen, oder zumindest nicht ausschließlich verordnet sind. Tatsächlich bestätigen alle bekannten Fakten, dass die Ausgaben für das Gesundheitssystem im großen Rahmen mit dem erkauften Gewinn an Gesundheit und Mangel an Krankheit korrelieren.

3.1 Lebenslüge 1: Mehr Geld bringt nicht mehr an Gesundheit

(i) Eine grobe Gegenüberstellung von Anteil der Gesundheitsausgaben am BIP per capita und dem Ergebnis für die Langlebigkeit in den OECD Staaten bzw. in Europa zeigt vor allem für die Kindersterblichkeit (r=–0.58) und die Lebenserwartung der Frauen (r=+0,289) einen Zusammenhang[43].

(ii) Der *Cancer Care in Canada Report* aus dem Jahre 2004 hat eine massive Korrelation zwischen der Abnahme an Krebssterblichkeit und der Investitionszunahme in das Budget zur Krebsbekämpfung bestätigt [siehe Abbildung]. Noch interessanter zeigt sich zwischen 1997 und dem Jahre 2004 eine massive Zunahme dieses Korrelationskoeffizienten, der zuletzt –0.96 betrug. Damit wird bestätigt, dass die besonders teuren Medikamente die in den letzten Jahren eingeführt wurden, insbesondere die Gruppe monoklonaler Antikörper, auch überproportional im Vergleich zu früheren Medikamenten zur Reduktion an Sterblichkeit beigetragen hat.

(iii) Untersuchungen aus Großbritannien bestätigen, dass bei 44 von 47 untersuchten Krebserkrankungen in Zonen geringen Einkommens eine deutlich geringere Überlebenswahrscheinlichkeit besteht, als in geographischen Regionen höheren Einkommens[44]. Alleine in Großbritannien wird daher die Anzahl der vermeidbaren Krebstodesfälle, die durch geringes Einkommen bedingt sind, auf jährlich ca. 2,500 geschätzt. Der quasi soziale Tumortod hätte damit ein Ausmaß, das in etwa der jährlichen Sterblichkeit an der Tumorkrankheit Leberzellcarcinom in Großbritannien entspricht[45].

(iv) Auch beim Vergleich verschiedener Gesundheitssysteme werden derartige Unterschiede manifest. So wurde die kanadische Provinz Toronto mit ihrem eher an Europa ausgerichtetem Sozialversorgungssystem mit den US Städten Seattle, San Francisko, und Hartford verglichen[46]. Bei 23,000 untersuchten Tumorpatienten, die jeweils aus geographischen Regionen geringen Einkommens ausgewählt wurden, zeigte sich dabei, dass bei 13/15 Tumorarten in Toronto ein Überlebensvorteil gegeben war. Dieser betrug im Hinblick auf die gemessene Lebenszeit immerhin ein Plus von 35% und für junge Patienten, die in den USA nicht versicherbar gewesen wären +46%.

(v) Studien aus den USA und Kanada belegen zudem, dass (a) in beiden Ländern eine Korrelation zwischen dem Einkommen und der Überlebenszeit der meisten Tumorerkrankungen besteht[47], und (b) die Korrelation über die Einkommensquintilen hinweg deutlich steiler für die USA ausfällt. Während also das Kanadische Verteilungssystem der Fortschrittsanteiligkeiten zwar ebenfalls die höheren Einkommensschicht bevorzugt, ist dieser Unterschied über die 5 Quintilen hinweg geringer und das Überleben für die Kandier in den niedrigen Einkommensschichten besser. Dieses Verhältnis USA zu Kanada konvertiert in der obersten 20% Einkommensschicht in das Gegenteil[47].

(vi) Untersuchungen des *Karolinska Reports* im Auftrag der Europäischen Union bestätigen die Existenz eines Zusammenhanges zwischen der Geschwindigkeit und dem Ausmaß, in dem innovative Krebsmedikamente auf den Gesundheitsmarkt kommen und der Überlebenszeit für die verschiedenen Tumorerkrankungen[4,5]. In diesem Zusammenhang wird klar, dass gerade die

Versuche, durch zwischengeschaltete über das europäische Zulassungs- und Prüfungsverfahren bei der EMEA hinausgehende Prüfungseinrichtungen (wie etwa das NICE [National Institute of Clinical Excellence] und das Prüfungsinstitut der Deutschen Sozialversicherungsträger) den Zugang von Krebspatienten zu lebensverlängernden Therapien zu verzögern, signifikanten Einfluss auf die Überlebenszeit der Tumorpatienten haben wird.

(vii)Für zahlreiche Tumorerkrankungen kann gezeigt werden, dass es unabhängig vom Einkommen auch noch eine starke Beeinflussbarkeit der Überlebenswahrscheinlichkeit von Tumorerkrankungen durch den Bildungsgrad gibt. Dies äußert sich zusätzlich dadurch, dass etwa in den USA die Wahrscheinlichkeit des Zuganges zu klinischen Studien massiv von Bildungsgrad und sozioökonomischem Status abhängig ist.

3.2 Lebenslüge 2: Der Medizinische Fortschritt in der Onkologie ist nicht finanzierbar

In Wahrheit bedeutet dieser Satz eine extreme Verkürzung jeder sinnvollen volkswirtschaftlichen und kaufmännischen bzw. marktwirtschaftlichen Position. Jedes erwerbbare Gut hat in einer solchen Gesellschaft einen Preis und darf auch einen Preis haben. Die Verkürzung auf Kosten ohne jede Betrachtung des damit erworbenen Gegenwertes ist volkswirtschaftlich sinnlos und gerade wenn von so genannten Gesundheitsökonomen geäußert jedenfalls polemisch wenn nicht demagogisch. Vielmehr müsste gefragt werden:

- *„Was ist der individuelle und volkswirtschaftliche Gegenwert, der mit diesen Ausgaben erkauft wird?" und*
- *„Was kostet es, das nicht zu bezahlen?"*

Erneut zeigen die Untersuchungen des *Cancer Care in Canada Reports* aus dem Jahre 2004, dass Krebserkrankungen nicht nur jährlich 950,000 weitere zukünftige Lebensjahre vernichten und 1.8 Mrd US$ jährlich an Spitalsausgaben kosten. Sie belegen auch, dass alleine der Produktivitätsverlust, der durch diese Lebenszeitreduktionen entsteht das 5,88 fache der Ausgaben beträgt. Verringerungen der Krebsmortalität können daher überproportional zu volkswirtschaftlichem Nutzen beitragen. Unberücksichtigt darf dabei auch nicht bleiben, dass die Krebsforschung das mit Abstand größte Gebiet der pharmazeutischen Forschung darstellt, in dem die größte Anzahl an so genannten Pipeline Produkten unter allen Hautgruppen von Krankheiten entwickelt wird, und dass zudem die Betreuung von Krebskranken einen enormen Dienstleistungssektor geriert. Angesichts der enormen Investitionen von Pharmaindustrie, Medizintechnik, aber auch der staatlichen Forschungseinrichtungen in den Bereich der Grundlagenmedizin im Krebsbereich würde eine Negierung der Anerkennung der Patienteninteressen letztlich bedeuten, dass die genannten Investitionen der staatlichen und privatwirtschaftlichen Einrichtungen umsonst getätigt würden, da der Nachfrage oder zumindest deren Finanzierung die Berechtigung abgestritten würde.

Es ist zudem interessant zu sehen, dass die Finanzierungsfrage in ganz besonderer Weise auf die Onkologie fokussiert wird und an ihr die Frage gestellt wird, ob tatsächlich die Krankenfürsorge auf dem derzeitigen Niveau weiter erfolgen sollte. Tatsächlich beansprucht die Versorgung von Tumorpatienten in Österreich aber auch in Deutschland nicht mehr als 5%[4,5,25] der Gesamtgesundheitsausgaben. Dies stimmt in bemerkenswerter Weise mit den gesamteuropäischen Daten des *Karolinska Reports* überein [6.4% Kostenanteil][4,5], der zudem belegt, dass Tumorerkrankungen im Vergleich zu anderen Erkrankungen ein hoch überproportionaler Anteil an Einschränkungen im Lebensqualitäts-adjustierter Krankheitslast kosten und die Fortschritte in der Verbesserung der Überlebenszeit im Vergleich zu anderen Erkrankungen bemerkenswert sind. Wenn also in der öffentlichen Diskussion eine derartige Fokussierung auf die Fortschrittsfinanzierung in der Onkologie und deren tatsächlichen Stellenwert [siehe weiter unten] erfolgt, dann kann dies nicht durch objektive Daten begründet werden. Vielmehr findet dies einerseits seine Erklärung darin, dass die Kostensteigerungen auf sehr wenige zentrale Krankenanstalten in Österreich konzentriert sind und damit als Menetekel der Gesamtkostenentwicklung dramatisch überschätzt werden. *Zum anderen aber handelt es sich um eine Schwellenwertdebatte.* Gelingt es ökonomischen Utilitaristen die Bedeutung des Fortschritts in der Behandlung der Tumortherapie gesellschaftlich zu desavouieren, dann ist auf Grund der emotionalen Beladung des Krebsthemas der Damm zur generellen und beliebigen Einschränkung der Gesundheitsleistungen im Rahmen einer dann ehemaligen Solidargemeinschaft gebrochen.

3.3 Ist die Kosteneffizienz ein geeigneter Parameter, um den Stellenwert einer bestimmten Therapie aus volkswirtschaftlicher Perspektive beurteilen zu können?

Naturgemäß sind alle Ressourcen, die eine Gesellschaft für welchen sozialen Zweck auch immer bereitstellen kann, begrenzt. Mit dieser Feststellung geht in den öffentlichen Präsentationen und Stellungnahmen von Gesundheitsökonomen die Aussage einher, dass dieser Begrenztheit der Ressourcen eine Unbegrenztheit der Wünsche und Bedürfnisse im Sozial- und Gesundheitssystem gegenüberstehe. So prinzipiell richtig die erste Aussage ist, so ist sie im selben Ausmaß auch leer und banal, wird sie als Einleitungsstatement verwendet wird mit ihr eine prophylaktische Barriere errichtet, mit der jedem Wunsch nach Behandlung zunächst nicht automatisch Solidarität sondern kritische Abwehrhaltung zu Teil wird. Die Aussage, die Begehrlichkeiten im Sozial- und Gesundheitssystem seien unbeschränkt und unbegrenzt ist wissenschaftlich in keiner Weise belegt und empirisch unwahrscheinlich. Gerade bei schwer und schwerst Erkrankten sind eben nicht nur die Erfolg versprechenden Maßnahmen medizinisch wissenschaftlich beschränkt, sondern auch die aus der gesamtheitlich ethischen, medizinischen und menschlichen Perspektive heraus Erfolg versprechenden und gleichzeitig sinnvollen Maßnahmen limitiert. Sowohl Ärzte als auch Betroffene kämpfen um diese Definition von Sinn in einer dramatisch ausgeprägteren Form, als dies Medizinökonomen bekannt sein dürfte.

Dennoch entstehen aus der Restriktion der Mittel Fragen nach der Verteilungsgerechtigkeit und der Methode, mit der eine Verteilung im Gesundheitssystem relevanter Güter organisiert werden kann. Grundsätzlich ist ein Vergleich des Nutzens verschiedener Behandlungen unterschiedlicher Erkrankungen miteinander, oder in den meisten Fällen gegeneinander, extrem schwierig. Allen diesen Verteilungsalgorithmen ist zu eigen, dass sie von der Hypothese des österreichischen Finanzministers und Ökonomen Schumpeter ausgehen. In Anlehnung an John Steward Mills wird dabei davon ausgegangen, dass es einen übereinstimmenden rationalen Consensus der Gesellschaft gebe, Mittel grundsätzlich in einer Weise einzusetzen, die das größtmögliche Glück der größtmöglichen Zahl oder die größtmögliche Effizienz der größtmöglichen Zahl bewirken könne. So hinterfragenswert diese Annahme als solches ist (siehe unten), so wirft sie zunächst die Frage nach der Eignung individueller Effizienzparameter auf. Dies soll an folgenden Beispielen illustriert werden:

(i) *Prinzip 1: Heilung, zu welchem Preis auch immer, verdient mehr Zuwendung und gesellschaftliche Anstrengung als Palliation, im Sinne von Lebensverlängerung ohne Heilung und Symptomverbesserung mit und ohne Lebensverlängerung.*

Diese Sichtweise ist aus vielen Gründen nicht haltbar, wenn auch erstaunlich weit verbreitet. Zunächst ist Heilung bei den meisten Erkrankungen im streng wissenschaftlichen Sinn kaum möglich, da eine völlige Restitution des *status quo ante* nicht oder kaum auftritt. So sind die großen Krankheiten wie Diabetes, Arteriosklerose, Herzinsuffizienz, Hypertonus, demenzielle Krankheitssymptome, rheumatologische Erkrankungen, AIDS und viele Tumorerkrankungen eben nicht heilbar, sondern allenfalls die Folgen der Erkrankung mehr oder wenig gut kontrollierbar. Im Falle von Heilbarkeit ist sie bei Tumorerkrankungen letztlich erst retrospektiv mit Ablauf der natürlichen Lebenszeit beurteilbar.

Diese technische Problematik bringt auch substanzielle inhaltliche Probleme mit sich. So ist adjuvante Chemotherapie bzw. Hormontherapie bei Mammarcinomen in der Lage, die Rezidivrate und teilweise die Mortalitätsrate im Beobachtungszeitraum um bis zu 40% zu senken (notabene: relative Mortalitätsreduktion, siehe unten). Durch die extrem lange Dauer mit der sich ein allfälliger Unterschied in der Rückfallwahrscheinlichkeit der Erkrankung in einen möglichen Überlebensunterschied übersetzt, würde es viele Jahre dauern bis eine als wirkungsvoll erkannte Therapie in der klinischen Praxis eingesetzt werden könnte, da eben formal auf das Eintreten des Überlebensunterschiedes in den jeweiligen Studien gewartet werden müsste. Dies würde bedeuten, dass Patienten mit ernsten aber langsam verlaufenden Erkrankungen länger vom lebensverlängernden Zugang zu neuen Therapien fern gehalten würden, als Patienten mit fulminanten Erkrankungen, bei denen auf Grund der schlechteren Prognose und kürzeren Lebenszeit Effekte früher zu sehen wären.

Betrachtet man die Hypothese aus der Sicht der Kosteneffizienz, so zeigt sich, dass die dabei in Betracht gezogene mit einer bestimmten Summe an Mitteln erkaufte kumulative Überlebenszeit auf Grund der schwereren Erkrankung im metastasierten Stadium höher ist als im adjuvanten Setting. Dies beruht sowohl auf dem geringen absoluten Gewinn an Heilung im adjuvanten setting (+ 1% bis +10% absoluter Überlebensvorteil in Abhängigkeit vom Relapsrisiko) bei einer relativen Sterblichkeitsreduktion von 40% über alle Risikostufen hinweg).

Die Überbewertung von Kurativen Therapien gegenüber prinzipiellen Therapien ist daher unabhängig von ihrer ethischen und medizinischen Unhaltbarkeit auch aus Sicht des möglichst effizienten Einsatzes von Mitteln nicht halt- und begründbar. Dies ist auch der Grund, warum die FDA als amerikanische Zulassungsbehörde für die Zulassung von neuen Medikamenten zur Krebstherapie nicht automatisch die formale Erbringung des Nachweises der Überlebensverlängerung fordert.

(ii) *Prinzip 2: „Number needed to treat", also die Zahl an Patienten, die behandelt werden muss um ein Leben (pro Zeiteinheit) zu retten*

Diese Vergleiche zeigen für neue Behandlungsmöglichkeiten in der Onkologie sehr hohen Nutzen, indem etwa bei Einsatz des Antikörpers Rituximab in der Behandlung hochmaligner Lymphknotenkrebserkrankungen 1 von 4 Patienten durch Einsatz dieses Medikamentes zusätzlich gerettet wird. Dem stehen Medikamente wie Aspirin oder Plavix® gegenüber, mit denen ca. 300 bzw. 220 Patienten behandelt werden müssen, oder Pravastatin als Lipidsenker gegenüber, mit dem ca. 170 Patienten behandelt werden müssen, damit nach einem Myokardinfarkt ein Leben zusätzlich gerettet werden kann. Dies bedeutet, dass im Falle von Rixtuximab ¾ Patienten quasi umsonst behandelt werden müssen, im Falle von Aspirin aber 299/300 nur die Langzeitnebenwirkungen der Medikation erleiden. Dies würde sinnvoller Weise eine Betonung der teuren und effizienten Therapie angezeigt erscheinen lassen, während in der öffentlichen auch ärztlichen Meinung der geringe Preis der Einzelverordnung die Gabe von Pravastatin, ASS oder Plavix® bevorzugt. Soferne damit überhaupt eine Aussage gemacht werden kann, dann die, dass eine isolierte Betrachtung des Preises einer Intervention und der gesellschaftlichen Vorurteile des Nutzens bestimmter Behandlungen unterschiedlicher Erkrankungen nicht zielführend sein können.

(iii)*Kosten pro Patient, Kosten pro Krankheit oder Kosten pro Patient und Krankheit*

Grundsätzlich könnte man zur Diskussion stellen, dass unter einem Gerechtigkeitsaspekt für alle Erkrankungsarten ein gleiches Ausmaß an ökonomischer Zuwendung erfolgen sollte. Eine Analyse, die in *Nature Reviews Drug Discovery* publiziert wurde, zeigt, dass die größten Ausgaben des US amerikanischen Gesundheitssystems für Krebserkrankungen und nur geringfügig weniger für Alzheimer (Position 2), Diabetes (Position 3), und Herzerkrankungen (Position 4) erfolgen. Legt man diese Analyse aber um auf die Kosten die pro individuellem Patienten in jeder Krankheitsgruppe entstehen, so zeigt sich, dass etwa für den individuellen Patienten mit Alzheimer bzw. Demenz aber auch für Schizophreniepatienten signifikant höhere Kosten pro Jahr anfallen als etwa für Patienten mit Tumorerkrankungen. Zudem fallen naturgemäß für die verschiedenen Erkrankungen Kosten in sehr unterschiedlichen Bereichen wie etwa Medikamentenausgabe, Spitalsaufenthalte, Pflege an und werden zumindest in Österreich sehr unterschiedliche Kostenträger belastet. Dies hat wesentliche Auswirkungen auf Ausmaß und Intensität der Wahrnahme der Adäquatheit und Berechtigung von Kosten. Auch stellen derartige Betrachtungen eine ausschließlich punktuelle Sichtweise dar, die der Dynamik von Forschung und Entwicklung aber auch der Entwicklung der Epidemiologie nicht gerecht wird.

Zusammenfassend kann daher festgehalten werden, dass alleine Kostenorientierte Betrachtungsweisen sowohl aus dem Blickwinkel der Sinnhaftigkeit, der Effizienz und der „Verteilungsgerechtigkeit" – soferne es diese gibt und geben soll– nicht erfolgreich sind.

(iv)*Kosteneffizienz und Kostenutilität*

Als Kosteneffizienz gilt der mit eine bestimmten Summe monetären Einsatzes erwerbbare kumulative Wert an Leben, als Kostenutilität die „Menge" an Lebensqualität-adjustierter Lebenszeit, die mit einer bestimmten Summe Geldes quasi für eine Gesellschaft erwerbbar wird. Kostenutilitätsanalysen gelten

heute als Methode der Wahl, um den Stellenwert einer bestimmten Behandlungsform im ökonomischen Umfeld beurteilen zu können[48, 49, 50]. Das englische Gesundheitssystem hat über das NICE die Analyse der Kostenutilität zur zentralen Grundlage des britischen Zulassungsverfahrens gemacht. Dabei wird ein oberer Schwellenwert von 30,000 Pfund pro gewonnenem Qualitäts-adjustiertem Lebensjahr als mit der Refundierung durch das Versicherungssystem kompatibel angesehen[51]. Australische Behörden und Versicherer sind bekannt dafür, eine Therapie nur sehr unwahrscheinlich zu empfehlen bzw. zu bezahlen, die >76,000 Australische Dollar pro gerettetem Lebensjahr kostet[52]. Die meisten derartig postulierten Grenzwerte von Kosteneffizienz gehen auf eine US amerikanische Senats- bzw. Gerichtsentscheidung aus dem Jahre 1973! zurück. Damals wurde vom US Senat entschieden, dass die Kosten einer Hämodialyse für ein terminales Nierenversagen von den Versicherern zu übernehmen seien. Die Kosten dafür betrugen 50,000 US$, aus diesem Entscheid stammt letztlich die kritiklose bis heute anhaltende Akzeptanz dieses Schwellenwertes. Wenn er auch in einzelnen Serien zum Teil bei 20,000 zum Teil bei 100,000 US$ als *cutoff* (willkürlich) festgelegt wurde, so stellen die genannten 50,000 US$ dennoch die häufigste Schwellenwertgröße dar[52].Er wurde jedoch niemals empirisch adäquat auf Akzeptanz überprüft, die soziokulturelle Abhängigkeit und/oder die Abhängigkeit vom religiösen und historischen Hintergrund oder die Entwicklung über die Zeit wurde bisher nicht ausreichend belegt bzw. untersucht, um zu so weit reichenden Konklusionen zu kommen. Eine politische Infragestellung oder Abstimmung darüber hat in demokratischen Gesellschaften nie stattgefunden, den meisten Menschen und auch Ärzten sowie anderen im Gesundheitssystem beschäftigten Berufsgruppen ist diese „gläserne Decke“ unbekannt.
Noch schwieriger wird die Beurteilung der Kostenutilität, bei der die Kosteneffizienz um den Faktor der Lebensqualität der gewonnenen Zeit modifiziert wird. In einer Untersuchung von 228 Originalartikeln zum Thema wurde ein hoher Korrelationskoeffizient zwischen beiden Parametern von 0.86 ermittelt, was bedeutet, dass die Kosteneffizienz in einem hohen Ausmaß die Kostenutilität vorgibt[52]. Zunächst ist unklar, wer denn die Utilität bestimmen soll, die Patienten, die Verwandten, die Behandler oder die gesunden Laien der Gesellschaft[53]. Die Frage ist ungeklärt, wer denn nun geeignet und berechtigt sei, diese Bestimmung vorzunehmen. Alle vergleichenden Analysen zum individuellen Stellenwert und der Kosten/Nutzenabwägung zwischen Wirkung und Nebenwirkung von Behandlungen zeigen, dass die Patienten mehrheitlich den Stellenwert von auch sehr kurzen Lebenszeiten dramatisch höher bewerten, als selbst die Verwandten, die spezialisierten Ärzte und Schwestern. Im Gegensatz zur öffentlichen Meinung existiert ein massiver Gradient der Wert-

schätzung von Lebenszeit vom Patienten weg entlang dem medizinischen Qualifikationsgrad [Tabelle 3].

Tabelle 4: Akzeptanzraten für Chemotherapie in Abhängigkeit vom Nebenwirkungsprofil, der Effizienz und der Professionalität bzw Betroffenheit[54]

Wahrscheinlichkeit bei der durchschnittlich eine Chemotherapie akzeptiert würde	Gesunde Menschen	Schwestern einer Krebsklinik	Praktischer Arzt	Krebsärzte	Krebspatienten
Heilungschance	25-50%	10-50%	10-25%	10%	1%
Verbesserung der Symptome	50-75%	25-50%	25-75%	25-50%	1%-10%

Diese Diskrepanzen machen jedenfalls klar, dass wohl nur der Patient autonom über seine Lebensqualität und die Qualität der Zeit entscheiden sollte und kann. Wissenschaftliche Medizin möchte jedoch auch patientenorientierte und Patienten-determinierte Entscheidungen auf der Basis nachvollziehbarer Messergebnisse treffen. Unsere eigenen Untersuchungen zeigen aber, dass am selben Tag mit den beiden international am meisten anerkannten und validisierten Messinstrumenten simultan durchgeführte Untersuchungen zur Lebensqualität bei den selben Patienten hoch divergente Untersuchungsergebnisse mit sich gebracht haben[55, 56].
In Wirklichkeit ist das Problem aber noch deutlich dramatischer. Eine Untersuchung von >1,300 gesunden Menschen in Neu Seeland, Schweden, und Großbritannien hat gezeigt, dass zwischen 33% und 42% der Probanden die Fragebögen und Visualisierungsskalen zur Nützlichkeitsdefinition für unbrauchbar hielten[57]. Teilweise wurden diese Bögen in bis zu 80% für logisch inkonsistent und häufig für ungeeignet gehalten, die sozialen Wertigkeiten von Maßnahmen richtig und sinnvoll einzuschätzen. Nur 3-5% der Befragten hielten derartige Evaluationsbögen für korrekt zu gebrauchen.
Bedenkt man nun, dass der Großteil medizinischer Interventionen in Kosteneffizienzanalysen um den Schwellenwert von 50,000 US$ clustert [ca. 25% unter und 23% über diesem Schwellenwert][58], so kann die Modifikation durch subjektive bis willkürliche Utilitätsskalen entscheidend für Zulassung oder Abweisung eines Medikamentes oder einer Therapie werden. Die unglaublichen Fehlleistungen die durch derartig gut gemeinte von Experten, Schwestern, Laien, oder jede Kombination dieser Personengruppen erfolgten Beurteilungen von Utilitäten entstehen, sind in ihrer Widersprüchlichkeit und Paradoxie bei Earle et al.,[58] zusammengefasst. Tatsächlich wurde bereits ver-

sucht derartige „*Leagues of Utility*“ für tatsächliche politische Entscheidungen im Staate Oregon heranzuziehen. Die Evaluation ergab, dass die kostennützlichste Behandlung, die präferenziell refundiert werden sollte, eine Wurzelspitzenbehandlung wäre, die damit weit nützlicher wäre, als die operative Sanierung einer Appendicitis[59]. Diese Beurteilung führte zu öffentlichem Aufschrei, einem Rückzug der Liste, deren Überarbeitung und Ersatz durch eine komplett differente Liste an nützlichen Eingriffen, die aber ebenfalls niemals implementierbar war.
Zusammenfassend kann daher festgehalten werden, dass keines der bisherigen Instrumente geeignet bist, der Gesellschaft und jedem Individuum die Verantwortung für die Betroffenen und die Entscheidung über Ressourcenverteilung durch Administration von willkürlichen Grenzwerten abzunehmen.

4 Stimmen die Annahmen der Gesundheitsökonomen über die Natur des Marktes, den Utilitarismus als Grundlage des menschlichen Zusammenlebens und des Gewissens oder gibt es auch andere Realitäten von Nützlichkeit?

Eine Gruppe von Politikern, Gesundheitsökonomen und medizinisch tätigem Personal wurde in einem Norwegischen Experiment untersucht[60]. In einer ersten Entscheidungsrunde wurde dabei den Probanden die Frage nach dem Ranking der Wichtigkeiten medizinischer Interventionen gestellt, in einer zweiten Runde wurden die Kosten dieser Interventionen mitgeteilt und die Probanden aufgefordert ihre Entscheidungen unter dem Aspekt restringierter Budgets zu überdenken. In der ersten Runde wurde dabei die Wahl zwischen zwei Hypothesen gelassen.

Hypothesenwahl

(A) Bei gleichem Ausmaß an Erkrankung sollten jene Patienten Priorität erhalten, denen mit niedrigen Ausgaben geholfen werden könnte, da damit mehr Menschen geholfen werden könnte [klassische utilitaristische Hypothese].

(B) Es ist unfair, Patienten mit teuren Erkrankungen gegen jene mit billigeren Erkrankungen zu diskriminieren.

Das Ergebnis dieser Befragung ist frappierend und in der nachfolgenden Tabelle zusammengefasst.

Tabelle 5: Abstimmungsergebnisse im Hinblick auf die Optionen zu Gunsten niedriger Kosten verursachender Erkrankungen (A) versus Position gegen Diskriminierung teurer Erkrankungen (B)

Option	% Votanten für die jeweilige Option	Sehr schwierige Wahl	geringe Schwierigkeit der Wahl	nicht schwierig
A	19%	40%	29%	31%
B	81%	18%	26%	56%

Selbst wenn in der 2. Runde an Entscheidungen die Personen gezwungen waren ein Spitalsbudget einzuhalten, entschieden sich 70% der Versuchsteilnehmer immer noch zu Gunsten eines Kosten-unabhängigen Zugangs zum Gesundheitssystem bei gleich schweren Erkrankungen. Selbst wenn in einer 4. Runde die Probanden gefragt wurden, inwieweit sie bei einer Persistenz auf äqualer Verteilung davon einen persönlichen Nachteil erlitten, würde sich die Mehrheit immer noch für eine äquale Verteilung entscheiden.

In Summe kann aus dieser, aber auch anderen Untersuchungen festgestellt werden, dass das utilitaristische Prinzip, das amerikanische Ökonomen für naturgegeben angenommen und gesetzt hatten, keinesfalls oder ausschließlich der menschlichen Natur entspricht. Zu Recht wird darauf hingewiesen, dass die unmittelbare Anschauung von Akutbedrohung selbst in nicht medialen und demokratisch orientierten Gesellschaften eine sofortige heftige Solidarreaktion auslöst, in der die Kosten und die Erfolgswahrscheinlichkeit in keiner Korrelation zu einander stehen (typisches Beispiel: Bergwerksunfall Lassing, Versuche der Hebung des russischen U Bootes etc.). Diese Reaktionen entsprechen offensichtlich einem allgemein menschlichen Reflex in dem die Schwere der Bedrohung des Individuums mit dem Ausmaß der Solidarität der Gesellschaft korreliert. Selbst in den meisten rein kapitalistischen Gesellschaften besteht übrigens für Unternehmen eine gesetzliche Verpflichtung kostenunabhängig tätig zu werden. Diese Einstellung erscheint auch aus evolutionärer Sicht sinnvoll. Solidarische Gesellschaften mögen ein besseres Überlebens- und Durchsetzungspotential zumindest auf lange Sicht haben.

5 Zusammenfassende Konklusionen: Auswirkungen der ökonomischen Fehlannahmen gesundheitsökonomischer Sichtweisen auf die ethische und moralische Haltung von Individuen

Insgesamt kann die Entwicklung der Diskussion um die Kostenentwicklung in der Medizin und die zu diesem Thema entfachte streitbare und konfliktreiche Auseinandersetzung um die Ressourcenallokation wie folgt in ihren Auswirkungen zusammengefasst werden:

(i) Für die pessimistische Sichtweise einer Explosion der Gesundheitskosten gibt es keinen Anlass, die ständige Perpetuierung des Gedankens bewirkt eine Verfestigung der Sicht von medizinischem Betreuungsanspruch als Last für die Gesellschaft.

(ii) In Wirklichkeit entspricht der Anstieg der Kosten des Gesundheitssystems in etwa der Wachstumsrate der volkswirtschaftlichen Leistung BIP. Es besteht daher ein politisches Organisations- und Verteilungsproblem bei der Bedeckung der Ausgaben für soziale Leistungen, die durch eine Umverteilung der Anteiligkeiten am Fortschritts- und Innovationsgewinn bedingt sind. Dies ergibt sich aus den im Vergleich zu den volkswirtschaftlich maßvollen Ausgabensteigerungen zurückbleibenden Einnahmen der öffentlichen Hand, die weitgehend für die Finanzierung der Gesundheitsleistungen zumindest im Spitalsbereich verantwortlich ist.

(iii) Die richtige politische Auseinandersetzung muss daher von der Gesamtgesellschaft um Verteilung der Gewinne aus wirtschaftlicher Tätigkeit geführt werden. Es ist unzumutbar und einer sozialen und humanen Gesellschaft unangemessen, die schwerst Erkrankten als „Schädlinge" der volkswirtschaftlichen Prosperität a priori zu diskreditieren um ihnen anschließend auch die Last des politischen Verteilungskampfes als eigene Bringschuld aufzubürden.

(iv) Die Onkologie stellt die Vorfront dieser Auseinandersetzung dar, da die Kosten der Krebsversorgung punktuell konzentriert in wenigen Kliniken des Landes anfallen und daher auffällig werden, die Fortschrittsentwicklung paradigmatisch und protagonistisch ist (und damit auch die Kostenentwicklung), und die emotionale Belastung durch die Bedeutung der Erkrankung relevant ist. Eine Reduktion des öffentlichen Versorgungsauftrages hätte damit eine Türöffnerfunktion, die zum Auseinanderbrechen des gesamten Solidarsystems in der Krankenversorgung führen könnte. Die Gesamtkosten die in der Onkologie im Verhältnis zu den Gesamtausgaben des Gesundheitssystems anfallen (ca 5-8%) stehen in sehr deutlichem Gegensatz zur volkswirtschaftlichen und persönlichen Last, die aus der Krankheit entsteht. Bei massiver Fragwürdigkeit des Parameters Kosteneffizienz oder Kostenutilität wären auch nach den derzeitigen Schwellenwerten die meisten teuren onkologischen medikamentösen Therapien auf Grund ihrer besonderen Wirksamkeit kosteneffizient

(v) Die Fokusierung auf die Kosten und Ausgaben ist wenig sinnvoll. Sämtliche Instrumente zur vergleichenden Feststellung von Sinn oder Nutzen einer Therapie, die angewendet werden könnten um restringierte Ressourcen zu verteilen sind durch folgende Nachteile gekennzeichnet: sie sind wissenschaftlich schwach legitimiert und evaluiert, sie sind politisch nicht legitimiert und ethisch, medizinisch und wissenschaftlich extrem fragwürdig.

(vi) Die Tatsache, dass sich eigene Berufsgruppen und Institutionen wie Gesundheitsökonomen und Wissenschafter zur Erstellung von Health technology assessments zu einem lukrativen Sekundärmarkt zusammenfinden, kann nicht darüber hinwegtäuschen, dass diese HTAS durch eine unterdurchschnittliche wissenschaftliche Qualität gekennzeichnet sind, die kaum Dynamik zur Verbesserung der Qualität zeigt[61], dass die Beurteilung von Zuordnung und Stellenwert von Leistung und Fortschritt für Patienten durch Menschen erfolgt, die keinerlei Krankheitserfahrung als Individuen oder Betreuer haben, also keinerlei Eigenanschauung und Erlebnis der jeweiligen Krankheit als solches sowie der Konsequenzen unterlassener Leistung haben. Die wenigen Versuche einer systematischen Implementierung von Kosten-Utilitäts-adjustierten bzw. orientierten Refundierungskriterien für medizinische Leistungen haben sich als unmachbar und politisch kaum durchsetzbar (US) gezeigt. Wo sie implementiert werden, wie in Großbritannien und teilweise in den Niederlanden, deuten indirekte Zeichen aus der Entwicklung der Langlebigkeit aber auch die Daten des *Karolinska Reports* auf unmittelbare Nachteile für die Überlebenszeiten der betroffenen Patienten hin. Damit besteht der begründete Verdacht, dass ganze staatliche Institutionen geschaffen und finanziert werden, deren übergeordnete Aufgabe in Wahrheit nicht die Entscheidung über sinnvolle Therapiemaßnahmen darstellt, sondern die systematische Verzögerung der Zugängigkeit zu Fortschritt aus Kostenersparnis. Dazu bedient man sich, um die politische Diskussion zu vermeiden, einer „wissenschaftlich" operierenden Zwischeninstitution, die den politischen Auftrag letztlich exekutiert oder zumindest begründet.

(vii) Die Voraussetzung einer ausschließlich utilitaristischen Einstellung der Gesellschaft, die die Grundvoraussetzung für die Verwendung von Restriktionskriterien darstellt, verkennt das Bedürfnis der Menschen nach solidarischem und ethischem Handeln, selbst wenn dies zum partiellen ökonomischen Nachteil der Gesunden oder Nicht Betroffenen sein sollte. Möglicherweise vergibt sich eine derartige Sicht auch eine der größten Stärken von solidarisch handelnden Gesellschaften im internationalen Wettbewerb.

(viii) Langfristig bedeutet die zum Teil von diversen politisch tätigen Lobbys gewollt herbei geführte Entsolidarisierung der Gesellschaft und die Entwertung der Solidarität im Generellen eine Verrohung des Einzelnen und damit auch mittelfristig der Gesellschaft. Eine derartige Haltung übersieht auch den ökonomischen Nutzen einer befriedeten Gesellschaft. Eine derartige

Entwicklung ist umso bedauerlicher, wenn sie auch durch die ökonomischen Fakten nicht gerechtfertigt ist.

(ix) Die Paradoxie einer derartigen Entwicklung besteht auch darin, die Fortschrittsorientierung in einer leistungsdeterminierten Gesellschaft wie der unseren zu untergraben. Es ist langfristig unwahrscheinlich die Motivation von Menschen für Forschung und Entwicklung und damit ökonomische Prosperität aufrechterhalten zu können, wenn die Anwendung der damit geschaffenen Produkte entmutigt und diskreditiert wird.

Anmerkungen

A1 Tatsächlich wurde im englischen aber auch holländischen System der praktische Arzt zum Gatekeeper definiert, dessen wesentliche Rolle auch im Fernhalten der Patienten von der spezialisierten Medizin der großen Kliniken besteht. Tatsächlich ist in diesen Ländern ein freies Vorstelligwerden des Patienten an Kliniken ohne Überweisung und ohne Einhaltung einer Sequenz nicht möglich.

A2 Die Aktienkurse der Pharmaindustrie entwickeln sich, wie ein Überblick über die homepages der wesentlichen Pharmafirmen zeit deutlich über den durchschnittlichen Bösenkursen. So betrug der Anstieg des STOXX zwischen April 2004 und April 2005 ca + 3%, jener des DAXX ca +10% und jener der Firma Schering (Als repräsentatives Beispiel) ca +30%. Das Wachstum der Firma Roche betrug bei Analysed 8/2005 +20.5% im Vergleich zum Wachstum des gesamten Pharmamarktes (+15.1%), der immer noch deutlich über dem durchschnittlichen Wachstum der Wirtschaft gelegen war [Quelle:Internet Information der Firma Roche und IMS].

A3 Stan Liebowitz, Professor of managerial economics in the Management School of the University of Dallas, Texas, June 1994.

1 Ramsey SD, Howlader N, Etzioni RD, Donato B. Chemotherapy use, outcomes, and costs for older persons with advanced non-small-cell lung cancer: evidence from surveillance, epidemiology and end results-Medicare. J Clin Oncol. 2004 Dec 15;22(24):4971-8.

2 Gridelli C. The ELVIS trial: a phase III study of single-agent vinorelbine as first-line treatment in elderly patients with advanced non-small cell lung cancer. Elderly Lung Cancer Vinorelbine Italian Study.Oncologist. 2001;6 Suppl 1:4-7.

3 Jessup JM, Stewart A, Greene FL, Minsky BD. Adjuvant chemotherapy for stage III colon cancer: implications of race/ethnicity, age, and differentiation. JAMA. 2005 Dec 7;294(21):2703-11.

4 Karolinska Report, *http://www.google.de/search?q=Karolinska+report+cancer+&hl=de&lr=&start=10&sa=N*

5 idem, EJHP 2006;12(3):61.

6 Ramalingam S, Sandler AB. Salvage therapy for advanced non-small cell lung cancer: factors influencing treatment selection. Oncologist. 2006 Jun;11(6):655-65.

7 Shepherd FA, Rodrigues Pereira J, Ciuleanu T, Tan EH, Hirsh V, Thongprasert S, Campos D, Maoleekoonpiroj S, Smylie M, Martins R, van Kooten M, Dediu M,

Findlay B, Tu D, Johnston D, Bezjak A, Clark G, Santabarbara P, Seymour L; National Cancer Institute of Canada Clinical Trials Group. Erlotinib in previously treated non-small-cell lung cancer. N Engl J Med. 2005 Jul 14;353(2):123-32.
8 Andre T, Boni C, Mounedji-Boudiaf L, Navarro M, Tabernero J, Hickish T, Topham C, Zaninelli M, Clingan P, Bridgewater J, Tabah-Fisch I, de Gramont A; Multicenter International Study of Oxaliplatin/5Fluorouracil/Leucovorin in the Adjuvant Treatment of Colon Cancer (MOSAIC) Investigators. Oxaliplatin, fluorouracil, and leucovorin as adjuvant treatment for colon cancer. N Engl J Med. 2004 Jun 3;350(23): 2343-51.
9 Hurwitz H, Fehrenbacher L, Novotny W, Cartwright T, Hainsworth J, Heim W, Berlin J, Baron A, Griffing S, Holmgren E, Ferrara N, Fyfe G, Rogers B, Ross R, Kabbinavar F. Bevacizumab plus irinotecan, fluorouracil, and leucovorin for metastatic colorectal cancer. N Engl J Med. 2004 Jun 3;350(23):2335-42.
10 Jakesz R, Jonat W, Gnant M, Mittlboeck M, Greil R, Tausch C, Hilfrich J, Kwasny W, Menzel C, Samonigg H, Seifert M, Gademann G, Kaufmann M, Wolfgang J; ABCSG and the GABG. Switching of postmenopausal women with endocrine-responsive early breast cancer to anastrozole after 2 years' adjuvant tamoxifen: combined results of ABCSG trial 8 and ARNO 95 trial.
11 Romond EH, Perez EA, Bryant J, Suman VJ, Geyer CE Jr, Davidson NE, Tan-Chiu E, Martino S, Paik S, Kaufman PA, Swain SM, Pisansky TM, Fehrenbacher L, Kutteh LA, Vogel VG, Visscher DW, Yothers G, Jenkins RB, Brown AM, Dakhil SR, Mamounas EP, Lingle WL, Klein PM, Ingle JN, Wolmark N. Trastuzumab plus adjuvant chemotherapy for operable HER2-positive breast cancer. N Engl J Med. 2005 Oct 20;353(16):1673-84.
12 Slamon DJ, Leyland-Jones B, Shak S, Fuchs H, Paton V, Bajamonde A, Fleming T, Eiermann W, Wolter J, Pegram M, Baselga J, Norton L. Use of chemotherapy plus a monoclonal antibody against HER2 for metastatic breast cancer that overexpresses HER2. N Engl J Med. 2001 Mar 15;344(11):783-92.
13 Marcus R, Imrie K, Belch A, Cunningham D, Flores E, Catalano J, Solal-Celigny P, Offner F, Walewski J, Raposo J, Jack A, Smith P. CVP chemotherapy plus rituximab compared with CVP as first-line treatment for advanced follicular lymphoma. Blood. 2005 Feb 15;105(4):1417-23. Epub 2004 Oct 19.
14 van Oers MH, Klasa R, Marcus RE, Wolf M, Kimby E, Gascoyne RD, Jack A, van T Veer M, Vranovsky A, Holte H, van Glabbeke M, Teodorovic I, Rozewicz C, Hagenbeek A. Rituximab maintenance improves clinical outcome of relapsed/resistant follicular non-Hodgkin's lymphoma, both in patients with and without rituximab during induction: results of a prospective randomized phase III intergroup trial. Blood. 2006 Jul 27; [Epub ahead of print] PMID: 16873669 [PubMed – as supplied by publisher].
15 Coiffier B, Lepage E, Briere J, Herbrecht R, Tilly H, Bouabdallah R, Morel P, Van Den Neste E, Salles G, Gaulard P, Reyes F, Lederlin P, Gisselbrecht C. CHOP chemotherapy plus rituximab compared with CHOP alone in elderly patients with diffuse large-B-cell lymphoma. N Engl J Med. 2002 Jan 24;346(4):235-42.
16 Keating MJ, O'Brien S, Albitar M, Lerner S, Plunkett W, Giles F, Andreeff M, Cortes J, Faderl S, Thomas D, Koller C, Wierda W, Detry MA, Lynn A, Kantarjian H. Early results of a chemoimmunotherapy regimen of fludarabine, cyclophosphamide, and rituximab as initial therapy for chronic lymphocytic leukemia. J Clin Oncol. 2005 Jun 20;23(18):4079-88. Epub 2005 Mar 14.

17 Keating MJ, Flinn I, Jain V, Binet JL, Hillmen P, Byrd J, Albitar M,Brettman L, Santabarbara P, Wacker B, Rai KR. Therapeutic role of alemtuzumab (Campath-1H) in patients who have failed fludarabine: results of a large international study. Blood. 2002 May 15;99(10):3554-61.
18 Diehl V, Franklin J, Pfreundschuh M, Lathan B, Paulus U, Hasenclever D, Tesch H, Herrmann R, Dorken B, Muller-Hermelink HK, Duhmke E, Loeffler M; German Hodgkin's Lymphoma Study Group. Standard and increased-dose BEACOPP chemotherapy compared with COPP-ABVD for advanced Hodgkin's disease.
N Engl J Med. 2003 Jun 12;348(24):2386-95. Erratum in: N Engl J Med. 2005 Aug 18;353(7):744. dosage error in text.
19 Greil R, Desch P, Psenak O, Neureiter C, Tinhofer I. Morbus Hodgkin. In R. Greil, Editor, Lymphoproliferative Erkrankungen, 2006 in the press.
20 de.wikipedia.org/wiki/Weltbevölkerung – 34, 2006.
21 Cutler DM, Rosen AB, Vijan S. The value of medical spending in the United States, 1960-2000. N Engl J Med. 2006 Aug 31;355(9):920-7.
22 Micheli A, Coebergh JW, Mugno E, Massimiliani E, Sant M, Oberaigner W, Holub J, Storm HH, Forman D, Quinn M, Aareleid T, Sankila R, Hakulinen T, Faivre J, Ziegler H, Tryggvadottir L, Zanetti R, Dalmas M, Visser O, Langmark F, Bielska-Lasota M, Wronkowski Z, Pinheiro PS, Brewster DH, Plesko I, Pompe-Kirn V, Martinez-Garcia C, Barlow L, Moller T, Lutz JM, Andre M, Steward JA. European health systems and cancer care. Ann Oncol. 2003;14 Suppl 5:v41-60.
23 Greil R. Unpublizierte Beobachtung aus dem Salzburger Tumorregister, 2006.
24 www.ktl.fi/.../english/ organization/slide10.gif National Public health institute Finland
25 Statistisches Bundesamt Deutschland, Stand11,2004, Internet Dokument, 2005 Bundeszentrale für politische Bildung, 2005.
26 Peabody JW, Taguiwala MM, Robalino DD, Frenk J: improving the quality of care in developing countries.
27 CBO Testimony Statement of Douglas Holtz-Eatin before Committees of Health, Education, Labor and Pension, United States Senate, HealthCare Spending and the uninsured January 28/2004.
28 US national health care spending as a percent of GDP, history and projections, 1950-2030 *www.dolf.com/homestead/*entitlement/en_5-9.gi].
29 Intergenerational report by Commonwealth of Australia Report 2002-2003, Budget paper N05, Canberra, Conprint 2002,36,38,1. Available at *www.budget.gov.au/2002-03/bp5/htm/01–BP5relim.html.accessd* apr 2004.
30 Bradley C. Strunk, Paul B. Ginsburg. Aging Plays Limited Role in Health Care Cost Trends Data Bulletin No. 23, September 2002.
31 Duckett SJ Rationale care before rationed care. Intern Med J 2002,32,533-534.
32 Frankel S, Ebrahim S, Davey-Smith G: The limits of the demand for health care. Brit Med J, 2000, 321,40-45.
33 Richardson J, Robertson I. Ageing and the costs of health services. Working Paper 90, Melbourne Center for Health Program Evaluation, 1999.
34 Cooper C, Hagan P. The ageing Australian population and future health costs 1996-2051. Dept of Health and Aged Care, Occasional Papers. New series, No 7, Canberra, AGPS, 1999.
35 Mullan P. The imaginatory time bomb. Why an ageing population is not a social problem. London IB Tauris & Co, 2000.

36 National Academy on Ageing Society. Demography is not density, Washington DC, National Academy on an Ageing Society, 1999.
37 Canadian Institute of Health Transformation, National health expenditures trends. Ottawa, CIHI, 2000.
38 Coory MD. Ageing and healthcare costs in Australia: a case of policy-based evidence? MJA, 2004, 581-583.
39 Manton KG, Gux S Changes in the prevalence of chronic disability in the United States black and non black population above age 65 from 1982-1999. Proc Natl Acad Sci USA, 2001,98,6354-59.
40 Fries JF Aging, natural death and the compression of morbidity. N Engl J Med, 1980, 303, 130-135.
41 www.washingtonpost.com/.../ GR2005062100104.gif
42 *www.emeritihealth.org/* taxexempt/images/health
43 Nixon J, Convergence of health care spending and health outcomes in the European Union 1960-1995, The University of York,, Center for Health Economics, Discussion Paper 183, December 2000.
44 Coleman MP, Babb P, Sloggett A, Quinn M, De Stavola B. Socioeconomic inequalities in cancer survival in England and Wales. Cancer. 2001 Jan 1;91(1 Suppl):208-16.
45 Cancer Research UK, *http://info.cancerresearchuk.org/cancerstats/mortality/siteandUKcountry/?a=5441*
46 Gorey KM, Holowaty EJ, Fehringer G, Laukkanen E, Richter NL, Meyer CM. An international comparison of cancer survival: relatively poor areas of Toronto, Ontario and three US metropolitan areas. J Public Health Med. 2000 Sep;22(3):343-8.
47 Boyd C, Zhang-Salomons JY, Groome PA, Mackillop WJ: Associations Between Community Income and Cancer Survival in Ontario, Canada, and the United States *Journal of Clinical Oncology*, Vol 17, Issue 7 (July), 1999: 2244.
48 Siegel JE, Weinstein MC, Russell LB, Gold MR. Recommendations for reporting cost-effectiveness analyses. Panel on Cost-Effectiveness in Health and Medicine. JAMA. 1996 Oct 23-30;276(16):1339-41. Review. PMID: 8861994 [PubMed – indexed for MEDLINE].
49 Weinstein MC, Siegel JE, Gold MR, Kamlet MS, Russell LB. Recommendations of the Panel on Cost-effectiveness in Health and Medicine. JAMA. 1996 Oct 16;276(15):1253-8. Review. PMID: 8849754 [PubMed – indexed for MEDLINE].
50 Russell LB, Gold MR, Siegel JE, Daniels N, Weinstein MC. The role of cost-effectiveness analysis in health and medicine. Panel on Cost-Effectiveness in Health and Medicine. JAMA. 1996 Oct 9;276(14):1172-7. Review.
51 George, Pharmacoeconomics, 2001, 19,1103.
52 Kievit W, Bolster MJ, van der Wilt GJ, Bult P, Thunnissen FB, Meijer J, Strobbe LJ, Klinkenbijl JH, Wobbes T, Adang EM, Beex LV, Tjan-Heijnen VC. Cost-effectiveness of new guidelines for adjuvant systemic therapy for patients with primary breast cancer. Ann Oncol. 2005 Dec;16(12):1874-81. Epub 2005 Sep 2.
53 Chapman RH, Berger M, Weinstein MC, Weeks JC, Goldie S, Neumann PJ. When does quality-adjusting life-years matter in cost-effectiveness analysis? Health Econ. 2004 May;13(5):429-36. Review.
54 Slevin ML, Stubbs L, Plant HJ, Wilson P, Gregory WM, Armes PJ, Downer SM. Attitudes to chemotherapy: comparing views of patients with cancer with those of doctors, nurses, and general public. BMJ. 1990 Jun 2;300(6737):1458-60.

55 Holzner B, Kemmler G, Sperner-Unterweger B, Kopp M, Dunser M, Margreiter R, Marschitz I, Nachbaur D, Fleischhacker WW, Greil R. Quality of life measurement in oncology--a matter of the assessment instrument?
Eur J Cancer. 2001 Dec;37(18):2349-56. PMID: 11720827 [PubMed – indexed for MEDLINE].
56 Kemmler G, Holzner B, Kopp M, Dunser M, Margreiter R, Greil R, Sperner-Unterweger B. Comparison of two quality-of-life instruments for cancer patients: thefunctional assessment of cancer therapy-general and the European Organization for Research and Treatment of Cancer Quality of Life Questionnaire-C30.
J Clin Oncol. 1999 Sep;17(9):2932-40.
57 Devlin NJ, Hansen P, Selai C Understanding health state valuations: a qualitative analysis of respondents' comments. Qual Life Res. 2004 Sep;13(7):1265-77.
58 Earle CC, Chapman RH, Baker CS, Bell CM, Stone PW, Sandberg EA, Neumann PJ Systematic overview of cost-utility assessments in oncology.J Clin Oncol. 2000 Sep 15;18(18):3302-17.
59 Hadorn DC. Setting health care priorities in Oregon. Cost-effectiveness meets the rule of rescue. JAMA. 1991 May 1;265(17):2218-25. Comment in: JAMA. 1991 Aug 28;266(8):1080-1.JAMA. 1991 May 1;265(17):2237-8.
PMID: 1901610 [PubMed – indexed for MEDLINE]
60 Nord E. The QALY--a measure of social value rather than individual utility? Health Econ. 1994 Mar-Apr;3(2):89-93. Review. PMID: 8044215 [PubMed – indexed for MEDLINE].
61 Neumann PJ, Stone PW, Chapman RH, Sandberg EA, Bell CM.
The quality of reporting in published cost-utility analyses, 1976-1997. Ann Intern Med. 2000 Jun 20;132(12):964-72. Comment in: Ann Intern Med. 2001 Apr 3;134(7):625-6.

Diskussion

Greil: Die Abschiebung des Sterbeprozesses in periphere und dezentrale Strukturen ist nicht ohne Gefahren. Die Implementierung dieser Strukturen zumindest auch in zentralen Krankenanstalten ist gerade deshalb so wichtig, weil dort eine maximale Transparenz aller Prozesse gewährleistet ist. Diese Gestaltung ist gerade deshalb sinnvoll, weil in dieser Organisationsstruktur die letzte Lebensphase maximal von den Wertebegriffen des Betreuungspersonals und der Gesellschaft abhängiger Menschen der Sichtweise auch wechselnder Generationen, unterschiedlicher Ärzte, Pfleger, Studenten etc geöffnet wird. Im Hinblick auf die Kommerzialisierung und Ökonomisierung des Lebenswertes über den Ausschließlichkeitsanspruch der Finanzierungsoption medizinischer Leistungen in Abhängigkeit von Kosteneffizienz teile ich Ihre Meinung. Die dabei wahrnehmbare Entwicklung bedeutet eine fundamentale Veränderung des Arzt/Patientenverhältnisses, die in ihrer maximalen Ausprägung die Autonomie des Menschen im generellen vollständig unterläuft. Sie macht den Menschen ausschließlich zu einem Objekt der Gesellschaft, dessen Wert und Würde nach seinem Nutzen für die Gesellschaft gewogen werden. Ich lehne eine derartige Instrumentalisierung des Menschen im Generellen ab.

Luf: Darf ich noch etwas Ergänzendes sagen. Ich teile auch Ihre Einschätzung, aber es gibt natürlich auch eine ganz weit verzweigte Literatur, die das Gegenteil behauptet. Was mir an dieser Literatur auffällt, ist, dass sie unglaublich gefühlig mit dem Mitleidsaspekt argumentiert. Es wird betont, diese Gefahr bestünde nicht, weil gerade in dieser letzten Phase ein Vertrauen zum Arzt aufgebaut werde. Es ist nur interessant, dass in dieser Argumentation die sozialethischen Dimensionen gar nicht vorkommen.

Greil: ...Und zwar nicht, weil ich das glauben würde. Denn der Tod ist etwas Natürliches. Aber wenn Sie sehen, wie die Patienten bis zum letzten Tag, bis zur letzten Stunde kämpfen und hoffen, dann ist evident, dass dieses Hoffen bis zum Schluss, nicht davon abhängig ist, was wir diesen Patienten über den bevorstehenden Tod mitteilen. Wir haben eher das Problem, sie rechtzeitig darauf einzustellen, sich mit dem Tod zu arrangieren und dies als einen langfristigen Prozess im Krankheitsverlauf mit stufenweiser Näherung an das Ende des Lebens zu begreifen. Es ist das biologische Leben selbst, das uns Hoffen und den Gedanken und das Wissen an den nahenden oder schon neben uns stehenden Tod verdrängen lässt. Diese Verdrängung ist lange Zeit als Ausdruck fehlender psychologischer und menschlicher Qualifikation der Ärzte oder auch als Unreife der Patienten/Arzt Beziehung gewertet worden. Diese Erklärungen greifen aber zu kurz und unterschätzen meines Erachtens auch die unendliche Kraft die das pure Leben mit sich bringt und die es den Patienten auch erst erlaubt, die Belastungen und existenziellen Belastungen von Krankheit und Sterben ertragen zu können. Dem steht eine Vorstellung entgegen, die von einer Popularisierung der Thesen von Kübler-Ross breite Akzeptanz in der Bevölkerung gefunden hat und die besagt, dass letztlich jeder Mensch seinen Frieden mit dem Sterben und dem Tod finden wird, wenn er nur richtig betreut wird. Dies hat zum Gedanken einer prinzipiellen Harmonie von Leben und Tod und eines physiologisch harmonischen Übergangs zwischen diesen beiden Zuständen geführt. Sieht man einen Menschen in der Unmittelbarkeit des Sterbeprozesses kurz vor dem Tod und erlebt man zuvor den Umgang verschiedener Menschen mit dem Tod in den verschiedenen Stadien unheilbarer Erkrankung, so kann diese Harmonisierung nur schwer als automatisch präsent nachvollzogen werden. Diese Vorstellung selbst ist Teil einer Romantisierung des Todes als „letzter Heilung“ und Freund des Menschen.

Knoepffler: Ich möchte mich erst einmal bedanken für die Fülle der Anregungen, die in Ihrem Vortrag waren, gerade zur Frage des Lebensendes. Und ich denke auch, dass das, dass so wenig im Moment dazu im deutschsprachigen Raum publiziert ist, auch ein Grund ist, warum Sie ein System wie das Amerikanische, das zum Beispiel mit dem Österreichischen, dem Deutschsprachigen so überhaupt nicht vergleichbar ist, verwenden.

Das was ich nur sagen wollte, zwei Punkte, die ich interessant finde. Ich denke am Lebensanfang wird es dann auch in der Zahl sehr interessant, wenn man die Abtreibungsfrage mit hinein nimmt. Also wenn man merkt, dass das Ringen um die Embryonenforschung nicht nur ein Ringen ist um die Stammzellenforschung, sondern eben die Tiefendimension der Abtreibungsfrage hat. Die Abtreibung ist ja die Tötung eines menschlichen Lebewesens und zwar interessanterweise durch Ärzte und da wird dann kein so großer Vertrauensverlust konstruiert, obwohl es hier hunderttausendfach allein in der Bundesrepublik Deutschland geschieht, und zwar jedes Jahr. Das scheint mir nicht unbeträchtlich im Hinblick auf den Arzt, das gilt nur für geborene Menschen usw.

Greil: Das war nicht qualitativ gedacht.

Knoepffler: Ich wollte auch nur sagen rein von den rohen Zahlen. Wir haben allein in Deutschland 120.000 dokumentierte Fälle, Dunkelziffer ganz beiseite.

Das zweite was ich denke, dass auch der demokratische Staaten, der liberale Staat, liberal ist immer so ein Ausdruck – welcher demokratische Staat ist schon liberal – tatsächlich Gesetze verschärfen. Also ich habe jedenfalls im Kopf, vielleicht täusche ich mich, dann können mich die Juristen korrigieren, also das Reproduktionsgesetz, das jetzt in Italien verabschiedet wurde, eine deutliche Verschärfung gewesen ist. Oder in Polen gab es eine liberalere Abtreibungsregelung, die wurde sozusagen noch von der Vorregierung dann wieder verschärft. Also ich will nur sagen, es besteht immer die Möglichkeit, auch wieder Gesetze zu verschärfen.

Greil: Die Gegenüberstellung der Aufregung um die ethischen Entscheidungsfindungen im Kontext um die embryonale Stammzellforschung und die vergleichsweise geringe Aufregung um den bevorstehenden und teilweise schon stattfindenden Vorenthalt medizinischer Leistungen im postnatalen Leben auch in den entwickelten Ländern war ja auch als Provokation zu einer lebendigen Diskussion gedacht. Zum ersten was Sie gesagt haben. Die Diskussion zur Finanzierung der Gesundheitsleistungen insbesondere in der Onkologie ist in den Krankenanstalten von einer Härte und Kälte gegenüber den Patienten geprägt, die kaum vorstellbar ist. So wird tatsächlich im Rahmen von Budgetverhandlungen seitens der

Administration zum Ausdruck gebracht, „vor dem Euro (seien) schließlich alle Menschen gleich“ und „die einzige heilige Kuh in Krankenanstalten (sei) das Budget“. Ich würde mir wünschen, dass diese Budgetverhandlungen und Auseinandersetzungen um die Finanzierung medizinischer Leistungen in öffentlichen Krankenanstalten auch in einem öffentlichen Rahmen bzw. unter Beteiligung von Patientenvertretern stattfänden. Dies könnte zu einem Wiedererlangen der Würde der Diskussion über Menschenleben und zu einer der Umgebung von Leid angebracht humanen Sprache führen, jedenfalls aber einen adäquaten öffentlichen Diskussionsprozess in die Wege leiten. Hier geht es längst nicht mehr um die Krankenversorgung alleine, sondern um die Humanität einer Gesellschaft als ganzes bei der Diskussion um Ressourcenallokation.

Das zweite ist, worauf konzentriert sich eine Gesellschaft. Ich bin da Ihrer Meinung. Ich habe mich in der Bioethikkommission des Bundeskanzlers dafür eingesetzt, die Frage zur embryonalen Stammzellforschung in der Europäischen Diskussion um das EU Forschungsrahmenprogramm besonders kritisch zu beleuchten, weil diese Frage eine fundamentale Bedeutung hat. Aber bedenken Sie bitte, dass bei dieser Massivstproblematik, die wir zum Thema Finanzierung in der Medizin haben, auf Vorschlag der dänischen Regierung der österreichische EU-Vorsitz folgendes Thema zu einem Hauptthema machen wird: „Korruption in der Medizin“. Jetzt stelle ich Ihnen die Frage, wenn das eigentliche Problem, das wir haben, darin besteht, dass wir ein massivstes Verteidigungsproblem haben, dass wir das Problem haben, dass wir den größtmöglichen Fortschritt seit Menschengedenken haben und nicht wissen, wie wir ihn in den Kliniken auf die Patienten übertragen sollen, dann wäre das das brennendste Problem, das wir haben,

Was ist der Hintergrund dafür, die Fragestellung zu intervenieren und zu sagen – wir reden nicht darüber, wie wir Fortschritt verteilen, sondern wir reden darüber und machen damit bewusst transparent und in den Vordergrund stellend, dass hier Korruption stattfindet. Das muss einen Hintergrund haben. Diese Diskussion soll von den wahren Problemen ablenken.

Und im Hinblick auf die Abtreibung gebe ich Ihnen selbstverständlicher Weise Recht. Natürlich ist das eine ganz grundsätzliche Diskussion. Sie können die Frage stellen, gibt es einen Unterschied in der Wertigkeit, also werden jene, die das pränatale Leben nicht achten, das postnatale Leben nicht achten? Also da wäre ich extrem vorsichtig. Diese Konklusion würde ich niemals ziehen wollen, ich glaube das ist zu einseitig und das kann man so nicht machen. Wir haben uns heute auch schon darüber unterhalten, wie schwierig es ist, das biologisch, medizinisch, etc. zu definieren. Aber ich denke, wir sollten zunächst, was besonders wichtig wäre, nicht eine Verengung der Definition des Würdebegriffes haben. Das ist ganz elementar, dass wir einen sozialen Würdebegriff zurückbekommen. Der bezieht sich auf die Frage: Wer hat das Grundrecht oder ist es ein Grundrecht, Zugang zur Wohlfahrt zu haben. Denn dann löst sich eine Reihe von medizinischen Problemen sekundär. Und die derzeitige Diskussion, wie wir sie haben, ist ein vollkommenes Weggehen von einer vertikal definierten gesellschaftlichen Norm, wir gehen hin zu einer ausschließlich auf die Vermarktung und ausschließlich auf den ökonomischen Wert definierten Orientierung. Und das ist nicht eine Projektion der Zukunft. Und ich bin immer überrascht, wie wenig die Menschen im Alltag glauben davon wahrzunehmen. Weil sie in den meisten Fällen noch nicht betroffen sind und wenn sie davon betroffen sind, können sie nichts mehr dagegen tun. Wir haben uns heute schon darüber unterhalten, wie schwierig es ist, den Beginn des Lebens biologisch, medizinisch zu definieren und die eindeutig nachvollziehbare ethische Konsequenz daraus zu ziehen....

Thaler: Ein ganz kurzer Hinweis. Sie hatten die italienische Fortpflanzungsmedizin erwähnt und sagten, das sei jetzt verschärft worden, als Beispiel dafür, dass es auch sozusagen den Rückweg gäbe. Das ist eigentlich nicht so. Es gab vorher kein Fortpflanzungsmedizingesetz. Es wurde jetzt erstmals verabschiedet. Es wurde nicht verschärft, sondern es wurde jetzt erstmals etabliert.

Pichler: Herr Greil, wenn es vorhin ausgesehen hat als wären wir notorisch nur auf Dissenskurs, dann wendet sich das Blatt jetzt. Jetzt passt, neusprachlich gesagt, kein Löschblatt zwischen uns beide rein. Nur eine Sache muss ich Ihnen trotzdem antun. Sie haben die ganze Euthanasiedebatte sozusagen in einen einzigen Topf der Euthanasie hineingeworfen. Ich denke mir, so wie wir hier sitzen werden Sie wahrscheinlich kaum jemanden finden, der die Euthanasie befürwortet. Nur muss man der Debatte doch ein wenig mehr an empirisch feststellbarer Richtigkeit zubilligen, ich beobachte diese seit 15 Jahren halbwegs professionell als Patientenrechtler, dem das Selbstbestimmungsrecht der oberste Parameter für die Rechteausstattung ist. Also: Die Debatte um die Euthanasie kam nicht top-down, sondern sie kam bottom-up. Man kann doch nicht den amerikanischen Krankenhäusern unterstellen, sie hätten die Euthanasiedebatte sozusagen vordergründig aus ökonomischen Motiven vom Zaun gebrochen, damit die Leute sich damit beschäftigen und dann Euthanasie wählen werden. Ich glaube, das wäre einfach eine falsche historische Zuordnung. Das ist ein movement, das schon von unten herauf kam, von Menschen, die, zumeist nicht religiös verortet, vorher definieren wollten, unter welchen Bedingungen sie nicht sterben wollen. Sie haben zumindest den Versuch gemacht, definieren zu wollen, was sie alles nicht erleiden möchten, wo sie vorzeitig entlassen werden wollen aus dieser Welt. Und das muss man glaube ich wirklich sehr diffizil abdebattieren. Weil wenn ich das unter ihrem Blickwinkel sehe, dann würde man wirklich sagen müssen, dann ist auch die ganze Patientenverfügungsdebatte möglicherweise eine gesteuerte, damit die

Leute sich sozusagen leichter tun einzuwilligen, das System nicht weiter zu belasten. Aber das lässt sich jetzt in den letzten zehn Minuten auf die Schnelle alles nicht mehr abdebattieren. Ich hätte nur sozusagen Vorsicht angemeldet, dass man die Sterbehilfedebatte unter intellektuell redlichen Menschen ein bisschen differenzierter angehen muss und autonome, selbstbestimmte Lebenskonzepte auch verstehen versuchen sollte. Ich bin auch nach langjähriger Beobachtung und Publikationstätigkeit (ich war einer der ersten, der das stufenweise Hervorwachsen des holländischen Modells beschrieben hat) wirklich noch immer kein Freund des holländischen Modells, aber so kann man es auch wieder nicht durchgehen lassen, dass sich da bloß ein sparefrohes Gesundheitssystem draufgesetzt habe und die ökonomischen windfall profits zu lukrieren versucht. Was zu wenig gelesen wird, ist die Euthanasieerklärung der römischen Kurie aus den frühen Neunzigerjahren. Dort steht Grundgescheites, lebbares. Wenn jemand nicht mehr leben kann und unter verbindlichem Verzicht auf Behandlungsmaßnahmen, die sie oder ihn ja doch nicht mehr so richtig zurückbringen können, einfach „heimgehen" will, dann ist das für die Kirche akzeptabel. Mein lieber, verstorbener Freund, Dominikaner, Moraltheologe, Franz Martin Schmölz, mit dem ich all das lange, lange abbesprochen habe, hat mir für meine rechtspolitische Positionierung eine Faustformel mitgegeben: es gibt ein Lebensrecht, aber keinen Lebenszwang. Das haben wir über viele Kanäle nun endlich im Patientenverfügungsrecht zur Geltung bringen können.

Und noch etwas, was mich sehr bewegt an Ihren Ausführungen. Sie sagen „Wert von Leben", ich sage „Preis für Würde". Und der Preis für die Würde ist natürlich finanzierbar, das ist doch keine Frage. Nur heißt das auch, dass wir zur Kenntnis nehmen müssen, dass für das Gesundheitswesen eben höhere Eigenleistungen erbracht werden müssen und das wagt sich gerade in der Politik im Moment niemand zu kommunizieren. Wenn nur von 0,5 % Beitragserhöhung die Rede ist, geht ein Kulturkampf in Österreich los. Und genau das muss man den Leuten sagen – ihr habt heute wirklich Möglichkeiten, die Medizin bietet sie euch und es gibt hochwirksame Medizin und Hochleistungsmedizin, aber sie ist nicht zum kostenneutralen Tarif zu haben. Das ist schwierig. Ich sehe genau, was passiert. Ich habe mich aus der Patientenrechtsdebatte zurückgezogen, denn über die eigentlichen Kernanliegen unsere Patientenrechtsdebatte der letzten 10 Jahre, die Selbstbestimmungsrechte, ist ja nicht mehr weiter zu debattieren. Da haben wir uns durchgesetzt. Jetzt geht es wirklich nur mehr um Geld. Und Ihre Häuser machen das auch mit, weil sie nämlich in der Verteilung der Not sich inzwischen intern zu prügeln beginnen. Daher wird die Sprache rauer und roher. Die Politik hat natürlich auch nicht den Mut zu kommunizieren, dass eben mit einer jährlichen Steigungsquote die Beitragssteigerung gemacht werden muss. Das ist wirklich ein Dilemma, aus dem ich nicht weiß, wie wir herausfinden werden. Weil die

Ökonomie wirklich alles zuschüttet an qualitativen Diskussionen, an Würdediskussionen.

Greil: Ich möchte nur ganz, ganz kurz sagen. Die Patientenrechtsdebatte ist weitgehend zufrieden stellend abgeschlossen, was das Empowerment Patienten gegenüber den Ärzten betrifft. Der Witz ist nur, dass eine weitere Suppression der ärztlichen Position gegenüber dem Patienten von maximalem Nachteil für den Patienten ist, weil das die letzte persönliche Institution ist, die dem Patienten gegenüber mit dem persönlichen Gewissen und seinem Wissen zumindest im besten anzunehmenden Fall haftet. Und was wir im Moment am meisten benötigen würden wäre eine Debatte um eine Patientenrechtscharter die den Anspruch des Patienten gegenüber der Gesellschaft festigt, ihn greifbar und verwirklichbar und im Zweifelsfall einklagbar macht. Und diese Debatte gibt es nicht. Zweitens, der Patient hat in der scheinbar patriarchalischen Rolle des Arztes in der klassischen Patientenrechtsdebatte ein Problem sich der Übermacht des Wissensmonopols der Ärzteschaft und auch der Automatik technisierter Medizin gegenüber zu sehen, in dem das individuell zu ergründende Wollen des Patienten unterbewertet war. Diese Wahrnahme hat den Patienten sehr wohl berechtigt, die Hilfe der Gesellschaft in seiner Position bei Aufklärung durch Ärzteschaft und freie Wahl von Therapieentscheidungen in Anspruch zu nehmen. Das Problem, dem wir jetzt gegenüberstehen, ist ein komplett inverses. Der Patient erfährt seinen Nachteil dadurch, dass ihm Wissen um Behandlungsmöglichkeiten vorenthalten wird, das sein Leben und dessen Qualität signifikant verlängern und verbessern kann. Dabei wird der Patient niemals wissen, was er nicht bekommt, und er wird im Durchschnitt diesen Mangel gar nicht empfinden und einklagen können, selbst wenn seine gesundheitliche Situation, sein Bildungs- und Einkommensgrad ihm dies gestatten würden. Der Arzt, der sein Wissensmonopol in diesem Fall brechen und den Patienten über nützliche, aber von der Krankenanstalt nicht finanzierte Leistungen informieren würde, würde sich schuldig machen und sich juristisch selbst belasten. Tatsächlich wird letztlich durch die Administrationen ein so großer Druck auf Ärzte zur Dämpfung der Kosten aus der Fortschrittsverwirklichung ausgeübt, dass diesen Ärzten nur die Wahl auf fehlende Information der Patienten oder stillschweigenden Vorenthalt von Leistungen bleibt. Für diesen schleichenden und gravierenden Autonomieverlust des Patienten gibt es keine schriftliche Verordnung, sie entsteht aus einem permanent intensivierten Alltagsklima der Suppression. In dieser Situation kann ein Empowerment der Patienten nur mehr durch ein erneutes Empowerment der Ärzte oder zumindest der Primärverpflichtungen in der Arzt/Patientenbeziehung und sicher nicht durch eine weitere Repression gegenüber Ärzten erreicht werden.

Pichler: Es gäbe zum zuletzt gesagten natürlich noch viele Anmerkungen zu treffen, ende aber mit einem Schnappschuss zum wechselseitigen Kostenbewusstsein. Ich wurde mal mit einer Klagsdrohung belegt von einer Krankenkasse, weil ich gesagt habe, dass es ein „verlogenes Dreieck“ gibt. Was meinte ich damit? Die Krankenkassen (und die Politik) sagen den Patient.inn.en nicht, dass mit derzeitigem Beitragsniveau nicht alles zu haben ist, was man haben könnte. Der Arzt sagt dem Patienten nicht sagt, dass er in Wahrheit Angestellter der Krankenkasse ist, was er zwar formal nicht ist, aber de facto ist es so, und reicht seine ihm nahgelegte Sparpolitik an die Patient.inn.en weiter. Die Patient.inn.en sagen dem System nicht, dass sie eine Ahnung haben, dass sie eigentlich für das, was sie erwarten, zu wenig einbezahlen. Also geht es sich im extramuralen Bereich noch so einigermaßen aus.

Rager: Ich möchte festhalten, dass das ein außerordentlich spannender und informationsreicher Tag war und ich denke, wir sollten noch einmal allen Rednern herzlich danken für diese schönen Beiträge.

Der ontologische Status des Embryos in natürlicher und künstlicher Umgebung. Konsequenzen für seinen moralischen Status

Günter Rager

In der gegenwärtigen Debatte über den Status des Embryos werden sehr heterogene Argumente gebraucht. Während die einen dem Embryo ontologisch einen Status zuweisen auf Grund seiner Erscheinungsform, die er im Laufe seiner Entwicklung zeigt, halten die anderen den ontologischen Status für nicht-relevant, wenn es um die Frage der Würde und der Personalität geht. Nach ihnen kommen Würde und Personalität einem Wesen nur dann zu, wenn es von anderen anerkannt wird. Im Rahmen der Stammzellenforschung wird noch ein weiteres Argument ins Spiel gebracht. Würde und Personalität habe der Embryo nur dann, wenn er sich in seiner natürlichen Umgebung befinde. In der künstlichen Umgebung des Labors sei er kein Mensch, sondern ein Objekt, das sich für die Forschung besonders gut eigne.

Um verlässliche Grundlagen für die Auseinandersetzung mit den verschiedenen Positionen zu schaffen, soll *zuerst* die Entwicklung des Embryos in der Präimplantationsphase dargestellt werden. Diese Betrachtung wird *zweitens* zu der embryologischen Aussage führen, dass der Embryo von der Befruchtung (Fertilisation) an als Individuum anzusehen ist. *Drittens* werden wir uns mit einigen Gegenpositionen auseinandersetzen, die behaupten, das individuelle Menschsein beginne nicht schon mit der Fertilisation, sondern erst zu einem späteren Zeitpunkt der Schwangerschaft. Dementsprechend sei das Forschen und Manipulieren an Embryonen bis zu diesem Zeitpunkt ethisch vertretbar. In einem *vierten* und letzten Abschnitt wird das Problem der Individualität nochmals aufgegriffen. Es werden einige Gedanken zum Status des Embryos in künstlicher Umgebung präsentiert und Positionen diskutiert, die den biologischen Status des Embryos nicht als Grundlage für die Zusprache des moralischen Status anerkennen, sondern von normativen Gesichtspunkten ausgehen.

Fertilisation und Präimplantationsphase

Fertilisation

Zu Beginn haben wir uns an einen scheinbar banalen, aber für unsere Betrachtung sehr wichtigen Sachverhalt zu erinnern. Die Fertilisation ist ein Ereignis, bei welchem zwei völlig voneinander verschiedene lebende Entitäten, nämlich Oozyte und Spermium, aufeinander treffen und sich zu einem neuen, einzigen und einzigartigen Lebewesen vereinigen. Aus ihnen entsteht die Zygote.

Im kontinuierlichen Prozess der Fertilisation (*Befruchtungsprozess*) lassen sich folgende Schritte hervorheben. Die Spermien durchdringen die Corona radiata, einen Kranz von Zellen, welcher die Oozyte umgibt, und binden mit ihren Rezeptoren an die Zona pellucida, eine aus Glykoproteinen bestehende Hülle. Sodann erfolgt die *Akrosomenreaktion.* Das Spermium bindet an die Zona pellucida (spezifische Glykoproteinrezeptoren ZP3 und ZP2). Diese Bindung führt zu einem massiven Einstrom von extrazellulärem Calcium in das Spermium. Dadurch werden Enzyme wie Akrosin und Hyaluronidase freigesetzt, welche die Penetration der Zona pellucida ermöglichen. Die äußere Akrosomenmembran wird aufgelöst. Mit der inneren Akrosomenmembran kann das Spermium die *Zona pellucida durchdringen.*

Die nachfolgende Fusion der Zellmembranen von Spermium und Oozyte führt zu einer Depolarisation der Oozytenmembran und triggert eine Calcium-Welle, die sich über das ganze Zytoplasma der Oozyte ausbreitet. Die Zunahme der Calcium Konzentration *aktiviert* die Oozyte. Die Oozyte bringt die 2. Reifeteilung zum Abschluss und startet das Entwicklungsprogramm der *Embryogenese*[1]. Ohne diese Aktivierung würde die Oozyte nach wenigen Stunden zugrunde gehen.

Das Spermium dringt in die Oozyte ein. Dabei wird die Zellmembran des Spermiums abgestreift. Weitere Pulse von intrazellulärem Calcium, die in Abständen von einigen Minuten auftreten, triggern die Fusion der in der Rindenzone der Oozyte liegenden Bläschen (kortikale Granula) mit der Oozytenmembran (*kortikale Reaktion*). Die Granula schütten ihren Inhalt in den Raum zwischen Oozytenmembran und Zona pellucida aus. Die ausgeschütteten Moleküle führen zur *Reaktion der Zona pellucida*. Die Struktur der Rezeptoren in der Zona pellucida wird geändert, wodurch eine Bindung und Penetration weiterer Spermien verhindert wird (*Polyspermieblock*).

Am Ende der 2. Reifeteilung, etwa 16 Stunden nach Beginn der Fertilisation, wird einer der beiden haploiden, durch das Crossing-over verschiedenen Chromosomensätze der Oozyte mit dem zweiten Polkörper ausgestoßen. In der Oozyte verbleiben zwei haploide Chromosomensätze, die sich im männlichen und im weiblichen Vorkern (Pronucleus) befinden (*Pronucleus-Stadium*). Mit dem Abschluss der 2. Reifeteilung und dem Ausstoßen des zweiten Polkörpers liegt die *genetische Einzigartigkeit* des neu entstandenen Menschen fest. Für diese Einzigartigkeit ist es ohne Bedeutung, ob die im männlichen und im weiblichen Vorkern enthaltenen haploiden Genome zunächst noch getrennt vorliegen oder ob sie bereits in einer gemeinsamen Metaphaseplatte angeordnet sind.

Während der folgenden Phase, die ungefähr 6 Stunden dauert, wandern die beiden Pronuclei aufeinander zu[2]. Während der Wanderung verdoppeln sie ihre Chromosomensätze (*Synthese- oder S-Phase*). Bei der Annäherung lösen sich ihre Kernmembranen auf. Die Chromosomen werden in einer gemeinsamen Mitosespindel angeordnet. Es kommt nicht zur Kernverschmelzung, wie häufig in der Literatur gesagt wird. Oft wird erst dieses Entwicklungsstadium als *Zygote* bezeichnet. Da sich jedoch ab der Bildung der Vorkerne nichts mehr an der genetischen Identität des neuen Individuums ändert, wäre es angebracht, den Begriff Zygote auf das Pronucleusstadium auszudehnen.[3]

Blastomerenstadium (Stadium 2, 2-16 Zellen)

Die Zygote teilt sich. Mit der ersten Furchungsteilung entstehen zwei Tochterzellen, die *Blastomeren*. In der Folge teilen sich die Zellen weiter, ohne dass sich zunächst das Gesamtvolumen gegenüber der Zygote änderte *(Blastomerenstadium)*. Die Tochterzellen werden durch die *Zona pellucida* zu einem einheitlichen Verband zusammengehalten. Zwischen dem Acht- und Sechzehnzellstadium geht die *Totipotenz* verloren. Mit dem Verlust der Totipotenz sind die einzelnen Zellen des Embryos nur noch *pluripotent*, d.h. sie können sich zwar noch zu den verschiedenen Zelltypen des Embryos, aber nicht mehr zu einem ganzen Embryo entwickeln.

Die Blastomeren treten in die Phase der *Kompaktion* ein. Sie rücken enger aneinander, um den vorhandenen Raum innerhalb der Zona pellucida optimal zu nutzen. An den Blastomeren treten erste morphologisch erkennbare Differenzierungen auf. Zellteilungen können jetzt radiär (senkrecht zur gemeinsamen Oberfläche an der Zona pellucida) oder tangential (parallel zu dieser Oberfläche) erfolgen. Bei radiär eingestellten Teilungen entstehen zwei polar organisierte Tochterzellen, die an der Oberfläche bleiben. Bei tangentialer Teilungsebene entsteht eine polare oberflächliche Zelle und eine unpolare innere Tochterzelle, die in dem inneren Stoffwechselmilieu einen anderen Differenzierungsweg einschlägt als die oberflächlich gelegenen Zellen. Während die äußeren Zellen den *Trophoblasten* bilden und mit besonderen Zellhaften miteinander verbunden sind, entsteht aus den inneren Zellen der *Embryoblast*.

Freie Blastozyste (Stadium 3), Adplantation (Stadium 4) und Implantation

Ab etwa 32 Zellen entstehen Flüssigkeitsräume zwischen den Zellen, die allmählich zu einer einzigen Höhle zusammenfließen. Das Auftreten dieser Höhle charakterisiert das Stadium der *Blastozyste* (Stadium 3). Die Blastozyste besteht aus einem Mantel von Zellen (*Trophoblast*), welcher sowohl die *Blastozystenhöhle* als auch den *Embryoblasten* umhüllt. Die Zellen des Embryoblasten liegen konzentriert an einem Pol der Blastozyste, die Blastozystenhöhle bildet den anderen Pol des inneren Bereichs, wodurch sich eine polare Differenzierung ergibt. Der Embryoblast wiederum differenziert sich in zwei Schichten, den *Epiblasten* (in der Nähe des Trophoblasten) und den *Hypoblasten* (angrenzend an die Blastozystenhöhle). Der zweischichtige Embryoblast wird auch als *Embryonalscheibe* bezeichnet.

Am Ende von Stadium 3 löst sich die Zona pellucida auf. Mit dem Trophoblasten hat der Embryo eine neue schützende Hülle entwickelt. Die Blastozyste lagert sich mit dem Pol, an welchem der Embryoblast liegt, der Wand des Uterus an (*Adplantation*, Stadium 4), löst mit ihren Enzymen die Uterusschleimhaut auf und dringt in die Uteruswand ein (*Implantation*).

Der Embryo als menschliches Individuum

Die Humanembryologie beschreibt den Gang der Entwicklung des Embryos und versucht, diejenigen Gesetze ausfindig zu machen, die seine Entwicklung und Differenzierung steuern. Von sich aus kann sie nichts aussagen über philosophische Begriffe wie Individuum, Person oder Würde der Person. Sie kann lediglich auf Fragen der folgenden Art antworten: (1) Gibt es eine biologische Entsprechung zu dem, was wir philosophisch oder juristisch unter Individuum verstehen? (2) Gibt es Zäsuren oder Sprünge in der Entwicklung, die Behauptungen rechtfertigen, wonach das individuelle Menschsein nicht schon bei der Befruchtung, sondern erst zu einem späteren Zeitpunkt beginnt?

Wenn es biologische Entsprechungen zum philosophischen Begriff Individuum geben soll, dann müssen wenigstens vier Kriterien erfüllt sein, die im Folgenden genauer betrachtet und in ihrer Tragweite analysiert werden.

Human- und individualspezifisches Genom

Hatte Ernst Haeckel (1834-1919) noch behauptet, der Embryo müsse zuerst die Entwicklung der Arten (Phylogenese) in seiner eigenen Entwicklung (Ontogenese) rekapitulieren, ehe er in der späten Schwangerschaft zu sich selbst, zu seinem menschlichen Dasein kommt, und diese Behauptung auch noch in dem sogenannten „biogenetischen Grundgesetz“ festzulegen versucht, so ist dieser Standpunkt heute durch die Wissenschaft überholt. Die Genetik zeigt eindeutig, dass das Genom jedes Einzelnen ein menschliches Genom ist. Dieses menschliche Genom ist auch jeweils einzigartig oder individualspezifisch vom Pronucleusstadium an. Wenn der zweite Polkörper aus der Oozyte ausgestoßen ist und nur noch der männliche und weibliche haploide Vorkern vorhanden sind, also noch vor der Anordnung der Chromosomen in der Teilungsspindel (Metaphasenplatte), ist das individualspezifische Genom festgelegt.

Dementsprechend entwickelt sich der Embryo von Anfang an human- und individualspezifisch. Schon sehr früh lassen sich auch morphologisch humanspezifische Entwicklungsformen feststellen, durch welche sich die menschliche Entwicklung von derjenigen anderer Spezies unterscheidet[4]. Die Gesichter menschlicher Embryonen am Ende der Embryonalzeit sind dafür ein besonders eindrückliches Beispiel. Diese Gesichter sind nicht nur menschlich, sie zeigen auch individualspezifische Züge.

Kontinuität der Entwicklung

Während der Entwicklung treten keine Sprünge auf. Alle neu sich bildenden und sich differenzierenden Strukturen gehen kontinuierlich aus den schon vorhandenen Strukturen hervor. Deshalb konnte bereits der Anatom und Embryologe Wilhelm His (1831-1904) der Embryologie als Wissenschaft das Ziel vorgeben, „den Aufbau jeder einzelnen Form aus dem Ei ... derart abzuleiten, dass jede Entwicklungsstufe mit allen ihren Besonderheiten als notwendige Folge der unmittelbar vorausgegangenen erscheint“[5]. Auch auf der molekularbiologischen Ebene gibt es keine Evidenz für Sprünge oder Entwicklungsschritte, die nicht aus dem vorausgegangenen Zustand folgen. Die Entwicklung des Menschen ist deshalb als kontinuierlicher Prozess zu verstehen.

Aktive Potentialität

Eine Oozyte geht nach der Ovulation innerhalb von 24 Stunden zugrunde, wenn sie nicht durch das Eindringen eines Spermiums oder durch einen experimentellen Eingriff aktiviert wird. Sie hat also die Potentialität, zu einem erwachsenen Menschen heranzureifen. Um diese Potentialität zu realisieren, ist sie jedoch auf die Aktivierung durch etwas Anderes angewiesen. Deshalb ist ihre Potentialität eine passive. Anders verhält es sich nach der Fertilisation. Die dadurch entstandene Zygote kann sich zu einem erwachsenen Menschen entwickeln, ohne dass von außen etwas hinzukommt, was sie in ihrem Sein wesentlich ergänzt. Sie hat also die aktive Potentialität zu ihrer vollständigen Entwicklung. Dass sie auf die richtige Nahrung und eine angemessene Behausung angewiesen ist, unterscheidet sie nicht von anderen Lebewesen. Auch wir Erwachsene könnten nicht leben, wenn diese Rahmenbedingungen des Lebens nicht erfüllt wären[6].

Einheit eines sich selbst organisierenden Systems

Von einem *Individuum im biologischen Sinn* sprechen wir dann, wenn das Lebewesen einen definierten Raum einnimmt und sich von allem anderen deutlich abgrenzt. In diesem Raum steuert es seine Lebensprozesse und organisiert sich zu einer einheitlichen Funktion. Als diese distinkte Einheit steht es im Austausch mit seiner Umwelt. Eingebettet in diese Umwelt stellt es ein dynamisches, sich selbst organisierendes System dar. Genau diese Eigenschaften treffen auf den Embryo von der Zygote an zu. Der Embryo lebt in einem Raum, der ihn von allem anderen abgrenzt, aber doch den Austausch von Signalen mit der Umwelt zulässt. Zunächst ist es die Zona pellucida. Doch bald wird diese schützende Hülle zu eng. Der Embryo schafft sich einen neuen Schutzmantel, den Trophoblasten, und „schlüpft" aus der zu eng gewordenen Behausung der Zona pellucida. Die Hülle des Trophoblasten ist von da an für die weitere Entfaltung des Embryos wesentlich geeigneter. Sie kann sich der Größe des Embryos anpassen, ermöglicht den Vorgang der Implantation in den Uterus und wird zu einer Schnittstelle zwischen Mutter und Kind. Von der Zygote an stellt der Embryo im Raum der Zona pellucida ein einheitliches, sich selbst organisierendes System dar. Dieses System sendet Signale an den mütterlichen Organismus, welche den Dialog zwischen Embryo und Mutter einleiten und zur Feinabstimmung des embryonalen und des mütterlichen Systems beitragen.

In der Präimplantationsphase kommt eine normale Blastozystenentwicklung nur dann zustande, wenn das mütterliche Milieu den Bedürfnissen der Blastozyste angepasst ist. Dafür müssen die beiden genetisch verschiedenen Systeme Embryo und Mutter synchronisiert sein. Über embryonale Signale muss der mütterliche Organismus Nachricht erhalten, dass er schwanger ist. Damit gibt es keinen Östrus mehr, kein Follikelwachstum und keine Ovulation. Das Immunsystem der Mutter muss wissen, dass es den genetisch fremden embryonalen Organismus nicht abstoßen darf. Die Uterusschleimhaut muss so verändert werden, dass sie die Nidation ermöglicht. Beier hat diesen Austausch von Signalen als embryomaternalen Dialog bezeichnet.[7]

Der *embryo-maternale Dialog* beginnt schon mit der Zygote und setzt sich über das Blastomeren- und Blastozystenstadium fort. Schon lange vor der Implantation entscheidet dieser Dialog über das Gelingen der Schwangerschaft. Ich möchte nur drei Signale besonders hervorheben, den frühen Schwangerschaftsfaktor (early pregnancy factor, EPF), den Blutplättchen-aktivierenden Faktor (PAF) und das humane Choriongonadotropin (HCG).

Da der Embryo genetisch von der Mutter verschieden ist, besteht die Gefahr, dass er als Fremdkörper erkannt und durch eine Immunreaktion abgestoßen wird. Dies wird durch den *frühen Schwangerschaftsfaktor* (early pregnancy factor, EPF) verhindert, der bereits wenige Stunden nach der Fertilisation von der Zygote bzw. von den Blastomeren im Furchungsstadium ausgeschieden wird[8].

Der *Blutplättchen-aktivierende Faktor* (PAF) wird vom Embryo in der Präimplantationsphase und während der Implantation abgegeben. Er führt zur Synchronisierung des embryonalen Wachstums während der Präimplantationszeit mit der Umwandlung der Uterusschleimhaut (Transformation des Endometriums).

Das *humane Choriongonadotropin* (HCG) wird von den Trophoblastzellen des Embryos produziert. Es bewirkt, dass sich der mütterliche Organismus auf Schwangerschaft einstellt. Menstruationszyklus und Ovulation bleiben aus. Die Progesteronproduktion wird so gesteigert, dass die Schwangerschaft erhalten bleibt.

Diese Befunde führen uns zu der Erkenntnis: „Mit dem frühesten Zeitpunkt der Aktivität eines neuen individuellen Lebewesens beginnt auch dessen Kommunikation mit dem mütterlichen Organismus zur Steuerung und Feinabstimmung beider Systeme, Embryo und Mutter, um die Etablierung einer Schwangerschaft zu gewährleisten."[9]

Die Einheit des sich selbst organisierenden Systems ist das zentrale und zugleich wichtigste Kriterium, um einem Lebewesen Individualität zusprechen zu können. Nur der Blick auf das *System als ganzes* kann den Embryo in seiner biologischen Verfassung angemessen repräsentieren. Eine Verkürzung der Perspektive, wie etwa auf die genetische Information oder die Funktionen des Nervensystems, wird der biologischen Realität nicht gerecht.[10]

Andere Meinungen zum Beginn des individuellen menschlichen Lebens

Gegen die Argumente, die für den Beginn menschlicher Individualität mit der Fertilisation sprechen, werden verschiedentlich Einwände vorgebracht. Es gibt fast kein Entwicklungsstadium des Embryos, das nicht als möglicher Startpunkt für das individuelle Dasein des Menschen genannt worden wäre. Aus dieser Liste von genannten Startpunkten sollen nur einige Beispiele ausgewählt werden. So wurde das Acht-Zell-Stadium genannt, weil dann die Transkription und damit die Steuerung der Proteinsynthese aus der genetischen Information im Zellkern des Embryos begonnen hat. Die Blastozyste wird genannt, weil dann der Embryoblast vom Trophoblasten getrennt ist; die Trophoblastzellen werden als nichtembryonal angesehen. Seit die Stammzellforschung so wichtig geworden ist, wird besonderes Gewicht auf die Einnistung in den Uterus, die Implantation, gelegt; die embryonalen Stammzellen werden ja vor der Implantation gewonnen. Demgegenüber sind in der heutigen Debatte die Entstehung des Primitivstreifens, die Entwicklung des Nervensystems, das Auftreten der Schmerzempfindung und der Zeitpunkt der Geburt in den Hintergrund getreten. Neuerdings werden wir auch mit dem Argument konfrontiert, der Embryo, der sich in künstlicher Umgebung befindet, also z.B. der durch IVF entstandene Embryo, sei überhaupt kein Mensch.

Es ist weder möglich noch nötig, auf alle diese Alternativvorschläge einzutreten. Ohnehin wären nur solche Einwände Ernst zu nehmen, die behaupten zeigen zu können, dass es Ereignisse gibt, die dem Embryo von außen etwas hinzufügen, was er nicht schon als Möglichkeit in sich enthält. Diese Ereignisse müssten so bedeutend sein, dass sie den Embryo erst zum individuellen Menschen machen. Alle anderen Einwände, die solches nicht zeigen können, aber dennoch den Beginn menschlicher Individualität auf einen späteren Zeitpunkt als den der Befruchtung verschieben wollen, stehen vor einer grundsätzlichen Schwierigkeit. Sie müssen erklären, wie in einem sich kontinuierlich entwickelnden System etwas Neues auftauchen kann, das sich nicht aus den vorausgegangenen Entwicklungsschritten herleiten lässt.

Der Beginn der Transkription

Beginnen wir mit dem frühesten Zeitpunkt nach der Fertilisation, für den behauptet wird, dass mit ihm die Individualität des Menschen beginne. Die Umsetzung der genetischen Information in die Synthese von Proteinen erfolgt durch *Transkription.* Die genetische Information wird zuerst auf die Boten-RNA (mRNA) übertragen. Die Boten-RNA wird aus dem Zellkern in das Zytoplasma transportiert und dort mit Ribosomen in Verbindung gebracht. Dort wird die Information mit Hilfe der tRNA in eine Aminosäuresequenz (*Translation*) übersetzt. Für den menschlichen Embryo wird berichtet, dass die Transkription, also die Steuerung der Proteinsynthese durch die dem Embryo eigene genetische Information, erst nach dem 4-Zellstadium einsetzt[11]. Dieser Sachverhalt war für verschiedene Autoren Anlass, dem Embryo erst von diesem Zeitpunkt an Eigenständigkeit und Individualität zuzusprechen. Auf den ersten Blick scheint diese Überlegung plausibel. Tatsächlich aber beruht sie auf einem Missverständnis. Das genetische Programm läuft nicht autonom ab, sondern in Abhängigkeit vom Zustand des Systems als ganzem, wozu auch die Einbettung in seine Umwelt gehört[12]. So ist es die Zygote, bzw. der Embryo im Blastomerenstadium, welcher die Transkription dann auslöst, wenn auf Grund der fortschreitenden Differenzierung der entsprechende Proteinbedarf entsteht.

Die Rede vom „Zellhaufen" und die Bedeutung der Zona pellucida

In den letzten Jahren ist es bei Politikern, Journalisten und auch bei einigen Wissenschaftlern Mode geworden, den Embryo in der Präimplantationsphase als Zellhaufen zu bezeichnen. Wenn der Embryo nur ein Zellhaufen ist, dann besitzt er keinen Wert und kann ohne weiteres verworfen oder verbraucht werden. Der Ausdruck „Zellhaufen" beansprucht gleichsam eine direkte Evidenz, dass diesem Embryo noch keine Individualität und Würde zukommen kann.

Die Behauptung, der Embryo sei nur ein Zellhaufen, wird oft dadurch suggeriert, dass man die den Embryo konstituierenden Zellen ohne ihre Hülle, die Zona pellucida, zeigt. Man hat also den Garanten der Individualität entfernt und so künstlich einen Zellhaufen erzeugt.

Die *Zona pellucida*, welche die Zygote und die frühen Embryonalstadien schützend umhüllt, hat erst in den letzten Jahren stärkere Beachtung gefunden. Sie wird schon vor der Fertilisation von der Oozyte (sekundäre Oozyte) und den sie umgebenden Follikelzellen gebildet. Sie besteht aus Glykoproteinen und wirkt als Barriere gegen das Eindringen von Spermien in die Oozyte. Nach der Fertilisation verhindert sie das Eindringen weiterer Spermien (Polyspermieblock). Während des Transports durch den Eileiter bewahrt die Zona pellucida die Blastozyste vor der Einnistung in die Eileiterschleimhaut. Wenn der Embryo dann den Uterus erreicht, muss er aus der Zona pellucida „schlüpfen". Erst dann kann er sich an die Uteruswand anheften[13].

Auf Grund der Forschungsergebnisse der letzten Jahre muss man der Zona pellucida (bzw. den extraembryonalen Matrices) wenigstens folgende Funktionen zuschreiben[14]:

- Vermittlung der Spermien-Oozytenbindung und Auslösung der Befruchtungskaskade,
- Garant des Zusammenhalts der nur locker verbundenen Blastomeren und damit der Individualität des Embryos,
- Förderung der Kompaktion,
- bei Mehrlingsschwangerschaften Verhinderung des Fusionierens der Embryonen,
- Schutz des Embryos vor Viren, Bakterien und dem Immunsystem der Mutter und
- Vermittlerrolle in der präimplantativen embryo-maternalen Kommunikation.

Ist der Uterus notwendig für die Ausbildung der Körperachsen?

Die Körperform von Tieren und Menschen ist charakterisiert durch Asymmetrien und Polaritäten einerseits und durch symmetrische Bildungen andererseits. Um Polaritäten, Asymmetrien und Symmetrien des Körpers zu beschreiben, legt der Morphologe virtuelle Achsen in den Körper. In der dorsoventralen Achse werden die Unterschiede zwischen den dorsalen und ventralen Strukturen deutlich. Die kraniokaudale Achse ist für den aufrecht gehenden Menschen wohl am bezeichnendsten, weil sich an ihrem oberen Ende der Kopf befindet.

Nun ist verschiedentlich behauptet worden, in der Zygote und in den nachfolgenden Präimplantationsstadien gebe es noch keine Achsen. Zur Ausbildung der Körperachsen brauche der Embryo Positionssignale, die er erst durch die Implantation in den Uterus erhalte[15]. Deshalb habe der Embryo nicht schon mit der Fertilisation die aktive Potenzialität, sich zum erwachsenen Menschen zu entwickeln. Die Implantation liefere ihm noch zusätzliche Eigenschaften, die für seine weitere Entwicklung wesentlich seien.

Diese Argumentation übergeht nicht nur bekannte Tatsachen zur Entwicklung der Körperachsen, sondern auch die neuen Forschungsergebnisse zu diesem Thema. Festzuhalten ist zunächst, dass schon die Zygote ein strukturiertes System ist und eine wichtige Polarität aufweist, nämlich den *animalen* und den *vegetalen Pol.* Der animale Pol ist definiert durch die exzentrische Lage der Metaphasespindel. Äußerlich wird er sichtbar durch die Lage des zweiten Polkörpers[16]. Animaler und vegetaler Pol werden durch die *animal-vegetale Achse* (AV-Achse) verbunden. Man kann sich nun Meridiane vorstellen, die den animalen und den vegetalen Pol miteinander verbinden. Entlang einem dieser Meridiane erfolgt die erste Furchungsteilung und damit der Übergang zum Zweizellstadium. Dass die erste Furchungsteilung entlang einem solchen Meridian verläuft und nicht z.B. im Äquator der Zygote, ist wahrscheinlich der organisierenden Funktion des meiotischen Mittelkörpers zuzuschreiben[17]. Welcher der möglichen Meridiane für die Furchungsteilung ausgewählt wird, wird nach neueren Befunden wahrscheinlich durch den Ort entschieden, an welchem das Spermium in die Oozyte eindringt (*sperm entry point*, SEP)[18]. Mit der ersten Furchungsteilung wird eine Ebene generiert, welche die beiden ersten entstehenden Blastomeren trennt. In ihr liegt die AV-Achse. Wichtig für uns ist es, dass die AV-Achse der Vorläufer der kraniokaudalen Achse ist.[19]

Im Stadium der Blastozyste hat sich die Zygote in drei verschiedene Strukturen differenziert, den Embryoblasten, den Trophoblasten und die Blastozysthöhle. Der Embryoblast liegt auf der einen Seite, die Blastozysthöhle auf der anderen Seite der Blastozyste. Man bezeichnet diese konträren Pole als embryonalen und abembryonalen Pol. Die Achse, die beide Pole verbindet, ist die *embryonal-*

abembryonale Achse (EmbAb-Achse). Sie steht senkrecht auf der AV-Achse. Später wird sich zeigen, dass sie der *dorsoventralen Achse* (DV-Achse) entspricht.

Gegenwärtig wird sehr viel im Bereich der Achsenbildung des Embryos geforscht. Es ist davon auszugehen, dass die Bildung der Achsen auf Asymmetrien in der Zygote zurückgeht. Es steht fest, dass die Achsen vor der Implantation angelegt sind und es zu ihrer Entwicklung keiner Positionssignale aus dem Uterus bedarf. Auf Grund dieser Befunde sieht sich Kummer, einer der Vertreter der Idee, dass die Menschwerdung erst mit der Einnistung erfolgt, zu einer „empfindlichen Korrektur" seiner Position veranlasst. Er schreibt: „Eine grundlegende Befähigung zur autonomen Bestimmung seiner Körperachsen ist dem Embryo nach all dem sicher nicht mehr abzusprechen"[20]. Die embryologischen Daten sprechen also dafür, dem Embryo von der Befruchtung an die aktive Potenzialität zur vollen menschlichen Entwicklung oder – wie Kummer es ausdrückt – den „ontologischen Status einer vollständigen Organisationsform"[21] zuzuerkennen, und zwar unabhängig von der Einnistung in den Uterus.

Ist der Uterus nötig für die Vervollständigung des Entwicklungsprogramms?

Auch wenn die Achsenbildung autonom im Embryo selbst erfolgt, wäre es jedoch vorstellbar, dass der Uterus anderweitig entscheidend zur Entwicklung des Embryos beiträgt. So bestreitet Nüsslein-Volhard[22], dass das Entwicklungsprogramm des Embryos für die Entstehung seiner Endgestalt schon ausreiche. Dieses Programm müsse aktiviert und gesteuert werden. Dafür sei der Uterus notwendig. Nüsslein-Volhard postuliert Faktoren, „die die Aktivität der Gene während der Entwicklung steuern". Es bleibt aber beim Postulat. Solche Faktoren werden nicht namhaft gemacht. Vielmehr wird eingeräumt: „Beim Säugetier weiß man wenig Genaues von dem, was der mütterliche Organismus zur Entwicklung beiträgt". Dass der Uterus die nötigen Nährstoffe liefert und den Embryo vor Schaden schützt, wird niemand bezweifeln. Doch darin unterscheidet sich der Embryo nicht von uns Erwachsenen. Unser Leben hängt ebenfalls von der Ernährung, vom Sauerstoffgehalt der Luft und von der richtigen Temperatur ab. Es kann sich nur im Schutz einer Behausung vollziehen. Alle diese Faktoren sind für uns Erwachsene wie für den Embryo notwendig zum Überleben, konstituieren aber nicht unsere Individualität. Zudem ist es durchaus möglich, dass es eines Tages gelingen wird, künstliche Entwicklungsbedingungen zu schaffen, die den Uterus ersetzen. So bleibt die Frage an Nüsslein-Volhard, was trotz eingestandenen Unwissens über die Rolle des Uterus zu der weitreichenden Behauptung berechtigt, dass der Embryo vor der Einnistung und ohne den Uterus noch kein Mensch sei.

Nüsslein-Volhard stellt mehrmals die Frage: „Ab wann ist der Mensch ein Mensch?[23]" Schauen wir uns diese Frage einmal genauer an. Es gibt offenbar eine Entität, von der man sagt, sie sei ein Mensch. Und dennoch wird gefragt, wann dieser Mensch zu dem wird, was er schon ist. Schon aus rein logischen Gründen ist ein solche Frage nicht sinnvoll. Man könnte allenfalls fragen, wann diese Entität Mensch bestimmte Eigenschaften erlangt. Man kann fragen, ob sie diese Eigenschaften aus sich selbst entwickelt, die richtigen Rahmenbedingungen vorausgesetzt, oder ob sie von außen in sie eingebracht werden. Nach heutigem Kenntnisstand muss man sagen, dass der Uterus zwar die notwendigen Rahmenbedingungen des Lebens bereithält, aber keine Faktoren liefert, die für das Menschsein des Embryos konstitutiv wären.

Der Status des Embryos

Der biologische Status in natürlicher Umgebung

Da die Debatte um den moralischen Status des Embryos immer wieder auf seinen biologischen Status zurückgreift, sei im Folgenden nochmals zusammenfassend aufgezeigt, wie sich die biologische Entwicklung unter dem Gesichtspunkt der Individualität vollzieht.

Von einem *Individuum im biologischen Sinn* sprechen wir dann, wenn das Lebewesen einen definierten Raum einnimmt und sich von allem anderen deutlich abgrenzt. In diesem Raum steuert es seine Lebensprozesse und organisiert sich zu einer einheitlichen Funktion. Als diese distinkte Einheit steht es im Austausch mit seiner Umwelt und stellt ein dynamisches, sich selbst organisierendes System dar. Das sich selbst organisierende System entwickelt und differenziert sich von seinem Beginn bis zu seinem Lebensende. Trotz des ständigen Austauschs seines Baumaterials bleibt es über die Zeit seines Lebens hinweg mit sich identisch.

Es gibt eine Vielzahl von Faktoren, welche die Einheit des sich selbst organisierenden Systems garantieren. Als erstes ist hier die *Grenzfläche* des Organismus nach außen zu nennen. Von der Zygote an lebt der Embryo in einem Raum, der ihn von allem anderen abgrenzt, aber doch den Austausch von Signalen mit der Umwelt zulässt. Zunächst ist es die Zona pellucida. Doch bald wird diese schützende Hülle zu eng. Der Embryo schafft sich einen neuen Schutzmantel, den Trophoblasten, und entledigt sich der zu eng gewordenen Behausung der Zona pellucida. Die Hülle des Trophoblasten ist von da an für die weitere Entfaltung des Embryos wesentlich geeigneter. Sie kann sich der Größe des Embryos anpassen, ermöglicht den Vorgang der Implantation in den Uterus und wird zu einer

Schnittstelle zwischen Mutter und Kind. Mit der Ausbildung der Körperform entsteht die Körperwand mit der Haut als äußerer Oberfläche, die den Embryo, den Fetus wie auch den nachgeburtlichen Menschen von allem anderen abgrenzt, zugleich aber den Kontakt und den Informationsaustausch mit der Umwelt ermöglicht. Die Haut präsentiert sich nicht nur als Grenze, sondern stellt als Sinnesorgan zugleich die Verbindung zur Umwelt her.

Innerhalb seiner Grenzen regelt das biologische Individuum sein eigenes *inneres Milieu* und versucht, dieses im Gleichgewicht zu halten (*Homöostase*), auch wenn die äußeren Bedingungen sich ändern. Die *genetische* und die *epigenetische Steuerung* des Stoffwechsels und der Differenzierung spielen bei diesen *Regulationsmechanismen* eine entscheidende Rolle.

In der frühen Entwicklungsphase können die Signale, welche die Einheit des Systems garantieren, von Zelle zu Zelle weitergegeben werden. Wird der Embryo größer, genügt der Austausch über regulierende Signale von Zelle zu Zelle nicht mehr. *Zentrale Systeme* werden erforderlich. Zu nennen sind hier insbesondere der *Blutkreislauf*, über welchen Botenstoffe an den ganzen Organismus geschickt werden können, und das *Nervensystem*[24], welches mehr und mehr die Kontrolle über die Funktionen des sich entwickelnden Menschen übernimmt und damit seine funktionelle Einheit gewährleistet.

Für unsere Frage nach der Individualität des Embryos lassen sich aus diesem Entwicklungsgang folgende Erkenntnisse gewinnen. Auch wenn mit der Zeit die interzelluläre Kommunikation für die Steuerung des dynamischen Systems nicht mehr genügt und zentrale Systeme, insbesondere das Nervensystem, entstehen und wesentliche Steuerungsfunktionen übernehmen, so bedeutet das nicht, dass die Individualität damit auf das Nervensystem eingeschränkt wird. Das Nervensystem ist zwar ein notwendiges und äußerst wichtiges Element im System, aber es ist nicht das Ganze des Systems. Das Individuum kann ab einem bestimmten Entwicklungsstand nicht mehr ohne das Nervensystem leben. Dennoch ist das Nervensystem für sich allein funktionslos. Es ist angewiesen auf die ständige Interaktion mit dem übrigen Körper und auf den Austausch mit der Umwelt über den Körper und die Sinnesorgane. Nur im Zusammenspiel von Nervensystem und Körper mit seinen vielfältigen Funktionen lebt das Individuum und stellt ein Selbst dar.

In dem Ablauf der Entwicklung ist nirgends eine Zäsur zu erkennen. Zu keinem Zeitpunkt wird dem sich entwickelnden Organismus etwas von außen hinzugefügt, was seine Entwicklung so wesentlich bestimmen könnte, dass aus einem Nicht-Embryo ein Embryo oder aus einem Nicht-Individuum ein Individuum entstünde. Biologisch gesehen ist deshalb die Fertilisation der einzige Zeitpunkt, mit dem man mit guten Gründen die Entstehung des menschlichen Individuums verknüpfen kann.

Der biologische Status in künstlicher Umgebung

Wie steht es nun mit dem Embryo in künstlicher Umgebung? Die Behauptung, der Embryo in vitro, das heißt ausserhalb des Mutterleibes und in der künstlichen Umgebung des Labors, sei kein Mensch, mag auf den ersten Blick eine gewisse Plausibilität haben. Der Embryo ist unter diesen Bedingungen total auf die Menschen angewiesen, die ihn so exponiert haben und jetzt mit ihm hantieren. Ontologisch ist aber dieses Argument nicht stichhaltig. Von seiner biologischen Struktur her unterscheidet sich dieser Embryo nicht von einem anderen, der im Mutterleib heranwächst. Er unterscheidet sich von dem natürlich aufwachsenden Embryo ebensowenig wie ein Obdachloser von Menschen, die ein Zuhause haben.

Wäre die Behauptung richtig, dass der Embryo in vitro kein Mensch sei, dann wären wir mit paradoxen Phänomenen konfrontiert. Wird nämlich ein in vitro erzeugter Embryo in den Uterus eingebracht, dann würde gemäß dieser Theorie aus einem Nicht-Menschen ein Mensch, obwohl sich an seiner Organisation nichts ändert. Wäre aber der Embryo in vitro kein Mensch (mehr), dann wäre es ethisch inakzeptabel, ihn aus seiner natürlichen Umgebung zu entfernen oder ihn in künstlicher Umgebung herzustellen. Die In-Vitro-Fertilisation wäre strikt abzulehnen. Denn damit würde man den Embryo seiner menschlichen Individualität berauben.

Der moralische Status des Embryos

Vor allem im Zusammenhang mit der Frage, ob die Gewinnung von embryonalen Stammzellen und das damit notwendig verbundene Töten von Embryonen erlaubt sei, haben sich immer mehr Leute zu Wort gemeldet. Für sie genügt es nicht, den ontologischen Status, wie er sich aus der embryologischen Beobachtung ergibt, als Basis für die Zuschreibung von Personalität und damit für den moralischen Status festzuhalten. Das käme einem naturalistischen Fehlschluss gleich, der unmittelbar vom Sein auf das Sollen schließt. Nach diesen Autoren müsse Personalität und damit Würde- und Schutzanspruch des Embryos normativ festgelegt werden. Personalität entstehe nicht durch den biologischen Status, sondern erst durch die Anerkennung von Seiten anderer Personen. Körtner lehnt in diesem Zusammenhang das Potentialitäts-, das Identitäts- und das Kontinuitätsargument ohne zureichende Begründung ab[25].

Es ist jedoch immer wieder festzustellen, dass auch diese Autoren selbst auf biologische Sachverhalte zurückgreifen, wenn sie bestimmen wollen, wann das Menschsein oder Personsein beginnt. So lehnt es z.B. W. Vossenkuhl ab, die befruchtete Eizelle als «künftigen Menschen» oder als «potentielle Person» zu bezeichnen, weil keine Gewissheit bestehe, dass mit der Befruchtung die Entwicklung zum Menschen begonnen habe, denn «höchstens zehn Prozent aller befruchteten Eizellen nisten sich in die Gebärmutter ein.»[26] J. Fischer macht die Zuschreibung des Menschseins davon abhängig, dass keine Mehrlingsbildung mehr erfolgen kann: «Ersichtlich handelt es sich bei Embryonen in diesem frühen Stadium, in dem noch Mehrlingsbildung möglich ist, nicht um existierende Menschen.»[27]

Bei allem Respekt vor den normativen Standpunkten ist jedoch festzustellen, dass unter diesen Standpunkten selbst keine Einigkeit besteht. Sofern die Vertreter dieser Standpunkte sich über biologische Fakten hinwegsetzen, können sie sich nicht dem Vorwurf der Willkür entziehen. Eine Verständigung ist unter diesen Voraussetzungen kaum möglich. Wenn sie sich aber auf biologische Fakten stützen, dann müssen sie sich wirklich darauf einlassen. Dies würde aber schließlich wieder zu dem Resultat führen, dass die Fertilisation als der einzige, rational vertretbare Zeitpunkt anzusehen ist, an dem ein neues menschliches Individuum entsteht.

Anmerkungen

1 Williams, P. L. (ed.) (1995) Gray's Anatomy. The anatomical basis fo medicine and surgery, 38th edition. New York: Churchill Livingstone, S.133; Alberts, B., Bray, D., Lewis, J., Raff, M., Roberts, K. , and Watson, J. D. (1994) Molecular biology of the cell, 3rd edition. New York: Garland Publishing, S.1034: „Fertilization marks the beginning of the process of embryogenesis“; Sadler, T. W. (2003) Medizinische Embryologie, 10. Aufl. Stuttgart: Thieme, S.32: „Mit der Aktivierung beginnt die Embryogenese“.

2 Die beiden Vorkerne lassen sich schon morphologisch unterscheiden. Zudem bringt nur der männliche Vorkern ein Zentriol mit.

3 Üblicherweise wird die Entwicklungsperiode vom Pronucleusstadium (Ootide) bis zum Beginn der ersten mitotischen Teilung der Zygote als Stadium 1 bezeichnet (O'Rahilly, R. , and Müller, F. (2001) Human Embryology & Teratology, 3rd edition. New York: Wiley-Liss, S.31). Diese Definition ist konform mit unserem Vorschlag, die ganze Entwicklungsphase vom Pronucleusstadium bis zur ersten Teilung als Zygote anzusehen. Das Wort Zygote kommt vom griechischen „zygotos“, „durch ein Joch verbunden“. Es bedeutet, dass jetzt in eindeutiger Weise männliche und weibliche Gameten miteinander verbunden sind. Dieser Sachverhalt trifft auch auf das Pronucleusstadium zu. Siehe auch Wilmut, I., Campbell, K. , and Tudge, C. (2000) The second creation: The age of biological control by the scientists who cloned Dolly. London, S.101: „In practice, after fertilization the female and male pronucleus – both haploid – sit decorously side by side in the cytoplasm of what is now the zygote, and replicate their chromosomes“.

4 Beispiel: Die Keimscheibe der Maus ist in ihrer Form und Struktur sehr verschieden von der Keimscheibe des Menschen. Siehe Denker, H.-W. (2003) Embryonale Stammzellen als entwicklungsbiologisches Modell: Frühembryonale Musterbildung und Totipotenz. In: G. Rager und A. Holderegger (Hg.): Die Frühphase der Entwicklung des Menschen. S. 23-71. Freiburg: Universitätsverlag, S.30, Abb.1.

5 His, W. (1874) Unsere Körperform und das physiologische Problem ihrer Entstehung. Leipzig: F.C.W. Vogel, S. 2.

6 Die aktive Potentialität wird auch als reale Potentialität bezeichnet. Zur weiteren Analyse des Begriffs Potentialität siehe Honnefelder, L. (1996) Person und Menschenwürde. In: L. Honnefelder und G. Krieger (Hg.): Philosophische Propädeutik. Band 2: Ethik. Paderborn: Schöningh, S.250-251.

7 Beier, H.M. (1990) Entwicklungsbiologie des frühen Keimes und der Implantation. In: K.V. Hinrichsen (Hg.) Humanembryologie. Berlin: Springer, S.98-106. Beier, H.M. (2004) Die molekulare Biologie der Befruchtungskaskade und der beginnenden Embryonalentwicklung. Annals of Anatomy *174*:491-508.

8 Beier, H.M. (1990), S. 102.

9 Beier, H.M. (1990), S.106.

10 Zum Begriff „Individuum im biologischen Sinne“ siehe Rager, G. (Hg.) (1998) Beginn, Personalität und Würde des Menschen. Freiburg: Alber, S.88-94. Rager, G. (2005) Der Begriff ‚Individuum' in der Debatte um den Status des Embryos. In: J.-P. Wils und M. Zahner (Hg.) Theologische Ethik zwischen Tradition und Modernitätsanspruch. Freiburg: Academic Press, S.145-154.

11 Braude, P., Bolton, V., and Moore, S. (1988) Human gene expression first occurs between the four- and eight-cell stages of preimplantation development. Nature *331*:459-461. Genauere Darstellung in Rager (Hg.) 1998, S.70.

12 Siehe Fox Keller, E. (2000) The century of the gene. Cambridge: Harvard University Press, passim und besonders S.71-71, 100-101.

13 O'Rahilly & Müller (2001), S.27. Gilbert, S.F. (2003) Developmental Biology. Sunderland: Sinauer, 7th edition, S.368.

14 Für eine detailliertere Beschreibung siehe Herrler, A. (2003) Extraembryonale Matrices als Garant der Individualität des präimplantativen Embryos. In: G. Rager und A. Holderegger (Hg.): Die Frühphase der Entwicklung des Menschen. Freiburg: Universitätsverlag, S.95-127.

15 Kummer, C. (1999) Biomedizinkonvention und Embryonenforschung. Wieviel Schutz des menschlichen Lebensbeginns ist biologisch „angemessen“? In: A. Eser (Hg.): Biomedizin und Menschenrechte. Die Menschenrechtskonvention des Europarats zur Biomedizin – Dokumentation und Kommentare. S. 59-78. Frankfurt am Main: Josef Knecht.

16 Gardner, R. L. (1997) The early blastocyst is bilaterally symmetrical and its axis of symmetry is aligned with the animal-vegetal axis of the zygote in the mouse. Development *124*:289-301. Diese Zytoplasmabrücke entspricht dem meiotischen Mittelkörper, meiotic midbody. Siehe auch Plusa, B., Grabarek, J. B., Piotrowska, K., Glover, D. M., and Zernicka-Goetz, M. (2002) Site of the previous meiotic division defines cleavage orientation in the mouse embryo. Nature Cell Biology *4*:811-815. In Zweidrittel der Fälle bleibt der zweite Polkörper über eine dünne Zytoplasmabrücke mit der Zygote und später mit der Blastozyste verbunden.

17 Plusa et al. (2002); Viebahn, C. (2003) Polarisierung und Achsenbildung während der embryonalen Frühentwicklung. In: G. Rager und A. Holderegger (Hg.): Die Frühphase der Entwicklung des Menschen. Freiburg: Universitätsverlag, S.81.

18 Piotrowska, K. and Zernicka-Goetz, M. (2001) Role of sperm in spatial patterning of the early mouse embryo. Nature *409*:517-521.

19 Die *kraniokaudale Achse* scheint ihren Vorläufer in der AV-Achse zu haben (Viebahn (2003), S.77; Gardner, R. L., Meredith, M. R., and Altmann, D. G. (1992) Is the anterior-posterior axis of the fetus specified before implantation in the mouse? Journal of Experimental Zoology *264*:437-443). Mit der Längsachse ist aber noch nicht die Polarität bestimmt, d.h. es liegt noch nicht fest, an welchem Ende der Achse der Kopf entstehen wird. Nun wurde festgestellt, dass deutlich vor der Entstehung des Primitivstreifens und des Primitivknotens besondere Strukturen auftreten, welche anzeigen, dass auch die Polarität der kraniokaudalen Achse bereits festgelegt ist. Von Viebahn, C., Mayer, B., and Hrabé de Angelis, M. (1995) Signs of the principal body axes prior to primitive streak formation in the rabbit embryo. Anatomy and Embryology *192*:159-169 wurde in der künftigen Kopfregion des Kaninchenembryos der vordere Randbogen (anterior marginal crescent) beschrieben, von Thomas, P. Q. and Beddington, R. S. P. (1999) Anterior primitive endoderm may be responsible for patterning the anterior neural plate in the mouse embryo. Current Biology *6*:1487-1496 bei der Maus das vordere viszerale Entoderm (anterior visceral endoderm). Beim Hühneembryo wurde am kaudalen Ende die posteriore marginale Zone (posterior marginal zone) festgestellt. Luckett hat bereits 1978 beim menschlichen Embryo und beim Rhesusaffen eine kaudale Proliferationszone im Epiblasten beschrieben, aus welcher das extraembryonale Mesoderm hervorgeht (Luckett, W. P. (1978) Origin and differentiation of the yolk sac and extraembryonic mesoderm in presomite human and rhesus monkey embryos. American Journal of Anatomy *152*:59-97).

20 Kummer, C. (2000) Stammzellkulturen – ein brisantes Entwicklungspotential. Stimmen der Zeit *218*:547-554, S. 551.

21 Kummer (2000), S. 551.

22 Nüsslein-Volhard, C. (2001) Wann ist ein Tier ein Tier, ein Mensch kein Mensch? Frankfurter Allgemeine Zeitung 55, S.55.

23 Nüsslein-Volhard, C. (2004) Das Werden des Lebens. Wie Gene die Entwicklung steuern. München: C.H. Beck. S.176, 189.

24 Am Embryonaltag 28 (Stadium 10) ist bereits das Neuralrohr entstanden. Aus dem Neuralrohr (und der seitlich von ihm gelegenen Neuralleiste) entsteht das ganze Nervensystem.

25 Körtner, U.H.J. (2005) „Lasset uns Menschen machen." Christliche Anthropologie im biotechnologischen Zeitalter. München: C.H. Beck. S.111-115.

26 Vossenkuhl, W. (2001) Der ethische Status von Embryonen, NZZ vom 17. September 2001, S. 27.

27 Fischer, J. (2001) Pflicht des Lebensschutzes nur für Menschen, NZZ vom 12. September 2001, S. 16.

Diskussion

Pichler: Ich denke, gerade wir Juristen, Isensee und Luf werden mir beipflichten, brauchen genau diese Art der Darstellung eigentlich immer wieder. Wir sind trainiert in Pragmatismen unterzugehen, so nach dem Motto, so wir müssen jetzt irgendwie Regelungen schaffen, entlang der social demands, die die Gesellschaft an uns heranträgt. Sie, Herr Rager holen einen dann ganz kräftig in die Nachdenklichkeit ab. Man überlegt dann wieder auf höherer Ebene denn der § 16 des ABGB – und der ist so ein Leitmodell – sagt, jeder Mensch hat natürlich angeborene Rechte. Damit sind dann eigentlich Ihre Kriterien alle erfüllt. Es ist für uns dann nicht mehr zu definieren, wann das ist, Woche oder Zeitraum, Entwicklungsstadium, sondern die Frage ist dann nur mehr die, ist das womit die Medizin uns konfrontiert, ein „Mensch". Aber diese Antwort müssen sie aus den Naturwissenschaften uns geben, klar und unzweifelhaft – und laut

Wolbert: Erstens zu dem, wann ein Mensch Mensch ist. Ich habe selber schon vor ungefähr 20 Jahren einen Aufsatz zu diesem Thema geschrieben. Dieser Titel macht natürlich nur Sinn, wenn man das Wort „Mensch" homonym gebraucht. Das ist natürlich der Witz der Sache. Die Frage, die damit gemeint ist, ist natürlich „Ist jeder Mensch Person?". Manchmal wird ja selbst die Frage verdächtigt. Wenn ich behaupte, jeder Mensch ist Person, ist das als eine synthetische Aussage zu verstehen; dann setze ich voraus, dass wenigstens die Bedeutung dieser beiden Wörter nicht identisch ist (unabhängig von der Frage, ob faktisch jeder Mensch Person ist).

Die zweite Frage: Ich bin etwas hin- und hergerissen. Einerseits leuchtet mir auch das irgendwie ein und ich habe auch selber lange so gedacht, andererseits ist für mich die Frage der Mehrlingsbildung ein entscheidendes Problem, jetzt noch unabhängig davon, welche normativen Konsequenzen man daraus zieht. Zum Beispiel Norman Ford, der australische katholische Theologe, hat in seinem Buch deutlich gesagt, solange Mehrlingsbildung noch möglich ist, kann das keine Person sein, zieht aber durchaus die Konsequenz, auch der Embryo muss als Mensch behandelt werden. Ob das jetzt konsequent ist oder nicht ist eine andere Frage.

Das vielleicht noch schwierigere Problem, und das würde mich interessieren, ob es dazu neue Erkenntnisse gibt, ist die Mosaikenbildung. Das ist vielleicht noch schwieriger zu bewältigen, wenn also aus zwei eins wird.

Wenn man sagt „Person von Anfang an", dann gibt es ja zwei Modelle, diese Möglichkeit zu erklären. Das eine Modell, das habe ich schon vor mehr als 20 Jahren bei E. Blechschmidt gelesen, das ist die zweite Generation: durch die Teilung entsteht eine neue Generation. Das birgt natürlich die Schwierigkeit, dass da vorher die erste Generation, ein menschliches Wesen wäre, das dann vielleicht

9 Tage gelebt hat und plötzlich aufgehört hat zu existieren ohne zu sterben; denn da ist ja kein Tod eingetreten. Ich habe den Eindruck, dass dieses Modell kaum mehr vertreten wird.

Das andere Modell besagt, dass der eine, der älter ist, der Vater des jüngeren ist. Ford nennt den einen John und den anderen Tom; John wäre etwa der Elter von Tom. Aber man kann nicht feststellen, wer ist John und wer ist Tom. Außerdem vertritt niemand mehr den Traduzianismus, also Seelenteilung, wie das Augustinus zeitweise vertreten hat. Die Frage ist, ob man nicht, wenn man sagt, von Anfang an, diesen Traduzianismus wieder einführt, was aber niemand will, selbst unter Theologen nicht.

Weingartner: Ich habe eine Frage zur Kontinuität. Sie haben, glaube ich, die Kontinuität schon so aufgefasst, wie das eben auch in der Physik üblich ist. Wenn da ein kontinuierliche Folge von Zuständen ist, dann kann man von dem vorherigen Zustand Z_1 zu einer Zeit t_1 auf einen späteren Zustand Z_2 zur Zeit t_2 mit einem dynamisch-deterministischen Gesetz eindeutig schließen. Nun, ich könnte mir schon vorstellen, dass so etwas vorliegt im Bezug auf die genetische Determinierung von diesem Stadium ab wo Sie es charakterisiert haben. Was es sonst noch daneben an Möglichkeiten gibt, die nur statistisch möglich sind, das weiß ich nicht. Andererseits könnte aber *vor* diesem Stadium die Entwicklung sicher nicht kontinuierlich sein, denn Sie haben selber gesagt, vor diesem Stadium gibt es ja mehrere Möglichkeiten. *Vor* diesem Stadium gibt es noch mehrere Freiheitsgrade im Bezug auf die Determinierung der genetischen Struktur. Wenn ab diesem Zeitpunkt eine kontinuierliche Entwicklung in diesem strengen Sinne stattfindet, ich meine im Bezug auf die Genetik, dann kann die Auswirkung davon auf die Entwicklung des Verhaltens und der höheren geistigen Funktionen und diese selbst nicht im gleichen Sinne kontinuierlich sein. Wir meinen ja nicht, dass es keine Freiheit des Menschen gibt, oder dass die ganze Entwicklung des Menschen kontinuierlich in diesem strengen Sinn ist, das würden Sie sicher auch gar nicht glauben oder voraussetzen. Also ab diesem Zeitpunkt wo Sie gesagt haben, da beginnt das Individuum, hätten wir eine genetische Determinierung, aber davor wäre das nicht ein kontinuierlicher Prozess in diesem Sinne.

Rager: Ich habe mir sehr Mühe gegeben, den Begriff „Person" in diesem Kontext nicht zu gebrauchen. Es geht zunächst um den biologischen Sachverhalt. Ich habe gefragt nach der biologischen Voraussetzung, damit ich zu einem bestimmten Individuum, zu einem bestimmten „Sein" überhaupt „Person" sagen kann. Dafür verwende ich den Begriff der Individualität im biologischen Sinn. Beim Individuum im biologischen Sinn gibt es jetzt das Problem der Zwillingsbildung. Die Zwillingsbildung ist ein theoretisch ungelöstes Problem. Praktisch ist es natürlich schon gelöst. Bei jeder Zellteilung beobachten wir, dass aus einer biologischen Einheit zwei biologische Einheiten entstehen. Dieses biologische Phänomen haben wir begrifflich aus meiner Sicht noch nicht nachvollziehen können. Mit Sicherheit können wir aber sagen, dass vor dem Auftreten der Zwillinge die Zygote und die nachfolgenden embryonalen Entwicklungsstadien ein Individuum darstellen. Nach der Zwillingsbildung ist wiederum jeder der beiden Zwillinge ein Individuum.

Thaler: Die Mosaikbildung ist so definiert, dass im Stadium der Teilung unterschiedliche Blastomeren mit unterschiedlichem genetischem Potential ausgestattet werden. Das heißt also, dass letztendlich zu einem späteren Zeitpunkt einzelne Zellen womöglich eine Trisomie enthalten und andere diese Trisomie nicht enthalten.

Wolbert: Es gibt eine Definition.: Aus zwei Zygoten wird eine. Man vermutet, dass das zum Beispiel passiert, wenn jemand verschiedene Augenfarben hat.

Knoepffler: Also nicht eineiige Zwillinge, sondern zweieiige Zwillinge, die in diesem frühen Stadium zu einem verschmelzen, fusionieren?

Thaler: Die typische Mosaikbildung setzt eindeutig nach der Syngamie ein – d.h. der Vereinigung von maternalem und paternalem Genom. Oft sogar erst zu einem späteren Stadium der embryonalen Differenzierung und durchaus schon nach einem Verlust der Totipotenz. Dann sind die genetischen Besonderheiten dieser Menschen nur in spezifischen Geweben oder Zellen nachweisbar – wie etwa den blutbildenden Zellen oder den Keimzellen.

Knoepffler: Hermaphroditen, wo kommen die dann her? Weil das ist ja dann nicht mehr nachvollziehbar, oder?

Thaler: Doch, doch. Also das ist an sich eine völlig andere Situation bei der Differenzierung des Geschlechts, wo dann mit einem eindeutigen Kerngeschlecht, zum Beispiel 46XY, also eigentlich einem männlichen Genom, bestimmte weibliche Differenzierungen auftreten. Umgekehrt kann ein Fet mit dem Kerngeschlecht 46XX z. B. durch hormonelle Einflüsse während der Schwangerschaft, teilweise männlich differenzieren – etwa beim adrenogenitalen Syndrom. In keinem dieser Fälle liegt also ein genetisches Mosaik vor.

Rager: Zur Frage von Herrn Weingartner und zum Thema Kontinuität. Es handelt sich einfach um die Idee, dass man prinzipiell, wenn auch noch nicht in jedem Detail, spätere Entwicklungsstadien von früheren ableiten kann. So verhält es sich auch mit dem Ausstoßen des zweiten Polkörpers. Es stellt nicht etwa Zäsur dar. Vielmehr gibt es bereits Theorien, wonach bestimmte Faktoren, wie z. B. der major histocompatibility complex (MHC), dafür zuständig sein könnten, dass ein bestimmter Gensatz ausgewählt und dann als Polkörper ausgestoßen wird. Die Prozesse werden noch genauer erforscht.

Thaler: Ich denke, es wurde noch einmal klar, was für eine enorme Verantwortung uns speziell in dieser besonderen Situation der extrakorporalen Fertilisation und der Embryogenese im Inkubator zukommt. Also ich glaube es ist klar, dass wir in vitro den Embryo teilweise besser schützen, als es in vivo oftmals der Fall ist. Ich erinnere hier an die gesellschaftlich durchaus akzeptierten Verfahren der Interzeption, Stichwort Spirale zur Verhütung. Diese Verfahren verhindern ja, nachdem die Fertilisation und die frühe Embryogenese keineswegs immer vermieden wird, die Implantation. Ebenso die „Pille danach", also auch ein interzeptives Verfahren, das auch die Implantation eines Embryos verhindern kann – was in vitro ja – im Rahmen der assistierten Reproduktion ja undenkbar wäre: einfach einen Embryo weg zu schmeißen oder nicht zurück zu geben, das wäre ja undenkbar. Also insofern glaube ich, dass der Embryo in vitro, zumindest im Rahmen geregelter Systeme, wie das in den meisten Ländern Europas der Fall ist, besser geschützt ist als teilweise in vivo.

Pichler: Das muss natürlich von anderer Seite anders aufgezäunt werden. Wenn – so geht es uns ja die ganze Zeit – wir die Debatte vor drei Jahren losgetreten haben, dann waren wir ja auch schon damals mit dem Argument konfrontiert „Warum macht ihr so ein Gesums um dieses Etwas und was es denn eigentlich ist, wenn ja normativ erst der Schutz ohnehin nach der 12. Schwangerschaftswoche perfekt wird? Warum dann debattiert ihr jetzt um die ersten 12 Stunden? Müßig." Das ist im Prinzip das a maiori ad minus-Argument. Das Problem ist, dass man die Frist für die Straffreistellung – um Gutheißung ging es ja nie, das sollte man dem Gesetzgeber schon zubilligen – des Schwangerschaftsabbruchs gewährt hat, weil man von einem Rechtsschutzgüterkonflikt ausging, in dem man der werdenden Mutter das Recht zugesprochen hat, sich in einer Art notstandsähnlichen Situation wähnen zu dürfen und ihr daher eine Entscheidung zugebilligt, freilich eine über „Leben", nicht weniger als das. Ganz anders verhält es sich aber mit den Lagen, die wir jetzt debattieren. Da „passiert" nicht werdendes Leben, womit die Mutter dann nicht fertig wird, sondern da wird sehenden Auges und planmäßig „Leben" erzeugt, von Notstand weit und breit keine Rede.

Rager: Das ist genauso, wie ich es gemeint habe, wie Sie es jetzt dargestellt haben. Ich habe im letzten Herbst 2004 an einer Podiumsdiskussion teilgenommen, wo es um die Stammzellforschung in der Schweiz ging. Dort hat der Basler Hämatologe folgendes gesagt: „Der Embryo in vitro ist kein Mensch. Und an diese Idee müssen wir uns gewöhnen. Und weil er kein Mensch ist, dürfen wir ohne weiteres den Embryo töten und die Stammzellen töten."

Thaler: Ich hatte an sich da einen völlig anderen Aspekt noch. Den anderen haben Sie mir noch in den Mund gelegt. Aber Sie hatten einen ganz wichtigen Aspekt hier sehr ... noch mal ausgeführt, nämlich die aktive Potentialität zur vollständigen menschlichen Entwicklung, ohne dass sozusagen da konstruktiv noch etwas dazukommen muss. Es gibt ja nun, und das habe ich gestern ein wenig zu zeigen versucht, einige Situationen morphologisch, wo mit hoher Wahrscheinlichkeit davon ausgegangen wird, dass hier eben keine vollständige menschliche Entwicklung nachfolgen wird und es gibt ganz klare Situationen, wo man sicher ist, dass es hier keine weitere Entwicklung gibt. Ich sage jetzt mal, die Situation, wo Sie bei der Vorkerndiagnostik drei Vorkerne sehen. Wo Sie also sehen, es ist hier eine Triploidie gegeben. Diese fertilisierte Eizelle wird sich nicht weiter entwickeln. Es wird maximal eine sehr frühe Fehlgeburt, wahrscheinlich aber gar keine Schwangerschaft resultieren. Das scheint mir jetzt interessant hinsichtlich unserer Wertung, denn diese Situation wird in manchen Ländern so gewertet, dass an diesen Embryonen eine Forschung erlaubt ist. Da würde ich jetzt gerne nochmals Ihre Wertung dazu hören, denn unter dem Aspekt, dass die aktive Potentialität zur vollständigen menschlichen Entwicklung hier ja nun sicher nicht gegeben ist, würde man ja fast glauben, dass Sie dem auch zustimmen, dass man da eine andere Form, eine andere Klasse von Embryonen benötigt.

Rager: Diese Frage müsste man sorgfältig und detailliert untersuchen. Im Moment wage ich es nicht, eine grundsätzliche Antwort darauf zu geben.

Knoepffler: Also ich habe 2 Fragen. Die eine ist eine reine Verständnisfrage: Teratome entwickeln sich sozusagen, wenn bestimmte Prozesse nicht so laufen ... Kann man das so formulieren oder muss man das anders formulieren?

Rager: Teratome sind eigentlich frühembryonale Formen von Krebs oder Tumoren. Tumoren, die keine Organisation mehr haben, und wenn sie keine Organisation haben, dann sind sie auch kein Embryo.

Knoepffler: Aber das Genom ist da. Was Sie individualspezifisches Genom genannt haben ist da, aber irgendwie funktioniert der Prozess nicht.

Rager: Es können viele Arten von Fehlern vorliegen: Defekt im Genom, Defekt beim Ablesen des Genoms etc.

Knoepffler: Das Zweite bezieht sich auf die Frage der Kontinuität: Sie haben selber gesagt, das mit dem Hohlkörper hat in gewisser Weise natürlich einen Prozess der einfach läuft. Und das Interessante ist ja auch, dass genau die Position, die Sie vertreten, z.B. vom deutschen Recht nicht übernommen wurde im Embryonenschutzgesetz, sondern dass eben auch die offiziellen Positionen die Vorgangsstadien da gar nicht hineinnehmen.

Was ich jetzt einfach nur im Rückschluss philosophisch anfrage, lautet dann: Wenn schon auch ganz klar eine Unklarheit besteht, die einen sagen – ja, aber es muss die ganze … komplett sein … – dann ist es doch verständlich sozusagen, dass in diesem Bereich überall unterschiedliche Positionen sind. Mit welcher Begründung sozusagen können Sie dann Ihre Position als rationaler ausweisen? Denn genau Ihrer Position widersprechen ja auch wieder andere – und wenn es nur um 12 Stunden geht, aber es sind 12 Stunden. Nicht, dass ich sage, das ist falsch. Ich verstehe nur nicht, wenn Sie sagen, das ist sozusagen die einzige rationale Position, wenn doch eine solche Fülle von Möglichkeiten gerade da besteht.

Rager: Also ich glaube da ist ein fundamentaler Unterschied zur Argumentationsweise. Wenn man sagt, das ist noch kein Mensch, weil nur 10 % überleben, dann ist das doch eine ganz andere Art von Argument als wenn ich sage, von diesem Moment an ist das Genom eindeutig vorhanden. Das eine ist biologisch orientiert und das andere wertorientiert.

Knoepffler: Wenn man ihn so deutet. Man könnte den Vossenkuhl auch so deuten, dass er sagen würde – das, was man hier von Kontinuität redet, zeigt eben gerade nicht diese so unterstellte aktive Potentialität, wenn nur so wenig durchkommen, wenn bei so entscheidenden Phasen noch so viel schief gehen kann. Vielleicht ist das tatsächlich eine Art Vorform, die Zahl ist dann sozusagen nur, um es beispielhaft zu machen.

Rager: Aber biologisch gesehen ist das überhaupt kein Argument.

Knoepffler: Das ist völlig richtig. Also bis zum Jahre 1900 ist die Hälfte der Kinder bis zum 2. Lebensjahr gestorben. Da würde man auch sagen – Neugeborene, da stirbt ja eh jedes zweite. Also so ist das Argument nichts wert.

Aber wenn man es anders bildet, wenn man sagt, könnte nicht der hohe Verlust in der Anfangsphase ein Hinweis darauf sein, dass tatsächlich noch andere konstitutive Prozesse am Werk sind? Nur sozusagen den einen Prozess hier, den des entwicklungsfähigen Genoms, kann man deutlich ergreifen. Den anderen kann man im Endeffekt vielleicht erst später mal besser verstehen, wenn man versteht, wieso gibt es diese hohe Ausfallsrate.

Pichler: Das ist völlig klar. Nur wenn wir dieses Argument sehen, dann müssten wir die Frage stellen, ab welchem Prozentsatz Überlebenschance setzen wir normativ an. Man kommt mit dem Argument in Teufels Küche.

Walser: Ich habe eine Frage und ich versuche mich kurz zu fassen. Das geht jetzt zurück zu dieser Folie über den biologischen Status in natürlicher und künstlicher Umgebung. Sie haben vorher dieses Symposium erwähnt, wo über die totale Objektivierung des Embryos im Reagenzglas die Rede war. Genau um das zu verhindern gab es jetzt nicht nur von feministischer Seite, sondern glaube ich auch von der personalistischen Philosophie aus den Versuch, der Beziehung zwischen Mutter und Embryo den ontologischen Status zuzusprechen. Also es gibt eine ... Rot Kreuz zum Beispiel, aber auch von feministischer Seite aus. Jetzt, wo ich Ihren Ausführungen zugehört habe, gehe ich richtig in der Annahme, dass das von Ihnen aus eigentlich nicht möglich ist, der Beziehung zwischen Mutter und Embryo einen ontologischen Status zuzusprechen.

Rager: Ich habe betont, dass der embryo-maternale Dialog wichtig ist. Wenn Sie jetzt den Dialog auf das psychologisch Ausdrückbare reduzieren, dann entspricht das ja auch nicht unserer Ganzheit als Menschen.

Walser: Ja, aber Sie haben ja auch erwähnt, es sind die Rahmenbedingungen, die da geboten werden, aber es ist nicht konstitutiv für den Embryo. Der Embryo ist in sich selbst ein geschlossenes System, das quasi unan...

Rager: Das ist etwas anderes. Wenn ich auf diese Rahmenbedingungen eingehe, dann muss ich sagen, unterscheidet sich der Embryo nicht von uns Erwachsenen. Für uns ist das ja auch konstitutiv, dass wir in einer Gemeinschaft sind, dass jemand zu mir „du" sagt, dass ich angenommen bin. Und so braucht auch der Embryo das Angenommensein. Aber das ist biologisch gesehen für ihn nicht konstitutiv.

Walser: Biologisch nicht konstitutiv.

Luf: Nur eine ganz kurze Frage, die mir ein wenig Schwierigkeiten bereitet. Ich habe ein Problem mit dem Begriff des Individuums. Welcher Zusammenhang besteht nach Ihrer Meinung zwischen dem Begriff des biologisch gesehenen Individuums und dem, was wir jetzt zur moralischen Konnotation unter Individuum sehen? Ist der biologische Begriff des Individuums ein analoger? Ist er sozusagen im Wesentlichen schon von der Frageperspektive des moralischen Begriffes mitbestimmt oder ist er völlig davon abgehoben? Es ginge ja nämlich dann auch um das Problem, welchen Stellenwert sozusagen naturale Bedingungen haben für das was dann „Menschsein" in einem umfassenden Sinne anspricht.

Rager: Es freut mich, dass Sie diese Frage stellen. In einem kürzlich erschienenen Artikel habe ich untersucht, in welchem Zusammenhang dieser biologische Begriff mit dem Begriff der Person steht. Und ich komme zu dem Ergebnis, dass – wenn ich alle Bedingungen, die zum Personenbegriff gehören, anschaue, und von daher fordere, was eine Entität, ein Seiendes aufweisen muss, damit es diese Bedingungen erfüllt, dann sind sie beim Embryo gegeben, inklusive des ens rationale. Und zwar ens rationale insofern, als er eben die Potentialität hat, sein Nervensystem zu entwickeln, darum ist er potentiell eben auch ein rationales Wesen.

Teil II

Rohstoff Mensch – Rechtliche Aspekte

Lebensrecht und Menschwürde vor der Geburt? – Zum grundrechtlichen Status des Embryos

Josef Isensee

I. Recht als das ethische Minimum und das ethische Maximum

Die neuartigen Möglichkeiten der Biotechnik werfen neuartige ethische Fragen auf. Diese führen weiter auf das Recht zu: zum einen in der Erwartung, daß es Folgerungen aus den Erkenntnissen und den Postulaten der Ethik ziehe, zum anderen in der Erwartung, daß es seinerseits Maßstäbe bereitstelle, die auch für die Ethik bedeutsam sind.

Der Zusammenhang von Recht und Ethik erschließt sich gerade angesichts der gemeinsamen Herausforderung durch die Biotechnik. Das Recht erweist sich seinem Inhalt nach als ethisches Minimum, doch seiner Sanktion durch den staatlichen Zwangsapparat nach als das ethische Maximum. Ethos, das den Aggregatzustand des Rechts annimmt, erlangt allgemein verbindliche Geltung innerhalb der staatlichen Gemeinschaft und hebt sich ab von partikularem Ethos. Kompetenz und Verfahren der Gesetzgebung vermitteln demokratische Legitimation. In ihrem Geltungsmodus als Rechtssätze haben sich ethische Postulate vom ethischen (wie auch vom politischen) Diskurs emanzipiert. Sie erlangen eigenständigen Geltungsanspruch und eindeutige Textgestalt. An die Stelle der ethischen Ungewißheit rückt Rechtssicherheit.

Doch sobald der ethische Diskurs endet, setzt der juridische Diskurs ein, Folge und Ursache zugleich der Ungewißheit, die allem Recht anhaftet. Naive Hoffnungen halten sich an das Recht als den Felsen, der dem Strom der Zeit trotzt. Doch die Vorstellung trügt. Die Verfassung legt sich nichts selbst aus. Sie bedarf der Interpretation. Die Interpreten sind ihrerseits den Einflüssen des Zeitgeistes und der konkurrierenden Interessen ausgesetzt, so daß die Interpretation beweglich wird, auch wenn der Text unverrückbar bleibt. Treffender als die Metapher von Fels und Fluß ist die zweier Flüsse mit jeweils eigener Fließgeschwindigkeit. Diese verfassungstheoretische Einsicht darf jedoch kein Grund sein, die Hoffnung auf das Recht von vornherein aufzugeben. Im Gegenteil: sie ist Grund, die Rechtsnormen zu befragen und sie sorgfältig, methodengerecht und so sachlich wie möglich auszulegen.

II. Sedes materiae: Verfassungsgarantien von Lebensrecht und Menschenwürde

Als die wesentlichen Rechtsgrundlagen kommen in Betracht das Recht auf Leben und die Würde des Menschen. Im Grundgesetz für die Bundesrepublik Deutschland genießen beide Verfassungsrang.

„Jeder hat das Recht auf Leben" (Art. 2 Abs. 2 S. 1 GG). „Die Würde des Menschen ist unantastbar. Sie zu achten und zu schützen ist Verpflichtung aller staatlichen Gewalt" (Art. 1 Abs. 1 GG).

Die beiden Normen sind nicht genuine Bestandteile der österreichischen Verfassungsgesetze. Doch haben sie auf dem Umweg über das Europarecht Eingang in das österreichische Verfassungsrecht gefunden, das Recht auf Leben über die Konvention zum Schutze der Menschenrechte und Grundfreiheiten (Art. 2), die Menschenwürde über die Charta der Grundrechte der Europäischen Union (Art. 1). Geschrieben oder ungeschrieben, handelt es sich um Grundsätze aller zivilisierten Nationen. Die positivrechtlichen Normen des deutschen Rechts dürfen als exemplarisch und als repräsentativ betrachtet werden.

Die Maßstäbe der Verfassung sind hochabstrakt, wie es ihrem fundamentalen Inhalt entspricht. Doch sind auch die Probleme, die sich mit der Gentechnik erheben, fundamentaler Natur. Sie führen an die Grenzen der biologischen Essenz des Menschen, können diese verschieben, das menschliche Lebewesen also neu definieren. Die Grenzen des Lebens sind genuine Rechtsfragen. Sie beziehen sich auf die biologische Identität des Subjekts der Menschenrechte und erfassen diese radikal: von ihren Wurzeln her. In ihrer menschenrechtlichen Bedeutung greifen sie tiefer als die konventionellen Grundrechtsprobleme mit ihren Schrankenbestimmungen und Güterabwägungen.

Die Praxis hat es eigentlich nicht nötig, unmittelbar auf die Verfassung zurückzugreifen und sich der juristischen Schwierigkeit zu unterziehen, die höchste und abstrakteste Norm der staatlichen Rechtsordnung anzuwenden. Denn die Materie ist bereits nahezu umfassend und relativ dicht geregelt durch das Embryonenschutzgesetz aus dem Jahre 1990.[1] Dieses Gesetz steht nicht beziehungslos neben der Verfassung, vielmehr konkretisiert und vermittelt es die Vorgaben, an die es seinerseits gebunden ist.[2] Es reichert die abstrakten Regelungen mit Inhalt an, füllt die Lücken, gleicht die Widersprüche aus und entwickelt so ein praktikables Programm für die Akteure, die es angeht. Das Embryonenschutzgesetz droht Strafe an für die (tatbestandlich näher umschriebene) mißbräuchliche Anwendung von Fortpflanzungstechniken und die mißbräuchliche Verwendung von Embryonen, für die Selektion nach dem Geschlecht bei der extrakorporalen Befruchtung, für Eigenmacht bei der Befruchtung und der Embryonenübertragung, die künstliche Befruchtung mit dem Samen eines Verstorbenen, die künstliche Veränderung menschlicher Keimzellen, das Klonen sowie die Bildung von Chimären und Hybriden. Das ethische Minimum, das die Strafnormen verbindlich festschreiben, ist hoch angesetzt. Das Recht ist hier erheblich strenger als in der Frage der Abtreibung. Die Erklärung liegt nahe, daß die Rigidität des Lebensschutzes auf der einen Seite die Permissivität auf der anderen kompensieren sollte und sich ein Rückstand von schlechtem Gewissen abreagierte. Der Rigorismus in Sachen der Gentechnik kam dem politischen Bedürfnis nach einer Moral entgegen, die den einzelnen nichts kostete, sondern nur Wissenschaft und Wirtschaft belastete. So die Sicht bei Erlaß des Gesetzes im Jahre 1990, als die meisten Verbote noch gar nicht praktisch griffen, es sich weithin um Recht auf Vorrat handelte, und die Verheißungen der Humangenetik noch nicht lockten.

Die Situation hat sich von Grund auf verändert. Nun, da die rechtlichen Verbote die Lebenswelt beeinflussen könnten, zeigt sich, daß ihre Akzeptanz brüchig und der Durchsetzungswille schwach ist. Der Bundeskanzler konzedierte im Jahre 2001 lakonisch, das Gesetz sei „zunächst einmal" so zu belassen, wie es sei.[3] Der Ministerpräsident von Nordrhein-Westfalen wollte sofort vollendete Tatsachen mit dem Import von Stammzellen schaffen und berief sich auf eine Lücke im Gesetz. Doch bemühte er sich nicht um den juristischen Nachweis, ob und wieweit diese wirklich besteht.[4] Im übrigen könnte aus einer Lücke in der Strafbarkeit nicht ohne weiteres auf die generelle rechtliche Erlaubtheit des Handelns geschlossen werden,[5] vollends nicht auf die Zulässigkeit einer staatlichen Förderung. Im Ergebnis zeigt sich, daß sich im unmittelbaren Rekurs auf das Grundgesetz nicht nur rührendes Verfassungsvertrauen regt, sondern auch Gleichgültigkeit gegenüber dem Gesetz, das mit seinen klaren und scharfen Verboten lästiger ist als die deutungsbedürftige, abwägungsoffene, „weiche" Verfassung.

III. Prämissen der Verfassungsauslegung

Der verfassungsrechtliche Diskurs über Fragen der Humangenetik entbindet widerstreitende Tendenzen, und er führt zu unvereinbaren Ergebnissen. Dennoch geht er von bestimmten Prämissen aus, über die sich alle Diskutanten einig sind. Es handelt sich um Bau- und Funktionsgesetze des Grundrechtssystems. Diese seien im folgenden beschrieben.

(a) In der Grundrechtsordnung ist *jeder einzelne Mensch* (nicht etwa nur die Menschheit als abstrakte Größe) *als Person unverfügbar* der Staatsgewalt vorgegeben. Diese steht im Dienst grundrechtlicher Zwecke: Würde und Leben, Freiheit und Eigentum des Menschen zu wahren und zu schützen.

(b) Diese grundrechtlichen Güter werden als ursprunghaft und der Staatsgewalt vorgegeben verstanden. Niemand braucht sich für sein Dasein und Sosein, für Handeln und Habe zu rechtfertigen. Dagegen steht die Staatsgewalt unter Rechtfertigungszwang, wenn sie in grundrechtlich umhegte Bereiche eingreifen will. Die Grundrechte bestimmen, ob und wieweit und unter welchen formellen und materiellen Bedingungen der Eingriff zulässig ist.[6] Das sind vornehmlich der Vorbehalt eines Parlamentsgesetzes als Eingriffsgrundlage und die Wahrung des Übermaßverbotes, das nur zwecktaugliche und verhältnismäßige Eingriffe und, falls mehrere zwecktaugliche zum Ziel führen, nur den für den Betroffenen schonendsten gestattet. Die Grundrechte zeigen sich hier als Abwehrrechte gegen staatliche Eingriffe.

(c) Grundrechtliche Freiheit bedeutet *Selbstbestimmung, nicht aber Bestimmung über andere*. Sie endet vor der grundrechtlichen Freiheit des anderen und gibt kein Recht über dessen Person. Vielmehr gründet sie auf der Pflicht eines jeden, die Person des anderen anzuerkennen, sie als Subjekt gleicher Würde und Freiheit zu achten. Die Grundrechtsträger treten auf dem Boden gleicher Privatautonomie zueinander in Beziehung und binden sich selbst. Doch sie können den anderen nicht heteronom in die Pflicht nehmen. Der Zugang zur Rechtssphäre des anderen setzt dessen Zustimmung voraus. Sie läßt sich nicht erzwingen. Eigenmacht und Verletzung fremder Rechtsgüter werden durch die Grundrechte nicht gedeckt. Das Gebot des neminem laedere ist die apriorische Schranke der Freiheit. Dem Grundrechtsträger ist das Mittel der physischen Gewalt versagt. Jedwede Ausübung grundrechtlicher Freiheit steht unter dem Vorbehalt der Friedlichkeit.

(d) Der Staat schützt das Leben und die sonstigen grundrechtlichen Güter eines jeden vor dem Übergriff Privater (grundrechtliche Schutzpflicht). Er hat den Störer in seine Schranken zu verweisen und dem Opfer Sicherheit zu gewährleisten. Der Akt der Störung läßt sich nicht aus den Grundrechten rechtfertigen, doch die Person des Störers bleibt Grundrechtssubjekt und kann sich gegen unangemessene Sanktionen grundrechtlich zur Wehr setzen. Im Konflikt zwischen Grundrechtsträgern erweitert sich die duale Grundrechtsbeziehung zwischen Staat und Privaten zur dreiseitigen: Staat – Störer – Opfer.

(e) Die Grundrechte erweisen sich als *ambivalent*. Sie sind Abwehrrechte des Privaten gegenüber dem Eingriff des Staates und Schutzpflichten des Staates gegenüber dem Übergriff des Privaten. Das Grundgesetz statuiert diese zwiefache Aufgabe exemplarisch, wenn es die Staatsgewalt verpflichtet, die Würde des Menschen zu wahren und zu schützen, sie also von sich aus nicht anzutasten, und Private zu hindern, sie zu beeinträchtigen.[7] Die Grundrechte beschränken die Staatsgewalt und sie fordern sie zugleich. Dort geht es um Sicherheit *vor* der Staatsgewalt, hier um Sicherheit *durch* die Staatsgewalt. Die Abwehrfunktion wird gesteuert durch das Übermaßverbot, die Schutzfunktion durch das Untermaßverbot.[8]

(f) Die Schutzpflicht des Staates verhält sich subsidiär zum *Recht des Privaten, sich selbst zu behaupten* und seine grundrechtlichen Positionen mit legalen, gewaltlosen Mitteln zu verteidigen. Die Schutzpflicht aktualisiert sich in voller Intensität, wenn das Grundrechtssubjekt der Macht des anderen überantwortet und nicht fähig ist, sich aus eigener Kraft der Gefahr zu erwehren.

2. Dissens in der Anwendung auf die Humangenetik

Die Anwendung der grundrechtlichen Bau- und Funktionsgesetze ist kontrovers. Die Geister scheiden sich in der Frage, ob dem Embryo außerhalb des Mutterleibes Grundrechtssubjektivität zukommt oder nicht.[9] Die konträren Positionen seien idealtypisch skizziert.

Wird dem Embryo der Schutz der Grundrechte nicht zuerkannt,[10] so aktualisieren sich die Grundrechte einseitig in ihrer Abwehrfunktion, und zwar in erster Linie zugunsten der Eltern, sodann, von ihnen abgeleitet, auch zugunsten der Ärzte, Forscher, Unternehmer und sonstiger Nutzer.[11] Sie haben die Freiheit, über den Embryo als Gegenstand ihrer jeweiligen Interessen zu verfügen. Der Staat hat sich zu rechtfertigen, wenn er sie in ihrer Freiheit beschränken will. Für den Umgang mit Embryonen gilt die Maxime, daß dem Nutzer alles erlaubt, was nicht ausdrücklich verboten ist, und zwar durch ein Gesetz, das die Prüfung vor den zu beschränkenden Grundrechten besteht. Die plakative Formel lautet: in dubio pro libertate. Damit ist prinzipiell das rechtliche Tor geöffnet zum „Verbrauch" von Embryonen, zur Veränderung des Erbguts, zur Selektion des Nachwuchses.

Wenn dagegen dem Embryo das Recht auf Leben und der Schutz der Menschenwürde zuerkannt werden, so erweitert sich die zweiseitige Beziehung zwischen Staat und Nutzer in die dreiseitige Staat – Nutzer – Embryo. Dieser gilt nunmehr als Person: um seiner selbst willen da, der Verfügung des Staates wie der Privaten entzogen. Eine Person kann nicht als ein bloßer Rechtswert behandelt, gewichtet und gegen andere Rechtswerte abgewogen werden.[12] Die Grundrechte kommen dem Embryo in ihrer Abwehr- wie in ihrer Schutzfunktion zugute. Der Staat darf ihn nicht töten und nicht zur Tötung freigeben (abgesehen vom

Grenzfall einer sonst nicht lösbaren Kollision mit gleichwertigen Rechtsgütern). Die schlichte Vermutung für die Freiheit versagt, wenn die Freiheitsprätention des einen im Streit liegt mit dem Lebensschutz des anderen, die grundrechtliche Selbstbestimmung an die Grenze ihrer Möglichkeit stößt: das Eigenrecht des Embryos auf Existenz.[13]

Die gegensätzlichen Positionen zur Humangenetik gleichen denen in der Abtreibungsfrage.[14] Hier wie dort kommt es darauf an, ob der Nasciturus bereits einen grundrechtlichen Status hat oder nicht. Wäre das nicht der Fall, so bildete die Abtreibung allein eine Angelegenheit der Schwangeren, einen Gegenstand ihrer grundrechtlichen Selbstbestimmung. Das Gesetz, das von ihr verlangt, das Kind auszutragen, erschiene als Einschränkung ihres Grundrechts. Die naheliegende Konsequenz wäre die Freigabe der Abtreibung. Dagegen müßte diese von Verfassungs wegen verworfen werden, wenn der Ungeborene bereits als Grundrechtssubjekt anzuerkennen wäre.

IV. Wann und unter welchen Bedingungen beginnt das Recht auf Leben?

1. Die Aporie, den Anfang des Lebens zu erkennen

„Jeder hat das Recht auf Leben" – die lapidare Fassung des Grundrechts scheint seinem Gegenstand angemessen zu sein, solange das Bild des Grundrechtsträgers dem Vorverständnis entspricht, das der Interpret von seiner eigenen Gattung hegt, und das ist in unserer kulturellen Überlieferung das des Menschen als eines vernunftbegabten, leidens- und willensfähigen Lebewesens. Nach hergebrachtem Sprachgebrauch gehört zu den Menschen ein „jeder, der Menschenantlitz trägt". Die Bestimmung des Menschen durch das Menschenantlitz mochte herkömmlich als Tautologie erscheinen. Das aber ist sie heute nicht mehr ohne weiteres, seit die Naturwissenschaft die frühen Stufen der animalischen Entwicklung des Menschen sichtbar gemacht hat, Stufen, in denen sich noch kein „Menschenantlitz" erkennen läßt, kein Hirn und kein Herz. Niemand, der das Zellgebilde des Anfangs mit Hilfe des Mikroskops wahrnimmt, verspürt die soziale Regung, ihm einen Namen zu geben, das Zeichen der menschlichen Individualität und der Zugehörigkeit zur menschlichen Gesellschaft. Im genauen Hinsehen der Naturwissenschaften verschwimmen nun auch die Grenzen des Lebens, die sich in der Vorstellung des Laien noch klar dargestellt hatten: wann Leben anfängt, wann es endet. Die eherne Alternative von Sein oder Nichtsein scheint nicht mehr zu greifen.

Und doch zwingt die Besonderheit des Grundrechtssubstrats, sich dieser Alternativität zu fügen und eine klare Grenze zu ziehen. Denn entweder besteht Leben oder Nichtleben. Im Unterschied zu anderen Grundrechtsgütern wie der körperlichen Unversehrtheit oder des Eigentums, der Meinungsfreiheit oder der Freiheit der Person ist keine Unterscheidung nach einem Mehr oder Weniger möglich. Das Leben läßt sich nicht einschränken, sondern nur erhalten oder vernichten. Wer für das Recht auf Leben ein abgestuftes Schutzniveau empfiehlt[15], stuft das Recht des Staates ab, selbst zu töten oder die Tötung durch andere hinzunehmen.

Enthält der lapidare Begriff „Leben", den das Grundgesetz verwendet, überhaupt das Potential, um so subtile Markierungen zu treffen, wie sie angesichts der Gentechnik geboten sind: zu bestimmen, zu welchem Zeitpunkt und unter welchen Bedingungen exakt Leben einsetzt? Der Philosoph könnte sich damit begnügen, die Aporie festzustellen, und, zufrieden mit dieser kritischen Leistung, sich in ihr gemütlich einzurichten. Dem Juristen aber ist der bequeme Part des Aporetikers verwehrt; er hat die vorgegebene Norm auf ihre praktische Anwendbarkeit hin auszulegen und muß sich entscheiden. Der alerte moderne Theologe kann mit dem Begriff des Geheimnisses operieren: daß sich in der Unbestimmtheit des biologischen Lebensanfangs „das Geheimnis der menschlichen Person" manifestiere. Die schöpfungstheologische Menschwerdung emanzipiere sich von deren theologischer Basis. Der Ursprung der eigenen Lebensgeschichte in Gott solle nicht zeitlich fixiert werden.[16] In der Tat entzieht sich die Schöpfungstat Gottes, des Herrn der Zeit, menschlichen Zeitvorstellungen. Doch ist es eine metabasis eis allo genos, wenn aus der Zeitentrücktheit Gottes auf zeitliche Undefinierbarkeit des innerweltlichen Rechts gefolgert und das Geheimnis Gottes bemüht wird, um zwischenmenschliche Konflikte dahin zu lösen, daß Lebensschutz erst einzusetzen brauche, wenn Leben nicht mehr zweifelhaft sei, so daß Präimplantationsdiagnostik, also Embryonenselektion nach Prioritäten der Eltern und der Ärzte, zulässig sei. Die eigentlich theologisch relevante Frage gehe dahin, „ob im Geiste der Liebe gehandelt, d. h. aber auch die Not der betroffenen Paare gesehen wird".[17] Der Geist der Liebe weht also auf Kosten des Embryos.[18] Der Jurist braucht das Letztgeheimnis Gottes nicht zu durchdringen. Er kann es aber auch nicht beschwören, um sich der Entscheidung der vorletzten Fragen, die ihm aufgegeben sind, zu entziehen oder aber durch scheinbares Offenlassen der Antwort, durch scheinbare Demut vor dem Numinosen eben doch klammheimlich eine Entscheidung treffen: dem Embryo den Schutz des Staates zu versagen und sein Schicksal der Willkür der Beteiligten zu überlassen. Der Jurist kann der Bestimmung des Lebensanfangs nicht ausweichen, wenn er das Recht auf Leben auslegt. Er muß definieren. Was nicht definierbar ist, was also keine rechtserheblichen Grenzen erkennen läßt, ist nicht anwendbar. Konkret: das Leben erlangt den Schutz des staatlichen Rechts nur, wenn und soweit es definiert wird. Allgemein gilt für die Jurisprudenz das Verbot des Grenzenlosigkeitsschlusses: aus der

Schwierigkeit, eine Grenze zu erkennen, zu folgern, daß es keine Grenze gebe.[19]

Die Definition ist eine Rechtsfrage. Als solche kann sie nicht mit dem Hinweis auf eine Praxis beantwortet werden, die sich mehr oder weniger ohne rechtliche Vorgaben entwickelt hat und deren Rechtmäßigkeit zu prüfen ist. Die Frage nach dem Lebensrecht des Embryos ist, jedenfalls in Deutschland, eine verfassungsrechtliche Frage. Das Verfassungsrecht beansprucht den Geltungsvorrang vor dem einfachen Recht. Daher wird der grundrechtliche Status des Embryos nicht dadurch präjudiziert, daß Zygoten, die sich bei natürlicher Zeugung nicht einnisten, nicht nach Bestattungsrecht wie Leichname behandelt werden, daß nidationshemmende Verhütungsmittel nicht als Tötungsinstrumente verboten sind und die Abtreibung auch außerhalb der medizinischen Indikation nicht mit Strafe bedroht ist.[20]

2. *Das Kriterium des Lebensanfangs*

Leben ist ein Phänomen der Natur. Soll der Grundrechtsinterpret nicht der Natur anheimgeben, ihre Erscheinungen zu bestimmen? Doch die Natur definiert ihre Phänomene nicht selbst, vollends nicht Rechtsbegriffe, die solche Phänomene repräsentieren. Auch die Naturwissenschaft ist dafür nicht zuständig. Denn es handelt sich nicht um ein empirisches Faktum, sondern um ein Rechtsgut. Das aber gibt sich nur einer normativen Betrachtung zu erkennen.[21] Der naturalistische Fehlschluß, vom empirischen Sein auf ein rechtliches Sollen zu schließen, ist heute zu Recht allseits verfemt. Die Rechtsordnung bestimmt, zu welchem Zeitpunkt und gegebenenfalls auch unter welchen Bedingungen das Recht auf Leben einsetzt. Hier geht es nicht um Leben im biologischen Verständnis, sondern um Leben als grundrechtliches Schutzgut, damit letztlich um den Menschen als das Subjekt der Menschenrechte. Die Frage entscheidet sich nicht auf der Ebene der Erfahrung, sondern auf jener der Normerkenntnis. Gleichwohl ist das Substrat des Grundrechts, das menschliche Leben, kein juridisches Konstrukt, sondern ein Phänomen der Wirklichkeit. Daher muß der Interpret des Rechts auf Leben an die Wirklichkeit des Lebens anknüpfen, damit der rechtlich geforderte Schutz tatsächlich erreicht wird.

(a) Als Kriterium des Lebensanfangs bietet sich an die *Annahme des ungeborenen Kindes durch die Mutter*. Sie wäre es, die Leben auch im rechtlichen Sinne vermittelte und die Qualität als Mensch zuspräche. Sie entschiede, ob der Embryo Rechtssubjekt oder ob er rechtlos wäre. Unter dieser Prämisse wären alle extrakorporal gezeugten Embryonen, die nach der Dezision der Frau nicht zur Implantation bestimmt sind, grundrechtlich ungeschützt, also für den beliebigen

Gebrauch und Verbrauch verfügbar. Konsequent weitergedacht, wäre damit eine juristische Science-fiction-Vision legitimiert, daß – unterstellt, die technischen Bedingungen einer brave new world zur extrakorporalen Menschenzucht wären gegeben – grundrechtslose Parias zur Welt kämen, die außerhalb der Rechtsgemeinschaft verblieben, und jedermann einen geklonten Doppelgänger erhielte: als Sklaven und als Ersatzteillager für Organe. Die Grundrechtsordnung wäre ad absurdum geführt. Geltung und Reichweite des Lebensschutzes hingen von der Willkür der Mutter ab. Die Verfassung aber gibt keinem Privaten die Macht, die Grundrechtsfähigkeit zu verleihen oder vorzuenthalten und verbindlich für andere die Grundrechte zu definieren. Deren Geltung ist allgemein, gleich und objektiv. Sie hängt nicht ab von subjektiver Willkür. Das Lebensrecht wird daher nicht durch die Annahme seitens der Mutter begründet,[22] sondern durch die Verfassungsordnung.

(b) Der Beginn des Lebens hängt nicht ab von der Anerkennung durch die Rechtsgemeinschaft. Denn das Lebensrecht ist Menschenrecht, als solches der Rechtsgemeinschaft vorgegeben. Diese gewährt es nicht dem Individuum, vielmehr hat sie es ihm zu gewährleisten.

(c) Zur Diskussion steht die These, daß Selbstbewußtsein und Selbstbestimmungsfähigkeit hinzukommen müßten.[23] Damit schiede der Nasciturus von vornherein als Träger des Lebensrechts aus. Selbst die Geburt begründete noch nicht den Lebensschutz. Die zeitliche Schwelle zur Grundrechtsfähigkeit müßte in das erste oder in ein späteres Lebensjahr gelegt werden; in welches genau, das wird willkürlich gegriffen.[24] Im übrigen würde die Frage provoziert, ob der Lebensschutz während des Schlafes nicht zu suspendieren und für den Geisteskranken nicht auszuschließen, für den Komatösen nicht rückgängig zu machen sei.[25] Der Kardinalfehler des Theorems liegt darin, daß es den Menschen nur in seiner aktuellen Entfaltung als Vernunftwesen begreift, fähig, seine Freiheitsrechte auszuüben, damit eigentlich das Recht auf Leben als Freiheitsrecht versteht. Das Leben aber ist keine Erscheinung der Freiheit, sondern deren vitale Basis. Die Freiheit setzt Leben voraus, nicht umgekehrt.

(d) Ein mehr pragmatischer Ansatz will Leben verknüpfen mit der Fähigkeit, eigene Interessen zu haben. Das erste Interesse sei, von Schmerzen verschont zu werden. Solange noch keine *Schmerzempfindung* möglich sei, fehle auch das Bedürfnis für den Schutz des Lebens.[26] Es mag dahinstehen, ob und wie sich diese Grenze physiologisch bestimmen läßt. Das Recht mag sie sich als Kriterium des Tierschutzes zu eigen machen. Für den Schutz des Menschenlebens eignet sie sich nicht. Denn der Mensch gilt unter den Auspizien der Menschenrechte nicht lediglich als Objekt des Mitleids, sondern als Subjekt eigener Würde.[27] Daß er in einem frühen Stadium nicht fähig ist, seine Rechte zu wahren, ist kein Grund, ihm jedwedes Recht abzusprechen, vielmehr Grund für den Staat, seine Schutzpflicht zu intensivieren.

(e) Das Recht auf Leben ist zwar nicht biologistisch zu verstehen, doch die Definition des Rechts kann sich nicht über die biologischen Gegebenheiten hinwegsetzen. Vielmehr knüpft sie an sie an. Umstritten ist jedoch, welche für die Definition maßgebend ist. Nach herrschender Lehre beginnt „Leben" mit der Vereinigung von Ei- und Samenzelle.[28] Damit greift sie auf den frühestmöglichen Zeitpunkt zurück, den Anfang des Anfangs. Der sachliche Schutzbereich wird so weit wie möglich gezogen, damit das menschliche Leben, das vom ersten Moment an durch menschliche Willkür gefährdet ist, den Schutz des Rechts genieße. Das Vorkernstadium verbleibt dagegen außerhalb des Schutzbereichs.

Gegen das extensive Verständnis erhebt sich der Einwand, daß in den ersten Tagen, ehe die Einnistung erfolgt, der noch totipotente Embryo sich teilen und Mehrlinge bilden könne. Zunächst sei „bloß gattungsspezifisches, aber noch nicht körperlich-individuelles Leben" vorhanden; dieses aber brauche noch kein Recht auf von Menschen unbeeinträchtigte Fortexistenz.[29] Beim Embryo liegt jedoch mehr fest als die Zugehörigkeit zur menschlichen Gattung. Fixiert ist schon das individuelle, als solches einzigartige Genom: die genetische Identität des Menschen. Offen ist lediglich in der frühen Phase, ob sich das Genom in einem oder in mehreren Lebewesen verkörpert. Mithin besteht kein Hindernis für die grundrechtliche Deutung, sogleich ein individuelles Lebewesen anzunehmen und, falls es zu einer Teilung kommt, eben deren zwei. Individualität des Menschen bedeutet nicht notwendig genetische Originalität. Ansonsten ergäben sich Schwierigkeiten, eineiigen Zwillingen noch im Erwachsenenalter die Fähigkeit zur Grundrechtssubjektivität zuzuerkennen. Im übrigen ist heute vorstellbar, daß auch vom Erwachsenen im Wege des Klonens ein genetisches Duplikat hergestellt wird.[30] Daraus läßt sich aber kein Argument gewinnen, dem Erwachsenen den grundrechtlichen Lebensschutz abzusprechen, auch nicht einem etwaigen künstlich gezeugten, jüngeren alter ego. Jedenfalls braucht der Lebensschutz nicht zu warten, bis der natürliche Prozeß der Individualisierung abgeschlossen ist. Solange der Embryo noch die Möglichkeit mehrfachen Lebens umschließt, verdient er nicht weniger Schutz, als wenn er sich auf ein einziges Leben reduziert und damit individualisiert hat.[31] Es besteht auch kein Hindernis, daß der grundrechtliche Begriff das Leben von Anfang an erfaßt, und zwar als das eines individuellen Menschen, nicht etwa bloß als Leben der Gattung Mensch.

(f) Die Interpretationsansätze, die den Beginn des „Lebens" zu einem späteren Zeitpunkt als dem der Verschmelzung ansetzen, stoßen auf die Schwierigkeit, daß der biologische Entwicklungsprozeß kontinuierlich verläuft und keine Einschnitte und Sprünge erkennen läßt. Auch die Nidation, die als Kriterium vorgeschlagen wird, bildet keine Zäsur.[32] Doch bildet sie eine notwendige Bedingung für die weitere Entwicklung. Mit ihr stellt sich, wenn eine extrakorporal befruchtete Eizelle implantiert wird, der natürliche Konnex zur Mutter her, die mit der Zustimmung zur Implantation den Willen zum Kind bestätigt. Das aber rechtfertigt nicht, dem Embryo außerhalb des Mutterleibs den grundrechtlichen Schutz zu versagen. Das individuelle Leben des Ungeborenen, so notwendig und prägend es auch mit der Mutter verbunden ist, hat, grundrechtlich gesehen, Selbstand und gilt nicht als bloßer Bestandteil des Körpers der Mutter, ihrem Willen unterworfen. Es wird um seiner selbst willen geschützt, nicht um der Mutter willen. Die extrakorporale Frucht bedarf des besonderen Schutzes durch die Rechtsordnung, weil die leibliche Schutzbeziehung zur Mutter nicht besteht. In der künstlichen Zeugung wird ein natürlicher Vorgang in gewissem Umfang durch menschliche Willkür ersetzt. Diese bedarf der Einbindung in das Recht. Die Rechtsgesetze rücken nach, wenn die Naturgesetze (oder das natürliche Zufallprinzip) sich zurückziehen. Daß nach der Zeugung auf natürlichem Wege nur eine von drei der befruchteten Eizellen das Ziel der Einnistung erreicht, die meisten von selbst abgehen, vollzieht sich außerhalb des rechtlichen Verantwortungshorizontes; es löst für niemanden eine grundrechtliche Pflicht aus, hier zu intervenieren. Daher liefert es auch kein Argument dafür, menschliches Handeln im Umgang mit künstlich gezeugten Embryonen von der Bindung an das Recht freizustellen und den Embryonen von vornherein das Lebensrecht abzusprechen.[33] Die Selektion durch die Natur ist kein moralisches Leitbild für eine Selektion durch den Menschen, vollends kein Rechtfertigungsgrund. Daß die Natur ihre Geschöpfe sterben läßt und nicht Einspruch erhebt, wenn auch Artgenossen einander verschlingen, gibt dem Menschen keine Legitimation, seinesgleichen nach Willkür zu töten.[34] Soweit ihn die Naturgesetze nicht determinieren, sind seine Richtmaße Vernunft und Gewissen.

(g) Andere Überlegungen gehen dahin, den Lebensanfang an ein bestimmtes Stadium der pränatalen Entwicklung des *Hirns* zu knüpfen.[35] Das Kriterium, das den Anfang des Lebens markiert, korrespondiert spiegelverkehrt dem, das sein Ende kennzeichnet: dem Hirntod, nach dessen Eintritt noch nicht alle Lebensfunktionen erloschen sind.[36] Die beidseitige Restriktion des Lebensschutzes befriedigt ein Bedürfnis nach dogmatischer Symmetrie. Die Vorverlegung des Endes und die Rückverlegung des Anfangs bedienen auch praktische Interessen: grundrechtsfreie (oder wenigstens grundrechtsverdünnte) Korridore bereitzustellen, am Ausgang des Lebens für die Transplantationsmedizin, am Eingang für die Gentechnik. Dem normativen Ziel der Effektivität des Lebensschutzes dienen sie nicht.

(h) Ihm dient auch nicht die Verlegung des Lebensschutzes auf den Zeitpunkt der *Geburt*, synchron dem Strafrecht, das den Beginn der zur Ausstoßung führenden Wehen, oder synchron dem bürgerlichen Recht, das die Geburt für maßgebend erklärt.[37] Die straf- und die zivilrechtlichen Anknüpfungen beziehen sich auf bestimmte Rechtsfolgen. Sie geben kein Muster ab für den grundrechtlichen Lebensschutz, der allbezügliche Geltung beansprucht. Vielmehr müssen sie sich ihrerseits an dem Grundrecht messen lassen, ob sie das von ihm geforderte Schutzniveau erreichen. Die Geburt eignet sich schon darum nicht als Kriterium, weil ihr Zeitpunkt sich heute in weitem Spielraum ärztlich manipulieren läßt.

Letztlich haften an allen Versuchen, den Lebensschutz auf einen Zeitpunkt nach der Kernverschmelzung zu verlegen, Momente von Willkür. Willkürfrei und folgerichtig ist die Anknüpfung an die Verschmelzung. Das Grundgesetz schützt das Leben von Anfang an. Aus seiner Sicht wächst und entfaltet sich das Leben seit der Vereinigung der weiblichen mit der männlichen Keimzelle „nicht erst zum Menschen, sondern als Mensch".[38] Das Schutzkonzept ist umfassend und folgerichtig. Die grundrechtliche Anerkennung erfolgt bedingungslos, ohne Ausnahme, ohne Vorbehalt. Sie erfaßt das Leben vor und nach der Nidation, vor und nach der Geburt. Die Zeugung mag unter noch so verwerflichen und unwürdigen Umständen erfolgt sein – das Wesen, das aus ihr hervorgeht, hat von Anfang an das Recht auf Leben. Sein Schutz hängt nicht davon ab, ob es gewollt oder ungewollt zustande gekommen, ehelich oder unehelich, natürlich oder künstlich gezeugt ist, den Keimzellen Lebender oder Verstorbener entstammt, Unikat ist oder geklont.[39]

V. Menschenwürde des Embryos

Alle sind sich einig, daß Genforschung und Gentechnik die Würde des Menschen nicht antasten dürfen. Doch was ist die Würde und was gebietet sie? Den einen verwehrt die Würde des Menschen das therapeutische Klonen, die Präimplantationsdiagnostik, das Experimentieren mit Stammzellen. Den anderen rechtfertigt sie geradezu derartige Aktivitäten, weil sie Chancen eröffneten, Erbleiden zu vermeiden, bisher unheilbare Krankheiten zu heilen, körperliche Benachteiligungen rückgängig zu machen; grundsätzlicher noch: weil der Mensch ein Wesen mit Fähigkeit und Pflicht zur selbstverantwortlichen Lenkung der eigenen Geschicke sei, dazu berufen, seine Grenzen zu überschreiten, um ganz Mensch zu sein. Dagegen sei es der Gipfel eines Biologismus, der das Menschenwesen tatsächlich zum reinen Tier degradiere, wenn es auf den Besitz eines Satzes menschlicher Gene (von denen ihm auch noch ein sehr hoher Prozentsatz mit vielen anderen Tieren gemeinsam sei) fixiert und die willenlose Hinnahme jedes Zufallsunglücks in der Beschaffenheit dieses Gensatzes als hochmoralisch bewertet werde.[40]

1. Der Grundrechtskonnex von Leben und Menschenwürde

„Wo menschliches Leben existiert, kommt ihm Menschenwürde zu; es ist nicht entscheidend, ob der Träger sich dieser Würde bewußt ist und sie selbst zu wahren weiß.“ Das ist die Sicht des Bundesverfassungsgerichts.[41] Das Recht auf Leben verbindet sich von Anfang an mit der Anerkennung der Würde. Das bedeutet, daß das Leben im frühen Stadium nicht bloße Biomasse ist, die das Recht gleichsam unter Artenschutz stellt. Mag der naturalistische Betrachter nichts weiter erkennen als einen Zellhaufen, so sieht die Verfassung im Embryo das Leben eines Menschen als Grundrechtsträger. Dieser aber erhebt sich kraft der Menschenwürde, an der er teilhat, über die Natur hinaus. Die Würde bezieht sich nicht lediglich auf die Gattung des homo sapiens, sondern auf einen bestimmten Menschen als Individuum. Diesem kommt kraft der Würde personale Qualität zu. Sie vor Gefahren zu sichern, ist Aufgabe des staatlichen Rechts. Die Anerkennung des menschlichen Lebewesens als Subjekt personaler Würde ist ein normativer Akt der Verfassung, vergleichbar der Beseelung der menschlichen Physis, mit der nach christlichem Glauben das Personsein des Menschen beginnt. Grundrechte umfassen also das Menschenwesen zugleich in seiner physischen wie seiner moralischen Existenz und lassen noch nicht einmal in der Anfangsphase seiner Entwicklung zu, daß es würdeloses Menschenleben gibt.

2. Entkoppelungstheorie

Gegen den Grundrechtskonnex erhebt sich grundsätzlicher Widerspruch; er sei Ergebnis eines „biologistisch-naturalistischen Fehlschlusses“. Menschenwürde und Lebensrecht seien zu entkoppeln.[42] Dem Embryo fehle es an allen Voraussetzungen, die für die Menschenwürde konstitutiv seien: Ich-Bewußtsein, Vernunft, Fähigkeit zur Selbstbestimmung. Die Kritik an dem „biologistisch-naturalistischen Fehlschluß“, der dem Bundesverfassungsgericht unterlaufen sein soll, verfängt sich aber ihrerseits in einem intellektualistischen Fehlschluß: sie reduziert die Menschenwürde auf den Kreis der Vernünftigen und Leistungstüchtigen, derer also, die sich in der Regel aus eigener Kraft in Staat und Gesellschaft behaupten können, der intellektuell und sozial Arrivierten, die fähig sind zu Selbstdarstellung, Kommunikation und Mitwirkung in einer solidarischen Anerkennungsgesellschaft.[43] „Und wer's nie gekonnt, der stehle weinend sich aus diesem Bund!“ – Die Geschöpflichkeit des Religiösen wird ersetzt durch das Eigenwertgefühl der Vernunft.

Kant wird als Kronzeuge bemüht, wie er die Würde des Menschen aus seiner Freiheit abgeleitet habe. Freiheit bedeutet für *Kant* autonom, das heiße nach selbst auferlegten Grundsätzen zu handeln, „sich von Gründen affizieren zu lassen“. Die Folge sei, daß „weder Embryonen noch geistig schwer Behinderte noch Säuglinge Träger von Menschenwürde sein können, da ihnen die Fähigkeit zur Selbstachtung abgeht“.[44] Menschenwürde – letztlich nur das Prädikat, das diskursfreudige Intellektuelle, sich gegenseitig Schulter klopfend, zusprechen. Doch *Kant*, der dem heutigen Streit der Grundrechtsinterpreten zu seinem Glück entrückt ist, gibt für solche Thesen nichts her: Menschenwürde ergibt sich nicht aus dem aktuellen Besitz der Vernunft, sondern aus der mit Vernunftvermögen ausgestatteten menschlichen Natur; nicht aus dem Gebrauch der Freiheit, sondern aus der Begabung zur Freiheit, die zum Wesen des Menschen gehört. Mithin ist das Kind nach *Kant* nicht nur bloßes „Gemächsel“, sondern Person, „mit Freiheit begabtes Wesen“, und auch nicht Eigentum seiner Eltern, die es zerstören oder dem Zufall überlassen könnten. In praktischer Hinsicht sei es eine „ganz richtige und auch notwendige Idee, den Akt der Zeugung als einen solchen anzusehen, wodurch wir eine Person ohne ihre Einwilligung auf die Welt gesetzt und eigenmächtig in sie herübergebracht haben.“ Für diese Tat hafte auf den Eltern auch eine Verbindlichkeit, die von ihnen erzeugte Person „mit diesem ihrem Zustand zufrieden zu machen“.[45]

Die Abkoppelung der Menschenwürde vom Lebensschutz stützt sich auf das verfassungstheoretische Konstrukt eines permanent zu erneuernden Gesellschaftsvertrages, in dem das deutsche Volk sich als Rechtsgemeinschaft konstituiert und seine Mitglieder sich gegenseitig Würde zuerkennen.[46] Die Würdegarantie sage nichts über die, die noch nicht (oder nicht mehr) zu dieser Anerkennungsgemeinschaft gehörten. Der Embryo als solcher sei „kein mögliches Subjekt eines sozialen Achtungsanspruchs, gleichwohl selbstverständlich mögliches Schutzobjekt einer Rechtspflicht“.[47] Die Argumentation ist nicht plausibel, weil der Gesellschaftsvertrag, so man sich auf diese Argumentationsfigur einläßt, auch zugunsten Dritter abgeschlossen werden könnte und auch abgeschlossen werden müßte, weil die staatlich verfaßte Gesellschaft, in der Abfolge der Generationen lebend, sich dem Wohl der künftigen Generationen zuwenden muß. Die Verantwortung für diese, vom Grundgesetz positivrechtlich statuiert im Blick auf die Bewahrung der natürlichen Lebensgrundlagen,[48] verlöre sich ins Wolkige ethischer Unverbindlichkeiten und politischer Beschwörungsfloskeln, wenn sie sich ab dem Augenblick, in dem die künftige Generation in die Gegenwart eintritt, nicht zu praktischer Konsequenz verdichtete und wenn sie dem keimenden Leben weiter nichts böte als die Integrität der natürlichen Umwelt; vielmehr gewährleistet sie auch die Integrität seiner natürlichen Existenz und die Aufnahme in die Rechtsgemeinschaft. Menschenrechte gelten ihrer Genese nach nicht nur für die Personen, die sich über sie in der Stunde des Handelns verständigen und sie proklamieren, sondern auch für deren Nachkommenschaft, „their posterity“, wie es in der archetypischen Menschenrechtserklärung heißt, der Virginia Bill of Rights von 1776. Posterity sind Kinder, Enkel, Urenkel; nicht aber imaginäre Zurechnungspunkte ökologischer Fernstenliebe in einer kinderlosen Gesellschaft. Die Menschenrechte gelten im Verständnis der Bill of Rights nicht als Werk vertraglicher Disposition, die so oder anders ausfallen könnte, sondern als unverfügbare Vorgaben, allen Menschen von Natur aus gegebene und angeborene Rechte, „die sie ihrer Nachkommenschaft durch keinen Vertrag rauben oder entziehen können, wenn sie eine staatliche Verbindung eingehen". Das erste dieser Rechte ist der Genuß des Lebens.[49]

Die Zugangssperre für alle, die nicht diskursfähig sind, müßte, konsequent gehandhabt, auch für die Geisteskranken greifen. Wenn diese dennoch an der Menschenwürde teilhaben sollen,[50] wird deutlich, daß die Menschenwürde apriorische Geltung hat und sich der voluntaristischen Rekonstruktion entzieht. Das Individuum wird nicht als Mensch anerkannt, weil es am gesellschaftlichen Diskurs teilnimmt; vielmehr wird es als Teilnehmer akzeptiert, weil es Mensch ist und aufgrund der Würde, die es in die Gesellschaft einbringt, zu ihr gehört und nicht ausgeschlossen werden darf. Damit kommt es nicht darauf an, ob es hier und heute schon zur Kommunikation fähig ist und sich aktiv am Diskurs beteiligt.

Überhaupt ist das weithergeholte, rostige Vehikel des Gesellschaftsvertrages wenig geeignet, die grundgesetzliche Gewähr der Menschenwürde zu erhellen und zu erklären. Es mag gewisse legitimatorische Leistungen für die kontingenten Bestandteile der Verfassung erbringen, wenn es sie auf den Willen des Volkes zurückführt. Doch die Gewähr der Menschenwürde taugt nicht als Projektionsfläche für das alte Legitimationsmuster des Gesellschaftsvertrages. Im Text des Grundgesetzes wie im historischen Kontext erscheint sie nicht als Ausdruck vertraglicher Willkür und auch nicht als Ausfluß souveräner Rechtsetzung, die so oder anders ausfallen könnte, sondern als normative Notwendigkeit, als Vorgabe des überpositiven Rechts, zu der sich der Verfassunggeber, bewußt seiner „Verantwortung vor Gott und den Menschen", bekennt.

Wenn eine meta-rechtliche Deutung naheliegt, dann die christliche, welche die Würde des Menschen daraus ableitet, daß Gott ihn geschaffen, erlöst und seine Menschennatur angenommen hat. Als Prinzip unseres Rechtskreises entstammt die Menschenwürde der christlichen Tradition und ist als deren weltliches Derivat in das Grundgesetz eingeflossen. Freilich erlangt die transzendente Ableitung keine verfassungsrechtliche Autorität; diese kommt aber auch einer immanent-philosophischen in einer Verfassung nicht zu, die sich weder theologische noch philosophische Begründungen zu eigen macht und gleichermaßen religiös wie weltanschaulich neutral bleibt.

Eindeutig ist allerdings der rechtspraktische Effekt der „Entkoppelung" des Lebensrechts von der Menschenwürde: ein verfassungsrechtliches Hindernis hinwegzuräumen, das der Freigabe der Abtreibung und der gentechnischen Nutzung der Embryonen im Wege steht.[51] Der Effekt ist jedoch nur für einen advokatorisch-parteilichen Interpreten das Ziel der Auslegung. So hat die Entkoppelungstheorie denn auch eine dogmatische Intention. Sie soll erklären, warum in Fällen der Notwehr oder des polizeilichen Todesschusses zur Rettung der Geisel der Tod des Angreifers oder warum der Tod des Soldaten, Polizisten, Feuerwehrmanns im pflichtgemäßen Einsatz für die Allgemeinheit nicht die Menschenwürde des Getöteten verletze.[52] In der Tat ist das nicht der Fall. Wer zu dieser Einsicht finden will, braucht aber nicht zuvor den Konnex von Leben und Würde aufzubrechen. Die Tötung beeinträchtigt nicht notwendig die Menschenwürde des Opfers, zumal wenn es das Risiko des Todes freiwillig übernommen oder willkürlich provoziert hat. Das Recht auf Leben steht unter Gesetzesvorbehalt, der klarstellt, daß der Entzug des Lebens – unter bestimmten, dem Übermaßverbot entsprechend strengen Bedingungen – rechtmäßig sein kann, auch in bezug auf die Menschenwürde.[53] Deren vorbehaltlose Gewähr hebt den Gesetzesvorbehalt des Lebensschutzes nicht auf, und sie macht ihn auch nicht unanwendbar. Überhaupt bleibt die besondere Struktur des Rechts auf Leben im Konnex mit der Menschenwürde erhalten. Nach der Rechtsprechung des Bundesverfassungsgerichts wird sie allerdings angereichert durch die staatliche Schutzpflicht, die das Grundgesetz ausdrücklich für die Menschenwürde vorsieht.[54] Dieser Rückversicherung hätte es eigentlich nicht bedurft, weil dem Staat von Verfassungs wegen, geschrieben oder ungeschrieben, die Verpflichtung obliegt, die grundrechtlichen Schutzgüter vor Übergriffen zu schützen.[55] Der eigentliche Sinn des Grundrechtskonnexes erschließt sich, wenn man die rechtliche Eigenart der Menschenwürdegarantie betrachtet.

3. Rechtliche Eigenart der Menschenwürdegarantie

Die Menschenwürde hat absoluten Charakter. Sie unterliegt keinen Grundrechtsschranken, weder verfassungsimmanenten noch gesetzlichen. Sie wird nicht relativiert durch andere Normen und nicht durch die Abwägung mit anderen Rechtsgütern. Denn sie liegt allen Normen und Rechtswerten voraus, auch den Grundrechten. Sie bildet selbst kein Grundrecht im eigentlichen Sinne, sondern den Grund der Grundrechte. Sie verkörpert sich in ihnen und stellt so die Sinneinheit der disparaten Einzelgrundrechte her.[56]

Die Würde des Menschen entzieht sich der Definition.[57] Darin gleicht sie anderen regulativen Ideen höchsten Ranges: Gerechtigkeit und Gemeinwohl. Wenn sich auch nicht exakt und abschließend bestimmen läßt, was die Würde in ihrer abstrakten Allgemeinheit beinhaltet, so zeigt sich doch, wenn sie existentiell bedroht wird, was sie hic et nunc erheischt. Sie ergibt eine stetig fließende Quelle praktischer Rechtserkenntnisse, konkreter Gebote und Verbote. Diese Derivate vermitteln zwischen der Idee der Menschenwürde und der Rechtspraxis. Sie reichern die Substanz der Grundrechte an, so die der Allgemeinen Handlungsfreiheit um die ungeschriebenen Spezialtatbestände des Allgemeinen Persönlichkeitsrechts,[58] des Rechts der persönlichen Ehre,[59] des Rechts auf informationelle Selbstbestimmung.[60] Die Menschenwürde bildet gleichsam die Mitte des grundgesetzlichen Wertesystems. Um sie zentrieren sich die übrigen Rechtswerte. Sie strahlt auf diese aus. Je nach Nähe oder Ferne zu ihr beeinflußt sie deren Resistenz gegen Einschränkungen und deren Gewicht, wenn sie im Falle der Kollision gegeneinander abzuwägen sind. Die Einwirkungen der Menschenwürde auf die Grundrechte verschaffen diesen aber nicht ihrerseits jene Absolutheit, wie sie der Menschenwürde im Ursprung eigen ist. Die Grundrechte bleiben beschränkbar und abwägungsbedürftig, desgleichen die Postulate, die sich aus der Menschenwürde ableiten. Der Lebensschutz realisiert sich sachverhaltsdifferenziert. Im Konnex mit der Würdegarantie paßt er sich den unterschiedlichsten realen Gegebenheiten und rechtlichen Konfliktlagen an: vor und nach der Geburt, innerhalb des Mutterleibs und außerhalb.

Aus der Gewähr der Menschenwürde folgen nicht nur Berechtigungen, sondern auch Verpflichtungen, und zwar dahin, daß die Menschen sich nicht selber entwürdigen, ihre Nachkommen nicht züchten wie Nutztiere, die Zeugung nicht von den Personen der Eltern ablösen und – in der Art der „brave new world" – verzwecken und industrialisieren. Zu der Achtung, die der Mensch sich selber schuldet, gehört, daß er das humane Erbgut nicht mit tierischem „kreuzt". Zur Klarstellung: ein Verstoß gegen ein verfassungsrechtlich legitimiertes gesetzliches Verbot der künstlichen Zeugung führt nicht dazu, daß, wenn daraus menschliches Leben entsteht, etwa ein geklonter Mehrling, diesem der grundrechtliche Status des Embryos verschlossen wäre. Die Menschenwürde kommt jedwedem Mitglied der menschlichen Gattung zu, ohne Rücksicht auf die Umstände der Zeugung. Doch nun greifen die Überlegungen über das Thema, den menschenrechtlichen Status des Embryos, hinaus auf die Anwendungs- und Folgeprobleme. Diese lösen sich nicht von selbst, wenn der Status des Embryos bestimmt ist. Doch dessen Bestimmung ist die unerläßliche Vorarbeit dafür, die praktischen Fragen des Rechts und der Ethik zu beantworten, die sich hier auftun.

Anmerkungen

1 Gesetz zum Schutz von Embryonen vom 13.12.1990 (BGBl. I 2746; III 453-9).
2 Zur „Grundrechtskonkretisierung zwischen Normbindung und Normfindung" *Matthias Jestaedt*, Grundrechtsentfaltung im Gesetz, Tübingen 1999, S. 262 ff.
3 *Gerhard Schröder*, Die Notwendigkeit der Abwägung stellt sich immer wieder neu (Interview), in: FAZ v. 3. Mai 2001, Nr. 102, S. 56, zugl. in: Christian Geyer (Hg.), Biopolitik, Frankfurt a. M. 2001, S. 88 (89).
4 Dazu *Rolf Keller/Hans-Ludwig Günther/Peter Kaiser*, Embryonenschutzgesetz, Stuttgart u. a. 1992, § 2 Rn. 13: erlaubt sei nur der Import von isolierten, pluripotenten Stammzellen. Zu den verfassungsrechtlichen Aspekten *Matthias Herdegen*, Die Menschenwürde im Fluß des bioethischen Diskurses, in: JZ 2001, S. 773 (776).
5 BVerfGE 88, 203 (255 ff., 264 ff.).
6 Insofern entsprechen die Grundrechte dem „rechtsstaatlichen Verteilungsprinzip": daß die Freiheit des Einzelnen gedacht ist als dem Staat vorgegeben und prinzipiell unbegrenzt, während die Befugnis des Staates zu Eingriffen in diese Sphäre prinzipiell begrenzt ist (*Carl Schmitt*, Verfassungslehre, Berlin [1]1928, S. 126).
7 Vgl. BVerfGE 88, 203 (251 ff.).
8 Zu den beiden Grundrechtsfunktionen *Josef Isensee*, Das Grundrecht als Abwehrrecht und als staatliche Schutzpflicht, in: Josef Isensee/Paul Kirchhof, Handbuch des Staatsrechts der Bundesrepublik Deutschland (= HStR), Bd. V, Heidelberg [2]2000, § 111 Rn. 1 ff. (Nachw.).
9 „Embryo" ist im Sprachgebrauch der Medizin nicht eindeutig. Der vorliegende Text hält sich an die Legaldefinition: als Embryo gilt „bereits die befruchtete, entwicklungsfähige menschliche Eizelle vom Zeitpunkt der Kernverschmelzung an, ferner jede einem Embryo entnommene totipotente Zelle, die sich bei Vorliegen der dafür erforderlichen weiteren Voraussetzungen zu teilen und zu einem Embryo zu entwickeln vermag" (§ 8 Abs. 1 Embryonenschutzgesetz).
10 Repräsentativ für die Position *Reinhard Merkel*, Forschungsobjekt Embryo, München 2002, S. 26 ff.
11 *Tade Matthias Spranger*, Verfassungsrechtliche Aspekte der Präimplantationsdiagnostik, in: ZFSH/SGB 2001, S. 266 (269).
12 Rechtsphilosophische Bedeutung der Person: *Günther Jakobs*, Norm, Person, Gesellschaft, Berlin 1997, S. 29 ff. Kritik an der inkonsequenten Dogmatik des Embryonenschutzes: *ders.*, Rechtmäßige Abtreibung von Personen?, in: JR 2000, S. 404 ff.; *Michael Pawlik*, Der Staat hat dem Embryo alle Trümpfe genommen, in: FAZ v. 27. Juni 2001, Nr. 146, S. 45.
13 Das verkennen *Friedhelm Hufen*, der allein auf die abwehrrechtliche Seite abstellt (Nicht nur die Embryonen haben Grundrechte, in: FAZ v. 21. Mai 2001, Nr. 117, S. 10) und *Hubert Markl*, Von Caesar lernen heißt forschen lernen, in: FAZ v. 25. Juni 2001, Nr. 144, S. 52, zugl. in: Geyer (N 3), S. 177 ff.
14 Vgl. hierzu: *Kurt Faßbender*, Präimplantationsdiagnostik und Grundgesetz, in: NJW 2001, S. 2745 (2748); *Ernst Benda*, Verständigungsversuche über die Würde des Menschen, in: NJW 2001, S. 2147 f.; *Horst Sendler*, Menschenwürde, PID und Schwangerschaftsabbruch, in: NJW 2001, S. 2148 ff.
15 *Ulrich H. J. Körnter*, „Lasset uns Menschen machen". Christliche Anthropologie im biotechnologischen Zeitalter, München 2005, S. 114.

16 *Körtner* (N 15), S. 115 f.
17 *Körtner* (N 15), S. 117.
18 So *Michael Pawlik*, Hauptsache verantwortlich. *Körtner* betet Rechtfertigungen für die Biopolitik herbei, in: FAZ v. 26. 8.2005, Nr. 198, S. 35.
19 *Carl Schmitt*, Freiheitsrechte und institutionelle Garantien (1931), in: ders., Verfassungsrechtliche Aufsätze, Berlin 1958, S. 140 (147).
20 So aber die „juristischen Folgerungen" *Körtners* (N 15), S. 115 – unter undifferenzierter Berufung auf die „bestehende Rechtsordnung" sowie die „weit verbreiteten moralischen Intuitionen der Bevölkerung".
21 Vgl. *Günter Rager* (Hg.), Beginn, Personalität und Würde des Menschen, Freiburg i. Br. u. a. ^{2}1998.
22 BVerfGE 88, 203 (252).
23 So *Norbert Hoerster*, Abtreibung im säkularen Staat, Frankfurt a. M. 1991, S. 75.
24 Nach *Hoerster* bedarf es hierzu jeweils eines aktuellen Überlebensinteresses; aus pragmatischen Gründen läßt er es bewenden mit dem Zeitpunkt der Geburt (N 23, S. 70, 140). Hierzu kritisch *Herbert Tröndle/Thomas Fischer*, Strafgesetzbuch, München ^{50}2001, Vor § 218 Rn. 30 m.w.N.
25 *Hoersters* Einwand, man könne den Betreffenden wecken und nach seinem Lebensinteresse befragen, vermag, jedenfalls für den Komatösen, nicht zu überzeugen.
26 *Peter Singer*, Praktische Ethik, Stuttgart ^{2}1994, S. 84 f.; *Hoerster* (N 23), S. 69 ff. Gegenposition *Wolfram Höfling*, Wider die Verdinglichung, in: Geyer (N 3), S. 240 (241 ff.).
27 Zum Verhältnis des Lebens- und Würdeschutzes unten V.
28 Exemplarisch: *Walter Leisner*, Entwicklung und ideengeschichtlicher Hintergrund des verfassungsrechtlichen „Rechts auf Leben", in: „Lebensrecht" (hg. von der Niedersächsischen Landeszentrale für Politische Bildung), Hannover 1976, S. 9 (22); *Klaus Stern*, Staatsrecht der Bundesrepublik Deutschland, Bd. III/1, München 1988, S. 1057 (1061); *Tröndle/Fischer* (N 24), Vor § 218 Rn. 18c; *Philip Kunig*, in: Ingo von Münch/ Philip Kunig (Hg.), Grundgesetzkommentar, Bd. 1, München ^{5}2000, Art. 2 Rn. 49; *Dieter Lorenz*, Recht auf Leben und körperliche Unversehrtheit, in: HStR Bd. VI, Heidelberg ^{2}2001, § 128 Rn. 12; *Dietrich Murswiek*, in: Michael Sachs (Hg.), Grundgesetz, München ^{2}1999, Art. 2 Rn. 143; *Höfling* (N 26), S. 244. Offengelassen in BVerfGE 88, S. 203 (251).
29 So *Hasso Hofmann*, Biotechnik, Gentherapie, Genmanipulation – Wissenschaft im rechtsfreien Raum?, in: JZ 1986, S. 253 (258).
30 Zur rechtlichen Behandlung des Klonens und der rechtlichen Begründung seines Verbots *Jens Kersten*, Das Klonen von Menschen, Tübingen 2004, S. 30 ff., 308 ff.
31 Zutreffend *Sternberg-Lieben*, Gentherapie und Strafrecht, in: JuS 1986, S. 673 (677).
32 Auf die Nidation stellt ab: *Dagmar Coester-Waltjen*, Befruchtungs- und Gentechnologie bei Menschen – rechtliche Probleme von morgen?, in: FamRZ 1984, S. 230 (235), welche die Phase vor der Nidation als „latentes menschliches Leben" bezeichnet; ablehnend *Kunig* (N 28), Art. 2 Rn. 49.
33 So aber die Argumentation *Körtners* (N 15), S. 111 ff.
34 So aber die kraß biologisch-naturalistische Argumentation *Markls* (N 13), S. 52, zugl. in: Geyer (N 3), S. 177 ff.

35 So etwa *Hans-Martin Sass*, Extrakorporale Fertilisation und Embryotransfer, in: Rainer Flöhl (Hg.), Genforschung – Fluch oder Segen?, München 1985, S. 30 (38 ff.), vgl. auch *Hans Lüttger*, Der Tod und das Strafrecht, in: JR 1971, S. 309 (311).

36 Zur Kontroverse um das verfassungsrechtliche Ende des Lebens: *Josef Isensee*, Grundrechtsschutz nach dem Hirntod, in: Festschrift für Lothar Roos, Grafschaft 2000, S. 583 ff. (Nachw.).

37 So aber *Hoerster* (N 23, S. 140). Strafrechtliche Sicht: *Tröndle/Fischer* (N 24), Vor § 211 Rn. 2; *Rolf Herberg/Annika I. Herzberg*, Der Beginn des Menschseins im Strafrecht: Die Vollendung der Geburt, in: JZ 2001, S. 1106 ff.

38 Zitat: BVerfGE 88, 203 (252).

39 Vgl. *Ursula Köbl*, Gentechnologie zu eugenischen Zwecken – Niedergang und oder Steigerung der Menschenwürde?, in: Festschrift für Heinrich Hubmann, Frankfurt a. M. 1985, S. 161 ff.

40 *Markl* (N 13), S. 52, zugl. in: Geyer (N 3), S. 177 (189).

41 BVerfGE 39, 1 (41). Sinngemäß auch BVerfGE 88, 203 (252).

42 So *Horst Dreier*, in: ders. (Hg.), Grundgesetz, Bd. I, Tübingen 1996, Art. 1 I Rn. 48 ff. Entsprechende Thesen: *Hasso Hofmann*, Die versprochene Menschenwürde, in: AöR 118 (1993), S. 353 (375 f.); *ders.*, „Umweltstaat": Bewahrung der natürlichen Lebensgrundlagen und Schutz vor den Gefahren und Risiken von Wissenschaft und Technik in staatlicher Verantwortung, in: Festschrift 50 Jahre Bundesverfassungsgericht, 2. Bd., Tübingen 2001, S. 873 (893 f.); *Günter Jarouschek*, Vom Wert und Unwert der pränatalen Menschenwürde, in: JZ 1989, S. 279 ff. – Eingehende Kritik an der Trennung von Lebens- und Würdeschutz: *Eduard Picker*, Menschenwürde und Menschenleben, in: Festgabe für Werner Flume, Berlin u. a. 1998, S. 155 ff. Vgl. auch *Josef Isensee*, Menschenwürde: die säkulare Gesellschaft auf der Suche nach dem Absoluten, in: AöR 131 (2006), S. 173 (196 f., 215).

43 So *Dreier* (N 42), Art. 1 I 1, Rn. 50; *Hofmann*, „Umweltstaat" (N 42), S. 894. Kritik: *Isensee* (N 42), S. 196 f.

44 *Julian Nida-Rümelin*, Über menschliche Freiheit, Stuttgart 2005, S. 151. Freilich reduziert *Nida-Rümelin* die Menschenwürde auf Schutz vor Demütigung. Den Schutz des Lebens, der von der Menschenwürde abgekoppelt ist, will er nicht vorenthalten.

45 *Immanuel Kant*, Metaphysik der Sitten, Erster Teil, Metaphysische Anfangsgründe der Rechtslehre, [1]1797, § 28, S. 112 f.

46 *Hofmann*, Menschenwürde (N 42), S. 365 ff.

47 *Hofmann*, Menschenwürde (N 42), S. 375 f.

48 Art. 20 a GG (42. Änderung. v. 27. Oktober 1994). Eine ökologische Verfassungstheorie des Schutzes künftiger Generationen: *Hasso Hofmann*, Rechtsfragen der atomaren Entsorgung, Stuttgart 1981, S. 258 f.

49 Virginia Bill of Rights, Section 1.

50 So *Hofmann*, Menschenwürde (N 42), S. 376; *Dreier* (N 42), Art. 1 Rn. 46.

51 Vgl. *Dreier* (N 42), Art. 1 I Rn. 49, 51; *Hofmann*, Menschenwürde (N 42), S. 376; *ders.*, „Umweltstaat" (N 42), S. 894.

52 *Dreier* (N 42), Art. 1 I Rn. 49.

53 Dazu *Leisner* (N 28), S. 30 ff.; *Lorenz* (N 28), § 128 Rn. 40 ff.

54 BVerfGE 88, 203 (252 f.).

55 Näher *Isensee* (N 8), § 111 Rn. 12 ff., 18 ff., 93 ff., 137 ff. (Nachw.).

56 Näher *Isensee* (N 42), S. 209 ff.

57 Zu den verschiedenen Deutungsansätzen: *Walter Leisner*, Das Ebenbild Gottes im Menschen – Würde und Freiheit (1977), in: ders., Staat, Berlin 1994, S. 3 ff.; *Hofmann*, Menschenwürde (N 42), S. 356 f., 361 ff.; *Peter Häberle*, Die Menschenwürde als Grundlage der staatlichen Gemeinschaft, in: HStR Bd. I, Heidelberg [2]1995, § 20 Rn. 31 ff., 46 ff.; *Christian Starck*, in: von Mangoldt/Klein/Starck, Das Bonner Grundgesetz, Bd. 1, München [4]1999, Art. 1 Rn. 1 ff; *Dreier* (N 42), Art. 1 I Rn. 36 ff; *Isensee* (N 42), S. 180 ff., 187 ff., 209 ff.

58 Dazu mit Nachw. *Hans-Uwe Erichsen*, Allgemeine Handlungsfreiheit, in: HStR Bd. VI, Heidelberg [2]2001, § 152 Rn. 52 ff.

59 Dazu mit Nachw. *Josef Isensee*, Das Grundrecht auf Ehre, in: Festschrift für Martin Kriele, München 1997, S. 5 (16 ff.).

60 Dazu mit Nachw. *Walter Schmitt Glaeser*, Schutz der Privatsphäre, in: HStR Bd. VI, Heidelberg [2]2001, § 129 Rn. 76 ff.

Diskussion

Pichler: Sie werden verstehen, dass Sie gerade Wolfram Karl und mir natürlich in besonderer Weise aus der Seele gesprochen haben, indem Sie wieder einmal klarstellen, dass die Menschenrechte einfach unverfügbarer Bestand sind. Sie sind zuerkennungsuntauglich, man wird in die Gesellschaft nicht aufgenommen, man wird auch von Vater und Mutter nicht ins Schutzsystem inkludiert und angenommen. Das ist einfach alles vorher da, seit dem frühen Naturrecht schon, mit seiner Formel von den natürlichen, angeborenen Rechten und hat wirklich uns glaube ich alle zutiefst angesprochen.

Knoepffler: Ich wollte mich erst mal bedanken, weil ich denke, dass es wirklich so ist, dass der Konnex „Würde Leben", den manche so leichtfertig auseinander nehmen, falsch ist. Das hat mir noch nie eingeleuchtet. Und ich finde, das haben Sie auch sehr überzeugend dargestellt, dass die Fallbeispiele für den Eingriff da etwas ganz anderes bedeuten. Ich würde gerne einfach Verständnisfragen stellen, weil ich das anders lese und das nicht verstehe. Sie haben einen Satz formuliert: Der Schutz hängt nicht davon ab, ob jemand natürlich oder künstlich gezeugt, ob jemand geklont ist. Nun haben wir im Embryonenschutzgesetzt § 6 Abs. 2 den Satz, dass ein geklonter Embryo nicht implantiert werden darf. Man wird also strafrechtlich belangt, wenn man einen geklonten Embryo implantiert. Da geht es nicht um das somatische Klonen, sondern es geht um ein Verfahren das in Australien angewendet wurde zur damaligen Zeit. Wenn Frauen relativ wenige Eizellen hatten, hat man gesagt, damit wir die Chance erhöhen machen wir Embryonensplitting und implantieren einfach sozusagen eineiige Zwillinge. Man hat in EschG § 6 Abs. 1 gesagt, wir wollen das in Deutschland nicht, man darf nicht sozusagen künstlich eineiige Zwillinge schaffen. Das ist die eigentliche klassische Klontechnik. Aber wenn jemand das Strafgesetz verletzt, dann darf man die nicht implantieren. Das widerspricht in der Sache komplett dem was Sie gesagt haben, wenn man den Konnex „Würde Leben" unterstellt.

Das Zweite, was ich nicht verstanden habe, ist: Sie zitieren das Bundesverfassungsgericht mit dem Auszug „Wo menschliches Leben existiert...,". Und im Urteil von '75 steht, was sehr oft unterschlagen wird, im zweiten Teil: „... was jedenfalls ab dem 14. Tag gegeben ist." Und Frau Limbach, die immerhin Präsidentin des Bundesverfassungsgerichts war, hat auch dazu gesagt, dass sich das Bundesverfassungsgericht selber zum Zeitpunkt vor der Implantation niemals geäußert hat. Da verstehe ich jetzt einfach nicht, warum Sie darauf nicht zumindest eingehen.

Isensee: Das Urteil von 1975 sagte, der Grundrechtsschutz beginne *jedenfalls* mit der Nidation. Über den Status des Embryos vor diesem Zeitpunkt schwieg das Bundesverfassungsgericht, weil dieser nicht Thema war. Das Gericht traf damit keine Entscheidung dahin, dass der Embryo vor der Nidation schutzlos und zur Abtreibung freigegeben sei.

Auch das zweite, eingehendere Urteil aus dem Jahre 1993 stellt nicht ausdrücklich fest, daß der Grundrechtsschutz bereits ab der Verschmelzung einsetzt. Es wiederholt die „Jedenfalls"-Formel. Doch der gesamte Duktus legt die weite Auslegung nahe, insbesondere die Feststellungen, dass der Embryo sich nicht zum Menschen, sondern als Mensch entwickele und dass der Schwangerschaftsabbruch „für die ganze Dauer der Schwangerschaft" grundsätzlich als Unrecht anzusehen sei. Insoweit stimmt das Gericht der herrschenden Grundrechtsinterpretation zu.

Knoepffler: Es gibt doch einen Satz in der Zweiten, wo festgehalten wird, dass man das nahe legt, dass es aber dazu kein Urteil gibt in Deutschland. Das ist mir nur deshalb so wichtig, weil es zwischen einem Nahelegen und einem wirklichen Festlegen einen entscheidenden Unterschied gibt. Und weil der Begriff des Embryos in der Humangenetik ja auch erst ab dem 14. Tag verwendet wird.

Isensee: Die Frage, wann genau der grundrechtliche Schutz des Lebens einsetzt, war Thema weder der ersten noch der zweiten Entscheidung des Bundesverfassungsgerichts. Deshalb konnte es sich beide Male mit einer „Jedenfalls"-Festlegung begnügen, also offen lassen, ob der Schutz weiter reicht. Gleichwohl heißt es, dass es keine Zäsuren in der vorgeburtlichen Entwicklung gebe, die eine willkürliche Abgrenzung ermöglichten. So kann sich die herrschende Meinung, dass der Lebens- und Menschenwürdeschutz von Anfang an besteht, auf die Gründe beider Urteile des Bundesverfassungsgerichts berufen.

Zum Embryonenschutzgesetz. Das einfache Gesetz unterliegt dem Vorrang der Verfassung und präjudiziert nicht ihre Interpretation. Vielmehr hat es sich seinerseits auf die Verfassung hin auszurichten. Der gesetzliche Schutz des Embryos reicht teilweise weiter, als die Verfassung gebietet. Das Verbot, geklonte Embryonen zu implantieren, verstößt nicht gegen Grundrechte. Wenn der Embryo als Grundrechtsträger anerkannt wird, bedeutet das nicht, dass alle extrakorporal gezeugten Embryonen einen grundrechtlichen Anspruch auf Implantation hätten. Die Verfassung verlangt nicht, dass für überzählige Embryonen in vitro eine Leihmutter gesucht werden müsse oder dass sie auf unbegrenzte Zeit zu konservieren seien. Der Würde des Menschen, an der sie teilhaben, entspricht es, sie sterben zu lassen, nicht aber, sie zu verzwecken.

Knoepffler: Angenommen es ist so, wie Sie es darstellen, und da ich wie Sie anerkenne, dass Würde und Leben einen engen Konnex haben, dann steht doch das ESchG das verbietet, einen eineiigen Zwilling zu implantieren, dazu im Widerspruch.

Isensee: Das gesetzliche Verbot des Klonens ist mit der Verfassung vereinbar. Daher ist mit ihr auch vereinbar, dass das Gesetz verbietet, geklonte Embryonen zu implantieren. Aus dem grundrechtlichen Status des (geklonten) Embryos folgt kein Anspruch auf Implantation. Daher ist der Arzt nicht verpflichtet, dem Wunsch einer Frau, als Leihmutter zu fungieren, nachzukommen.

Knoepffler: Ich verstehe es noch nicht von Ihrer Argumentation her. Wenn man nicht die herrschende Meinung teilt, hat man kein Problem. Aber wenn das ein Rechtssubjekt ist und Sie haben ja selber gesagt, Schutz hängt nicht davon ab, ob geklont – und jetzt auf einmal wird der Schutz doch davon abhängen.

Isensee: Ich gebe zu, die These, dass der grundrechtliche Status des Menschen nicht davon abhängen darf, ob er natürlich gezeugt oder geklont ist, stellt ab auf den geborenen oder den im Mutterleib wachsenden Menschen, nicht aber auf den Grenzfall des geklonten in vitro. Das gesetzliche Verbot erfasst beide Akte, das Klonen wie die Einpflanzung, als Einheit, und lässt sich in dieser Einheit rechtfertigen. Das Verbot des Klonens könnte unterlaufen werden, wenn das Gesetz die Implantation erlaubte. Dennoch ist klar: wenn das zwiefache Verbot, das des Klonens und das der Einpflanzung, übertreten wird, so kommt dem geklonten Embryo im Mutterleib das gleiche Lebensrecht zu wie dem natürlich gezeugten. Am Ende, nach doppeltem Rechtsverstoß, stellt sich die Rechtsgleichheit der Embryonen her. Aber auch in vitro besteht keine fundamentale Rechtsungleichheit: denn keinem der extrakorporalen Embryonen kommt ein Anspruch auf Implantation zu. Gleichwohl hat der eine Embryo eine legale Chance, der andere nicht. Diese Selektion des Gesetzes ist verfassungsrechtlich legitim. Gleichwohl bleibt, wie bei jeder Selektion ein ungelöster moralischer Rest. Doch gesetzliche Regeln kann man nicht auf Grenzsituationen wie die hier diskutierte aufbauen.

Karl: Da müsste ich dann doch eigentlich auch die Abtreibung eines Fötus gestatten, der durch eine Vergewaltigung ins Leben getreten ist. Das wäre der gleiche Fall, wäre auch eine Rechtswidrigkeit zu Beginn, Vergewaltigung ist verboten vom Strafgesetz her.

Isensee: Die Fälle sind nicht zu vergleichen. Im Fall der kriminologischen Indikation streitet das Lebensrecht des Nasciturus wider das Selbstbestimmungsrecht der Frau, das durch den Akt der Zeugung verletzt wurde. Die Verletzung dauert in der Schwangerschaft fort. Hier liegt eine Normenkollision vor, welche die Zurücknahme des Verbots der Abtreibung rechtfertigt. So die Rechtslage. Eine solche Kollision liegt nicht vor. Weder die Zeugung noch das Dasein des geklonten Embryos beeinträchtigt Rechte der virtuellen Leihmutter. Sie befindet sich nicht in einer notwehrähnlichen Lage. Im Gegenteil: sie will von sich aus etwas erreichen. Der Embryo als solcher ist freilich im einen wie im anderen Falle unschuldig.

Wolbert: Zum letzten Aspekt. Wir haben ja diesen Vorschlag der Adoption von überzähligen Embryonen in Österreich, von dem ich im Gegensatz zu anderen geschätzten Kollegen nichts halte. Ich bin da aus mehreren Gründen skeptisch. Unter anderem stellt sich die Frage, ob Frauen nicht auch verpflichtet werden könnten, das zu tun, wenn diese Embryonen absolutes Lebensrecht hätten. Da kommen wir also in ziemliche Schwierigkeiten.

Ich wollte noch zwei Bemerkungen machen. 1. Es besteht ein Unterschied zwischen Zwilling und künstlichem Klon. Wenn man von mir einen Klon produziert, weiß man, wer das Original und wer der Klon ist; aber beim künstlichen Klonieren im frühen Stadium weiß man das nicht. Was daraus ethisch folgt, ist mir noch nicht klar, aber es ist ein Unterschied.

Und eine Bemerkung noch. Ich stimme völlig zu, die Parallele zum Hirntod ist ein absoluter Blödsinn, ein Vergleich von Äpfeln mit Birnen. Der Hirntot ist ein Todeskriterium, aber nicht ein Kriterium dafür, dass jemand kein Mensch ist, das ist eine falsche Begründung des Hirntods. Man verwechselt die Fragen: Wann ist ein Mensch tot? und Wann ist er ein Mensch. Und am Anfang ist es ja nicht so, dass das Wesen ohne Gehirn nicht lebt; im Gegenteil, es kommt noch ohne Gehirn aus.

Pichler: Muss man dazu sagen, das vertritt nur eine kleine „Schule", etwa Sass.

Wolbert: Ja, genau, Hans-Martin Sass in seinem Beitrag „Hirntod und Hirnleben".

Knoepffler: Ja gut, wenn man das so formuliert ist es natürlich Unsinn. Aber die Idee ist natürlich, dass man sagt, konstitutiv für einen Menschen im moralischen Sinn ist das Gehirn. Ohne Gehirn ist es natürlich immer noch schützenswert – da kommt die Asymmetrie ins Spiel – schützenswert ist natürlich auch ein menschliches Lebenswesen in der Entwicklung. Aber es ist sozusagen, solange dieses Konstitutive nicht da ist, auch ein voller Schutz noch nicht nötig. Das ist die Symmetrie, die er aufbaut. Gehirn als eine notwendige Bedingung, ohne die der volle moralische Schutz nicht sinnvoll ist. Von daher gewinnt das Argument zumindest eine gewisse Plausibilität.

Wolbert: Man kann ja nicht sagen, wenn das Gehirn da ist, sind schon Gefühle da.

Knoepffler: Wir haben das ja vorher am Bild gesehen, das Gehirn ist in der 8. Woche da. Das sind zwar nicht die Nervenbahnen eines 40-Jährigen, aber wer jetzt behauptet, bei einer Abtreibung würde ein empfindungsloses Lebewesen mit beispielsweise Salzsäure getötet, der kann den Bildern und dem was man sieht, einfach nicht gerecht werden. Also insofern macht das einen großen Unterschied, unter dieser Betrachtung, ob diese Organisationseinheit, die sich dann darstellt, dass man sagen kann, hier passiert schon viel. Das ist in dieser Asymmetrie überhaupt nicht berücksichtig.

Isensee: In der heutigen Diskussion zeichnet sich Konsens dahin ab, dass es kein Recht des Embryos auf Implantation gibt. Die Frage, ob und unter welchen Bedingungen die Leihmutterschaft zuzulassen ist, lässt sich nicht allein aus den wenigen, überdies hochabstrakten Vorgaben der Verfassung beantworten. Von Verfassungs wegen vorgegeben ist allerdings, dass keiner Frau angesonnen werden darf, sich einen extrakorporal gezeugten Embryo einpflanzen zu lassen. Aus der Menschenwürde, die dem Embryo zukommt, darf nicht gefolgert werden, dass er um jeden Preis und für alle Ewigkeit konserviert werden müsse, so dass sich mit wachsender Zahl allmählich so etwas wie eine Embryonenpyramide bilden könnte. Diese lüde zum Missbrauch ein. Ihre bloße Existenz beleidigte die Menschenwürde. Um dieser Würde willen ist es ratsam, überzählige Embryonen sterben zu lassen.

Karl: Ich hätte gerne Klarheit zum Begriff „Menschenwürde". Es könnte sein, dass gerade dieser Begriff nicht definierbar ist, letztlich nicht definierbar ist. Das ist etwas, was ich vielleicht aus dem Bauch oder aus dem Herzen her beantworten kann, aber nicht wirklich bestimmen. Die Menschenrechte und die Menschenwürde sind ja sehr eng miteinander verbunden. Das heißt, alle Menschenrechte resultieren aus der Menschenwürde. In der Europäischen Menschenrechtskonvention gibt es zum Beispiel einen Vorbehalt zum Recht auf Leben, d.h. die Todesstrafe ist in Artikel 2 der Europäischen Menschenrechtskonvention vorbehalten, die wäre an sich zulässig. Und daran hat man auch sehr lange nichts auszusetzen gehabt und es gibt auch Staaten, wo das zum Großteil auch noch praktiziert wird, wie in den Vereinigten Staaten. Nun gibt es auch in Europa eine Entwicklung gegen die Todesstrafe und man ist schon fast so weit, dass sie in Europa abgeschafft ist. Also wir haben fast eine todesstrafenfreie Zone, vielleicht irgendein Randstaat, Nachfolgestaat der Sowjetunion, der das noch nicht hat, aber im großen ganzen, sogar die Türkei... Und das wird damit argumentiert, dass die Verhängung der Todesstrafe ein Verstoß gegen die Menschenwürde ist. Das zeigt also, dass es hier eine Entwicklung gibt, dass das am Gegenstand dann nicht immer gleich zu beantworten ist. Ich frage mich, hängt da jetzt der Inhalt dieses Begriffes ab vom Erkenntnisstand einer Gesellschaft, vom Entwicklungsstand einer Gesellschaft – kann ich das so allgemein sagen? Und noch dazu könnte die Konsequenz aus der Menschenwürde auch situationsabhängig sein? Wie ich einen normalen Menschen behandle, das mag menschenunwürdig sein oder umgekehrt, menschenwürdig. Aber ein Strafgefangener kann nicht die gleiche Behandlung erwarten. Wenn ich einen Menschen im normalen Leben wie einen Strafgefangenen behandle, dann ist das eine menschenunwürdige Behandlung. Da hätte ich gerne Klarheit.

Isensee: Wenn ich die Frage beantworten soll, was die Menschenwürde beinhaltet, geht es mir ähnlich wie dem großen Augustinus angesichts der Frage, was die Zeit sei: „Ich weiß es genau, wenn ich nicht an sie denke. Wenn ich es aber sagen soll, so weiß ich es nicht." – Als der Parlamentarische Rat sich darauf verständigte, das Bekenntnis zur Würde des Menschen an den Anfang der neuen Verfassung zu stellen, nannte der Abgeordnete und spätere Bundespräsident Theodor Heuss diese Sentenz eine „nicht interpretierte These". Diese Feststellung macht Sinn. Aber sie heißt nicht, dass sie überhaupt nicht interpretationsfähig sei. Wäre sie das, so wäre sie rechtlich nicht brauchbar. Was nicht definiert werden kann, lässt sich auch nicht schützen. Doch rechtliche Definitionen können den Inhalt der Menschenwürde nicht ausschöpfen. Was sie erheischt, kann man nicht abschließend und immer nur approximativ feststellen.

Eine gängige Definition, dass der Mensch dem Menschen nicht als Objekt dienen dürfe – die Deutung Dürigs, die auf Kant zurückgeht –, ist so abstrakt, dass sie zur Lösung des Einzelfalls wenig leistet. Kant selber hatte schon Mühe damit, den ehelichen Verkehr sittlich zu rechtfertigen, weil eine Person zum Objekt der Lust der anderen werde.

Pichler: Man darf den Menschen eben nicht „bloß" zum Objekt degradieren, dieses bloß ist wichtig.

Isensee: Das hilft nur wenig weiter. Immerhin liegt in der Objektformel die Absage an die totale Verzweckung des Menschen, seine totale Instrumentalisierung.

Die Frage, was die Menschenwürde bedeutet, vereinfacht sich, wenn man davon ausgeht, dass sie kein Grundrecht wie andere ist, sondern der Grund der Grundrechte: die Idee, die sich in den konkreten Freiheits- und Gleichheitsgarantien verkörpert, im Schutz der physischen Existenz, der Freiheit des Handelns, der Sicherheit der Habe. Den schlechten Juristen erkennt man in Deutschland daran, dass er praktische Rechtsprobleme kurzerhand mit dem Argument der Menschenwürde zu lösen versucht und sich weitere Maßstäbe und gründliche Erörterung erspart. So wird das Verbot der Folter mit der Menschenwürde begründet, so dass sich jegliche Nachfrage erübrigt. Bei näherem Hinsehen geht es jedoch um die Frage, ob die Androhung oder Anwendung von körperlichem Zwang gerechtfertigt ist, um eine Aussage oder ein Verhalten zu erwirken. Die Folter zeigt sich als Eingriff in die körperliche Unversehrtheit sowie in die Handlungsfreiheit. Die Zulässigkeit des Eingriffs lässt sich auf dieser grundrechtlichen Ebene rational diskutieren. Die Möglichkeit einer Güterabwägung wird frei. Dagegen ist die Menschenwürde als solche abwägungsresistent. Die Güterabwägung kann zu unterschiedlichen Ergebnissen führen, wenn es sich um die Aussageerzwingung in einem Strafprozess handelt oder um einen Akt der Gefahrenabwehr, etwa um die Rettung einer Geisel aus Lebensgefahr. Das Argument der Würde kommt also nur mittelbar zum Zuge, indem sie das Gewicht der kollidierenden Rechtsgüter beeinflusst.

Auch in den Fällen, die hier erörtert werden, geht es vornehmlich um das Recht auf Leben. Wo Leben ist, da ist freilich auch Würde. Aber die Würde haftet am Leben. Das Recht auf Leben steht im Grundgesetz unter Gesetzesvorbehalt. Unter bestimmten Voraussetzungen kann also das Leben grundrechtslegitim vernichtet werden, ohne daß die Menschenwürde leidet. Die bioethische Diskussion sollte zuvörderst am Maßstab des Rechts auf Leben geführt werden. Die Menschenwürde kommt erst auf zweiter Ebene zum Zuge: als höchstes Richtmaß und letztes Korrektiv.

Recht und ethischer Pluralismus in der Biomedizin

Gerhard Luf

1.) Ethischer Pluralismus und liberaler Staat

Der amerikanische Rechtsphilosoph John Rawls hat sich speziell in seinen späteren Arbeiten intensiv mit der Frage nach den Legitimitäts- und Stabilitätsbedingungen liberaler Gesellschaften auseinandergesetzt. Eine zentrale Herausforderung stellt für ihn dabei die Tatsache dar, dass diese Gesellschaften geprägt sind durch eine Vielfalt weltanschaulicher und ethischer Positionen. Rawls knüpft an dieses „Faktum des Pluralismus"[1] an. Dieser Pluralismus sei, so betont er, „ein dauerhaftes Merkmal der öffentlichen Kultur von Demokratien"[2] und nicht bloß eine vorübergehende geschichtliche Erscheinung. Er verlange vom Staat, sich im Lichte des Prinzips der Nicht-Identifikation aus Respekt vor umfassenden Lebensentwürfen und Sinnorientierungen der Menschen aller Maßnahmen zu enthalten, die auf eine einseitige Privilegierung bestimmter weltanschaulicher Entwürfe und solcherart darauf hinausliefen, ihnen mittels repressiven Gebrauchs staatlicher Macht Allgemeinverbindlichkeit zu sichern.

Die Anerkennung eines ethischen Pluralismus ist allerdings nicht grenzenlos, sondern setzt Gemeinsamkeiten voraus. Sie setzt voraus, dass politische Institutionen und Regeln bestehen, die das pluralistische Zusammenleben unter Bedingungen praktizierter Toleranz zu garantieren vermögen, ohne ihrerseits relativiert zu werden. Diese Nicht-Relativierbarkeit eines über gemeinsame Institutionen vermittelten politischen Fundamentalkonsenses stellt die notwendige Bedingung eines friedlichen Miteinanders dar. Für Rawls ist diese Bedingung erfüllt, wenn sich im Rahmen divergierender bzw. konkurrierender Glaubenshaltungen und Weltanschauungen doch ein gegenüber diesen abgehobener „übergreifender Konsens" ausmachen lässt. Er bildet die gemeinsame Basis für die politische Integration freier und gleicher Bürgerinnen und Bürger und soll die Stabilität rechts- und verfassungsstaatlicher Traditionen gewährleisten.

Was den methodischen Stellenwert dieses überlappenden Konsenses betrifft, so besitzt er nach Rawls' Konzeption einen eigenständigen moralphilosophischen Rang. Er soll nicht aus irgendwelchen „umfassenden", sich universalen Sinnorientierungen verdankenden Lehren gleichsam „metaphysisch" hergeleitet werden. Denn damit würde nach Rawls angesichts des Pluralismus umfassender Lehren gesellschaftliche Partikularität zu allgemeinverbindlicher Geltung erhoben. Dies bedürfte des repressiven Einsatzes staatlicher Machtmittel. Andererseits ist dieser

Konsens in Rawls Sicht kein bloßes Produkt empirisch-faktischer Zustimmung im Sinne eines pragmatisch vermittelten kleinsten gemeinsamen Nenners, sondern eigenständiger Gegenstand einer moralischen Konzeption politischer Gerechtigkeit.[3] Eine solche Konzeption politischer Gerechtigkeit muss so formuliert sein, dass ihr, jedenfalls im Hinblick auf die Legitimation der Grundstruktur der Gesellschaft, „auf der Grundlage sehr verschiedener und sogar unkommensurabler umfassender Lehren“[4] und aus loyaler Überzeugung zugestimmt werden kann.

In der umfangreichen Diskussion um diese Konzeption einer, wie es Rawls charakterisiert, „Autonomie des Politischen“ wurde die zentrale Frage angesprochen, ob sich eine solche Differenzierung zwischen der Pluralität moralischer Positionen und überlappendem Konsens überhaupt durchhalten lasse. Ist es überhaupt möglich, diesen Grundkonsens von metaphysischen Aspekten freizuhalten? Setzt es nicht sehr homogene Gesellschaften, also einen begrenzten Pluralismus voraus? Gerät es angesichts mancher aktuellen gesellschaftlichen Entwicklungen an Grenzen seiner Leistungskraft und damit in die Situation der Überforderung? Ich möchte diesen Fragen am Beispiel der Herausforderungen der modernen Bioethik und deren Konsequenzen für die Rechtsgestaltung nachgehen, weil ich meine, dass sich bei diesem Fragekomplex das „Faktum des Pluralismus“ und die dadurch provozierten Herausforderungen auf exemplarische Weise zeigen.

2.) Übergreifender Konsens und Pluralismus in der Biomedizin

Ohne Zweifel handelt es sich bei den grundlegenden bioethischen Herausforderungen um Fragen, die einem übergreifenden Konsens zuzuordnen sind. Denn es liegen Fragen vor, die ganz grundlegend die Qualität des Menschen berühren, Person zu sein, als Rechtssubjekt Anerkennung und Schutz zu erfahren. Ein Konsens, der solche fundamentalen ethischen und rechtlichen Fragen ausklammerte, bliebe viel zu abstrakt und inhaltlich belanglos. Gelingt es aber tatsächlich, die angestrebte Übereinstimmung herzustellen, Divergenzen auszuschalten und den rechtlich-politischen Konfliktaustrag in bioethischen Fragen auf eine dem Grundlagenkonsens untergeordnete Anwendungsperspektive zu verlagern? Ist es möglich, einen solchen Grundlagenkonsens unabhängig von „metaphysischen“ Voraussetzungen zu konstituieren?

Um diese Fragen zu behandeln seien zunächst einige allgemeine Hinweise auf den ethischen Pluralismus in der Biomedizin und seinen Auswirkungen auf das Recht angestellt. Angesichts der neuen technischen Möglichkeiten im Umgang mit dem frühen embryonalen Leben werden unsere überkommenen moralischen Routinen massiv überfordert und als Folge davon fallen die durch die neuen Fragen provozierten ethischen Stellungnahmen höchst unterschiedlich aus. Denn die

Auffassungen über grundlegende ethische Fragen, wie jene über Beginn und Ende des Lebens, über den moralischen Status des Embryos und über den Umgang mit dem frühen Leben u.a.m., sind in hohem Maße divergent.

Davon ist auch das Recht betroffen. Da es sich um nämlich Fragen von hoher gesellschaftlicher Relevanz und Maßnahmen mit potentiell großer Eingriffsintensität in Rechtsgüter wie jene des Lebens, der körperlichen Unversehrtheit und der individuellen Selbstbestimmung handelt, ist das Recht aufgefordert, Schutznormen und institutionelle Rahmenbedingungen zu schaffen. In dieser Aufgabenstellung gerät es nun selbst in den Bannkreis pluralistischer Divergenz. Denn es bleibt in seinen Regulierungsambitionen auf grundlegende ethische Orientierungen verwiesen, sieht sich dabei aber mit dem Faktum des ethischen Pluralismus konfrontiert. Es muss juristische Entscheidungen treffen, die notwendigerweise bestimmte ethische Positionen privilegieren und andere unberücksichtigt lassen. Dabei soll aber doch dem fundamentalen Gebot entsprochen werden, sich gegenüber den verschiedenen religiösen und weltanschaulichen Positionen neutral zu verhalten.

In dieser Situation bietet sich für die Gestaltung des Rechts als Weg an, einen Mindestkonsens über rechtsethische Standards zu suchen und von diesen her die juristischen Lösungen zu gewinnen. Diese tragenden Grundprinzipien kommen speziell in den Menschenrechten (z.B. Menschenwürde, Recht auf Leben, Selbstbestimmung, Schutz vor Diskriminierung) zum Ausdruck, sodass sich in diesen ein rechtsethischer und institutioneller Bezugspunkt prinzipiengeleiteter Rechtsverwirklichung anbietet.

Die Hoffnung, im Rekurs auf diese rechtsethischen Grundprinzipien eine tragfähige Konsensbasis zu gewinnen, ist indes trügerisch. Denn der erstrebte Konsens über die Grundprinzipien bleibt häufig fragwürdig und geprägt durch ethische Divergenzen, die im positiven Recht fortwirken. Zwar werden in den menschenrechtlichen Dokumenten Prinzipien angesprochen, die universalen Charakter besitzen und von der Übereinstimmung aller getragen zu sein scheinen. Doch handelt es sich dabei sehr oft um einen abstrakten, durch Formelkompromisse geprägten Scheinkonsens, der den fortbestehenden Dissens nur verdeckt. In den juristischen Diskussionen über Inhalt und Umfang der Prinzipien treten nämlich erneut jene Pluralismen zutage, die sich bereits im ethischen Diskurs zeigten. Der juristische Diskurs bleibt ethisch aufgeladen. Dabei handelt es sich um Fragen von grundlegender anthropologischer bzw. ontologischer Dimension, die dem Menschenbild des Rechts zugrunde liegen: Wann beginnt menschliches Leben? Was macht den Menschen zum Menschen? Wer ist Person? Wie und wann kann der begriffliche Zusammenhang von Menschsein und Personsein hergestellt werden? Welchen moralischen Status besitzt der frühe Embryo? Wann beginnt seine rechtliche Schutzwürdigkeit? Umfasst der Schutz der Menschenwürde bereits die befruchtete Eizelle? Oder ist ein späterer Zeitpunkt maßgeblich?

Es stehen einander bei dieser Kontroverse zwei grundlegend verschiedene ethische Positionen gegenüber, die freilich im Einzelnen noch differieren. Zum einen jene, die die Einheit von Menschsein und Personsein von Beginn an betonen, weil sich der Mensch im Zeichen der Kontinuität seines Werdens nicht zum Menschen, sondern als Mensch entwickle. Dem treten gradualistische Auffassungen entgegen, die im Lichte eines bewusstseinstheoretischen Personenbegriffs[5] eine Trennung zwischen dem Menschsein als einer bloß gattungsbegrifflichen Zuordnung und dem Personsein als einer spezifischen Qualität des Individuums vornehmen. Charakteristisch für diese Position ist insbesondere jene des „Konsequenzialismus", einer Ethik utilitaristischer Provenienz.

2.1. Der Streit um die Menschenwürde

Die Auswirkungen dieser Divergenzen auf das Rechts können besonders anschaulich am Beispiel der Diskussionen um Inhalt und Reichweite des Prinzips der Menschenwürde demonstriert werden. Die grundrechtlichen und grundrechtsdogmatischen Voraussetzungen für die Beantwortung dieser Frage sind in Österreich und Deutschland höchst unterschiedlich. Im Bonner Grundgesetz findet sich als verfassungsrechtliche Zentralnorm Art I 1, der die Unverletzlichkeit der Menschenwürde und ihres Schutzes proklamiert.

Sucht man Auskunft bei den einschlägigen grundrechtsdogmatischen Ausführungen der deutschen Verfassungsjuristen, so zeigt sich freilich ein völlig uneinheitliches Bild, das vom Würdeschutz ab der Befruchtung bis zu Auffassungen reicht, der Schutz der Menschenwürde sei auf Ungeborene nicht anwendbar. Ich kann die Argumentationen hier nicht im Einzelnen nachzeichnen. Bemerkenswert ist ganz allgemein, daß die unterschiedlichen ethischen Positionen unmittelbar in die rechtsdogmatischen Argumentationen einfließen. Der Verfassungsrechtler Höfling sprich in diesem Zusammenhang von einer „Depossedierung des Verfassungsrechts durch die Philosophie" und plädiert für die „Autonomie rechtlicher Begriffsbildung.[6]

Viele, zumeist der älteren Generation zugehörige Verfassungsrechtler folgen in vernunftrechtlicher Perspektive der Rechtsprechung des deutschen Bundesverfassungsgerichts und setzen den Schutz der Menschenwürde mit dem Beginn des menschlichen Lebens, also der Befruchtung an. Sie folgen dabei dem Kontinuitätsargument, wonach der Mensch sich nicht *zum* Menschen, sondern von Anfang an *als* Mensch entwickle. Entwicklungsbedingte Zäsuren werden in dieser Sicht nicht als relevante Kriterien anerkannt, an denen ein späterer Beginn des Würdeschutzes anknüpfen dürfe.

Tendenziell scheint die Zahl jener Juristinnen und Juristen stark im Wachsen zu sein, die gradualitätstheoretische Positionen und utilitaristische, insbesondere konsequentialistische Ethiken bevorzugen. Aus der nahezu unüberschaubaren Zahl der Wortmeldungen sei auf den Grundrechtskommentar des Ethikrat-Mitglieds Horst Dreier verwiesen der in präferenzutilitaristischer Orientierung zur Würde des Embryos ausführt: „Daß etwas im biologisch-naturwissenschaftlichen Sinne menschliches Leben darstellt, macht dieses noch nicht automatisch zum Träger der Menschenwürde. Dem Embryo fehlt es an allen Voraussetzungen (Ich-Bewußtsein, Vernunft, Fähigkeit zur Selbstbestimmung), die für die Menschenwürde konstitutiv sind."[7] Diese Sätze ließen sich durch eine Vielzahl weiterer Beispiele (z.B. von R. Merkel und N. Hoerster, H. Hofmann) vermehren.

In der österreichischen Bundesverfassung ist das Prinzip der Menschenwürde im Unterschied zum Bonner GG nicht explizit garantiert. Es wird allerdings im Anschluß an die Judikatur des VfGH und des OGH davon ausgegangen, „daß die Menschenwürde einen ungeschriebenen 'allgemeinen Wertungsgrundsatz' der österreichischen Rechtsordnung darstellt."[8] Zudem verweisen einfache Gesetze, einzelne Landesverfassungen, aber auch das Grundgesetz über die persönliche Freiheit auf dieses Prinzip. Besondere Beachtung verdient auch ein bislang kaum rezipiertes Erkenntnis des Verfassungsgerichtshofes, in dem er die Menschenwürde dann als verletzt ansieht, wenn der Mensch zum bloßen Objekt der Forschung herabgewürdigt wird.[9]

Die österreichische Verfassungsrechtswissenschaft geht mit dem Prinzip der Menschenwürde wohl auch auf Grund einer langen rechtspositivistischen Tradition überwiegend distanziert um. Berka etwa konstatiert, die „Tragweite einer solchen Gewährleistung (sei) noch nicht ausgelotet".[10] Und Kopetzki sieht in ihr einen naturrechtlichen Fremdkörper in der solchem Denken gegenüber prinzipiell distanzierten österreichischen Verfassung. Zudem meint er in rechtspolitischer Hinsicht, man sollte „sich ganz klarer expliziter Formulierungen bedienen ..., deren Steuerungskraft nicht von so unbestimmten Prinzipien wie der Menschenwürde abhängen, unter der nämlich im Streitfall ... jeder etwas anderes versteht".[11] Wie immer man zu diesen Thesen steht, man mag ihnen beipflichten oder sie ablehnen. Klar ist auf jeden Fall, das sie ethisch keineswegs neutral ist, sondern mit der Exklusion des Würdeprinzips eindeutig forschungsethische Präferenzen setzt. Bestärkt wird dies durch die Tatsache, dass auf der Grundrechtsebene dem Recht auf Leben zumeist mit Hinweis auf das Fristenlösungserkenntnis des VfGH aus 1974 nur Geborene unterstellt werden, womit dem vorbehaltlos gewährleisteten Grundrecht der Forschungsfreiheit im Zeichen eines „favor libertatis" in dieser Hinsicht kaum Grenzen gezogen werden können.

2.2. Rechtsethischer Konsens und Metaphysikvorwurf

In dieser Situation der Divergenz wird häufig versucht, den Konsens dadurch zu ermöglichen, indem dessen Rahmen eingeengt wird. Dies führt dazu, dass Positionen, die einen unbedingten Schutz des vorgeburtlichen Lebens im Zeichen des Prinzips der Menschenwürde gegenüber Forschungsambitionen propagieren, aus dem Konsensrahmen ausgeschlossen werden. Es wird solchen Positionen nämlich vorgeworfen, sie überschritten den Konsensrahmen einer pluralistischen Gesellschaft und gerieten in einen Gegensatz zur Säkularität des modernen Staates, weil sie „metaphysisch" argumentierten. Sie verletzten damit die weltanschauliche Neutralität des Staates. Der Metaphysikvorwurf trifft sie, weil sie sich auf religiöse Prämissen stützten, die sich dem rational-diskursiven Nachvollzug entzögen. Im Lichte der Anforderung weltanschaulicher Neutralität wäre es dem modernen Staat eben verboten, in Gesetzgebung und Vollziehung bestimmte weltanschauliche und religiöse Positionen zu privilegieren.

Der Vorwurf der Unverträglichkeit mit der staatlichen Neutralität wird zunächst gegenüber explizit theologischen Argumentationen erhoben, die etwa beim Schutz der Menschenwürde auf die Geschöpflichkeit bzw. Gottesebenbildlichkeit des Menschen rekurrieren. Zwar sei es jedem unbenommen, solche Auffassungen privat zu vertreten. Auf eine rechtliche Ebene gehoben stünden sie aber, so die Argumentation, im Widerspruch zu den politischen Bedingungen säkularer, weltanschaulich neutraler Gesellschaften und seien auf Grund ihrer voraussetzungsvollen Prämissen nicht verallgemeinerbar. Mit der Berufung auf eine metaphysische Ontologie" gerate, so etwa U. Neumann, „in einer pluralistisch geprägten Diskussionskultur das, was als Aufwertung eines theologisch-metaphysischen Ansatzes gedacht sein mag, im Ergebnis zu einer Schwächung des Fundaments des Menschenwürdeprinzips."[12] Diese Kritik bleibt indes nicht auf theologische Positionen beschränkt. Sie wird auch gegen „metaphysische" Ansätze vorgebracht, „die nicht ausdrücklich einer theologischen Perspektive verpflichtet sind, sofern sie ein Bekenntnis zu einer bestimmten normativen Anthropologie voraussetzen."[13] Einem solchen Metaphysikverdacht werden letztlich alle Ansätze unterstellt, die sich – wie z.B. auch die praktische Philosophie Kants – dem Anspruch ethischer Letztbegründung verpflichtet wissen. Es trifft sie der generelle Vorwurf, in ihren Konzeptionen unbewusst oder uneingestandenermaßen religiöse Relikte zu bewahren, die mit der religiösen Neutralität des Staates nicht vereinbar seien.

Am massivsten hat diesen Aspekt Franz Josef West in seinem Buch mit dem provokanten Titel: „Die Würde des Menschen ist antastbar" zum Ausdruck gebracht. Dem zu weltanschaulicher Neutralität verpflichteten Staat sei es versagt, „seinen Bürgern weltanschaulich gebundene Werte und Ideen (zu) diktieren"[14].

Zwar dürfe es „dem Staat nicht verwehrt werden, ein bestimmtes Menschenbild und das sich daraus ergebende Wertesystem zu schützen, wenn dieses weltanschauungsneutral" sei.[15] Ob in religiöser oder auch vernunftphilosophischer Begründung, die unantastbare Würde gehöre, so Wetz, nicht dazu, „da sie auf einem weltanschaulich gebundenen Menschenbild fußt und somit keine tragfähige Grundlage für eine pluralistische Weltgemeinschaft bieten kann. Die Vorstellung der Würde als angeborener ideeller Qualität, als eines absoluten Werts, den jeder Einzelne in sich trägt, bleibt ohne weltanschauliche Hintergrundannahmen unverständlich, ja bedeutungslos."[16]

Ein von metaphysischen Resten „bereinigter" Konsens lässt sich dann in der Tat leichter herstellen und pragmatisch handhaben. Bedacht sollte allerdings werden, dass die vermeintlich „metaphysikfreien" Positionen letztlich selbst auf ontologischen und anthropologischen Prämissen beruhen, die selbst und zwar unausweichlich auf metaphysische Dimensionen verweisen. Keine Position kann sich nämlich so fundamentalen Fragen, wie jenen nach dem Subjekt des Lebens, dem Verhältnis von Leib und Geist, der normativen Bedeutung von Entwicklungsstufen im Leben des Menschen entziehen. Der Versuch, sie zu vermeiden, führte nur dazu, dass man die eigenen unreflektierten philosophischen Vormeinungen voraussetzt. Es manifestiert sich im Metaphysikvorwurf die bekannte Strategie, den anderen wissenschaftlich unerweisliche Grundannahmen zu unterstellen, ohne den voraussetzungsvollen Charakter der eigenen Prämissen zu reflektieren. So gesehen erweist sich der Vorwurf der Verletzung des Prinzips weltanschaulicher Neutralität als einseitig und läuft in Wahrheit auf eine dem Neutralitätspostulat widersprechende Privilegierung bestimmter Positionen hinaus, die keineswegs „weltanschauungsneutral" sind.

Eine metaphysikkritische Haltung nimmt in diesen Fragen auch J. Habermas ein, wobei er im Unterschied zu den meisten anderen Vertretern des Metaphysikvorwurfs für eine entschiedene Begrenzung von einschlägigen Forschungsambitionen eintritt. Er kritisiert die Zielsetzung, den Streit um die Zuschreibung der Menschenwürde „mit zwingenden moralischen Gründen"[17] zu entscheiden und wendet sich dabei gegen zwei kontroverse „ontologische Grundannahmen": einerseits gegen die des „szientistischen Naturalismus, aus denen sich die Geburt als relevante Zäsur ergibt", und andererseits gegen Positionen mit „metaphysischen oder religiösen Hintergrundannahmen"[18], die, was etwa die ontologische Stellung des Embryos, im Zeichen der Kontinuitätsthese in der Befruchtung die normativ relevante Zäsur sehen. In den normativen Diskursen einer demokratischen Öffentlichkeit zählten „letztlich nur moralische Aussagen im strengen Sinn", das sind „weltanschaulich neutrale Aussagen über das, was gleichermaßen gut ist für jeden", mit der Qualität, „für alle aus guten Gründen akzeptabel zu sein.“[19] Darin sieht er den geeigneten Schlüssel, Fragen „unabhängig von unterschiedlichen ontologischen Bestimmungen“[20] zu beantworten.

Für Habermas selbst ist die Menschenwürde fundiert in der „‘Unantastbarkeit‘, die allein in den interpersonalen Beziehungen reziproker Anerkennung, im egalitären Umgang von Personen miteinander eine Bedeutung haben kann.“[21] Dieser Anerkennungsprozess setzt die Geburt als „Lösung von der Symbiose mit der Mutter“ voraus, weil sich im Zeichen eines Prozesses der Individuierung durch Vergesellschaftung erst „in der Öffentlichkeit einer Sprachgemeinschaft das Naturwesen zugleich zum Individuum und zur vernunftbegabten Person“[22] bilde. Vor diesem Eintritt in den öffentlichen Interaktionszusammenhang, genieße „das menschliche Leben als Bezugspunkt unserer Pflichten Rechtsschutz, ohne selber Subjekt von Pflichten und Träger von Menschenrechten zu sein.“[23] Dieser Rechtsschutz bestehe im Unterschied zu der jeder Person garantierten Menschenwürde im Respekt vor der „Würde des menschlichen Lebens“[24]. Dieser Respekt vor der Würde des menschlichen Lebens gründe in Analogie zum ehrfurchtsvollen Umgang mit toten Föten in der „tief sitzende(n) Scheu vor der Integrität des werdenden menschlichen Lebens, an das keine zivilisierte Gesellschaft ohne weiteres rühren“ dürfe.[25] Durch einen vorgeburtlichen menschenrechtlichen Würdeschutz verlören „moralisch gesättigte juristische Begriffe wie ‚Menschenrecht‘ und ‚Menschenwürde‘ durch eine kontraintuitive Überdehnung nicht nur ihre Trennschärfe, sondern auch ihr kritisches Potential.“[26]

Im Hinblick auf diese Argumentationen sind einige Fragen angebracht: Zum ersten bleibt in dieser Argumentation reichlich unbestimmt, wer denn eigentlich Subjekt dieser Anerkennungsbeziehungen ist und wie bzw. wann die grundrechtlich garantierte Menschenwürde erworben wird. Offenkundig ist ja auch der/die Neugeborene vor der Ausbildung aktueller rationaler Fähigkeiten zunächst nur potentielles Mitglied der durch symmetrische Anerkennungsbeziehungen konstituierten Kommuni-kationsgemeinschaft. Welchen normativen Stellenwert hat dann die intersubjektive Anerkennung für die Begründung individueller Menschenwürde? Worin unterscheidet sich die Anerkennung von der konstitutiven Zuerkennung durch die anderen? Setzt die Anerkennung nicht bereits jene menschenrechtliche Subjektivität voraus, die ihr somit vorgegeben ist? Kehrt dann nicht doch die ontologische Fragestellung wieder, die zunächst ausgeklammert worden war, weil sie mit der weltanschaulichen Neutralität des modernen Staates unverträglich sei?

Aus einer praktischen Schutzperspektive erscheint aber noch bedeutsamer die Frage nach den Schranken zu stellen, die sich aus dem Rekurs auf die „Würde des menschlichen Lebens“ einer von Gattungssolidarität getragenen Art des Pietätsschutzes ergeben. Die Aktualität dieser Frage manifestiert sich in Herausforderungen durch die verbrauchende Embryonenforschung oder die Problematik der Gewinnung von embryonalen Stammzellen. Habermas bleibt bei seinen Erwägungen auf einer hohen Abstraktionsebene und lässt sich auf diese konkreten Fragen erst gar nicht ein. Es ist daher auch nicht zu eruieren, wie sich auf dieser Grundlage Schranken ausmachen lassen, die in ihrem normativen Gehalt geeignet sind, den Ambitionen der Forschung Schranken zu setzen.[27] Wenn man bedenkt, dass die grundrechtliche Garantie der Forschungsfreiheit unter einem „favor libertatis", d.h. unter einem Anspruch steht, Schranken einem besonderen Begründungsanspruch zu unterstellen, erscheint der Verweis auf eine eher diffuse menschliche Gattungssolidarität als zu schwach, um irgendwelche Einschränkungen zu legitimieren. In dieser Perspektive können einem von Forschungsinteressen geleiteten Handlungsanspruch wohl kaum adäquate Grenzen gesetzt werden.[28]

2.3. Auf der Suche nach dem ethischen Minimum

Ist es in dieser Situation rechtsethischer Divergenzen nicht doch möglich, bei Anerkennung aller Unterschiede gleichsam im Kompromisswege einen Mindestkonsens auszumachen, also ein ethisches Minimum, das als Basis der Rechtsgestaltung zu dienen vermöchte. Gibt es also ein solches ethisches Minimum? Kann dieses ethische Minimum die Substanz eines überlappenden Konsenses im Lichte der von Rawls propagierten „Autonomie des Politischen" bilden? Es ist nach den vorangehenden Ausführungen offenkundig, dass die Antworten auch auf diese Frage kontrovers ausfallen müssen.

Herlinde Pauer-Studer bejaht die Möglichkeit eines ethischen Mindestkonsenses. In ihrem Beitrag: „Bioethik und öffentlicher Vernunftgebrauch am Beispiel der Embryonenforschung"[29] versucht sie, diese Autonomie des Politischen im Lichte des Rawls'schen „Ideals des öffentlichen Vernunftgebrauchs" zu verteidigen. Sie bezieht sich zunächst auf die Tätigkeit von Ethikkommissionen im Bereiche der Bioethik. Im Unterschied zu Rawls ordnet sie die Tätigkeit dieser Kommissionen nicht bloß einer privaten „Hintergrundkultur", sondern dem Bereich der öffentlichen Kultur zu. Grund dafür ist, dass sie nicht allein private

Empfehlungen abgeben, sondern im öffentlichen Auftrag tätig sind und mit ihren Beschlüssen auf die Rechtspolitik erheblichen Einfluß ausüben. Das hat Konsequenzen für die Begründungsperspektive. Angesichts der öffentlichen Dimension ihres Wirkens müssten diese Ethikkommissionen, so wird betont, „auf den Anspruch verzichten ..., zum Finden der Wahrheit oder der philosophisch oder theologisch perfekten Theorie beizutragen."[30] Im Hinblick auf die für den demokratischen Verfassungsstaat grundlegenden politischen Werte der Freiheit und der Gleichheit dürften die Begründungen nur „mit Argumenten geschehen, die nicht nur im Lichte einer spezifischen umfassenden Moraltheorie oder einer bestimmten Religionslehre gültig sind, sondern unabhängig von solchen Konzeptionen als gültig anerkannt und eingesehen werden können."[31] Bezogen auf das Problem des Schwangerschaftsabbruchs werde zwar erwogen, ob die argumentativ vorgebrachten politischen Werte im Falle ihrer Abwägung und Gewichtung auf darüber hinausgehende moralische Zusatzannahmen angewiesen und damit die Vorstellungen von der Abgrenzbarkeit von „konsensfähigen politischen Werten einerseits und umfassenden moralischen und religiösen Doktrinen andererseits ... illusorisch" seien.[32] Pauer-Studer meint aber, dass dies nicht der Fall wäre, sofern die Zusatzargumente „*freistehend*, also nicht Teil einer bestimmten umfassenden Lehre"[33] seien. Als „freistehend" können jene Argumente qualifiziert werden, „deren Gültigkeit nicht von der Festschreibung auf eine bestimmte umfassende philosophische oder religiöse Lehre abhängt."[34] Während die Vorstellung von der „Heiligkeit des Lebens" im Zusammenhang mit dem Schwangerschaftsabbruch religiös konnotiert sei, könnte die „Gültigkeit des Arguments von der fehlenden Schmerzempfindlichkeit im Frühstadium embryonaler Entwicklung ... hingegen unabhängig von der Akzeptanz einer umfassenden religiösen oder philosophischen Lehre" eingesehen werden. Auch Menschen, „die im Bereich ihrer privaten Überzeugungen unterschiedlichen religiösen Konzeptionen anhängen, können dieses Argument anerkennen."[35]

Die als „freistehend" qualifizierten Argumente sind indes nicht so voraussetzungslos in ethischer Hinsicht, wie sie vorgestellt werden. Das kann gerade an dem von Pauer-Studer herangezogenen Beispiel von der Schmerzunempfindlichkeit des frühen Embryos demonstriert werden. Denn der vorgebliche Konsens über dieses Kriterium kann nur ein abstrakter, in Wahrheit aber normativ sehr voraussetzungsvoller Scheinkonsens sein, der unzugestandenermaßen eine bestimmte ethisch-anthropologische Position privilegiert. Die Schmerzempfindlichkeit ist kein allgemeines Kriterium, das von allen ethischen Richtungen und religiösen Positionen akzeptiert werden könnte. Sie kann vielmehr nur innerhalb einer gradualistischen Theorie utilitaristischer Provenienz als normatives Kriterium fungieren. Für eine Theorie, die für den Lebensschutz von der Befruchtung an eintritt, kann ein solches Kriterium nur den Charakter einer willkürlichen und ethisch nicht rechtfertigbaren normativen Auszeichnung einer bestimmten Phase des Lebens bedeuten, das im Gegensatz zur gradualistischen Position durch den Charakter der *Kontinuität* der Entwicklung als Mensch geprägt ist. Der am Kriterium der Schmerzempfindlichkeit orientierte vorgebliche kleinste gemeinsame Nenner kann dies nur sein, wenn man bereits vorweg die gradualistische Position als die einzige in einer pluralistischen Gesellschaft mögliche voraussetzt. Außer Betracht bleibt dabei aber, dass der Gradualismus auf anthropologischen Voraussetzungen beruht, die einem bewusstseinstheoretischen Personenbegriff in der

Tradition Lockes und damit einem grundlegenden Dualismus von „biologischem" und „bewußtem" Leben mit allmählichen Übergängen verpflichtet sind. Eine solche dualistische Konzeption ist freilich und bleibt auch ontologisch höchst voraussetzungsvoll, auch wenn dies nicht ausdrücklich reflektiert wird. Sie erfüllt so gesehen alle begrifflichen Qualifikationen, die einer „umfassenden" ethischen Konzeption zugeschrieben werden. Von der ethischen Neutralität eines den Gradualismus festschreibenden Grundkonsenses kann daher keine Rede sein.

3.) Dilemmata und Herausforderungen der Politik

Wenn aber über diese Fragen ein von „freistehenden" Argumenten getragener moralischer Konsens nicht möglich ist, hat dies wesentliche Konsequenzen für die Rechtsgestaltung. Sie steht nämlich vor einem Dilemma. Zum einen kann sie versuchen, Konflikte zu vermeiden, indem Zuflucht zu Kompromissformeln gesucht wird. Dies geschieht beispielsweise im Menschenrechtsübereinkommen zur Biomedizin. In diesem Abkommen wird, um nur ein Beispiel herauszuheben, angesichts unterschiedlicher ethischer und rechtlicher Traditionen in den einzelnen europäischen Ländern die Antwort auf Frage, wer als „human being" zu qualifizieren sei, nicht allgemein gegeben, sondern den nationalen Rechtsordnungen überlassen. Die Folge davon ist, dass solcherart Konflikte nicht bewältigt, sondern nur verschoben werden.

Wenn man eine solche Vorgangsweise vermeiden möchte, mit Hilfe dilatorischer Formelkompromisse Divergenzen zu kaschieren, bleibt den politisch Entscheidenden nichts anderes übrig, als mittels politischer Mehrheitsentscheidungen ganz bewusst bestimmte ethische Grundpositionen zu privilegieren und andere hintanzustellen, also bestimmte ethische Präferenzen juristisch zu verstärken. Unter solchen Voraussetzungen gerät aber die Vorstellung von der ethischen Neutralität des überlappenden Konsenses in die Situation einer nicht vermeidbaren Überforderung.

Dass bei diesen Mehrheitsentscheidungen der Umfang möglicher Gemeinsamkeiten und das Maß des gesellschaftlich Zumutbaren so gut wie möglich ausgelotet und taugliche Kompromisse gesucht werden müssen, steht wohl außer Zweifel. Umstritten bleibt freilich, ob ein solches Unternehmen tatsächlich zu zustimmungsfähigen und gesellschaftlichen Frieden verbürgenden Lösungen zu kommen vermag.

Auch diese Möglichkeit ist Gegenstand unterschiedlicher Einschätzungen und Erwartungen. Als Beispiel für solche kontroverse Beurteilungen möchte ich abschließend die Wortmeldungen zweier Medizinethiker wiedergeben, die von U. Körtner und jene von D. Mieth. Körtner stellt an den politischen Umgang mit ethischer Divergenz die Forderung, politische Lösungen zu finden, „welche dem gesellschaftlichen Frieden dadurch dienen, dass sie die ethischen Konflikte begrenzen." An die Stelle des Konsenses habe der politische Kompromiss zu treten, was im Klartext heiße, „dass die Grenzen, welche das Recht ziehen kann, vermutlich weiter gesteckt werden, als es einer strengen bioethischen Position entspricht. Das Recht hat dem inneren Frieden einer Gesellschaft zu dienen, nicht aber eine bestimmte Moral durchzusetzen." International ließe sich „ein Trend zur Deregulierung biomedizinischer und biotechnologischer Politikfelder beobachten. An die Stelle von starren gesetzlichen Vorgaben treten Rahmengesetze, die Einzelfallentscheidungen den Betroffenen sowie Expertenkommissionen übertragen."[36]

Weitaus skeptischer und kritischer beurteilt Dietmar Mieth diese Tendenz, Phänomene ethischer Divergenz mit Mitteln der Deregulierung zu lösen. Mieth nimmt im Zusammenhang mit den Diskussionen um die Zulässigkeit der Präimplantationsdiagnostik eine strukturelle Differenzierung unter-schiedlicher Formen des Pluralismus vor, die hohen Erklärungswert besitzt. Er unterscheidet zwischen einem „empirischen", einem „strukturellen" und einem „normativen" Pluralismus. Während die erste und die zweite Form des Pluralismus keine besonderen Probleme aufwerfen, weist Mieth pointiert auf die Fragwürdigkeit eines vom gesellschaftlichen Konsens getragenen normativen Pluralismus hin. Er schreibt: „Wer nicht nur den empirischen Pluralismus der Gesellschaft und nicht nur den strukturellen Pluralismus der Demokratie, sondern auch noch einen normativen Pluralismus vertritt, wird immer bei der Deregulierung landen. Denn ein Pluralismus, der Normen auf dem kleinsten gemeinsamen Nenner vorschreibt, wird immer diejenigen Optionen begünstigen, die diesen Nenner bereits vorschlagen. Das ‚gute Leben' (im philosophischen Sinne), scheinbar privat und pluralistisch, wird damit auf dem jeweils niedrigeren Niveau begünstigt."[37] Die „abschüssige Bahn", die mit dieser Entwicklung junktimiert ist, sei, so Mieth, „nur zeitweise begrenzbar. Denn bei der einen Deregulierung (komme) schon die nächste in den Blick."[38] Die Vorstellung besitzt durchaus Plausibilität, dass dadurch ein erheblicher Wandel unseres Selbstverständnisses ausgelöst wird, der im Kontext mit den Anpassungsleistungen an den wissenschaftlichen Fortschritt nicht wahr- oder jedenfalls in Kauf genommen wird. Mieth fragt daher: „wollen wir den Wandel der Werte bewußt und mit Gründen oder passen wir uns ihm nur deshalb an, weil wir die Ethik nur für eine Ratifikation eines Wandels halten, der vom etablierten Verbundsystem von Wissenschaft, Technik und Ökonomie bereits inszeniert ist?"[39] Ich habe den Eindruck, dass der aktuelle Rekurs auf einen „metaphysikfreien" Grundkonsens sowie die Warnung vor einer religiös inspirierten Verletzung des Neutralitätsgebotes säkularer Staatlichkeit genau diesen von Mieth diagnostizierten ethischen Mitvollzug eines von biotechnologischen Forschungsinteressen dominierten Wandels forcieren.

4.) Zusammenfassende Bemerkungen

Fragen wir uns abschließend und rückblickend nach den Chancen und Möglichkeiten eines „übergreifenden Konsenses" im Bereich der Biomedizin. Ich bin hier eher skeptisch. Die Pluralität ethischer Positionen ist unhintergehbar und findet sich unvermeidlich auch im Recht wieder. Weder der Rekurs auf Grundrechtsprinzipien, noch der Versuch der Ausklammerung „metaphysischer" Lehren und auch nicht das Bestreben, mit „freistehenden" Argumenten zu operieren, können dieses Dilemma hinter sich lassen; jede Entscheidung wird sich zu einer ethischen Position bekennen und andere verwerfen müssen. Freiheit von Ethik ist nicht zu haben. Es steht außer Zweifel, dass die Politik damit vor schwierige Aufgaben gestellt bleibt. Die Legitimität politischer Entscheidungen im Bereich der Biomedizin bleibt somit prekär.

Anmerkungen

1 J. Rawls, Der Gedanke eines übergreifenden Konsenses, in: ders., Die Idee des politischen Liberalismus, Frankfurt/M. 1994, 298; dazu G. Luf, Gerechtigkeitstheorie zwischen Gemeinsinn und transzendentaler Reflexion: Überlegungen im Anschluss an Rawls' Theorie der Gerechtigkeit, in: ARSP, Beiheft 56, 1994, 41 ff.
2 Ebd.
3 Vgl. J. Rawls (1994) 309.
4 J. Rawls (1994) 335.
5 Vgl. dazu eingehender G. Luf, Rechtsethische Probleme des Personenbegriffs – Ein Beitrag zur Debatte um Peter Singer, in: Wissenschaftliche Nachrichten, Nr. 121, 2003, 3 ff.
6 W. Höfling, Depossedierung des Verfassungsrechts durch die Philosophie? – Plädoyer für die Autonomie rechtlicher Begriffsbildung, in: J. Taupitz Hrsg.), Die Bedeutung der Philosophie für die Rechtswissenschaft – dargestellt am Beispiel der Menschenrechtskonvention zur Biomedizin, Heidelberg 2001, 37 ff.
7 Verwiesen sei auf den Grundgesetzkommentar von H. Dreier, Bd. I, Tübingen 1996, Rn 50, 109: „Daß etwas im biologisch-naturwissenschaftlichen Sinne menschliches Leben darstellt, macht dieses noch nicht automatisch zum Träger der Menschenwürde. Dem Embryo fehlt es an allen Voraussetzungen (Ich-Bewusstsein, Vernunft, Fähigkeit zur Selbstbestimmung), die für die Menschenwürde konstitutiv sind."
8 W. Berka, Die Grundrechte: Grundfreiheiten und Menschenrechte in Österreich, Wien 1999, 217, Rn. 378.
9 VfSlg 13.635/1993.
10 W. Berka, ebd.

11 Ch. Kopetzki, in: B. Moser, R. Peter (Hrsg.) gen.leben. 1. Österreichische Bioethikkonferenz, Wien 2001, 88.
12 U. Neumann, Die Tyrannei der Würde, in: ARSP 1998, 164.
13 Ebd.
14 F. J. Wetz, Die Würde der Menschen ist antastbar. Eine Provokation, Stuttgart 1998, 106.
15 F. J. Wetz (1998) 107.
16 Ebd.
17 J. Habermas, Die Zukunft der menschlichen Natur. Auf dem Weg zu einer liberalen Eugenik?, Frankfurt/M. 2001, 59.
18 J. Habermas (2001) 60.
19 J. Habermas (2001) 61.
20 Ebd.
21 J. Habermas (2001) 62.
22 J. Habermas (2001) 65.
23 J. Habermas (2001) 66.
24 J. Habermas (2001) 67.
25 Ebd.
26 J. Habermas (2001) 68.
27 Vgl. K. Braun, Die besten Gründe für eine kategorische Auffassung der Menschenwürde, in: M. Kettner, Biomedizin und Menschenwürde, Frankfurt/M. 2004, 98, die zutreffend betont, dass Habermas' „Argumente gegen die Vernutzung menschlicher Embryonen ‚weiche' Argumente" seien. Es handle „sich um Warnungen vor der ‚schiefen Ebene', die als solche rechtlich nicht ‚zwingend' sind. ‚Slippery slope'-Argumente allein können in einem Rechtsstaat nicht ausreichen, um verfassungsrechtlich garantierte Rechte wie Forschungsfreiheit oder das Recht auf freie Entfaltung der Persönlichkeit zu rechtfertigen. Solche Einschränkungen gelten bisher nur dann als gerechtfertigt, wenn die Rechte konkreter Rechtsträger gefährdet sind."
28 Zum problematischen Charakter des Rekurses auf Gattungssolidarität vgl. O. Höffe (2002), 78.
29 H. Pauer-Studer, Bioethik und öffentlicher Vernunftgebrauch am Beispiel der Embryonenforschung, in: U. Körtner, Ch. Kopetzki (Hrsg.), Embryonenschutz – Hemmschuh für die Biomedizin?, Wien 2003, 145 ff.
30 H. Pauer-Studer (2003) 150.
31 Ebd.
32 H. Pauer-Studer (2003) 151 f.
33 H. Pauer-Studer (2003) 152.
34 Ebd.
35 Ebd.
36 U. Körtner, Moralisierung der Politik oder Politisierung der Moral? Zur politischen Funktion von Ethikkommissionen am Beispiel Österreichs, in: Standpunkt. Zeitschrift des Evangelischen Bundes in Österreich, H. 179, Wien 2005, 13.
37 D. Mieth, Präimplantationsdiagnostik im Kontext, in: Orientierung, 67. Jg., 2003, 41.
38 Ebd.
39 Ebd.

Diskussion

Isensee: Das Referat hat eingeführt in das Dilemma des Pluralismus, das gerade dort aufbricht, wo ethische Entscheidungen nach verallgemeinerungsfähigen Regeln zu treffen sind, am Ende deren Befolgung gerichtlich erzwungen werden kann.

Wolbert: Danke für den Gedanken. Diese ganze Frage der Neutralität wäre vielleicht auch einmal Thema für ein eigenes Forschungsgespräch. Ich habe mich selber mit der amerikanischen Diskussion etwas befasst. Eine religiöse comprehensive doctrine ist natürlich besonders leicht zu erkennen, etwa durch Berufung auf den Papst, die Bibel oder auf den Koran – aber bei anderen comprehensive doctrines ist das natürlich nicht so leicht. Dennoch gibt es auch zwischen säkularen Doktrinen ähnliche Probleme. Bei einer Tagung über liberale Kritik am Wohlfahrtsstaat, sagte ein amerikanischer Autor, die libertarians and social democrats lebten auf unterschiedlichen Planeten.

Im Übrigen will Rawls den Konsens beschränken auf constitutional essentials and matters of basic justice. Was gehört dazu? Für Rawls eine liberale Abtreibungsregelung zum Beispiel, aber nicht Tierschutz. Da würden vermutlich die Grünen nicht einverstanden sein. Ich würde sagen, auch was zu den constitutional essentials gehört, hängt wieder ab von der jeweiligen umfassenden Anschauung. Einer der Opponenten, Nicholas Wolterstorff, hat kritisiert, Rawls und andere stellten sich die Gesellschaft nach dem Modell einer Quäkerversammlung vor, die immer versucht, zu einer einmütigen Entscheidung zu kommen (wobei dann u.U. die Posititon derer siegt, die das beste Sitzfleisch haben).

Und eine andere Autorin sagt treffend, es sei einfach liberaler Glaube, dass die neutrale Vernunft immer garantiere, dass man zu einheitlichen Beschlüssen kommt. Wolterstorff kritisiert auch die Vorstellung von Zwang, den man vermeiden will. Wenn man sagt, Zwang darf nur angewendet werden, wo alle sich einig sind, ist da nicht jeder Zwang aufgehoben?

Noch drei Bemerkungen, einmal zum Thema Forschungsfreiheit. Bei einem dieser Workshops zur Wissenschaftsethik in Salzburg hat der deutsche Philosoph Gernot Böhme zur Forschungsfreiheit kritisch gefragt, ob diese keine Einschränkungen dulde. Es geht ja nicht mehr darum, die Neugier von ForscherInnen einzuschränken. Forschungsgegenstände werden vielfach von wirtschaftlichen Interessen bestimmt. In Deutschland gehört allerdings die Forschungsfreiheit zu den Grundrechten, die auch nicht durch die Gesetzgebung eingeschränkt werden dürfen. Das heißt für die Einschränkung von Forschungsfreiheit braucht man ganz starke Argumente: Es müssen schon Grundrechte verletzt sein.

Eine Frage noch zu Kopetzki: Wenn er sagt, Menschenwürde brauchen wir nicht, wie würde er denn Grundrechte verstehen, wenn ich sie verstehe als etwas, das vorgegeben ist, als etwas, das der Staat also nicht zu gewähren hat, sondern was er respektieren muss?

Luf: Wir haben in Österreich in der Verfassungsrechtswissenschaft, nicht im Privatrecht, eine so dominante Kelsen-Tradition, in der es als unwissenschaftlich, ja geradezu als unanständig gilt, wenn ethische Prinzipien in den juristischen Diskurs eingebracht werden. Unsere Verfassungsrechtler sind, pointiert gesagt, sprachlos im Hinblick auf diese rechtsethischen Fragen. Es gibt in der Wissenschaft immer wissenschaftliche Traditionen und die Sprachgemeinschaften üben sich ja ein.

Eine kurze Überlegung zu Rawls: Rawls ist ein Optimist. In seiner Theorie vom „overlapping consensus" unterscheidet er die loyale Akzeptanz des liberalen Rechtsstaates von einem bloßen „modus vivendi". Dieser modus vivendi schwächt zwar die Stabilität des politischen Systems. Aber durch das dauernde Leben in solchen liberalen Gemeinschaften kann er sich im Wege eines Erziehungsprozesses verwandeln und zu einer Haltung patriotischer Zustimmung werden. Das ist seine Hoffnung.

Das Grundrecht der Wissenschaftsfreiheit steht auch in Österreich nicht unter Gesetzesvorbehalt. Es ist freilich begrenzt durch den Schutz anderer grundrechtlich geschützter Güter. Eine Begrenzung der Wissenschaftsfreiheit ist dann schwer begründbar, wenn nicht gleichsam als Gegenlager andere Grundrechtsgüter vorliegen. Das ist nach Ansicht vieler österreichischer Verfassungsjuristen beim Lebensschutz nicht, jedenfalls nicht umfassend der Fall. Unter Verweis auf die MRK und das Fristenlösungserkenntnisses wird argumentiert, ein Grundrecht auf Leben gäbe es erst ab der Geburt, vorher nicht. Unter dieser Prämisse bestehen gegenüber dem vorgeburtlichen Leben im Lichte der Forschungsfreiheit keine Schranken. Manchmal wird in gradualistischer Perspektive an die Schmerzempfindlichkeit als Ansatzpunkt des Grundrechtsschutzes vorgeburtlichen Lebens angeknüpft. Aber diese Anknüpfung sieht sich mit der Kritik konfrontiert, die allen gradualistischen Ansätzen begegnet, nämlich dass die Kriteriologie willkürlich sei.

Der Rekurs auf die Menschenwürde wird von österreichischen Juristen häufig mit dem Hinweis abgelehnt, auch in Deutschland führe der inflationäre Gebrauch des Menschenwürdearguments zu keinen eindeutigen Lösungen, sondern werde häufig als Totschlagsargument verwendet, um die eigene Meinung durchzusetzen. So etwa berufen sich bei der Euthanasiedebatte beide Seiten auf die Menschenwürde. Die Befürworter auf das Selbstbestimmungsrecht und die Kritiker auf Unverfügbarkeit des Lebens. Es ist in der Tat schwierig, zu einvernehmlichen

Lösungen zu kommen argumentative Tabubereiche verlassen werden. Und die Hoffnung, dass das Recht hier wirklich diese eindeutigen Lösungen bietet, ist wirklich trügerisch.

Isensee: Darf ich meine Position als Chairman missbrauchen zu drei kurzen Zwischenbemerkungen?

1. Das Menschsein und seine Würde von seiner Schmerzempfindung her zu bestimmen, ist der Musterfall eines naturalistischen Fehlschlusses. Die Schmerzempfindung taugt allenfalls dazu, die Reichweite eines anthropozentrisch konzipierten Tierschutzes zu markieren.
2. Zur Forschungsfreiheit: ihre grundrechtliche Gewährleistung steht in Deutschland nicht unter Gesetzesvorbehalt. Sie wird nur verfassungsimmanent eingeschränkt durch gegenläufige Normen der Verfassung selbst. Eine solche ist die Anerkennung des Embryos als Grundrechtssubjekt. Dieses ist daher a priori dem Zugriff des Forschers entzogen. Die Verfassung gewährleistet ihm Selbstbestimmung im eigenen Wirkungskreis, nicht aber Verfügung über das Leben anderer (Grund) Rechtssubjekte.
3. Offen bleibt das Problem, ob das Verbot des Klonens der Forschungsfreiheit standhält. Im Vorgang des Klonens existiert noch kein Rechtssubjekt. Es wird auch keines vernichtet. Im Gegenteil: es wird ein Rechtssubjekt gezeugt. Das Verbot schützt nicht das Leben. Vielmehr will es unerwünschtes Leben verhindern. Es stößt auch nicht auf die Menschenwürde eines Individuums. Wer das Argument der Menschenwürde hier in Stellung bringen will, muss sie auf die Gattung insgesamt beziehen: die Menschheit als solche.

Luf: Wenn von der Würde der Menschheit die Rede ist, könnte man, wie etwa Habermas, vor einer Bedrohung unseres gattungsethischen Selbstverständnis durch die biomedizinische Forschung warnen. Aber der Rekurs auf das Menschenbild wird in der Verfassungsdiskussion nicht als tragfähig anerkannt.

Pichler: Ich kann im Duett mit dir mitsingen, weil du ja auch eine gewisse Ratlosigkeit zeigst. Es stehen eben auch in den Menschenrechten Positionen gegeneinander, die unauflösbar sind und einer positiven Entscheidung entlang von Grundsätzen wie Verhältnismäßigkeit entgegenharren. Nachdem er wie der Pontius im Credo an unserem Gespräch virtuell teilnimmt, aber unvertreten ist, möchte ich Christian Kopetzky doch ein wenig verteidigen.

Erstens einmal ist er kein Stalinist unter den Positivisten. Sondern er kommt irgendwie zu dieser Position aus dem Beobachten der Hilflosigkeit von ethischen Konzepten und von Würdekonzepten. In Wahrheit sind natürlich alle, die die Würde als Prinzip einer Rechtsausstattung ablehnen, in keiner wirklich besseren

Position als die, die sie als Prinzip annehmen. Denn sie greifen dann halt eben auf Humanität zurück, aber damit sind sie noch lange nicht am rettenden Ufer. Denn damit haben sie nur eine black box gegen einer andere ausgetauscht. Das schmerzt sie, das spüren sie auch. Es plagen eben die Zweifel, den der glaubt, nicht weniger als den, der nicht glaubt.

Aber man kann das Dilemma schon ein wenig auflösen. Und ich denke mir, es sollten Rechtskonzepte im Grunde konsequent an der Würde festhalten. Würde ist ja nur der historische Versuch, ein säkularisiertes Ersatzangebot für Einmaligkeit und Gott-Ebenbildlichkeit in die Sprachsemantik einzuschleusen. Damit ist den Laizisten der Wind aus den Segeln genommen. Wenn man „dignity" sagt, dann dann kann man sich plötzlich einigen, auch wenn es nur ein Etikettenschwindel ist. Und die einen meinen damit halt für sich Humanität und die anderen religiös bedingte Würde, aber man kann leben miteinander.

Man sollte nur eines nicht versuchen, da haben wir heute Vormittag schon darüber debattiert, nämlich Würde positiv definitorisch auffüllen zu wollen. Mann sollte es bei der Auffüllung ex negativo belassen, bloß feststellen lassen, was dem Gebot der Würde nicht entspricht. Und deshalb gefällt mir das Konzept der EMRK besonders, da gibt es einen Gerichtshof, der füllt das Prinzip auf, Tag für Tag, sagt nicht was Würde ist, sondern nur was Nicht-Würde ist. Das genügt mir.

Es gäbe freilich die andere Möglichkeit auch, dass man Würde über Gesetzesrecht auffüllt. Das ist wieder der Ruf von Kopetzky und Co, weg mit Bioethik, her mit Biorecht. Gut, die Gesetzgebung hält sich bewusst bedeckt und setzt daher Bioethikkommissionen in ganz Europa ein, weil sie im Grunde ein bisschen rausgehalten werden will. Aber sie kommt letztlich nicht darum herum, denn wenn die Konfliktsituation da ist und wenn es in irgendeiner Form einen Zugang zu Gericht und einen subjektiven Anspruch gibt, muss ja wer entscheiden. Bleiben die Gesetzgeber abstinent, dann machen eben Richter Politik. Das ist dann auch Wertepolitik, denn der Wertbefangenheit entgehen wir nie, der eine nicht und der andere nicht. Die Kelsen´sche Grundnorm ist ja wohl auch nur ein camoufliertes Ding für irgendetwas, das sich als undefinierbar, unaussprechlich aber nicht unexistent erweist.

Luf: Aber das Problem, das dabei entsteht, ist folgendes: Diejenigen, die hier strikter auftreten, haben schnell das Etikett, ein rückschrittlicher Metaphysiker oder gar ein dem Vatikan höriger „Kathole" zu sein. Dazu ist es gar nicht nötig, sich auf die „Gottesebenbildlichkeit" des Menschen zu berufen. Es genügt schon, wenn man sich transzendentalphilosophisch auf Kant beruft. Niemand kann leugnen, bestimmten Denktraditionen verpflichtet zu sein. Wenn einem dann unterstellt wird, auch eine säkulare ethische Argumentationsweise sei in Wahrheit kryptochristlich und daher „metaphysisch“ (im Sinne von unwissenschaftlich), dann finde ich dieses Abqualifizieren einfach ärgerlich.

Pichler: Da gibt es eine simple Antwort – sag halt „Stalinist“ zum anderen. Wenn es in diese primitive Ecke geht, kannst du dich nur mit Gegenetiketten wehren, Dummheit pariert man nicht mit Intellektualität.

Isensee: In unserer Gesellschaft herrscht Christophobie. Selbst Christen genieren sich, wenn man sie als Christen denunziert. Doch warum sollen sie sich nicht freimütig zu ihrem Christentum bekennen? Das gilt auch dann, wenn sie die Idee der Menschenwürde interpretieren. Die Idee ist auf dem Boden des Christentums gewachsen. Die säkulare Gesellschaft erntet die Früchte. Insofern hat sich die Idee von ihrer Herkunft gelöst. Gleichwohl lässt sie sich nicht verstehen ohne Rücksicht auf diese Herkunft. Wer über die Menschenwürde wissenschaftlich redet, braucht den Glauben, dem sie entstammt, nicht zu teilen. Aber er muss ihn kennen. Im übrigen entstammen auch die säkularen Klassiker der Menschenwürde-Idee, die zu zitieren als politisch korrekt gilt, etwa Pico della Mirandola oder Kant, dem christlichen Kulturraum; sie sind ihrerseits unmittelbar oder mittelbar vom Christentum vorgeprägt.

Pichler: Es gab einen jüdischen Selbsthass, es gibt es jetzt einen christlichen Selbsthass, aber ich beobachte, es gibt mittlerweile sogar schon einen linken Selbsthass. Sie werden merken, es bleibt sich keine Richtung je schuldig, irgendwann über sich selber zu Gericht zu sitzen.

Greil: Ich glaube, dass die politische Kategorie noch schlimmer ist als eine Christophobie. Es gibt eine beträchtliche Illiberalität in der Diskussion und einen massiven Versuch der Abwertung der Argumente anderer. In dem die Menschen zugeordnet werden, ihre Argumente bestimmten Schubladen affichiert werden, begeht man in meinen Augen zunächst nicht ein christophobes Diskussionsfaul, vielmehr ist eine solche Haltung antiintellektuell und insbesondere illiberal, da sie den Menschen die Freiheit der Argumentation und der politischen Auseinandersetzung, ihren Stellenwert und auch die Offenheit des Ausgangs raubt. Das ist in meinen Augen der entscheidende Punkt. Man würde sich vor allem ein neutrales Hören wollen dessen, was der andere sagt, in einer derartigen politischen Diskussion erwarten. Es ist aber feststellbar, dass diese Einigung selbst in der Bioethikkommission entgegen allen Regeln erfolgt, die sie erwarten würden. Sie würden erwarten, dass junge Menschen eher liberal und ältere eher hart in ihrer Auseinandersetzung sind, sie stellen das komplette Gegenteil fest: es sind die älteren Menschen liberal und die jüngeren Menschen radikal. Sie stellen weiters fest, dass das Wissen offensichtlich direkt korreliert mit dem Ausmaß der Liberalität und je weniger Wissen in der spezifischen Sache vorhanden ist, umso härter ist das entsprechende Auftreten. Sie können zum Dritten feststellen, dass je stärker jemand gebunden ist in seiner Weltanschauung, das heißt je stärker jemand einen theologischen Hintergrund hat, dann ist in dieser Kommission interessanter Weise die Haltung eher liberal. Im Gegensatz dazu sind die Haltungen scheinbar nicht kirchlich und weltanschaulich professionell präformierter Mitglieder zum Teil apodiktisch. Unabhängig davon zurück zu den zwei Fragen, die ich stellen wollte. Das eine ist: Ich kann den Unterschied nicht ganz erkennen zwischen der Frage des Klonens und einem extrakorporalem Embryo. Denn beides erhebt die Frage, ob es zu Leben im Sinne eines Menschen wird, wenn Sie Menschen und Leben voneinander trennen. Die Definition von Leben wird in dieser Situation ausschließlich davon abhängig, ob alle Beteiligten Leben induzieren wollen. Das Wollen, die Intention wird also zum Creator vitae. In beiden Fällen kommt das Selbstverständnis des Lebens nicht aus dem Leben selbst. Es wird in beiden Fällen zum Leben und zum Menschen ausschließlich dadurch, dass es gestattet wird und dies nicht nur an einer Stelle, sondern an verschiedenen biologischen Kontroll- und Checkpunkten und da kann ich den Unterschied nicht erkennen, in der Konstellation, aber ihre Position würde mich interessieren.

Das Zweite ist im Zusammenhang mit der Würde. Ich habe da die heutige Diskussion leider nicht verfolgen können, aber es wäre sehr interessant zu wissen, was denn der Gesetzgeber der Bundesrepublik Deutschland gedacht hat, der die Präambel formuliert hat mit der Aussage, die Würde des Menschen sei unantastbar. Warum hat er nicht gesagt, die Würde des Menschen ist inhärent? Oder anders ausgedrückt und das ist auch die Frage, die hier aufgetaucht ist, soll man die Bioethik vom Recht her definieren, oder soll man sie von den Werten her definieren. Das Beispiel der Würde-Diskussion macht klar, dass es sinnlos ist, das vom Recht her zu interpretieren, denn dann müssten Sie jeden Begriff aus der Zeit heraus exaktest definieren, jeweils was Sie damit meinen zum jetztigen Zeitpunkt. Es ist evident, dass die Wertebegriffe zeitabhängig sind. Damit würde sich die Frage erheben, innerhalb welcher Zeitabstände müssten etwa Verfassungsinhalte neu interpretiert werden

Luf: In Deutschland war die Berufung auf die Menschenwürde zunächst aus der Erfahrung mit der Barbarei des Nationalsozialismus motiviert. Sie sollte als Warnung dienen, nie wieder in solche Verhältnisse zu geraten. Heute wird die Berufung auf die Menschenwürde über diesen geschichtlichen Zusammenhang hinaus als Forderung verstanden, die unverfügbare Subjektqualität des Menschen zu achten. Manche kritisieren allerdings diese Ausweitung und meinen, man solle diesen ursprünglichen geschichtlichen Bezug bewahren und den Würdeschutz dadurch beschränken.

Greil: War es in der deutschen Republik so selbstredend, was Würde ist, dass es sozusagen keiner Erklärung bedurfte?

Luf: Das Verständnis war natürlich entschieden geprägt durch diese geschichtliche Unrechtserfahrung des Nationalsozialismus.

Knoepffler: Ich denke, das Dreier, dass Merkel, Positionen haben, die nichts mit dem Präferenzutilitarismus in der Ethik zu tun haben, sondern dass sie die Ontologie haben, die dem Empirismus nahe steht. Es ist darum eher ein Zufall, dass die meisten Empiristen auch Utilitaristen sind, wird sozusagen auch eine ethische mit einer ontologischen Position gleichgesetzt. Also bei Merkel weiß ich es, weil wir es durchdiskutiert haben, bei Dreier würde ich meine Hand sogar ins Feuer legen, weil ich mit ihm da einen Austausch hatte, einen brieflichen und auch einen mündlichen. Das halte ich für sehr wichtig, weil der Utilitarismus ja auch sagt, ich darf auch einen Menschen opfern, wenn dadurch die Glückssumme der größtmöglichen Zahl erreicht wird. Dagegen kann ein Rechtsphilosoph sagen, dass er aus diesen oder jenen ontologischen Gründen die Menschenwürdeklausel bis zur Geburt beschränkt. Aber natürlich wenn der Mensch geboren ist, kommt die Menschenwürde zu und dann geht keinerlei Kalkül in dieser Weise. Ich wollte nur zur Vorsicht mahnen, dass man nicht die ontologische und die ethische Position deshalb gleichsetzt, weil die meisten Utilitaristen auch sozusagen Szientisten sind.

Luf: Das Zitat, das ich verwendet habe: „der Embryo hat kein Bewusstsein", wird freilich speziell vom Konsequentialismus als Argument gegen die Identifikation von Mensch und Person verwendet. Dahinter steht eine dualistische Ontologie. Ich meine, dass auch Dreier eine solche dualistische Ontologie vertritt also eine Art Zwei-Welten-Modell zur Grundlage seiner juristischen Argumentation nimmt. Es ist mir aber egal, ob man das jetzt als ontologische oder als ethische Position qualifiziert.

Karl: Ich würde gerne etwas Lokalkolorit hinzufügen, wenn ich das darf. Herr Luf hat gesagt, in der österreichischen Bundesverfassung ist keine Rede von der Menschenwürde – das stimmt. In der Salzburger Verfassung schon, das geht auf einen Kollegen von mir zurück, der leider allzu früh verstorben ist, der Helmuth Schreiner, der hat als Landtagspräsident in Salzburg auch den Einfluss gehabt, das hinein zu bringen.

Nun vielleicht noch ein Wort zur Verteidigung der Wiener Rechtstheoretischen Schule oder des Positivismus. Natürlich gibt es auch dort wertgeladene Begriffe, die ausführungsbedürftig sind, unbestimmte Gesetzesbegriffe, z.B. was „unsittlich" ist. Und was der Menschenwürde entspricht ist ein ähnlicher Fall. Gewissermaßen gibt es auch in einem positivistischen System immer Schleusen, ohne das kommt man nicht aus, um – wenn Sie so wollen – das Naturrecht reinkommt. Der Begriff der Menschenwürde, der in Rechtsdokumenten vorkommt, ist eine solche Schleuse. Das betrifft natürlich auch die Mattensche Klausel, wo von den Gesetzen der Menschlichkeit gesprochen wird. Also man kann auch in einem rechtspositivistischen System solche Wertungen hineinbringen. Darauf hat auch Herr Pichler hingewiesen.

Irgendjemand muss ja entscheiden in so einem System und es gibt eben unterschiedliche Auffassungen, aber es ist ja nicht ohne Grund, dass z.B. der Österreichische Verfassungsgerichtshof in gewisser Weise parteipolitisch besetzt ist. Also man schaut, dass die großen Bevölkerungsgruppen mit ihren Auffassungen hier vertreten sind. Die eine Partei nominiert Richter, die andere auch. Das Supreme Court in den Vereinigten Staaten spielt eine sehr große Rolle, die Richter werden vom Präsidenten ernannt. Das ist eine politische Einflussnahme, gewissermaßen eine fortgesetzte Funktion des Gesetzgebers. Natürlich muss man dafür sorgen, dass Entscheidungen getroffen werden. Das schlimmste wäre, wenn es keine Entscheidungen gäbe.

Luf: Ganz kurz nur dazu. Ich denke, dass diese Fragen, die hier anstehen, keine parteipolitischen sind.

Aber: Bei der Ausfüllung von Wertbegriffen, von allgemeinen Rechtsbegriffen in der Kelsenschen Tradition führt in einen klassischen und bei Kelsen auch nachzulesenden Dezysionismus. Ich habe dann sozusagen Rahmen A, B, C, D, was ich entscheide, dazu bin ich ermächtigt, es läuft über Ermächtigungsdelegationen, das ist ein glatter Dezysionismus, der mich aber ehrlich gesagt nicht befriedigt, weil man mit dem Argumentieren relativ früh aufhört. In der Kelsischen Interpretation bleibt ja nichts anderes über, als wie sozusagen in Dezysionen zu arbeiten, auch in der Rechtsanwendung.

Zecha: Was Sie sagen, das erinnert mich an etwas. In diesem Raum hat 1963 ein Forschungsgespräch stattgefunden und Hans Kelsen war gegenwärtig, ich nicht, aber mir wurde oft berichtet.

Weingartner: Ich war dabei. Ich denke, Sie haben Recht Herr Karl, mit dem was Sie gesagt haben. Ich glaube auch, dass in Österreich sicher einiges weiterentwickelt wurde aufgrund seiner Rechtslehre und seiner einflussreichen Ideen. Wir haben ihn ja scharf angegriffen. Martin Schmölz, René Marcic und ich haben ihn gefragt, wie das ist wenn ein Diktator ein Recht setzt und das Recht verfassungsgemäß korrekt zustande kommt – das hat er verlangt und betont, dass das verfassungsgemäß zustande kommt, so dass man in diesem Sinne keinen Fehler macht. Aber der Diktator kann ja setzen, was er eben setzen will – kann man das naturrechtlich von außen angreifen, das war unsere Hauptfrage. Kelsen hat gesagt nein, das kann man nicht.

Wir haben ihn dann gefragt, stört Sie das nicht, wenn das eine ganz ungerechte Sache ist, die zum Gesetz gemacht wird? Und er hat gesagt, nein, das stört ihn nicht, das kann man eben nicht mehr vernünftigerweise angreifen, da es verfassungsgemäß zustande kam. Also er war da nicht nur sehr hart, sondern irrational, das muss ich schon sagen.

Zu dem anderen Punkt „Würde“, der hier aufgetreten ist. Mir kommt schon vor, man sollte sich überlegen, ob man nicht doch einige notwendige Bedingungen zusammenschreiben kann. Das kann aber nur stufenweise passieren. Zunächst kommt es darauf an, mit wem man da jetzt redet, weil bei einer Diskussion in einer Kommission, wo ein Konsens erreicht werden soll, muss man zunächst einmal, bevor man die eigentliche Diskussion beginnt, auf eine Ebene zurückgehen, wo ein Konsens erreichbar ist. Denn sonst diskutieren alle aneinander vorbei. D.h. aber nicht, dass man da stehen bleibt, man kann dann aufsteigen indem dass man das oder jenes noch hinzunimmt: Unter *einer* Bedingung sieht die zusätzliche Präzisierung von Würde so aus, unter einer *anderen* entsprechend anders. Welches ist die Ebene des allgemeinen Konsenses mit der man startet? Ich denke es sind Vernunftprinzipien wie die der Logik und gut überprüfte wissenschaftliche (hier vor allem: naturwissenschaftliche) Resultate. Als nächste Stufe bietet sich die Abgrenzung vom Individuum an, wie sie Herr Rager vorgeführt hat und wie sie durch die individuelle DNA ausgewiesen ist. Bisher basiert der Konsens auf (natur-)wissenschaftlichen Resultaten. Eine nächsthöhere Stufe könnte die Charta der Menschenrechte bilden, die immerhin von einer Reihe von Staaten anerkannt werden, sodass dadurch ein Konsens möglich ist. Allerdings sind dort nur sehr grobe oder allgemeine Grundlagen verankert in Bezug auf die Probleme, die uns hier interessieren. Erst hier auf einer weiteren (vierten) Stufe nun ergibt sich die Frage, ob Begriffe wie „Menschenwürde“ konsensfähig eingeführt werden können, wenn sie von der Ethik oder von der Humanität und Anthropologie her definiert werden. Will man solche Begriffe aber noch tiefer begründen, bin ich mit Herrn Pichler ganz einig, dass das nur geht, wenn man die religiösen Wurzeln hinzunimmt: Gottesebenbildlichkeit oder Fähigkeit für ein Leben nach dem Tode, oder: nicht Herr sein selbst über sein Leben etc. Auf dieser weiteren Ebene ist in einer pluralistischen Gesellschaft aber ein Konsens nur möglich, wenn die in einem Land vertretenen Hauptreligionen eine gemeinsame

Ebene finden. Nun scheint mir das in Bezug auf Judentum und Christentum diesbezüglich möglich, unter Umständen sogar auch zusammen mit dem Islam. Daraus folgt allerdings nicht, dass die gemeinsame Anerkennung der Ebenbildlichkeit Gottes schon eine Einigkeit in Bezug auf spezielle Fragen der Gentechnologie impliziert. Hier kommen erst die schwierigen konkreten Fragen der Form: Was widerspricht dieser Ebenbildlichkeit? Und diese Fragen soll man erst stellen, wenn man sie nicht schon auf niedrigerer Ebene (auf der ein Konsens schon erzielt wurde) beantworten kann: Also z.B.: Was zerstört ein Individuum oder was verletzt eines der Menschenrechte? Bis hierher kann man wohl auch zwischen religiösen und nicht-religiösen Menschen einen Konsens erreichen.

Luf: Erstens ist es klar, dass man den Begriff der Menschenwürde nicht auf eine endgültige Weise positiv ausloten und gleichsam einen Katalog an Antworten bieten kann. Die geschichtliche Konkretisierung kann nur in Form der Negation erfolgen, hat sich also an der Verletzung des unbedingten Wertes des Menschen zu orientieren. Zweitens, man sollte den Begriff nicht inflationär verwenden. Er sollte nur subsidiär, also nur dann herangezogen werden, wenn andere rechtliche Behelfe nicht mehr gegeben sind. Und drittens besitzt die kantische Forderung, den Menschen als autonomes Subjekt anzuerkennen, nicht nur eine individuelle, sondern auch eine gattungsspezifische Dimension. Ich bin überzeugt, dass in der an Kants kategorischem Imperativ orientierten „Objektformel" ein Potential gelegen ist, das man für konkrete juristische Antworten fruchtbar machen kann. Allerdings ist diese Formel kein juristisches Allheilmittel. Sie liefert nicht die endgültigen Antworten, sondern bietet die Möglichkeit, sich innerhalb kultureller Kontexte argumentativ mit Herausforderungen elementarer Bedrohungen von Humanität auseinanderzusetzen. Dazu gehört elementar der Schutz Leiblichkeit des Menschen, auch in den frühen Phasen seiner Entwicklung. Der Leib bildet den „unbeliebig entwurfsoffene Rahmen" (Honnefelder), für das was sich als Mensch entwickelt. Es gibt somit eine naturale Bedingung des Menschseins, die eine elementare Voraussetzung dafür ist, dass man überhaupt von Menschenwürde reden kann.

Teil III

Rohstoff Mensch – Ethische Aspekte

Würde in der Gentechnologie

Nikolaus Knoepffler

Einführung

In den Debatten um das Klonen (im Fachbegriff: somatischen Zellkerntransfer, international abgekürzt als SCNT) mit therapeutischer Zielsetzung, aber auch den Debatten um die Präimplantationsdiagnostik (international abgekürzt als PGD) als zwei Beispielen moderner Gentechnologie sind ständig neue Entwicklungen im Gange. So hat mittlerweile eine Arbeitsgruppe (Meissner/Jänisch 2005) nachgewiesen, dass man den somatischen Kern vor dem Zellkerntransfer durch Inaktivierung des Gens Cdx2 so verändern kann, dass die so entstandenen menschlichen „Embryonen" nicht über das Blastozystenstadium hinaus entwicklungsfähig sind. Bei der Präimplantationsdiagnostik führen heutige Möglichkeiten mittlerweile dazu, dass Embryonen identifiziert werden können, die mit an Leukämie erkrankten Kindern HLA-kompatibel sind. Auf diese Weise sind bereits Geschwisterkinder nach PGD geboren worden, die ihren erkrankten Geschwistern durch eine Knochenmarkspende das Leben retten können.

Doch sind derartige Entwicklungen zu bewerten, wenn ethisch vom Prinzip der unantastbaren Menschenwürde ausgegangen wird? Um diese Frage zu beantworten, werde ich in einem ersten Schritt klären, wie im Folgenden Menschenwürde verstanden wird. Anschließend skizziere ich das mit der Fragestellung verbundene Problem nach dem moralischen Status des menschlichen Embryos. Abschließend wage ich eine Bewertung.

Das Prinzip der Menschenwürde

Grundlegende Bedeutung

Was bedeutet eigentlich „unantastbare Menschenwürde"? Beginnen wir mit dem Adjektiv „unantastbar".

Das Adjektiv „unantastbar" steht in einem Zusammenhang mit dem Adjektiv „unbedingt": „Menschenwürde" kommt einzelnen menschlichen Individuen auf Grund ihres Menschseins in dem Sinn zu, dass es eben gerade nicht eine Würde ist, die einem Menschen auch wieder *abgesprochen* werden kann.

Eine derartige Würde, die auch wieder abgesprochen werden kann, nennt man im Gegensatz zu „unbedingt“ „kontingent“ (bedingt). Damit ist die unantastbare Menschenwürde zu unterscheiden von:

- einer ästhetischen Würde: Wir bezeichnen beispielsweise Berge, Kathedralen oder Eichen auf Grund ihrer wahrgenommenen Schönheit als würdevoll in dem Sinn, dass sie es verdienen, für wertvoll gehalten zu werden und nicht jedem beliebigen Zweck dienen dürfen. Diese Würde ist insofern kontingent, da mit dem Verlust der Schönheit auch die Würde verloren geht.
- einer sozialen und verliehenen Würde: Wir reden von Würdenträgern (lateinisch dignitates), beispielsweise der Würde des Bischofs, insofern die ausgeübte soziale Rolle als würdevoll anerkannt wird, und leiten daraus Ansprüche ab: Ansprüche an die Achtung der sozialen Rolle dieser Würdenträger und ebenso Ansprüche an die Träger der sozialen Rolle, sich gemäß der Rolle zu verhalten. Auch diese Würde ist kontingent, da sie mit dem Verlust der ausgeübten Rolle verloren geht.
- einer expressiven Würde: Wir nennen das Verhalten eines Menschen würdevoll, wenn das gezeigte Verhalten unter schwierigen Umständen seiner sozialen Rolle entspricht und in diesem Sinn verdienstvoll ist. Diese Würde ist abhängig vom Verhalten des betreffenden Menschen und damit nicht unbedingt.
- einer moralischen Würde: Wir nennen das Verhalten eines Menschen würdevoll, wenn das gezeigte Verhalten den moralischen Standards unserer Gesellschaft entspricht und deshalb anerkennenswert ist. Auch diese Würde ist kontingent, da sie ebenfalls vom Verhalten des betreffenden Menschen abhängig ist.

Das Bundesverfassungsgericht der BRD hat die Bedeutung der Unantastbarkeit der Menschenwürde so formuliert: „Selbst durch unwürdiges Verhalten geht [die Menschenwürde] nicht verloren. Sie kann keinem Menschen genommen werden. Verletzbar ist aber der Achtungsanspruch, der sich aus ihr ergibt“ (BVerfGE 87, 207/228).

Darüber hinaus hat „Unantastbarkeit“ noch eine zweite Bedeutung. So formuliert das Bundesverfassungsgericht:

„Die Unantastbarkeit [der Menschenwürde] lässt einer Rechtfertigung für Eingriffe durch die bei anderen bekannten verfassungsimmanenten Schranken im Sinne einer Güterabwägung keinen Raum. Der Schutz der Menschenwürde gilt ‚absolut ohne die Möglichkeit eines Güterausgleichs‘ (BVerfGE 75, 369/380).

Anders gesagt: Man kann die Menschenwürde nicht nur nicht absprechen, man kann sie auch nicht „verkaufen“. Es gibt keine Güter, die eine Güterabwägung mit der Menschenwürde zulassen. Doch was ist das dann für eine Würde, die gegen kein Gut abgewogen werden kann?

Ein entscheidender Hinweis zum Verständnis dieser unverlierbaren und unantastbaren *Menschenwürde* lässt sich aus der Genese der Charta und der Menschenrechtserklärung der Vereinten Nationen sowie des Grundgesetzes ablesen. In allen drei Dokumenten wird die Menschenwürde in einen bewussten Gegensatz zu den Prinzipien bestimmt, mit denen die Nationalsozialisten ihre Grausamkeiten rechtfertigten. Die Grundlage dieser Grausamkeiten bildeten zwei Prinzipien:

1. Du bist nichts, dein Volk ist alles.
2. Die arische Rasse ist besonders kostbar, andere Rassen sind minderwertig oder sind gar zu vernichten.

Himmler hat beispielsweise in einer Rede am 4. Oktober 1943, die im Konzentrationslager Flossenbürg dokumentiert ist, die Konsequenzen dieser Position so formuliert:

„Wie es den Russen geht, wie es den Tschechen geht, ist mir total gleichgültig. Das, was in den Völkern an gutem Blut unserer Art vorhanden ist, werden wir uns holen, indem wir ihnen, wenn notwendig, die Kinder rauben und sie bei uns großziehen. Ob die anderen Völker in Wohlstand leben oder ob sie verrecken vor Hunger, das interessiert mich nur so weit, als wir sie als Sklaven für unsere Kultur brauchen, anders interessiert mich das nicht. Ob bei dem Bau eines Panzergrabens 10000 russische Weiber an Entkräftung umfallen oder nicht, interessiert mich nur insoweit, als der Panzergraben für Deutschland fertig wird."

Das unmenschliche Verhalten der Nationalsozialisten gegenüber der jüdischen Bevölkerung (Ausrottung), der slawischen Bevölkerung (rücksichtslose Versklavung) und der eigenen Bevölkerung (Zerstörung individueller Selbstbestimmung) demonstrierte die Wirkung der nationalsozialistischen Grundprinzipien. Deshalb negierten die Charta sowie die Menschenrechtserklärung der Vereinten Nationen und das bundesdeutsche Grundgesetz diese zwei vom Nationalsozialismus propagierten Prinzipien und setzten an ihre Stelle positiv das Prinzip der Menschenwürde. Es lässt sich vor diesem Hintergrund in folgender Weise entfalten:

1. Das Prinzip der Menschenwürde als Prinzip einer *grundsätzlichen Subjektstellung*, d. h. der Einzelne darf nicht für das Volk oder sonstige Ziele (z. B. Glücksmaximierung der größtmöglichen Zahl) aufgeopfert werden.
2. Das Prinzip der Menschenwürde als Prinzip einer *grundsätzlichen Gleichheit* aller Menschen, wonach jeder Mensch jedem Menschen, egal welcher Rasse und Hautfarbe, welcher religiösen oder weltanschaulichen Überzeugung, egal ob Frau oder Mann, egal ob leistungsfähig oder nicht, die Anerkennung als gleichen schuldet.

Mit dieser Würde sind die Grundrechte (auf Leben, körperliche Unversehrtheit, Religionsfreiheit usw.) verbunden. Diese Grundrechte sind eben nicht abhängig davon, welche Eigenschaften Menschen haben, sondern kommen den Menschen dadurch zu, dass sie Menschen sind. Die Grundrechte machen damit ausdrücklich, was mit „Subjektstatus" und „Gleichheit" gemeint ist und was gerade nicht. „Gleichheit" besagt, dass alle Menschen im Blick auf die Grundrechte als gleiche zu behandeln sind, obwohl sie in Geschlecht, Rasse, Hautfarbe, Religion, in konkreten Begabungen und Fertigkeiten gerade ungleich sind.

Die Menschenwürde in diesem Sinn ist darum zu unterscheiden von

- einer gattungsbezogene Würde. Die Würde des Menschen als Gattungswesen ist eine Würde, „in jenem schwachen Sinn, in dem wir auch dem menschlichen Leichnam ‚Würde' zusprechen" (Birnbacher). Diese gattungsbezogene Würde wird nicht dadurch verletzt, dass Rechte irgendeines existierenden Individuums missachtet werden. Genau darum aber geht es bei der Bestimmung von Menschenwürde als prinzipieller Gleichheit und prinzipiellem Subjektstatus.
- einer Würde im Sinne eines Anspruchs, nicht erniedrigt zu werden (Margalit), da diese Bestimmung zu wenig den Bedeutungsumfang umgreift. Außerdem wird oft damit verbunden, dass nur Menschen erniedrigt werden können, die eine bestimmte geistige Kompetenz haben.
- einer abgestuften Würde wie sie von Tieren ausgesagt wird (Schweizer Verfassung). Es ist rein begrifflich nicht möglich, grundsätzliche Gleichheit und grundsätzlichen Subjektstatus abzustufen. Insofern kann es auch keine unterschiedliche Qualität eines Würdeanspruchs geben. Wenn es aber keine unterschiedliche Qualität eines Würdeanspruchs geben kann, dann ist auch eine Abstufung des Menschenwürdeschutzes nicht nachvollziehbar.

Menschenwürde, Lebensrecht und Lebensschutz

Gerade in bioethischen Konfliktfällen ist es nötig, zwischen dem unbedingt geltenden Prinzip der Menschenwürde, dem Menschenrecht auf Leben und dem im Verhältnis zum Lebensrecht schwächeren Prinzip des Lebensschutzes zu unterscheiden.

Wer einen Menschen tötet, zerstört damit dessen Subjektsein. Wenn die Anerkennung der Menschenwürde als Anerkennung grundsätzlicher Subjektstellung des Einzelnen und grundsätzlicher Gleichheit aller Menschen verstanden wird, kann die Tötung eines Menschen nur als Nicht-Anerkenntnis seiner Menschenwürde interpretiert werden, es sei denn wir befinden uns in dilemmatischen Situationen, z. B.:

- Ein Geiselnehmer droht die Geisel zu töten. Ein Polizist tötet durch einen gezielten Rettungsschuss den Geiselnehmer. Dies ist Nothilfe. Die Tötung wird nur in Kauf genommen, um das Leben zu retten.
- Ein Einbrecher bedroht mit seinem Messer den Ladenbesitzer. Dieser erschießt in Notwehr den Einbrecher.

Wenn gesagt wird, dass die Anerkenntnis der Menschenwürde das Recht auf Leben bedingt, so darf dies nicht in dem Sinn verstanden werden, als würde die Menschenwürde damit subjektive Rechtsansprüche im Sinne von Optimierungsgeboten verlangen. Dies lässt sich in Folgendem sehr deutlich machen. Wenn beispielsweise fünf lebensbedrohlich erkrankte Patienten das letzte verfügbare Intensivbett in einer Klinik benötigen, so hilft das Grundrecht auf Leben für die Entscheidung hier nicht weiter. Es kommen andere Kriterien ins Spiel. Die konkrete Entscheidung fällt vor dem Hintergrund des ärztlichen Berufsethos und der entsprechenden Praxis. Dadurch wird zwar nicht das objektive Recht auf Leben, aber das subjektive Lebensrecht in eine Prinzipienabwägung mit anderen Prinzipien gestellt. Der in diesem Konfliktfall nicht behandelte Patient wird zwar nicht direkt getötet, aber durch die an ihm nicht durchgeführte Behandlung verliert er dennoch sein Leben. Dies stellt keinen Verstoß gegen das Grundrecht auf Leben und gegen das Prinzip der Menschenwürde dar. Darum kann aus dem Prinzip der Menschenwürde nicht einfach geschlossen werden, dass wir

- alles tun müssen, um für alle Kranken jederzeit die nötigen Behandlungen zu gewährleisten
- allen Hungernden auf der Welt helfen zu müssen
- überall die gleiche Chancengleichheit zu gewährleisten (z. B. durch Bildung usw.),

so wünschenswert dies wäre.

Das Prinzip der Menschenwürde ist ebenfalls mit einem Lebensschutz menschlichen Lebens verbunden, selbst wenn dieses Leben noch nicht „Mensch“ ist. Wer beispielsweise in vitro vor einer künstlichen Befruchtung menschliche Ei- oder Samenzellen in einer Weise manipulieren würde, dass dadurch der später geborene Mensch schwer geschädigt ist, würde damit dessen Gleichheitschancen und in schwerwiegenden Fällen dessen Subjektstellung und damit die Anerkenntnis seiner Würde missachten. Andererseits bedeutet diese Implikation gerade nicht, dass auf Grund dieses Prinzips keine Ei- und Samenzellen vor einer Befruchtung zerstört werden dürfen. Hier kann das Prinzip keine Anwendung finden, da es keinen zukünftigen Menschen geben wird, dessen Würde missachtet werden könnte.

Das Prinzip der Menschenwürde ist also im Unterschied zu Prinzipien im Sinne der Menschenrechte, z. B. des Rechts auf Leben, ein Prinzip besonderen Typs. Es ist das Prinzip „hinter“ den Prinzipien, sozusagen der Schlussstein des ethischen Prinzipiengebäudes. Die Menschenwürde ist das fundamentale Prinzip, in dessen Licht alle politischen und rechtlichen Entscheidungen – und ich möchte ergänzen: alle ethischen Entscheidungen – zu treffen sind.

Darum besteht der zentrale Unterschied zu Rechtsprinzipien wie den Menschenrechten darin, dass derartige Prinzipien relativ auf dieses Prinzip hin sind, während das Menschenwürdeprinzip gerade unbedingt gilt und nicht mehr relativiert werden kann.

Zwei konkrete Anwendungsfälle

Die grundlegende Bedeutung von Menschenwürde als Prinzip grundsätzlichen Subjektstatus und grundsätzlicher Gleichheit lässt die Frage offen, inwieweit dieses Prinzip in konkreten ethischen Konfliktfällen zur Entscheidungsfindung beitragen kann. Dies soll an zwei Beispielen herausgearbeitet werden. Der eine Konfliktfall betrifft das Klonen mit therapeutischer Zielsetzung, der andere die Präimplantationsdiagnostik. Für beide Fragestellungen geht es darum, in einem ersten Schritt zu klären, ob dem frühen menschlichen Embryo Menschenwürde zukommt.

Die Entwicklung des Menschen und die Techniken

Die Entwicklung des Menschen bis zum Blastozystenstadium, das für die PGD und die Gewinnung embryonaler Stammzellen bedeutsam ist, hat folgenden Verlauf: (s. Tabelle, S. 207).

Bei der Technik der Präimplantationsdiagnostik werden zwei Zellen zu diagnostischen Zwecken verbraucht. Dabei ist umstritten, ob diese Zellen einzeln das Entwicklungspotential zu einem ganzen Menschen haben. Hätten sie dies, so würde bereits die Diagnostik Embryonen verbrauchen. Allerdings wäre dies zu umgehen, indem die Zellentnahme erst nach dem 10-Zell-Stadium vorgenommen wird, nach dem die Zellen diese Entwicklungsfähigkeit für sich genommen mit Sicherheit verloren haben.

Bei der Technik der embryonalen Stammzellgewinnung werden dem entwicklungsfähigem Embryoblasten Zellen entnommen. Da der Embryoblast sich im Idealfall (bei einer künstlichen Befruchtung etwa in einem Viertel der Fälle) zu einem geborenen Kind entwickeln würde, führt diese Technik zu seinem Verbrauch.

Wird statt einer künstlichen Befruchtung dagegen die Klonierungstechnik eingesetzt, so ändert sich das Verfahren. Das (fast) vollständige Erbgut kommt aus einer Körperzelle, die in eine Eizelle eingebracht wird, aus der vorher der Zellkern mit dem Erbgut entfernt wurde. Dabei besteht, wie eingangs erwähnt, die Möglichkeit vor dem Zellkerntransfer, das Cdx2-Gen abzuschalten (Meissner/Jänisch 2005). Das hat zur Folge, dass die Entwicklung nicht über das Blastozystenstadium hinaus fortgeführt werden kann. Damit kann in diesem Fall

Zeit	*Name des Stadiums*	*Erläuterungen*	*Abbildung*[1]
ab 0	Befruchtungsanfang	Eine Samenzelle dringt mit dem Kopf durch die Hüllen der Eizelle.	
12 bis 18h	Vorkernstadium	In der Eizelle befinden sich die beiden Kerne von Ei- und Samenzelle noch getrennt voneinander.	
20 bis 30h	Vereinigung der Vorkerne	Das Erbgut der beiden Zellkerne vereinigt sich.	
ca. 30h	Zygotenbildung	Mit der ersten Zellteilung bildet sich die Zygote.	
ca. 48h	Achtzellstadium	Es ist ein Keim von etwa acht Zellen entstanden. Üblicherweise wird in diesem Stadium eine Präimplantationsdiagnostik durchgeführt, bei der zwei Zellen entnommen und für diagnostische Zwecke verbraucht werden.	 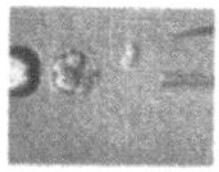
3. Tag	Morulabildung	Es ist eine Kugel von mehr als 16 Zellen entstanden, die so genannte Morula.	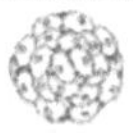
4. Tag	Blastozystenbildung	Die Morula entwickelt sich in die äußere Zellschicht, den Trophoblasten, und einen Zellhaufen im Inneren der Blastozyste, der den eigentlichen Keim darstellt und Embryoblast heißt. Aus diesem Embryoblast werden einzelne Zellen entnommen, die embryonalen Stammzellen. Sie sind teilungsfähig, sodass auch eine Stammzelllinie etabliert werden kann.	

Zeit	*Name des Stadiums*	*Erläuterungen*	*Abbildung*[2]
ab 0	Zellkern-transfer	Einbringen des Zellkerns einer Körperzelle in die entkernte Eizelle. Es ist möglich vor dem Zellkern-transfer das Cdx2-Gen abzuschalten. Dann kann das Klonen niemals zu einem lebensfähigen Embryo führen.	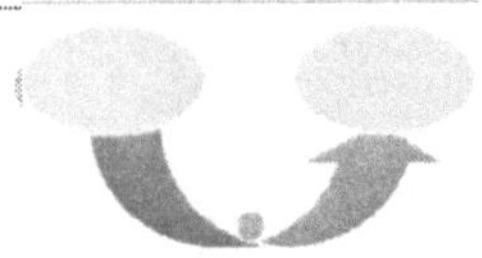
je nach Dauer des Verfahrens	„Anschalten“	Mit Hilfe chemischer Prozesse wird das Erbgut der Körperzelle in der Eizelle wieder ent-wicklungsfähig gemacht.	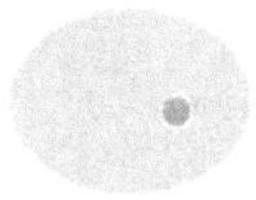
anschließend	Zygotenbildung	Mit der ersten Zellteilung bildet sich die Zygote. Der Prozess läuft im Idealfall analog zum obigen Prozess weiter.	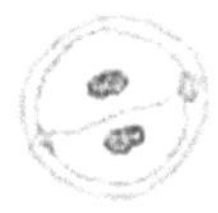

auch niemals ein lebensfähiger Embryo entstehen. Aber selbst ohne das Abschalten dieses Gens ist die Wahrscheinlichkeit für einen lebensfähigen geborenen Menschen mittels dieser Technik geringer als 1:100. Außerdem sind im Idealfall Abstoßungsreaktionen ausschließbar, da die Körperzelle von dem Patienten kommt. Der Vorgang sieht dann sehr vereinfacht so aus: (s. Tabelle, S. 208).

Die Frage nach dem moralischen Status des frühen Embryos

Welche ethischen Gründe sprechen dafür oder dagegen, dass menschlichen Blastozysten Menschenwürde zukommt. Das Hauptargument dafür, dass einer Blastozyste Menschenwürde zukommt, lautet: Diese ist bereits ein neuer eigenständiger Organismus und besitzt die aktive Potentialität, sich als Mensch zu entwickeln. Akzeptiert man dieses Argument, dann wird zur Gewinnung von Stammzellen aus der Blastozyste ein menschliches Lebewesen, dem Menschenwürde zukommt, vernichtet. Es ist allgemeiner ethischer Standard, dass mit Lebewesen, denen Menschenwürde zukommt, keine verbrauchende Forschung betrieben werden darf. Auch eine noch so hoch stehende therapeutische Zielsetzung rechtfertigt keine Experimente, bei denen Lebewesen geschädigt oder gar vernichtet werden, denen Menschenwürde zukommt. Der Zweck heiligt nicht die Mittel. Wenn wirklich einem menschlichen Embryo Menschenwürde zukommt, dann stellen die Experimente zur Herstellung embryonaler Stammzellen mit anschließender Vernichtung grausame Menschenversuche dar, die nach praktisch allen ethischen Ansätzen unzulässig sind. Auch eine Wahrscheinlichkeit von 1:100 wie beim „normalen“ Klonen rechtfertigt solche Experimente nicht.

Allerdings hat bereits 1967 der renommierte Philosoph und Theologe Karl Rahner (2002b, 509) im Blick auf eine verbrauchende Forschung mit Embryonen die These aufgestellt:

„Aber es wäre doch denkbar, dass unter Voraussetzung eines ernsthaften, positiven Zweifels an dem wirklichen Menschsein des Experimentiermaterials Gründe für ein Experiment sprechen, die in vernünftiger Abwägung stärker sind als das unsichere Recht einer dem Zweifel unterliegenden Existenz eines Menschen.“

Was ist dabei mit einem ernsthaften, positiven Zweifel gemeint? Ein ernsthafter positiver Zweifel bedeutet nicht nur, dass es wahrscheinlicher ist, dass der frühe Embryo keine menschliche Person ist, sondern dass diese Wahrscheinlichkeit sogar äußerst hoch ist, dass der frühe Embryo kein Mensch ist. Dies lässt sich gut im Rückgriff auf ein verwandtes Problem illustrieren, das mehr als 1500 Jahre von großer Bedeutung war. So wurde die Position, Traduzianismus genannt, vertreten, dass bereits der männliche Samen einen Menschen im Kleinen (homunculus) verkörpere. Begründet wurde diese Position damit, dass analog zum Samen einer Pflanze auch der Samen des Mannes eigentlich die gesamte aktive Potenz in sich trüge, sodass unter idealen Bedingungen daraus ein geborener Mensch werden könne. Vor dem Hintergrund dieser Position wurde jede Vergeudung männlichen Samens als Tötung eines Menschen verstanden. Das hatte weitreichende Konsequenzen, beispielsweise in der Bewertung bestimmter Formen der Empfängnisregelung. Nicht wenige Menschen sind daran zerbrochen, weil sie glaubten durch ihren Lebensstil am Tod von Menschen schuldig zu sein. Obwohl diese Position erst durch das Auffinden der weiblichen Eizelle als widerlegt gelten kann, hatte beispielsweise der wohl bedeutendste Philosoph und Theologe des Mittelalters, Thomas von Aquin, den Traduzianismus abgelehnt. Er hatte für seine Ablehnung nicht unsere medizinisch-naturwissenschaftlichen Erkenntnisse. Er hatte vielmehr aus philosophischen Gründen ernste positive Zweifel an der Berechtigung dieser Position und ging darum davon aus, dass ein Mensch erst mit der Beseelung einer Geistseele vorhanden ist, diese Beseelung aber voraussetzt, dass die Organogenese in gewisser Weise vollzogen ist:

„Jedoch lässt sich auch nicht sagen, im Samen [wir würden heute sagen: im entwicklungsfähigen Genom] sei von Anfang an eine ihrem Wesen vollendete Seele, deren Tätigkeit allerdings wegen des Fehlens der Organe nicht in Erscheinung träte. Denn da die Seele mit dem Körper als Form vereinigt wird, wird sie nur mit demjenigen Körper vereinigt, dessen Akt sie im eigentlichen Sinn ist. Nun ist ja die Seele ‚der Akt des organischen Körpers'. Vor der Entfaltung der Organe des Körpers ist demnach die Seele im Samen nicht aktuell enthalten, sondern nur der Potenz oder der Kraft nach“ (SG II, 2, cap. 89, no. 3; vgl. SG II, 2, cap. 86).

Diese Position ließe sich für heute in der Weise adaptieren, dass man die These aufstellen kann: Die Existenz eines individuellen menschlichen Lebewesens ist erst gegeben, wenn die neuronale Entwicklung beginnt, also frühestens ab dem Zeitpunkt der Ausbildung des Primitivstreifens mit der Anlage der Neuralplatte davon gesprochen werden kann, dass eine neuronale Tätigkeit und damit Vorformen des Gehirns vorhanden sind. Wie nun am Lebensende mit der Feststellung des Ganzhirntods zumindest nach Überzeugung der Bundesärztekammer der Tod des Menschen festgestellt wird, so könnte man in Analogie dazu sagen, dass auch der Beginn des menschlichen Lebens im Sinne einer Existenz als individuelles Leben erst gegeben ist, wenn sich der Primitivstreifen ausgebildet hat und erste neuronale Tätigkeit nachgewiesen werden kann. Freilich sind Lebensbeginn und Lebensende nicht dasselbe, weshalb auch dem frühen Embryo ein anderer Schutz zukommen muss als dem Verstorbenen, auch wenn er noch kein Mensch im moralischen Sinn ist. Dieser Schutz kann als für eine Güterabwägung offen angesehen werden, da diesem Embryo keine Menschenwürde und damit keine prinzipielle Gleichheit und kein prinzipieller Subjektstatus zukommt.

Dafür spricht auch ein Gedankengangs Rahners, der davon ausgeht, dass „das Werden des geistigen Prinzips des *ersten* Menschen und das Werden des einzelnen Menschen notwendig miteinander zu tun haben und die beiden Vorgänge sich gegenseitig interpretieren“ (Rahner 2002 (1961), 87):

„Man kann nämlich fragen, ob das, was die menschlichen Eltern biologisch für die Menschenwerdung leisten, nicht auch außerhalb eines menschlichen Organismus, d. h. unter bestimmten Voraussetzungen in einem tierischen geleistet werden kann“ (Rahner 2002 (1961), 88).

Und Rahner kommt dann im Anschluss an diese Stelle zu der weitreichenden These:

„Wenn man die mittelalterliche und heute wieder im Vordringen begriffene Lehre einmal voraussetzt, dass die geistige Seele erst in einem späteren Stadium der embryonalen Entwicklung und nicht schon bei der Zeugung in Existenz tritt, dass also zwischen dem befruchteten Ei und dem geistbeseelten Organismus mehrere biologische Stufen liegen, die noch nicht Mensch sind, also auch noch nicht eine unmittelbare nächste Potenz für Geistbeseelung darstellen, und doch auch schon nicht mehr einfach und in jeder Hinsicht als ein bloßes Stück des mütterlichen Organismus betrachtet werden können, dann kann man durch aus sagen, dass eine so aufgefasste Ontogenese der menschlichen Phylogenese entspricht, wie sie die heutige Entwicklungsbiologie sieht: in beiden Fällen steuert ein noch-nicht-menschlicher biologischer Organismus auf eine Zuständlichkeit zu, in der die Entstehung einer Geistseele ihr genügendes biologisches Substrat hat“ (Rahner 2002 (1961), 88).

Doch könnte man sich hier sofort den Einwand gegen Rahners im Konditional ausgesprochene These vorstellen, dass seit der Widerlegung von Haeckels biogenetischem Grundgesetz[3], der von einer graduellen Entwicklung zum Menschen ausging, bewiesen sei, dass das menschliche Genom eine typisch menschliche Entwicklung steuert: Der Mensch entwickele sich nicht zum Menschen, sondern als Mensch. Dieser Einwand trifft jedoch die grundlegende rahnersche Vorstellung nicht. Auch wenn er die irrtümliche Meinung der Entwicklungsbiologie seiner Zeit benennt, die noch im Banne Haeckels stand, ist der entscheidende systematische Punkt ein anderer. Rahner geht davon aus, dass sich ein menschliches Lebewesen in der anfänglichen Entwicklung von einer Pflanze und in der späteren Entwicklung von einem Tier nicht prinzipiell unterscheidet. Der Embryo wäre dann, solange die Selbsttranszendenz noch nicht vollzogen ist, aus sich heraus nicht prinzipiell von Tieren unterschieden, denen auch die Potentialität als Art eignet, sich im Lauf der Geschichte selbst zu transzendieren und zu Menschen bzw. menschenähnlichen Lebewesen in dem Sinn zu werden, dass sie geistbeseelt sind.

Hinzu kommt: Wir wissen heute, dass aus embryonalen Stammzellen wieder Keimzellen, also Ei- und Samenzellen werden können. Normale Körperzellen lassen sich durch den Transfer in entkernte Eizellen wieder in einen embryonalen Zustand versetzen, wie eben der Zellkerntransfer (das Klonen) beweist. Es lassen sich gerade am Lebensanfang eine Vielzahl von Prozessen künstlich steuern. Während einige Entwicklungsbiologen (Denker) der Meinung sind, dass bereits das entwicklungsfähige menschliche Genom selbständig seine Entwicklung steuert, sehen andere Entwicklungsbiologen wie die Nobelpreisträgerin Nüsslein-Volhard es für erwiesen an, dass beim Menschen erst Steuerungssignale der mütterlichen Schleimhaut für die zureichende Ausbildung der Körperachsen sorgen. Ohne diese notwendigen Bedingungen entwickelt sich zwar ein menschliches Genom. Dieses wird aber gerade nie zu einem Menschen, sondern stirbt ab. Frühe Embryonen können sich darum zu Geweben entwickeln, die menschlich, aber eben keine Menschen sind, beispielsweise zu krebsähnlichen Gebilden (Teratomen).

Freilich könnte man dagegen einwenden, dass bei der Frage auf Leben und Tod, Verbrauch oder Nicht-Verbrauch nur absolute Sicherheit zureichend sei, ernste, positive Zweifel aber nicht genügen. Verlangt man allerdings eine solche Form der Sicherheit, müsste auch das Ganzhirntodkriterium als unzureichend abgelehnt werden. Die Diskussion um dieses Kriterium zeigt, dass es in der Tat von manchen genau aus diesem Grund in Frage gestellt wird.

Exkurs: Ein Urteil des Europäischen Menschenrgerichtshofs

Am 8. Juli 2004 hat der Europäischen Menschenrechtsgerichtshof mit 14 zu 3 Stimmen geurteilt, dass die Entscheidung darüber, ab welchem Zeitpunkt das Leben beginne, im Ermessensspielraum der einzelnen Staaten liege. In diesem Urteil ging es um eine Klage gegen Frankreich, das auch dem Fötus keine Rechtspersönlichkeit zuerkennt. Damit ist aber klar, dass auch eine Forschung mit frühen Embryonen dann nicht als Verletzung des Artikels 2 des Europäischen Menschenrechtsübereinkommens zu verstehen ist, der das Recht auf Leben schützt, wenn ein einzelner Staat eine dementsprechende Gesetzeslage hat.

Die ethische Bewertung des Klonens mit therapeutischer Zielsetzung

Es gibt sehr ernst zu nehmende Gründe, davon auszugehen, dass dem frühen Embryo noch keine Menschenwürde zukommt. Dann könnte das Klonen mit therapeutischer Zielsetzung, also zur Gewinnung von Stammzellen, nicht als Verbrauch von Menschen verstanden werden.

Wollte man jedoch auf der ganz sicheren Seite sein, so würde sich die neue Technik anbieten, die Entwicklungsfähigkeit einzuschränken, also das Cdx2-Gen auszuschalten. Forscher können nämlich mittlerweile die geklonten frühen „Embryonen“ in der Weise schaffen, dass sie sich selbst unter idealen Bedingungen gar nicht mehr zu Menschen entwickeln können. Sie hätten also keine aktive Potentialität des Menschseins mehr. Sie wären dann beispielsweise von Teratomen, die entwicklungsfähig sind, aber gerade nicht mehr zu Menschen werden können, dadurch unterschieden, dass Teratome in ihrem unstrukturierten Entwicklungsprozesse ähnlich einer Krebsgeschwulst eine große Bedrohung für die Gesundheit darstellen, geklonte Stammzellen in ihrem Entwicklungsprozess dagegen ein Heilungspotential enthalten könnten. Der Einwand hier werde künstlich im vorhinein eine Entwicklung unmöglich gemacht, trifft nicht, da der gesamte Prozess nur durch das menschliche Eingreifen vonstatten geht. Eine normale somatische Zelle kann aus sicher heraus niemals die Entwicklungsfähigkeit zu einem Embryo ausbilden. Sie hat aus sich heraus nicht die aktive Potentialität.

Auch ein anderer Einwand, der nicht vom moralischen Status des Embryos her gegen das Forschungsklonen argumentiert, wird hinfällig, nämlich der Einwand, wir hätten es hier mit einem Einstieg in das reproduktive Klonen zu tun. Durch die Nicht-Entwicklungsfähigkeit des Klons ist gerade jede Form einer reproduktiven Anwendung ausgeschlossen. Die Aussage, dass damit im Prinzip eine Technik erprobt werde, die später auch zu reproduktiven Zwecken einsetzbar sei, verkennt, dass bereits das tierische Klonen im Prinzip diese Techniken zur Verfügung stellt.

Allerdings stellen manche Naturwissenschaftler wie auch der Präsident der Deutschen Forschungsgemeinschaft Ernst-Ludwig Winnacker die Frage, ob das Klonen mit therapeutischer Zielsetzung auf Grund seiner komplexen technischen Voraussetzungen und der möglichen krebserzeugenden Wirkung einen sinnvollen Weg darstelle. Sie halten andere Alternativen in der Stammzellforschung für Erfolg versprechender. So sind standardisierte Stammzellbanken vorstellbar. Die dort vermehrten Stammzellen wären für die meisten Patienten ebenfalls wohl immunologisch verträglich und das Risiko, krebserregend zu sein, wäre niedriger. Dies ist jedoch gerade kein Grund, auf die Technik des somatischen Zellkerntransfers mit therapeutischer Zielsetzung zu verzichten. Vielmehr wäre es, rein *medizinisch-naturwissenschaftlich* betrachtet, wünschenswert zu klären, ob das Klonen mit therapeutischer Zielsetzung tatsächlich ein Heilungspotential enthält und ob dieses Potential genutzt werden kann und nicht doch ins Gegenteil umschlägt und damit zu einer Bedrohung für die Patienten wird. Es stellt nämlich eine gute medizinisch-naturwissenschaftliche Praxis dar, alternative Wege im Bereich der Grundlagenforschung zu gehen. Ein zu frühzeitiger Ausschluss bestimmter Alternativen könnte sich gerade in einem sich so rasch entwickelnden Forschungszweig als schwerer Fehler herausstellen. Außerdem hat diese Methode den Vorteil, keine Embryonen zu verbrauchen, die zu geborenen Menschen hätten werden können.

Ein anderer Einwand lautet, das Klonen mit therapeutischer Zielsetzung setze Eizellspenden voraus und setze dadurch Frauen einem gesundheitlichen Risiko aus. Sie würden dadurch für Forschungszwecke instrumentalisiert und ihre Menschenwürde missachtet. Tatsächlich haben beispielsweise die oben erwähnten koreanischen Forscher bei der im Jahr 2004 publizierten Forschungsarbeit sechzehn Spenderinnen hormonell behandelt und auf diese Weise 242 Eizellen gewonnen. Sie haben dabei gegen das Wissenschaftsethos verstoßen, da unter den Spenderinnen auch Mitarbeiterinnen des Instituts waren. Allerdings lassen sich zwei Wege vorstellen, das Problem zu lösen:

- So zeigen die Experimente der Forschergruppe um Schöler aus dem Jahr 2003, dass auch andere Wege der Eizellgewinnung vorstellbar sind. So könnten bereits mittelfristig Eizellen dadurch gewonnen werden, dass embryonale Stammzellen zu Eizellen „umfunktioniert“ werden. Eizellspenden wären damit nicht mehr nötig.
- Man ist aber nicht einmal auf derartige zukünftige Möglichkeiten angewiesen, da bei Hunderttausenden von künstlichen Befruchtungen allein in Europa auch überzählige Eizellen in dieser Größenordnung bereits heute vorhanden sind.

Die ethische Bewertung der Präimplantationsdiagnostik (PGD)

Auch hier gilt es eine Fallunterscheidung zu machen. Es gibt sehr ernst zu nehmende Gründe, davon auszugehen, dass dem frühen Embryo noch keine Menschenwürde zukommt. In diesem Fall ist eine derartige Diagnostik möglichst früh vorzunehmen, um das Risiko für den zu implantierenden Restembryo zu minimieren. Geht man dagegen davon aus, dass dem frühen Embryo Menschenwürde zukommt, dann sollte die Diagnostik erst in einem Stadium vorgenommen werden, in dem die entnommenen Zellen (Fachbegriff: Blastomeren) nicht mehr für sich einen entwicklungsfähigen Embryo ausbilden können.

Je nach Fragestellung verwendet man normalerweise entweder die Polymerase Chain Reaction (PCR), beispielsweise um eine rezessive Erbkrankheit feststellen zu können, oder die Fluorescence in Situ Hybridization (FiSH), beispielsweise um eine Trisomie 21 nachweisen zu können. Die Untersuchung verbraucht dabei die betreffenden Blastomere.

Es besteht die Möglichkeit, dass der spätere Mensch, der sich aus einem implantierten Keim nach einer PGD entwickelt, dadurch ein zusätzliches gesundheitliches Risiko hat, das so genannte Imprinting-Phänomen. Dies führt zu einer höheren neonatalen Komplikationsrate und in manchen Fällen auch zu kleinerem Wuchs:

Zusätzlich kommen zu diesen Risiken die üblichen Risiken einer IVF, insbesondere das Risiko einer Zwillings- (ca. 23%) bzw. Drillingsschwangerschaft (ca. 1,6%).[4] Aber nicht nur der Keim, Embryo und Fötus, sondern auch die betreffende Mutter hat ein zusätzliches Risiko, da die für die PGD notwendige IVF mit Risiken für ihre Gesundheit verbunden ist. Zu nennen sind hierbei physische Gefährdungen wie das ovarielle Überstimulationssyndrom (bei etwa 0,7% der behandelten Patientinnen in schwerer Form) und psychische Belastungen, da die Erfolgsrate bei einer IVF für eine klinisch verifizierbare Schwangerschaft derzeit bei etwa 26% liegt und in etwa 3% der Fälle eine Fehldiagnostik vorliegt.

Allein das Wohl von Mutter und Kind empfehlen also, eine PGD nur dann vornehmen zu lassen, wenn es dafür gewichtige Gründe gibt. Ein gewichtiger Grund wäre von Seiten der Mutter, dass sie sowieso eine IVF hat vornehmen lassen. Dann könnte eine PGD ihr eine invasive Pränataldiagnostik (PND) ersparen, sofern sie eine derartige PND mit den damit verbundenen Risiken und Fragestellungen beabsichtigt hatte. Was das zukünftige geborene Kind angeht, könnte eine derartige PGD dazu führen, diesem Leid zu ersparen. Der klassische Fall sind schwere Trisomien, bei denen den Eltern nach der Geburt eine passive Sterbehilfe angeboten wird (vgl. Knoepffler 2004a,116-118). Es sei dies am Beispiel der Trisomie 13 verdeutlicht. Die Trisomie 13 kommt etwa mit einer Häufigkeit von 1:6000 vor, wobei männliche und weibliche Neugeborene gleich häufig betroffen sind. Die charakteristischen Fehlbildungen sind ein- oder zweiseitige Lippen-Kiefer-Gaumenspalte, Hexadaktylie, Mikroophtalmie und Holoprosencephalie. Die Kinder haben häufig Krampfanfälle sowie Herzfehler und es besteht eine schwere psychomotorische Retardierung. Die mittlere Lebensdauer beträgt unabhängig vom Geschlecht etwa vier Monate.

Wird ein Kind mit einem derartigen Befund geboren, so bieten die Ärzte den Eltern die passive Sterbehilfe an. Die Kinder bekommen, wenn die Eltern dem zustimmen, danach Nahrung nur auf Verlangen. Es gibt keine Sondenernährung, keine zusätzliche Sauerstoffgabe und keine Verabreichung von Antibiotika bei Infektionen. Es wird auf Operationen oder Wiederbelebungsmaßnahmen verzichtet. Ähnliches gilt für andere schwere genetische (und natürlich auch sonstige vergleichbar schwere) Krankheitsbilder.

Unter der Voraussetzung, dass diese Form der passiven Sterbehilfe ethisch zulässig ist, wäre auch eine Nicht-Implantation eines menschlichen Keims mit ähnlichen genetischen Aberrationen ethisch zulässig. Denn die Nicht-Implantation ist keine aktive Tötungshandlung, sondern stellt im Verzicht auf die Implantation eine vergleichbare passive Sterbehilfe dar. In diesem Fall wäre es nicht die Unzumutbarkeit für die Eltern, weswegen auf eine Implantation verzichtet wird, sondern das Leiden des menschlichen Keims, der sich von vornherein in einem Sterbeprozess befindet. Dies gilt gerade auch, wenn man davon ausgeht, dass dem frühen Embryo Menschenwürde zukommt.

Ist man davon überzeugt, dass dem frühen Embryo keine Menschenwürde zukommt, dann kann es weitere Indikationen geben, die für eine PGD und einer eventuellen Nicht-Implantation sprechen. Dies wären einerseits all diejenigen Fälle, in denen nach einer (invasiven) PND Abtreibungen vorgenommen werden, denn in diesen Fällen würde nicht nur der Mutter eine monatelange Schwangerschaft erspart, es würde die Tötung eines ungeborenen Menschen vermieden, der ein menschliches „Antlitz" trägt und dessen Herz schlägt. Dies könnte aber auch für die Fälle gerechtfertigt werden, in denen durch die Geburt eines durch PGD gefundenen Kindes dessen beispielsweise auf eine Knochenmarkspende angewiesenes Geschwisterkind so zu retten wäre, denn es lässt sich leicht absehen, dass das spendende Kind darum nicht weniger geliebt sein würde.

Freilich werden gegen die PGD auch Gründe angeführt, die nichts mit dem Status des frühen Embryos zu tun haben, beispielsweise der Grund, dass wir damit schleichend in die Eugenik rutschen werden. Hier lässt sich sagen: Die Möglichkeit, die Methoden der PGD und theoretisch auch der PND als Anthropotechnik zu eugenischen Zwecken zu benutzen, verweist darauf, dass diese Diagnostiken und ihre Folgen weitreichende gesellschaftliche Folgen haben können. Es ist deshalb allgemein im Blick auf PGD und PND zu fragen: Was könnten die langfristigen gesellschaftlichen Folgen sein? Könnten diese Techniken dafür sorgen, dass praktisch Krankheiten und Behinderungen verschwinden würden? Dies ist faktisch ausgeschlossen. Weit über 90% aller Behinderungen sind nämlich nicht genetisch bedingt und die meisten Krankheiten können auch nicht durch Gendiagnostik ausgeschlossen werden. Wir werden also immer in der Gesellschaft genügend Menschen haben, sodass selbst durch Nicht-Implantation nach einer PGD oder Tötung nach einer PND keine Gefahr eines Verlusts des Beitrags dieser Menschen für unsere Gesellschaft einerseits und eine Entsolidarisierung mit geborenen Behinderten andererseits besteht. Zudem ließen sich gerade im Blick auf die zulässigen Diagnostiken Grenzen ziehen, die in einem gesellschaftlichen Dialog auszuhandeln wären.

Kurzfazit

Selbst unter der Voraussetzung, dass dem frühen Embryo Menschenwürde zukommt, gibt es Fallkonstellationen, in denen das Klonen mit therapeutischer Zielsetzung und die Präimplantationsdiagnostik ethisch gerechtfertigt sind. Ohne diese Voraussetzung erweitern sich die Handlungsmöglichkeiten, insbesondere bei der Präimplantationsdiagnostik.

Literatur

Balzer, P./Rippe, K. P./Schaber, P. 1998: Menschenwürde vs. Würde der Kreatur. Begriffsbestimmung, Gentechnik, Ethikkommissionen, Freiburg i. Br.: Alber.

Birnbacher, D. 2004: Menschenwürde – abwägbar oder unabwägbar, in: Kettner (Hg.) 2004, 249-271.

Böckenförde EW 2003: Die Würde des Menschen war unantastbar. FAZ; 204:33

Denker, HW 2004: Early human development: new data raise important embryological and ethical questions relevant for stem cell research. Naturwissenschaften; 91:1-21

Hwang, WS, Ryn YJ, Park JH et al. 2004: Evidence of a Pluripotent Human Embryonic Stem Cell Line Derived from a Cloned Blastocyst. Science; 303:1669-74 [Doi: 10.1126/science.1094515]

Knoepffler N. 2004a: Menschenwürde in der Bioethik. Berlin: Springer

— 2004b: Stem Cell Research: An Ethical Evaluation of Policy Options. Kennedy Institute of Ethics Journal 14 (1):55-74.

Maio G. 2002: Welchen Respekt schulden wir dem Embryo. Die embryonale Stammzellforschung in medizinethischer Perspektive. Dtsch Med Wochenschr 127:160-163

Meissner, A./Jänisch, R. 2005: Generation of nuclear transfer-derived pluripotent ES cells from cloned Cdx2-deficient blastocysts. In: Nature. doi101038/nature 04257.

Merkel R. Forschungsobjekt Embryo 2002: Verfassungsrechtliche und ethische Grundlagen der Forschung an menschlichen embryonalen Stammzellen. München: dtv.

Nüsslein-Volhard C. 2004: Das Werden des Lebens. Wie Gene die Entwicklung steuern. München (Beck):189-191.

Rahner, K. 1999 (1976): Grundkurs des Glaubens. Studien zum Begriff des Christentums (Sämtliche Werke 26), Freiburg i. Br. (Benziger/Herder).

— 2002: Verantwortung der Theologie. Im Dialog mit Naturwissenschaften und Gesellschaftsheorie (Sämtliche Werke 15), Freiburg i. Br. (Herder).
— 2002 (1961): Die Hominisation als theologische Frage, in: Rahner 2002, 38-100.
— 2002 (1965): Die Einheit von Geist und Materie im christlichen Glaubensverständnis, in: Rahner. 2002, 309-334.
— 2002a (1967): Einheit von Geist und Materie, in: Rahner 2002, 482-490.
— 2002b (1967): Zum Problem der genetischen Manipulation, in: Rahner 2002, 498-524.
Spaemann 1996: Personen. Versuche über den Unterschied zwischen ‚etwas' und ‚jemand', Stuttgart (Klett-Cotta).
Thomas von Aquin 1882ff: Gesamtausgabe (Edition Leonina), Rom (Editrice Libreria Vaticana).
— 1961/2001: Summa contra Gentiles (Textum Leoninum emendatum ex plagulis de prelo Taurini 1961 editum ac automato translatum a Roberto Busa SJ in taenias magneticas denuo recognovit Enrique Alarcón atque instruxit), Pamplona.
— 1951ff: Summa Theologiae (= ST), Madrid (Biblioteca de Autores Cristianos).
— 1982: Summa contra Gentiles/Summe gegen die Heiden (=SG), Bd. II, 2 (hg. und übersetzt von K. Albert und P. Engelhardt), Darmstadt (Wissenschaftliche Buchgesellschaft).
Winnacker EL 2004: Der Irrtum. FAZ 37 (13.02.), 33
Walters L. 2004: Human Embryonic Stem Cell Research: an Intercultural Perspective. Kennedy Institute of Ethics Journal 14 (1): 3-38

Anmerkungen

1 Die Verwendung der Abbildungen der Microsoft Encarta 1997/2005 (CD-Rom) ist durch Microsoft (s. Richtlinien der Encarta) genehmigt.
2 Die Verwendung der Abbildungen der Microsoft Encarta 1997/2002 (CD-Rom) ist durch Microsoft (s. Richtlinien der Encarta) genehmigt.
3 Gemäß dem biogenetischen Grundgesetz durchläuft der menschliche Embryo in seiner Individualentwicklung (Ontogenese) die Stammesentwicklung (Phylogenese). Der menschliche Embryo würde demnach die verschiedenen tierischen Stufen durchlaufen, ehe er menschlich wird. Haeckel (1898) hat diese These mit gefälschten Abbildungen untermauert (vgl. Rager 1996, 264f). Aufgrund des naturwissenschaftlichen Befunds ist jedoch klar, daß der menschliche Embryo ein artspezifisches Genom besitzt.
4 Es gibt allerdings einige Studien, die darüber hinaus zusätzliche gesundheitliche Risiken für Kinder nach IVF und insbesondere ICSI (Intracellular Sperm Injection), die

normalerweise bei der PGD angewandte wird, aussagen. Der Wert dieser Studien wird allerdings selbst wieder diskutiert.

Diskussion

Isensee: Sie sprachen über Würde und Lebensrecht am Anfang des menschlichen Daseins. Ich habe nicht verstanden, auf welcher Ebene Sie argumentieren und in welcher Hinsicht Ihre Überlegungen relevant sind. Sie zitieren Rechtsnormen – heißt das, dass Sie diese Normen juridisch interpretieren? Oder argumentieren Sie auf dem Boden einer philosophischen Ethik? Sollte die zweite Möglichkeit zutreffen, so fragt sich, was die Rechtsargumente leisten sollen, die Sie vortragen. Sollen sie zeigen, daß ihre ethischen Vorstellungen verallgemeinerungsfähig sind und auf breiten Konsens aufbauen? Daneben bringen Sie biologische Fakten von der Teilung des Embryos und von dessen natürlichem, vorzeitigen Abgang. Für die Lösung rechtlicher oder ethischer Fragen bringen diese Fakten nichts. Denn Recht und Ethik beziehen sich auf menschliches Verhalten, nicht auf biologische Prozesse. Jenseits von Recht, Ethik und Biologie liegen die theologischen Ausführungen zur Beseelung des Embryos.

Sie sagen, ab einem bestimmten Stadium der Entwicklung des Embryos könne von Menschenwürde gesprochen werden. Das dürfte nicht rechtlich und wohl auch nicht ethisch gemeint sein. Denn die Würde kommt ihm zu oder nicht zu. Das ist keine Sache des bloßen Redens. Darüber reden kann man zu jeder Zeit. Der rechtliche und der ethische Status des Embryos ist keine Sache einer Sprachlizenz.

Eine Bemerkung über den Zusammenhang und den Unterschied von Leben und Würde. Sie rühren an das Thema im Beispiel der Notwehr. Der Rechtsstandpunkt ist hier eindeutig: Notwehr rechtfertigt die Tötung. Recht braucht dem Unrecht nicht zu weichen. Freilich darf es weichen, soweit der Angegriffene über das verletzte Recht disponieren kann. Die Rechtfertigung, die der Tatbestand der Notwehr leistet, ist rechtlicher Natur, aber auch moralischer. Die Tötung in Notwehr nimmt dem Angreifer das Leben, aber sie raubt ihm nicht die Würde, es sei denn, dass besondere, entwürdigende Umstände hinzukämen, die aber vom Rechtfertigungsgrund der Notwehr auch nicht gedeckt würden. Entsprechendes gilt für den polizeilichen Rettungsschuss, den die Rechtsordnung als ultima ratio in Fällen äußerster Gefahr bereitstellt. Leben und Würde hängen zwar zusammen, doch sind sie zu unterscheiden. In der Regel verstärkt die Menschenwürde den Lebensschutz. Im Grenzfall der erlaubten Tötung bleibt die Würde unversehrt. Doch auch im natürlichen Tod geht die Würde nicht verloren; sie lebt fort im Schutz der Persönlichkeitsrechte und im Schutz der sterblichen Reste. Das alles sind keine Entdeckungen der modernen Jurisprudenz, sondern alte Wahrheiten, die auch das 13. Jahrhundert schon kannte.

Meine Bemerkungen zum Referat sollen die Diskussion provozieren, nicht verzögern. Das überfällige Wort hat Herr Breitenbach.

Breitenbach: Mein Diskussionsbeitrag passt jetzt nicht mehr so gut dazu, denn er sollte ja zu der Diskussion beitragen, die wir nach dem vorletzten Vortrag hatten. Aber ich möchte es vielleicht doch noch kurz anbringen, denn es erscheint mir wichtig für die gesamte Diskussion in dieser Runde. Es ist mehrfach von mehreren Seiten die Aussage gefallen, dass eben die genetische Identität in dem Augenblick beginnt, wo die beiden Vorkerne sich vereinigt haben und dass das ein starkes Argument ist, dass die Identität des Individuums von diesem Zeitpunkt an gegeben ist. Das ist richtig, aber ich möchte warnen vor einer Überinterpretation dieser Sache. Wenn man so großes Gewicht auf die genetische Identität legt, dann kommt man sehr leicht zu Argumenten, die genetischer Determinismus sind. In unserem bioethischen Seminar sind wir einmal zurückgegangen auf eine Schrift des katholischen Lehramts aus den 70er-Jahren (Quaestio de abortu procurato), nicht die, die Sie erwähnen aus dem Jahr '87, wo genau dieser Punkt der genetischen Identität ganz stark betont ist und dann Sätze kommen, die wirklich nach genetischem Determinismus klingen. Und genetischer Determinismus würde aber heißen, dass man nicht anerkennt, dass man ein freier Mensch ist, der auch trotz und in Gegenwart seiner genetischen Ausstattung sich frei entscheiden kann. Das ist ein gefährliches Fahrwasser, wenn man in diese Richtung geht, aber ich unterstelle nicht, dass es jemand so gemeint hat, ich möchte nur darauf hinweisen.

Knoepffler: Ich würde gerne die Hinweise von Herrn Isensee dazu verwenden um zu erklären, wie sozusagen der Aufbau des Vortrags ist: Ich habe im Endeffekt einen Vortrag gemacht, der genau umgekehrt läuft wie der von Ihnen. Ich gehe nämlich von einem Art overlapping consensus aus, also von dem, was sozusagen der gemeinsame ethische Nenner ist, was nicht kontrovers ist, und zwar nicht nur in der bundesdeutschen Gesellschaft. Das ist die Anerkennung von Menschenwürde im von mir im Vortrag ausgeführten Verständnis. Und das kann man zumindest auf Weltebene ständig sehen in Bezug auf human dignity. Mein Mitarbeiter war jetzt bei der UNESCO-Tagung in Thailand und hat genau wieder gesagt, wie stark auf human dignity von asiatischen Leuten hingewiesen wurde und wie stark dieser Bezug da ist. Das war sozusagen der Ausgangspunkt. Ich wollte nur sagen, das ist wohl das gemeinsame moralische Band, das wir teilen.

Kommen wir zum entscheidenden Problem. vor dem Hintergrund heutiger Möglichkeiten am Lebensanfang. Wir müssen identifizieren, wem diese Menschenwürde dann zukommt. Das muss man herausfinden. Man muss identifizieren, wer denn dazugehört. Und nun ist es tatsächlich so, dass ich der Meinung bin, dass die katholische Tradition und zwar als eine Tradition, die sich an alle Menschen guten Willens richtet und damit nicht eine Religion ist, eine partikuläre Ethik für irgendjemand irgendwann versucht. Diese Tradition habe ich versucht aufzunehmen, weil mir dieser Traditionsstrang zu wenig gewürdigt zu sein scheint. Das einzige, was ich eingefügt habe, war der Hinweis, wonach die Würde verlierbar ist. Dies hat aber mit unserer heutigen Konzeption von Menschenwürde nichts zu tun. Nur um das deutlich zu machen, dass man vorsichtig sein muss, Worte, die gleich klingen, mit dem gleichen Inhalt zu füllen. Darauf wollte ich noch einmal hinweisen, das war mir wichtig. Und das war deswegen auch als Exkurs kenntlich gemacht.

Und dann bin ich eben diese Positionen durchgegangen und wolle deutlich machen, und der Rückgriff auf Thomas macht ja Sinn, denn wenn das Bundesverfassungsgericht von aktiver Potentialität redet, wenn der Papst von aktiver Potentialität redet, wenn amerikanische Texte von aktiver Potentialität reden, wenn man es auch in anderen Ländern findet, die davon reden, wenn es in philosophischen Texten vorkommt, dann halte ich das für ein wichtiges Argument über das ich reden will. Und so versuche ich zu begründen und das habe ich dann im Vorwort noch einmal extra beschrieben, ich verwende bewusst auch ausgewiesene Theologen, sofern sie wegen ihrer Argumente einfach Bedeutung haben für den Gedankengang. So wie ich auch eine Auseinandersetzung mit Peter Singer vornehme und nicht sage: Das ist ein Referenzutilitarist. Er ist ja weltanschaulich gebunden, das kommt für mich nicht in Frage. Nein, wenn das Argument interessant ist, muss ich es zur Kenntnis nehmen und schauen und dann sehen, ob es taugt oder es nicht taugt. Das was für mich nur extrem wichtig ist, ist die Quellen aufzudecken und nicht so zu tun, als würde ich in einem luftleeren Raum argumentieren, was ja nicht geht. Das wollte ich nur sagen. Insofern beziehen sich natürlich auch Recht und Ethik auf biologische Prozesse, da sie einfach wissen müssen, identifizieren müssen, wem kommt das denn zu und wem nicht.

Und ich habe auch nie gesagt, Menschenwürde ist da oder nicht da – sondern wem sie zukommt, das war die Frage. Es geht um dieses Identifikationsproblem. Und womit ich ringe und das ist praktisch meine nächste Forschungsarbeit, die sehr stark von den Salzburgern hier angestoßen ist, ohne dass die es wissen, über meine Assistentin, die aus Salzburg gewesen ist und jetzt hierher zurückgeht, dass ist die Sache von Kanger und dem Lebensrecht und ob man nicht im Endeffekt besser damit fährt, in einer moralphilosophischen Diskussion auf die Würde zu verzichten, also jetzt wirklich über das Lebensrecht die ganze Sache abzuhandeln, das ist wirklich zu überlegen, ob das sinnvoll ist oder nicht.

Und was ich hier nur machen wollte ist eben … was ja gar nicht theologisch gebunden ist, sondern längst vor dem Christentum da war als Gedanke, das eben abzuarbeiten, denn damit kann man sehr sinnvoll eine begriffliche Identität füllen und dann habe ich die Konsequenzen noch gezeigt. Das was Notwehr jetzt war, da zeigt sich genau der Unterschied zwischen einem moralphilosophischen und einem rechtlichen Diskurs. Nur weil etwas juristisch legitim ist, rechtlich legitim ist und man es tun darf, heißt das noch lange nicht, dass ein Akt der Notwehr somit moralphilosophisch gerechtfertigt ist. Das wollte ich nur in Frage stellen. Ich halte es für dilemmatisch einen Menschen zu töten, ich hätte persönlich sozuagen, wenn ich damals nicht ins Seminar gegangen wäre, ich wäre zum Wehrdienst gegangen, ich hätte nicht verweigert, aber ich wäre mir ganz bewusst gewesen, dass ich es sozusagen als Abschreckung tue und wie es im konkreten Fall ist, hätte ich vermutlich nicht entscheiden können, vermutlich hätte ich geschossen, aber ich will nur sagen, das ist für ich tatsächlich dilemmatisch. Wenn man ein Gesetz hat in der Bundesrepublik Deutschland, wo man eine Zivilmaschine abschießen kann, die von Terroristen entführt wurde und damit in Kauf nimmt, dass 150 Zivilisten sterben, dann ist das zumindest höflich formuliert „dilemmatisch".

Isensee: Hier liegt kein Fall der Notwehr vor, sondern ein Fall des Notstands. Dieser bildet in der Tat ein Dilemma.

Weingartner: Ich habe einen kurzen Kommentar zu dem Thomas von Aquin-Zitat, das Sie vorher erwähnt haben. Das ist nur eine Stelle. Erstens einmal hat er natürlich die Auffassung von Aristoteles, dass es immer drei Seelenfunktionen gibt. Zuerst ist die vegetative Seelenfunktion da – die ist verantwortlich für Blutkreislauf, Atmung und für Ernährung usw. – und dann kommt die Sinnesseele – sie ist verantwortlich für die Sinne, die gesamte Sinneswahrnehmung, das Gedächtnis und den Bewegungsapparat – und dann die höchste Seelenfunktion, die vernunftbegabte Seele (Verstand und Wille). Die Frage war, ob die vernunftbegabte Seele schon am Anfang der Zeugung da ist. Und Gregor von Nissa hat (um 300) eine klare Antwort darauf gegeben – er hat gesagt: ja. Thomas von Aquin hat viel differenzierter darüber diskutiert, hat aber auch zum Vorschlag von Gregor von Nissa gesagt: das ist sehr unwahrscheinlich, wenn wir die ganze Natur beobachten, dann sehen wir, dass das Vollkommene immer eher am Schluss in der Entwicklung kommt. Das Vollkommene ist also nie am Anfang da, so etwas würde dem ganz widersprechen, was man in der Natur beobachtet. Man muss zwar sagen, dass potentiell bei der Befruchtung prinzipiell alle drei Seelenfunktionen schon da sind. Aber in der Entwicklung ist es dann so, dass auf jeden Fall die vegetative Seelenfunktion aktuell schon vorhanden sein muss, denn sonst gäbe es ja gar keine Atmung und Ernährung des Kindes. Und dann redet er davon, dass bei den ersten Stößen im Mutterleib man annehmen kann, dass die Sinnesseele, die Bewegungsfunktionen und das Gedächtnis sich schon entwickelt haben müssen. Er gibt keinen Zeitpunkt für die Aktualität der Vernunftseele an, aber er sagt schon, in der Potentialität ist sie vorhanden und es ist auch potentiell ein Mensch und natürlich ist es auch schutzwürdig. Also ich wollte sagen, das müsste man unterscheiden, diese drei Seelenfunktionen sind in dieser Beziehung sehr wichtig.

Pichler: Ich möchte Sie nur schützen davor mit Analogien zu arbeiten, indem man die Frage der Verwendung von Embryonen und Embryonalstammzellen in irgendeine gedankliche Linie zur Frage der Abtreibung bringt. Es mag jeder selbst für sich beantworten, wie er zum Schwangerschaftsabbruch und zum begleitenden Rechtskonzept steht. Nur: Die Gesetzgeber, die Fristenregelungen gebracht haben, haben in ihrem Konzept dahinter so etwas wie das Simulieren einer Art Notstands zwischen zwei autonomen Rechtsgütern geübt. Man räumt kein „Recht“ ein. Mann „billigt“ der Mutter nur bis zur 12. Schwangerschaftswoche zu, dass sie vielleicht in einer willensbeeinträchtigenden und daher schuldausschließenden Konfliktsituation stehen könnte. Und deshalb nimmt man die Strafbewährung heraus, die Rechtswidrigkeit bleibt ja bestehen. Ganz anders verhält es sich aber in den Fällen der planenden Assistentechnologien. Gäbe es eine echte Analogiesituation, würden wir Jurist.inn.en an dieser Debatte gar nicht mehr teilnehmen brauchen. Denn dann würde in der Tat das argumentum a maiori ad minus alles erübrigen, wenn sowieso die 12. Woche die Interventionslinie ist, warum reden wir dann vom 12. Tag oder gar der 12. Stunde? Das wäre für uns dann sozusagen einfach sinnlose Zeit, die wir hier vertun. Was natürlich nicht heisst, dass das die Ethiker durchaus weiter beschäftigen könnte. Warum wir Jurist.inn.en teilnehmen ist, weil es ja gerade in diesem Bereich um etwas anderes geht. Denn es gibt keine Notstands- und keine Notwehrsituation. Man ist in der Lage industriell Embryonen zu fertigen, auf Reserve für einen späteren Gebrauch, wobei der Rechtsgütergewinn weit distrahiert irgendwann einmal eintreten könnte nach abgeschlossener Forschung. Das heißt, alle unsere juristischen Notstands- und Notwehrgebäude passen überhaupt nicht auf diese Fallgruppe drauf, weil wir vor keiner bestehenden, drohenden, in der Situation nicht schuldhaft herbeigeführten Kollisionssituation ausgehen können. Es geht um die Bedienung weit in der Zukunft und auch nur vielleicht einmal als segensreich qualifizierbares Forschungsinteresses. Also da halten unsere herkömmlichen juristischen Gebäude nicht. Und deshalb sitzen wir da und diskutieren, wie sollen wir denn normativ mit diesem Faktum der Verwendbarkeit, der Verbrauchbarkeit umgehen? Ich möchte sie daher warnen, Sie werden immer in Teufels Küche kommen, wenn Sie aus Gründen der Plakativität zum Analogon Abtreibung greifen, weil sie sich damit in eine schlechtere Argumentationsposition bringen, als wenn sie sich dieses Analogon gar nicht erst zuschieben lassen, geschweige denn selber damit punkten wollen.

Knoepffler: Genau das ist der Punkt, dass sich Dinge hier verschieben. Was ich sagen will, ist etwas ganz einfaches. Wenn man die Entwicklung der Abtreibungsdebatte anschaut, dann weiß man, dass ein Großteil der Argumente, die hier verwendet werden, auch in der Abtreibungsdebatte verwandt wurden. Wenn man aber die Fiktion aufrecht erhält, hier würde Selbstbestimmungsrecht gegen das Lebensrecht abgewogen, dann kriegt man das zweite Problem, dass man annimmt, Frauen taumeln sozusagen in eine Schwangerschaft hinein. Die meisten Frauen, die mit einem Mann zusammen sind, wissen doch um die Möglichkeit einer Schwangerschaft. Von daher ist das Lebensrecht vorgängig.

Pichler: Sie schlittern so jetzt nur noch tiefer in die Frage der Rechtfertigbarkeit oder Nicht-Rechtfertigbarkeit der Fristenlösung. Sie lösen damit aber nicht Ihr Problem nicht, wenn Sie versuchen, mit der Hilfe, die ich Ihnen geben will, ein anderes Problem zu lösen.

Knoepffler: Ich habe den Eindruck, dass man in dieser Frage tatsächlich Mücken seiht und Kamele verschlingt sozusagen, um es bildlich zu sagen. Also die 120.000 Abtreibungen, oder 140, 150.000 in der BRD, wo ich Ihnen die Bilder gezeigt habe, wie so ein Mensch aussieht, da wird von der bundesdeutschen Regierung dann einmal im Jahr gesagt, wir haben alles getan, was notwendig war, während die Präimplantationsdiagnostik (PGD) verboten ist. Wir haben in der BRD die Situation, dass man die PGD nicht anwenden darf, um nach einer IVF feststellen zu können, ob ein Kind eine Trisomie 18 hat, das ist nicht zulässig. Aber wenn das Kind im 8. Monat ist und man entdeckt die Trisomie 18, selbst wenn es dann lebensfähig ist im 9. Monat, darf es noch abgetrieben werden. Da kann ein Jurist sagen, das haben wir anders gepackt, das ist für einen Juristen in Ordnung. Aber für einen Moralphilosophen nicht.

Pichler: Ich gehöre zwar in der Tat zu denen, die nicht mehr in die Strafbarkeit zurückkehren wollen. Aber um outing sollte es uns hier doch gar nicht gehen. Ich habe nur versucht, die Denkstruktur zu erklären, die Gesetzgeber bewogen hat, zu diesem Modell zu greifen. Und ich habe erklärt, dass das eine Denkmodell in keinem Fall auf das andere, unser heutiges, übertragbar ist.

Knoepffler: Ich verstehe, dass das Denkmodell nicht übertragbar ist. Was ich gerade bestreite, das ist tatsächlich eine zweite Botschaft, die ich hier transportiere, das ist, wenn man den Status des Embryos hier so hoch aufhängt, das tut nämlich Lieschen Müller, die eine Abtreibung vornimmt, normalerweise nicht, sondern die treibt ab, weil das für sie noch kein Mensch ist im vollen Sinn. Die hat ein gradualistisches Menschenbild normalerweise. Sonst kriegt sie nämlich richtig Probleme, das kriegen natürlich auch manche. Und die Männer haben es natürlich noch leichter, die sind meist noch distanzierter. Aber wenn man über den Status des Embryos redet und von Menschenwürde und Lebensrecht und dann sozusagen einen so einfachen Weg sich herausschmiedet um diese gewaltigen Zahlen, das ist ja die Zahl von Salzburg im Jahr, dann muss ich sagen, das ist für mich einfach etwas wo ich denke, das ist meine Verantwortung als Ethiker zumindest immer wieder darauf hinzuweisen, dass wir hier eine Leiche im Keller haben, und zwar eine ganz gewaltige.

Pichler: Herr Knoeppfler, wir haben zwei Leichen im Keller, aber zwei in der Gattung verschiedene, mehr wollte ich Ihnen nicht sagen…

Greil: Das sind auch immer mehr Leichen. Denn das Problem, das ich habe, ist: Sie setzen eine moralische Prämisse und aus dieser moralischen Prämisse gehen Sie dann zurück und leiten daraus ab, ab welchem Zeitpunkt sozusagen ein Würdestatus zuzuerkennen wäre. Und damit habe ich große Probleme, denn wir würden uns eigentlich die Hilfe im Umgekehrten erwarten. Also Sie gehen aus von den Konsequenzen und lehnen die Konsequenzen ab. Also Sie sagen, berechtigterweise mag das aus Ihrer Perspektive sein, Sie sind gegen die Abtreibung und beklagen das Resultat. Das kommentiere ich jetzt nicht von meiner Seite, was meine Position dazu ist. Ich stelle nur fest, dass Sie das tun. Das ist der Ausgangspunkt, von dem Sie ausgehen. Und dieses Resultat wollen Sie nicht haben und daher ist das eine moralische Prämisse, die Sie machen. Und aus dem leiten Sie ab, ab welchem Zeitpunkt die Würdedefinition welche Konsequenzen hat um dieses Resultat zu verhindern. Und wir würden uns das genau umgekehrt erhoffen. Aber so läuft im Moment die Diskussion und das was man sich erwarten würde ist, oder was wir erhoffen würden um unser Problem zu lösen ist, dass uns jemand sagt, aufgrund welcher biologischen und aufgrund welcher philosophischen Überlegungen ist es entweder a) überhaupt möglich, oder b) gar nicht möglich oder c) graduell möglich, Lebensformen einen gewissen Status zuzuordnen. Meiner Meinung nach scheitert das etwas daran, dass das ein überzogener Würdebegriff für jede Form von menschlichem Leben ist. Ich persönlich glaube, dass es auch für die katholische Kirche besser wäre darüber zu beginnen nachzudenken, dass aufgrund dieser unglaublichen Manipulationsmöglichkeiten, die dem Leben gegenüber bestehen, eine Übertragung des Würdebegriffes, der für das postnatale Leben in maximalem Umfang in Anspruch genommen wird, auf den frühestmöglichen Zeitpunkt ohne Abstufung nicht möglich ist. Das ist meine Meinung.

Knoepffler: Also es ist ja nicht so, dass man bei mir keine Lösungen findet, sondern das ist ja publiziert in der medizinischen Genetik das erste Fallbeispiel der Präimplantationsdiagnostik. Es ist doch interessant, dass das überhaupt nicht in der Diskussion zur Kenntnis genommen wird, dass es Fälle gibt, in denen auf eine Implantation des Embryos verzichtet werden kann, wenn diese wie im Fall einer Trisomie 15 überhaupt nicht lebensfähig sind. Ich versuche das in die Diskussion einzuschleusen.

Luf: Wir haben bei unserer Bioethikkommission einen Vorschlag gehabt, der genau das aufgegriffen hat, was Sie gesagt haben. Testung auf Lebensfähigkeit ist zulässig und entspricht der bestehenden Gesetzeslage. Über diesen Vorschlag hat sich unsere Kommission auch geeinigt. Worüber haben wir uns aber nicht geeinigt? Eine Mehrzahl der Mitglieder war der Meinung, die Indikation: Testung auf Lebensfähigkeit sei viel zu eng. Man müsse den Indikationsrahmen ausweiten. Die anderen waren skeptisch, ob man den Indikationsrahmen gegenüber gesellschaftlichem Erweiterungsdruck auf Dauer eingrenzen könne. Ein Beispiel dafür bietet die Diskussion um das „family balancing". Wenn man zwei Töchter hat und keinen Sohn wird das als Fall gesehen, bei dem eine PID zulässig sein soll.

Knoepffler: Das Problem ist, dass zumindest in der bundesdeutschen Argumentation mit den Menschenwürdeargumenten gearbeitet wird und es Fälle gibt, wo zumindest nachgewiesen werden kann, dass hier Menschenwürde in keiner Weise angetastet wird.

Knoepffler: Das ist aber sehr interessant. Nehmen Sie beispielsweise die Position des ehemaligen Richters am Bundesverfassungsgerichts, Herrn Böckenförde. Er begeht nach meiner Ansicht diesen Fehler. Wenn die gleichen Leute, die sich sogar dafür eingesetzt haben, dass Abtreibungen aus Staatsmitteln zu bezahlen sind, bei der embryonalen Stammzellforschung mit der Menschenwürde des Embryos argumentieren. Wenn die anders argumentieren würden, wenn die sagen, wir brauchen Rechtsfrieden usw., das ist eine völlig andere Kiste. Das sehe ich auch als meine therapeutische Aufgabe, hinzuweisen auf Diskussionslagen, die einfach schief sind, Argumente... Und das, was ich Kollegen Isensees Hinweisen entnehme, ist, dass ich das noch klarer hinkriegen muss und eventuell vermeiden muss, an einigen Stellen zu viele Dinge hineinzubringen.

Luf: Darf ich vielleicht noch einmal auf das von Pichler zurückkommen, ich sehe das nämlich schon als Problem. Wenn in all diesen Dingen die Abtreibungsgeschichte ins Spiel kommt, erübrigt sich jede weitere Diskussion. Vor allem der Hinweis auf die embryopatische Indikation bis zum 9. Monat ist ein echtes Killerargument. Dem gegenüber scheint die Embryonenforschung von geringerer Ethischer Relevanz zu sein. Aber jetzt nur meine Frage: Ist es wirklich so konsistent wenn ich sage, Fall A ist ethisch verwerflich, aber rechtlich erlaubt. Aus Gründen der Konsistenz müsste der ethisch weniger verwerfliche Fall B ebenso rechtlich erlaubt werden. Ist dieses Konsistenzargument wirklich tragfähig?

Knoepffler: Das wäre so, wenn die Situationen in der Tat identisch wäre, denn wenn wir nicht konsistent argumentieren, können wir alles und jedes behaupten. In der Debatte um die PGD beispielsweise kommen jedoch noch weitere Überlegungen ins Spiel, z. B. dass gewisse Techniken unser Menschenbild so verändern, dass wir uns einmal langsam die Frage stellen müssen, wo wir da hin wollen. Damit aber wird die ethische Bewertung eine andere.

Luf: Über das Menschenbild können wir in einer demokratisch organisierten Gesellschaft diskutieren, und daraus folgern, was wir wollen und was wir nicht wollen. Aber wie argumentieren wir die Frage nach dem Menschenbild im Grundrechtskontext? In diesem sind Grundrechte, wie die Forschungsfreiheit oder die Selbstbestimmung normativ sehr stark, sodass der Rekurs auf das Menschenbild kein wirksames Gegenlager darstellt.

Pichler: Da kann ich aus der juristischen Sache noch eins drauf machen. Wir haben ja in Österreich das Problem noch eine Stufe komplizierter. Wir verbieten zwar sozusagen Embryonenforschung in ihren Stadien, wir hätten aber durchaus die Möglichkeit in Österreich, bei abgetriebenen Föten Embryonalstammzellen zu entnehmen, da haben wir kein Problem mehr. Da sind wir ganz elektrisiert, denn das könnte ja theoretisch, wenn man sozusagen auf dem Embryonenarbeitsverbot fest darauf sitzen bleibt, könnte das ja gedanklich zu etwas ganz anderem führen, dass man sozusagen Fötenkauf betreibt. Oder geht noch weiter: Stimulierung von abzutreibenden Föten, wenn das zu einem Deal wird und zu einer Einnahmequelle ähnlich wie Blutspenden, ist Tür und Tor offen.

Knoepffler: Ganz herzlichen Dank für die Diskussion. Was ich für mich daraus lerne ist wie gesagt, dass ich noch einmal schauen muss, wie ich mein Anliegen klarer machen kann, das Anliegen, das darin besteht, dass wir darauf schauen, wie wir die Menschen, die hier auf der Erde sind, einschließlich der noch nicht geborenen Menschen, möglichst gut schützen können und wie wir vermeiden können, dass wir anfangen, Menschenwürde nach gewissen Eigenschaften zuzuweisen und umgekehrt wie wir vermeiden können, dass wir aus zu großer Vorsicht eventuell ganz wichtige Forschungszweige abschneiden.

Mehr Autonomie für Frauen durch Biomedizin?

Versuch einer feministisch-ethischen Beurteilung

Angelika Walser

0 Vorbemerkung

Das Prinzip Autonomie ist in der gesellschaftlichen Diskussion über Bioethik allgegenwärtig: So existiert vermutlich kein ethisch-rechtlicher Entwurf zum Thema Euthanasie ohne den Verweis auf das Recht des Patienten auf Autonomie am Ende seines Lebens. Keine Abhandlung über Schwangerschaftsabbruch kann es sich leisten, das Argument von der Autonomie von Frauen zu übergehen. Autonomie ist ein Schlagwort aller ethischer Debatten unserer Zeit, und der Verweis auf den Verlust der Autonomie hat so manche Diskussion schon im Keim erstickt, bevor sie überhaupt begonnen hat. „Autonom sein" ist in all diesen Debatten zunächst einmal zu übersetzen mit „selbstbestimmt sein". Über sein eigenes Selbst bestimmen zu können – was auch immer genau dieses „Selbst" denn ausmacht[1] – ist nach wie vor ein höchst erstrebenswertes Kennzeichen heutigen Lebensgefühls. Mag die postmoderne philosophische Diskussion das Subjekt schon längst dekonstruiert haben – in der Praxis wollen Frauen und Männer von heute gerade an den neuralgischen Punkten des Lebensbeginnes und des Lebensendes möglichst selbstbestimmte Subjekte sein. Dabei wird die Einsicht, dass gerade der Anfang und das Ende des Menschseins wesentlich durch Abhängigkeit von anderen gekennzeichnet sind, gerne verdrängt. Feministische Philosophinnen suchen daher schon seit längerem nach neuen Konzepten, der zerbrechlichen Realität von Menschsein am Anfang und Ende des Lebens besser gerecht zu werden. Sie stützen sich dabei auf Carol Gilligan[2], die mit ihrer Arbeit zu einer eigenständigen Frauenmoral die Grundlage für das schuf, was heute allgemein als Care-Ethik bezeichnet wird. Care, dt. Fürsorge[3], begreift die Realität der Abhängigkeit und der gegenseitigen Verwiesenheit aller Menschen als neue Herausforderung für die Ethik. Auch wenn es sehr lohnenswert wäre zu fragen, welche konkreten normativen Schlussfolgerungen sich gerade für die medizinische Ethik, insbesondere für die Pflegewissenschaft, aus dem Grundprinzip Care ergeben könnten[4], so soll die Debatte um die Care-Ethik im Folgenden in diesem Beitrag dennoch nicht im Mittelpunkt stehen. In der Medizinethik ist der Rückgriff auf die Autonomie m.E. nämlich unverzichtbar und kann durch Care nicht einfach ersetzt werden. Beide

Prinzipien sind überdies weder getrennt voneinander zu denken noch als Gegensätze zu begreifen.

Autonomie steht also im Mittelpunkt der folgenden Überlegungen und zwar nicht irgendeine Autonomie, sondern ganz konkret die Autonomie der Frauen im Kontext der Errungenschaften moderner Biomedizin: Dienen IVF und Präimplantationsdiagnostik, Klonen und Stammzellforschung der Autonomie von Frauen, d.h. ihrer Selbstbestimmung? Und was ist unter dieser Autonomie zu verstehen?

Zunächst einmal lässt sich feststellen, dass die Beantwortung dieser Frage stark davon abhängt, wem sie überhaupt gestellt wird. Genau an dieser Stelle möchte ich die Vertreterinnen eines Wissenschaftszweigs ins Spiel bringen, der zumindest in der deutschsprachigen Öffentlichkeit eher unbekannt ist.[5] Die Vertreterinnen feministischer Bioethik. Nach einer Einführung in diese Teildisziplin der Bioethik möchte ich dann auf die Autonomiefrage zurückkommen.

1 Kleine Einführung in die feministische Bioethik

In der politischen Diskussion haben Feministinnen seit den 80er Jahren immer wieder darauf aufmerksam gemacht, dass Reproduktionstechniken aller Art und pränatale Diagnosetechniken ganz wesentlich den weiblichen Körper betreffen. Ihr Engagement stand damals vorwiegend im Zeichen des Protests gegen Machbarkeitswahn und blindes Vertrauen in den unreflektiertem Umgang mit neuen Technologien. Frauennetzwerke und Diskussionsgruppen formierten sich – immer *gegen* die Ausbeutung des weiblichen Körpers z.B. als Eizelllieferant für embryonale Stammzellforschung, gegen die Macht der Experten über den weiblichen Körper in Sachen Fortpflanzungsmedizin, gegen politischen Druck auf Frauen, ein möglichst perfektes Kind zur Welt zu bringen.[6] Heute hat sich die Sachlage geändert: Die meisten Frauennetzwerke sind in sich zusammengefallen, Aktionsgruppen sind verschwunden.[7] Viele Frauen bedienen sich ganz selbstverständlich der neuen Technologien vor allem im Bereich der Reproduktionsmedizin. Dabei ist zu beobachten, dass biomedizinische Entscheidungen stark privatisierte Entscheidungen geworden sind, über die Frauen selten öffentlich sprechen. Feministische Bioethik zu betreiben heißt daher immer auch, Tabus zu brechen und die Erfahrung von Frauen in ihrer ganzen Bandbreite zu Wort kommen zu lassen.

Feministische Bioethik ist ein Teilbereich feministischer Ethik und findet vor dem Horizont feministischer Ethik statt. Gemeinsam mit allen Ansätzen feministischer Ethik will sie

„Ethik neu [...] bedenken und zwar in Hinblick auf jedwede Form eines male bias, der in ihr enthalten sein mag [...] Ihr Ziel ist, sowohl praktische Handlungsanleitungen als auch theoretische Möglichkeiten für ein Verständnis der Natur von Moralität zu entwickeln, welches die Interessen von jeder Frau oder Gruppe von Frauen den Interessen irgendeines anderen Individuums oder einer anderen Gruppe weder offen noch verdeckt unterordnet.“[8]

Als Teilbereich feministischer Ethik hat feministische Bioethik den drei Minimalbedingungen für jeden feministischen Ansatz zu genügen:

„1.) Die Diskriminierung der Frau ist moralisch falsch; 2.) eine Moraltheorie hat die moralischen Erfahrungen von Frauen gleichermaßen wie jene der Männer zu berücksichtigen [...] 3.) Die gesellschaftliche Ausgangslage von Frauen und Männern ist ungeachtet aller formalen Gleichheitsgrundsätze nicht die gleiche; ein Umstand, der eminente Konsequenzen bezüglich moralischer Problemstellungen und indirekt der Moraltheorien nach sich zieht.“[9]

Feministische Bioethik fragt nach der Bedeutung und nach den Konsequenzen neuer Techniken der Biomedizin für Frauen. Die Analyse dieser Konsequenzen ist aber keineswegs nur für Frauen interessant, sondern auch für Männer. Anders als der anfängliche Gleichheitsfeminismus, der sehr stark die gleichen Rechte für Frauen wie für Männer einforderte und anders als der darauffolgende Differenzfeminismus, der im Gegenzug den Unterschied zwischen Frauen und Männern betonte, präsentiert sich der heutige Feminismus vor allem als Geschlechterfrage, allerdings im Bewusstsein der Asymmetrie des Geschlechterverhältnisses zwischen Frauen und Männern. [10] Forschung und Wissenschaft können und sollen nicht ausblenden, dass ihre Subjekte und Objekte des Handelns ein Geschlecht haben. Geschlecht ist freilich nicht die einzige Kategorie, die es zu bedenken gilt, aber es ist eine Kategorie u.v.a., die gerade in der Biomedizin und in der Bioethik eine wesentliche Rolle spielt. Feministische Bioethik wendet sich allen Anwendungsbereichen herkömmlicher Bioethik zu: Allein schon auf Grund der unübersehbar gewordenen Literatur ist hier an erster Stelle die Reproduktionsmedizin zu nennen und hier vor allem die Varianten der In-Vitro-Fertilisation, dann aber auch die Entwicklung des künstlichen Uterus (Ectogenesis), die prädiktiven Diagnosetechniken der Pränataldiagnostik und der Präimplantationsdiagnostik mit dem spezifischen Problem der Geschlechtsselektion sowie genetische Beratung und Stammzellforschung.

Typisch für feministische Bioethik ist ihre radikale Interdisziplinarität sowie ihre globale Ausrichtung, die ganz bewusst die möglichen Auswirkungen neuer Technologien in anderen Ländern, insbesondere in armen Ländern, in ihre Überlegungen mit einzubeziehen sucht. Es gilt, eine als ungerecht erkannte Weltordnung sowie Rassismus und Ethnozentrismus zu überwinden – ein utopisches Potential, das wesentlich zur feministischen Ethik insgesamt gehört. Dazu gesellt sich bei Vertreterinnen femininistischer Bioethik Skepsis gegenüber jeder Art einer Hofethik, die nur noch nachträglich das sanktioniert, was Wissenschaft und Wirtschaft aufgrund ökonomischer Interessen ohnehin schon beschlossen haben.[11]

Feministische Bioethik beschränkt sich aber nicht nur auf Kritik, sondern formuliert selbst zentrale Grundanliegen: An erster Stelle steht hier die Forderung nach Kontextsensibilität bei der ethischen Bewertung neuer Technologien, zweitens die Entwicklung eines Bewusstseins für körperpolitische Fragen und die sozialethische Forderung nach globaler Verteilungsgerechtigkeit.[12]

All diesen Grundanliegen voraus liegt aber die explizit wissenschaftskritische Fragestellung, welche Themen im herkömmlichen Diskurs der Bioethik dominant diskutiert und welche dagegen vernachlässigt oder gar stillschweigend übergangen werden. So sind die klassisch bioethischen Fragen nach der Würde des Embryos, nach seinem ontologischen und moralischen Status und nach seiner Schutzwürdigkeit sicher faszinierend und werden seit vielen Jahrzehnten von Vertretern aller Fachrichtungen kontrovers diskutiert. Und doch hat auch die unübersehbar gewordene Flut von Publikationen hier nicht annähernd einen Abschluss gebracht, sondern legt lediglich Zeugnis von den völlig konträren Weltanschauungen ihrer Verfasser ab, deren Ansichten in einer pluralistischen Gesellschaft aufeinanderprallen.

Die elektronenmikroskopische Konzentration auf den Embryo und die damit verbundene gedankliche Fixierung auf ihn bleibt für den wissenschaftilchen Diskurs nicht ohne Folgen: Der Anteil einer Frau an seinem Ins-Leben-Kommen und ihr Körper werden marginalisiert oder ganz ausgeblendet. Frauen und ihr Körper erscheinen im besten Fall als notwendige Voraussetzung für die Entwicklung eines Menschenlebens im Sinne einer Behausung – eine Umgebung, die man gegebenenfalls durch Nährlösungen ersetzen kann. „In utero" und „in vitro" werden zu bloßen Ortsangaben : Im ersten Fall ist der Embryo – bildlich gesprochen – behaust, im zweiten Fall lebt er in einer Art Ersatzwohnung und bei der Kryokonservierung ist er – denkt man das Bild zu Ende – sozusagen obdachlos. Gedankliche Grundlage dieser Bilder, die direkt oder indirekt immer wieder als Prämisse der Bioethik aufscheinen, ist die Aufspaltung der bestehenden Zweiheit in Einheit von Embryo und Frau in zwei voneinander unabhängige Systeme, die der gegenseitigen Bezogenheit der beiden philosophisch[13] nicht gerecht wird. Lebensschutz muss immer als Schutz der reproduktiven Einheit von Embryo *und* Frau gedacht werden[14], eine Trennung von beiden führt bei allen ethischen Diskussionen in die Sackgasse.

Nicht nur die philosophischen, sondern auch die gesellschaftlichen Konsequenzen der Konzentration allein auf den Embryo sind erheblich: Die Lebenswelt von Frauen verschwindet aus der bioethischen Debatte. Statt dessen werden Frauenkörper zu gläsernen Vitrinen[15] – von allen Seiten für die Gesellschaft einsehbar und leicht zu öffnen für Zugriffe aller Art von seiten von Politik und Wissenschaft.

Vor diesem Hintergrund stellt sich die Frage nach der Autonomie von Frauen im Kontext von bioethischen Konfliktfeldern auf zwei Ebenen: Erstens auf der Ebene der philosophischen Debatte, zweitens auf gesellschaftlicher Ebene.

2 Die Frage nach der Autonomie von Frauen im Kontext von bioethischen Konfliktfeldern

Dient moderne Biotechnologie, dienen IVF und Präimplantationsdiagnostik, Klonen, Stammzellforschung der Autonomie von Frauen? Selbstverständlich ist auf diese sehr grundsätzlich gestellte Frage nicht einfach nur ein klares Ja oder Nein zu erwarten, müsste jeder einzelne der hier genannten Bereiche nun genau untersucht werden. Doch zeigt sich hier gleich eine Schwierigkeit: Empirisches Material, das differenziert Aufschluss über die gesellschaftliche Lage zumindest im deutschsprachigen Raum geben könnte, ist rar.[16] Ich konzentriere mich daher zunächst einmal auf den philosophischen Aspekt der Frage nach der Autonomie. Dabei zeigt sich die begriffliche Unklarheit ethischer Debatten genauso wie die angebliche Neutralität der Ethik, die der spezifischen Erfahrung von Frauen wenig gerecht wird und daher m.E. eines neuen und erweiterten Nachdenkens über den Autonomiebegriff bedarf, ohne diesen freilich ganz und gar aufzugeben.

2.1 Das herkömmliche Konzept von Autonomie in der Bioethik

Das Prinzip Autonomie gilt allgemein sowohl in der philosophisch/theologischen als auch in der bioethischen Diskussion als Schlüsselkategorie. In allen drei Wissenschaftsdisziplinen wird Autonomie herkömmlicherweise geschlechtsneutral konzipiert, d.h. die Kategorie erhebt den Anspruch, für beide Geschlechter gleich gültig zu sein. Dabei sind sowohl Theologie als auch Philosophie sehr stark von der Tradition Kants geprägt und verstehen dementsprechend unter Autonomie Selbstgesetzgebung oder Selbstbestimmung in Verantwortung, die freiwillige und vernünftig begründete Unterwerfung unter das Sittengesetz der praktischen Vernunft, den kategorischen Imperativ.[17] Dass Autonomie in dieser Tradition das genaue Gegenteil von Willkür ist und mit einer einsamen Entscheidung gegen den Rest der Welt nichts zu tun hat, ist hinlänglich bekannt und oft gesagt worden, ist doch eine solche Willkür gerade das Gegenteil von Autonomie, nämlich

Heteronomie – Fremdbestimmung, die sich nicht durch das Sittengesetz, sondern durch egoistische Wünsche leiten lässt. Die Freiheit, die der Mensch hat, steht unter dem sittlichen Anspruch der Selbstbestimmung in Selbstverpflichtung, was Verantwortung und Pflichten gegenüber anderen bedeutet.

So klar dieses Verständnis von Autonomie ist, so möchte ich doch behaupten, dass es im bioethischen Diskurs heute eigentlich kaum mehr von Bedeutung ist. Vielmehr dominiert ein von liberalistischen Wurzeln gespeistes Verständnis von Autonomie als *Selbstbestimmung*.

Beispiel: „One principle at the centre of modern bioethics is respect for autonomy. It is rooted in the liberal moral und political tradition of the importance of individual freedom and choice. In moral philosophy personal autonomy refers to personal self-governance: personal rule of the self by adequate understanding while remaining free from controlling interferences by others and from personal limitations that prevent choice. „Autonomy" thus means freedom from external constraint and the presence of critical mental capacities such as understanding, intending, and voluntary decision-making capacity."[18]

Gedanklicher Hintergrund dieser Definition ist der amerikanische Prinziplismus, dessen vier Grundprinzipien gleich an erster Stelle die Selbstbestimmung, die Autonomie, nennt.[19] Mit Autonomie wird in diesem Zusammenhang die Fähigkeit des Patienten oder der Patientin beschrieben, selbst entscheiden zu können und sich damit gegen jeden ärztlichen Paternalismus zur Wehr zu setzen. Autonomie ist ein Abwehrrecht und wurzelt im Respekt vor der individuellen Freiheit jedes Menschen und vor seinem Recht, über die eigene Gesundheit letztlich selbst zu entscheiden. Autonomie beinhaltet damit ganz wesentlich den so genannten *informed consent*, zu deutsch etwa: die informierte Entscheidung. Das Ideal des *informed consent* verlangt nach der umfassenden Aufklärung des Patienten durch den Arzt oder die Ärztin, so dass verantwortete Entscheidungen getroffen werden können, frei von äußeren Zwängen.

Nun haben Feministinnen dieses Autonomiekonzept schon seit längerer Zeit scharf kritisiert, ihm seine Berechtigung abgesprochen und es teilweise sogar zu ersetzen versucht – nicht nur im Zusammenhang mit Bioethik, sondern auch im Zusammenhang allgemeiner moralphilosophischer Diskussionen. Was ist denn aber an einem derartigen Verständnis von Autonomie auszusetzen? Gerade Feministinnen in ihrem Kampf für die Selbstbestimmung von Frauen sollten doch eigentlich Verfechterinnen von einem Autonomiekonzept dieser Art sein?

2.2 Feministische Kritik am Autonomiekonzept

2.2.1 Die Funktionalisierung des Autonomiebegriffs

In der biomedizinischen Debatte ist das Autonomieargument buchstäblich in aller Munde. Der Nobelpreisträger Carl Djerassi beispielsweise betont immer wieder, seine Arbeit stünde im Dienste der Autonomie von Frauen.[20] Schließlich seien es die Frauen, die durch die Entkoppelung von Sexualität und Fortpflanzung entlastet würden. Mittels Sparkonten von kryokonservierten jungen Eizellen könnten sie ihren Kinderwunsch dann erfüllen, wenn er wirklich in ihren Lebenszusammenhang und ihre Karriereplanung passe. Hier wird das Argument von der Autonomie eindeutig als Werbung in eigener sowie sicher auch in industrieller Sache eingesetzt. Es lässt sich trefflich mit Schlagworten wie Emanzipation und Fortschritt verbinden und wird letztlich als rhetorische Untermauerung des eigenen Standpunkts funktionalisiert.

Diese Funktionalisierungstendenz gilt jedoch auch für die feministische Seite: Selten wird ausdrücklich geklärt, was mit Autonomie nun tatsächlich gemeint ist. Die Bedeutungen von Autonomie oszillieren dementsprechend zwischen „Handlungsfreiheit", „Freiheit von direkter Einflussnahme", „Kontrolle über die Effekte des Handelns", „Abwehrrecht gegen das Patriarchat", „Abwehrrecht gegen den Embryo", „Selbstbestimmung von Frauen über ihren Körper", „Willkür", „Selbstbestimmung in Selbstverpflichtung" – je nachdem, welche Weltanschauung die Diskursteilnehmerinnen vertreten und was sie mit dem Autonomie-Argument erreichen wollen. Als konkretes Beispiel sollen wiederum zwei Klassikerinnen bioethisch-feministischer Literatur dienen, die sich der Frage stellen, ob die Errungenschaften der Biotechnologie nun die Autonomie von Frauen fördern oder nicht und die gleichzeitig stellvertretend für die historische Entwicklung des feministischen Diskurses über Reproduktionsmedizin gelten können: Die amerikanische Feministin Shulamit Firestone begrüßte in „Frauenbefreiung und sexuelle Revolution" in den 70er Jahren Geburtenkontrolle und Reproduktionsmedizin als Möglichkeit für Frauen, endlich uneingeschränkte Eigentumsrechte über den eigenen Körper und damit Befreiung aus naturgegebenen Zwängen zu erlangen.[21] Gena Corea dagegen beurteilte zehn Jahre später in ihrem Klassiker „Die Muttermaschine" sowohl IVF/ET als auch Leihmutterschaft, Klonen und die künstliche Gebärmutter als Zerlegung und Instrumentalisierung des Frauenkörpers, dessen Einzelteile dem Patriarchat nun sein Fortbestehen sichern helfen, indem Frauen als Brutmaschinen ausgebeutet würden.[22]

Weder Corea noch Firestone haben ein eigenes theoretisches Autonomiekonzept entfaltet, doch ist auffällig, wie eng bei beiden die Frage nach der Selbstbestimmung von Frauen mit der Frage nach dem weiblichen Körper verbunden ist:

Für Firestone ist dieser Frauenkörper und hier insbesondere seine Fähigkeit zur Schwangerschaft *das* Hindernis auf dem Weg zur Beseitigung des Patriarchats. Aus Coreas Ausführungen dagegen kann zumindest indirekt geschlossen werden, dass Selbstbestimmung von Frauen genau darin bestünde, sich gegen die Verobjektivierung des Frauenkörpers durch die neuen Technologien zu wehren und auf der Integrität dieses Körpers zu beharren. Körperkonzept und Autonomievorstellung hängen also eng miteinander zusammen, der Autonomiebegriff erweist sich bei näherer Betrachtung als sehr unterschiedlich, Selbstbestimmung ist bei der einen Autorin etwas ganz anderes als bei der anderen.

2.2.2 Kritik am Konzept der Autonomie selbst und die Suche nach Alternativen

Um die Kritik am Autonomiekonzept nachvollziehen zu können, ist ein kurzer Seitenblick in die moralphilosophische Diskussion gleichheits- und differenzfeministischer Ansätze unumgänglich. Marilyn Friedman hat nicht zu Unrecht von einer feministischen Hassliebe zum Begriff der Autonomie gesprochen.[23] Im Gleichheitsfeminismus der 70er Jahre stand Autonomie noch hoch im Kurs. Das einzige, was Feminstinnen an ihm störte war die Tatsache, dass die Fähigkeit zur Autonomie im Sinne von Selbstbestimmung traditionellerweise Männern zugestanden wurde, Frauen dagegen nicht. Autonomie selbst aber bildete gerade deshalb ein unangetastetes und erstrebenswertes Ziel der Emanzipation. In den 80ern dagegen meldete sich mit dem Differenzfeminismus, welcher die Unterschiede der Geschlechter betont, Kritik am Konzept der Autonomie selbst: Zumindest die mainstream-Konzeption von Autonomie, so der Vorwurf, weise eine individualistische Verengung auf, die Autonomie mit Unabhängigkeit gleichsetze und letztlich in einem rein männlichen Selbstkonzept wurzele. Diese Konzept gehe aber völlig an der Realität weiblicher Erfahrung vorbei. Ein weibliches Selbstkonzept sei ein Selbst-in-Beziehung. Es spiegelt die Erfahrung wieder, dass „Frau sein" immer „mindestens zwei sein" heißt. Konsequenterweise lehnen Differenzfeministinnen das Konzept von Autonomie ab: Das herkömmliche Autonomiekonzept des amerikanischen Liberalismus weise eine genderbedingte Verengung auf. Es setze ein atomistisches und asoziales Selbst voraus, vernachlässige die Bedeutung von sozialen Beziehungen für die Konstitution des Selbst und propagiere ein Verständnis von Selbstgenügsamkeit und Unabhängigkeit, welches den Abbruch von interpersonalen und sozialen Beziehungen miteinschließt. Die Ursache für dieses verengte Selbst- und Autonomieverständnis sei in männlicher Sozialisation und männlichem Rollenverhalten bzw. männlichen Geschlechterstereotypen zu finden, welche auf Unabhängigkeit und Selbstwerdung durch Abgrenzung zu anderen abziele.

Die Konsequenzen einer solchen Fundamentalkritik sind im Großen und Ganzen klar: (1) Entweder verzichten feministische Philosophinnen ganz auf das Ideal der Autonomie und suchen nach einem Begriff, der dem Selbst-in-Beziehung weiblicher Erfahrung angemessen ist (so die Frauen des Mailänder Buchladens oder die Diotima-Philosophinnen). (2) Oder sie versuchen bewusst Rekonzeptualisierungen von Autonomie, (so beispielsweise Meyers mit ihrem prozessualen Autonomiebegriff[24] oder Sherwin mit ihrem sozialen/relationalen Autonomiekonzept[25].

(1) Die Frauen des Mailänder Buchladens und die Diotima-Philosophinnen einen Ersatz für Autonomie im Begriff der Autorität. Mit Luisa Muraros Konzeption einer mütterlichen Ordnung[26] gehen sie davon aus, dass Abhängigkeit im Sinne von Bezogenheit auf andere *den* Schlüssel zur Erschließung des eigenen Daseins darstellt. Somit findet hier ein Wechsel der Kategorien statt: Statt auf Autonomie setzt eine Politik unter Frauen auf Autorität. Mit Autorität ist hier allerdings nicht gemeint „die eigene Verantwortung abzugeben und blindlings einer Autorität zu vertrauen", sondern vielmehr ein Kommunikationsprozess, in dem eine Frau der anderen Frau das Wort erteilt, ihr also Autorität verleiht – alles in dem Bewusstsein, dass es Positionsunterschiede und Abhängigkeiten gibt, die nach einer Autorität in des Wortes eigentlicher Bedeutung geradezu verlangen, also nach einer Frau, die eine andere fördert und unterstützt.

Obwohl diese Überlegungen zunächst allgemeiner Art sind, ist es doch legitim zu fragen, welche Folgen dieser Ansatz im Hinblick auf biomedizinische Fragen hat: Er hat m.E. seine Stärke in einem eher allgemeinen Bereich, nämlich bezüglich der politischen Kultur von Frauen im Umgang mit neuen Biotechnologien: Die strikte Grundlinie der Mailänder Frauen, das es einen allgemein weiblichen Standpunkt nicht gibt und dass jede Frau einen anderen Standpunkt und andere Erfahrungen hat, kann sowohl die oben erwähnte Tabuisierung beenden als auch die Achtung und gegenseitige Toleranz unter Frauen fördern. Grundsätzlich wertvoll ist auch die ausdrückliche Anerkennung von Abhängigkeitsverhältnissen zwischen Experten/Expertinnen und Patienten/Patientinnen im medizinischen Alltag, dem in der Literatur herkömmlicher Bioethik oft kaum Rechnung getragen wird.

Andererseits denke ich, dass gerade im Bereich der Bioethik der Autoritätsbegriff kein Ersatz für Autonomie werden darf und kann. Das weibliche Selbstkonzept der italienischen Philosophinnen, das Abhängkeit und Beziehung in den Mittelpunkt aller Überlegungen stellt, neigt dazu, die traditionellen Geschlechterstereotypen zu wiederholen und zu verfestigen. Außerdem ist in der Praxis des medizinischen Alltags kein besserer Schutz des Patienten oder der Patientin gegen ärztlichen Paternalismus vorstellbar als das Konzept der Autonomie – schon gar nicht durch einen Begriff, der seit dem Faschismus zahlreichen Missverständnissen ausgesetzt ist[27] und – falsch angewandt – in wirklich autoritären Strukturen enden kann.

(2) Alle Rekonzeptualisierungen von Autonomie begreifen Autonomie im Sinne von Selbstbestimmung als eine Kompetenz, die sich Personen erst in einem Prozess der sozialen Interaktion erwerben müssen:

> „According to the relational approach, persons are fundamentally social beings who develop the competency for autonomy through social interactions with other persons. These developments take place in a context of values, meanings and modes of self-reflection that cannot exist except as constituted by social practices. Also, according to some theorists, autonomy is itself the capacity for a distinctive form of social, and in particular, dialogical engagement."[28]

Der Prozess der Selbstbestimmung, wie Meyers und Friedman ihn verstehen, setzt voraus, dass zum Erwerb der Autonomiekompetenz die Fähigkeit zur Selbstreflexion, aber auch kommunikative Fähigkeiten, analytische und emotionale Fähigkeiten eingeübt werden müssen. Damit ist aber auch schon klar, dass es soziale Interaktionen und Strukturen gibt, welche eine Einübung in diese Kompetenz schmälern und die Ausbildung von Selbstbestimmung erschweren. Soziale oder relationale Ansätze eines Autonomieverständnisses nehmen diese Möglichkeit in Kauf. Anders als die Mailänder Frauen verzichten sie deshalb aber gerade nicht auf das Autonomiekonzept selbst, sondern lenken ihren Blick auf die gesellschaftlichen Umstände, die für die Ausbildung von Selbstbestimmung zwar konstitutiv, aber nicht allein ausschlaggebend sind. Solange das Selbst ein Minimum an Selbstreflexion zeigt, ist Autonomie noch vorhanden.

Was ist die Stärke dieser relationalen Zugänge? *Nicht* ein im Kern völlig neuer Autonomiebegriff, der sich total von traditionellen ethischen Ansätzen unterscheidet. Aber eine Schärfung für den Kontext und damit auch auf strukturelle Ungerechtigkeit und Zwänge aller Art, welche die praktische Umsetzung von Autonomie erschweren. Relationale Autonomiekonzepte lenken die Aufmerksamkeit auf gesellschaftliche Strukturen und/oder persönliche Beziehungen, welche Autonomie fördern oder behindern können. Ich denke, dass genau hier auch sein Wert für Frauen liegt. Frauen sind in unserer Gesellschaft und heute noch in vielen Gesellschaften und Religionen dieser Erde nicht geübt darin, selbstbestimmte Entscheidungen zu treffen und eine eigene Stimme zu haben.

Nicht das Konzept der Autonomie selbst ist also das eigentliche Problem, sofern Verengungen vermieden werden, sondern die praktische Umsetzung von Selbstbestimmung von Frauen in Kontexten, die nach wie vor von ungerechten Strukturen und genderbedingten Ungleichheiten geprägt sind. Nach wie vor wird – je nach Tradition und Kultur verschieden – Selbstbestimmung eher Männern als Frauen zugestanden. Nach wie vor fehlen auch – je nach Tradition und Kultur verschieden – narrative Muster, die von weiblicher Selbstbestimmung erzählen. Ich plädiere daher für eine kritische Analyse des Kontexts, nicht aber für eine generelle Abschaffung des Autonomiekonzepts. Autonomie im Sinne von Selbstbestimmung bedeutet, eigene Werte und Wünsche identizifieren, artikulieren und leben, Konvention und Tradition kritisch reflektieren zu können und eine eigene individuelle Stimme zu haben. Bei aller Anerkennung der konstitutiven Bedeutung von Beziehungen für das Selbst und damit auch für die Autonomie sind diese Fähigkeiten angesichts einer langen Tradition der Fremdbestimmung gerade für Frauen wichtig.

3 Konkretion und abschließende Thesen für die feministisch-ethische Beurteilung

Zusammenfassend lässt sich feststellen, dass *der* feministische Standpunkt zur Frage, ob moderne Biomedizin die Autonomie von Frauen fördert, nicht existiert. Es gibt ihn ebenso wenig wie es *den* allgemein gültigen weiblichen Standpunkt in Wissenschaft und Alltag gibt. Daher sind auch alle Bestrebungen, *die* Stimme *der* Frauen zu IVF, Pränataldiagnostik etc. zu hören, von Anfang an zum Scheitern verurteilt. Aus der Berücksichtigung der Grundanliegen feministischer Bioethik und hier insbesondere der theoretischen Debatte um die richtige Autonomiekonzeption können dennoch bei aller Vorsicht allgemeine Schlussfolgerungen formuliert werden.

(1) Stichwort: „Funktionalisierung“:

Frauen sollten sich in politischen und bioethischen Debatten der „Autonomiefalle“ bewusst werden. Autonomie ist hier häufig ein inhaltsleeres und unklares Schlagwort, das immer dann aus der Tasche gezogen wird, wenn man oder frau Werbung in eigener Sache machen will. Mit dem Lockwort angeblicher individueller Autonomie im Sinne von Selbstbestimmung wurde und wird Frauen auch heute noch oft die Lösung gesellschaftspolitischer Probleme aufgebürdet: Biomedizinische Errungenschaften wie die IVF präsentieren sich dabei scheinbar als medizinische Lösungen, tragen aber zur Verschleierung der gesellschaftspolitischen Tatsache bei, dass der so oft zitierte Entscheidungsspielraum für ein Kind angesichts mangelnder Kinderbetreuungsmöglichkeiten von vornherein nur sehr begrenzt ist.

Vielleicht war die indische Regierung hier ehrlicher, als sie bei ihren Werbekampagnen für Familienplanung wohlweislich erst gar nicht von Autonomie für Frauen sprach. Autonomie für Frauen gilt in Indien nämlich als eine Erfindung des dekadenten Westens, die eine gebildete indische Frau meidet, führt sie doch nur zur Verwirrung der Geschlechterordnung. Die Appelle der indischen Regierung zur Familienplanung – meist nur an Frauen gerichtet – richteten sich daher lange Zeit wohlweislich an die Verantwortung der Frauen für das Wohl ihrer Familien, nicht an ihren Wunsch nach Selbstbestimmung (einen solchen Wunsch haben angeblich höchstens westliche Frauen!). Mittlerweile haben indische Feministinnen erreicht, dass neben den Verhütungskampagnen auch Gesundheits- und Bildungsprogramme gerade für die Ärmsten der Frauen durchgeführt werden, welche ihnen mehr Bildung verschaffen, mehr Fähigkeit zur Selbstverantwortung und damit zu einer echten selbstbestimmten Entscheidung für oder möglicherweise eben auch gegen Familienplanung.[29]

(2) Stichwort: Zwang zur Entscheidung statt Selbstbestimmung

Zweifellos können Frauen und ihre ungeborenen Kinder von pränataldiagnostischen Möglichkeiten gerade bei therapierbaren Krankheiten profitieren. Gleichzeitig ist abzusehen, dass Frauen bei einer Ausweitung der Testmöglichkeiten noch mehr zu den Hauptverantwortlichen genetischer Gesundheit werden als sie es jetzt ohnehin schon sind. Ob sie der Verantwortung gewachsen sind, ist zu bezweifeln. Das Wissen gerade auf dem Gebiet der jetzt schon erhältlichen Angebote der Pränataldiagnostik ist sowohl bei Frauen als auch bei ihren Partnern gering, die Aufklärung und psychologische Begleitung meist völlig unzureichend, die möglichen Konsequenzen angesichts der Diagnose Behinderung unklar und häufig noch nicht einmal angedacht. „Es wird halt gemacht" – so ist die Erfahrung vieler Frauen. Mit Selbstbestimmung hat das wenig zu tun, viel dagegen mit einem subtilen Zwang zu einer meist sehr einsamen Entscheidung, deren Konsequenzen dann der Entscheidungsträgerin allein angelastet werden – frei nach dem Motto: „Wenn Sie ein behindertes Kind in die Welt setzen, müssen Sie eben auch alleine mit den Folgen klarkommen."[30] Solche Sätze signalisieren eine Drohung, nicht einen Entscheidungsspielraum für Autonomie. Hier wird Wissen zur Zwangsinformation, mit dessen Konsequenzen Frauen *und* Männer nicht wirklich umgehen können. Das Problem wird sich mit der Anwendung immer neuer genetischer Testverfahren verschärfen. Die Debatte, ob es der Autonomie von Frauen und Männern dient, sie mit immer besseren diagnostischen Techniken in immer kompliziertere Situationen zu bringen, ist noch gar nicht eröffnet worden. Zu fordern ist hier jetzt schon eine bessere Aufklärung und Begleitung, damit echte reflektierte und damit autonome Entscheidungen möglich sind. Zu fordern sind außerdem rechtliche und ethische Rahmenrichtlinien, bei denen von Berufs wegen eingebundene Frauen, z.B. Hebammen. Psychologinnen und Ärztinnen ein gewichtiges Wort mitzureden haben.

(3) Stichwort soziale/relationale Autonomiekonzepte:

Nimmt man die verschiedenen sozialen oder relationalen feministischen Autonomiekonzepte ernst, dann richtet sich der Blick auf den sozialen Kontext. Diesen sachlich und wissenschaftlich zu analysieren, ist eine echte Herausforderung, mehr Studien sind daher dringend erforderlich. Unter welchen gesellschaftlichen Bedingungen entscheiden sich Frauen nun tatsächlich z.B. für IVF, für Pränataldiagnostik und Präimplantationsdiagnostik, wenn die Annahme stimmt, dass sie sich entscheiden und nicht einfach nur subtilen oder offenen Zwängen unterliegen. Und: Ist – in diesem oder jenem gesellschaftlichen Kontext – schon absehbar, ob die jeweilige Technologie zur Geschlechtergerechtigkeit beiträgt? Ein zu Recht vielzitiertes Beispiel, welches die Kontextgebundenheit einer Technologie klar beweist, ist China mit seiner Ein-Kind-Politik, welche in einem patriarchalen Kontext zu einer klaren Diskriminierung von Frauen und Mädchen beigetragen hat, die das Land nicht nur vor ethische, sondern heute auch vor ernstzunehmende demographische Probleme stellt, ist doch durch die hohe Schwangerschaftsabbruchsrate bei Mädchen die weibliche Bevölkerung seit vielen Jahren im Schwinden begriffen. Bei einer genauen Kontextanalyse hätte man die frauendiskriminierenden Auswirkungen pränataldiagnostischer Techniken vorhersagen können. Eine generelle Ablehnung jeder Pränataldiagnostik ist deshalb selbstverständlich nicht angezeigt, wohl aber die dringende Forderung der Berücksichtigung der sozialethischen Dimension aller neuen Biotechnologien und das Misstrauen gegenüber jeder Form ihres staatlichen Missbrauchs, der traditionellerweise immer Frauen und Mädchen betrifft und Selbstbestimmung über den eigenen Körper unmöglich macht oder zumindest erheblich erschwert.

4 Zusammenfassung und Ergebnis

Die Frage nach der Möglichkeit oder Unmöglichkeit gelebter Autonomie zu stellen, heißt, die Verflochtenheit dieses Begriffs mit vielen anderen ethischen Überlegungen anzuerkennen: So ist die Frage nach der Autonomie von Frauen gleichzeitig die Frage nach dem Umgang mit dem weiblichen Körper – nicht nur ganz individuell, sondern auch gesellschaftlich bzw. staatlich gesehen. Die Frage nach der Autonomie ist die Frage nach dem gesellschaftlichen Kontext, in welchem sich individuelle Autonomie von Frauen, aber auch von Männern abspielt. Dabei sind genderbedingte Differenzen in der Biomedizin noch nicht genügend untersucht worden und dies gilt ausdrücklich für *beide* Geschlechter. Die Notwendigkeit einer umfassenden Kontextanalyse und seine Einbeziehung in eine ethische Beurteilung kann also nicht genug betont werden. Selbstverständlich stellt sich hier auch die Frage nach einer notwendigen Grenze von persönlicher Autonomie im Hinblick auf globale Verteilungsgerechtigkeit. Bei aller Berechtigung von Forschung und Wissenschaft ist kritisch anzumerken, dass die Errungenschaften moderner Biomedizin bisher vor allem der reichen Welt zugute kommen, während die Probleme armer Länder bei der medizinischen Grundversorgung bzw. mit Aids – obgleich medizinisch lösbar – am mangelnden politischen Willen der Machthaber und am politischen Desinteresse der reichen Länder scheitern. Die oft im Namen individueller Autonomie erhobenen Forderungen beispielsweise nach reproduktivem Klonen finden hier eine klare Grenze.

Was die Autonomie von Frauen betrifft, so ist die Erziehung zu dieser Fähigkeit und damit zum kritisch-reflektiven Abstand zu gesellschaftlichen Vorgegebenheiten und persönlichen Verflochtenheiten ein notwendiger und nach wie vor einzufordernder Prozess. Autonomie bleibt damit eine unbedingt notwendige Kompetenz für Frauen, von denen sich viele erst auf eine Entdeckungsreise nach der eigenen Stimme gemacht haben. Gerade im Bereich der Biomedizin, welche mit ihrem Angebot nicht nur Nachfrage, sondern auch erheblichen Druck schafft, das Angebot doch anzunehmen, ist Distanz zu gesellschaftsbedingten Vorstellungen von Weiblichkeit, Mütterlichkeit und Reproduktion schwierig und muss in langen Denk- und Diskussionsprozessen erst erarbeitet werden. Wirkliche Selbstbestimmung ist ein mühsamer Prozess der Befreiung von entmündigenden Geschlechterstereotypen und lang tradierten Vorstellungen von dem, was frau tun sollte.

Dabei geht es eben nicht ausschließlich nur um die eigene Stimme und das eigene Wollen, sondern – das betont feministische Ethik mit ihrem Konzept des Selbst-in-Beziehung immer wieder – um die Verantwortung für andere. An diesem Punkt treffen sich feministische Ethik und Kant mit seiner Vorstellung von Autonomie. Im globalen Dorf namens Welt haben Einzelentscheidungen Konsequenzen für die Situation von Frauen und Männern in anderen Ländern. Feministische Bioethik nimmt diese globale Verantwortung bei individuellen bioethischen Entscheidungen sehr ernst.

5 Literaturverzeichnis

Beauchamps, Tom L. and Walters, LeRoy: Contemporary Issues in Bioethics. 5th ed. Wadworth Publishin Company, 1999.

Chatterjee Nilanjana; Riley, Nancy E.: Planning an Indian Modernity: The Gendered Politics of Fertiliy Control, in: SIGNS 26 (2001) 3, 811-845.

Corea, Gena: Muttermaschine. Reproduktionstechnologien – von der künstlichen Befruchtung zur künstlichen Gebärmutter. Berlin: Rotbuch, 1986.

Creutz, Curt: Die „Zweiheit in Einheit“ von Mutter und ungeborenem Kind. Grundsatzfragen zur Unteilbarkeit des Lebensschutzes im Schwangerschaftskonflikt. Bonn: Univ.-Diss., 1997 (Studien der Moraltheologie; 5), 182-219.
Djerassi, Carl: Kalkül. Unbefleckt. Zwei Theaterstücke aus der Welt der Wissenschaft. Innsbruck: Haymon, 2003.
Duden, Barbara: Der Frauenleib als öffentlicher Ort. Vom Mißbrauch des Begriffs Leben. Hamburg; Zürich: Luchterhand, 1991.
Feder Kittay, Eva: Behinderung und das Konzept der Care-Ethik, in: Sigrid Graumann u.a. (Hg.), Ethik und Behinderung. Ein Perspektivenwechsel. Frankfurt a.M.; New York: Campus, 67-80.
Firestone, Shulamit: Frauenbefreiung und sexuelle Revolution. Frankfurt a.M.: Fischer, 1987.
Friedman, Marilyn: Autonomy, Gender, Politics. Oxford: University Press, 2003.
–: Autonomy, Social Disruption and Women, in: Feminist Theory: A Philosophical Anthology, ed. by Ann E. Cudd and Robin O. Andreasen. Blackwell Publishing, 2005, 339-351.
Gilligan, Carol: In a different voice: psychology, theory and women's development. Cambridge 1982.
Jaggar, Alison M.: Feministische Ethik, in: Herta Nagl-Docekal/Herlinde Pauer-Studer (Hg.): Jenseits der Geschlechtermoral. Beiträge zur feministischen Ethik. Frankfurt a.M.: Fischer, 1993, 195-218.
Kollek, Regine: Präimplantationsdiagnostik. Tübingen: Francke, 2000.
Muraro, Luisa: Die symbolische Ordnung der Mutter. Frankfurt a.M.; New York: Campus, 1993.
Riegler, Johanna: Inzwischen glasklar wie unsichtbar. Eine ausgewählte Zusammenstellung feministischer Kritik zu Gen- und Reproduktionstechnologien. In: Ingvild Birkhan/Elisabeth Mixa u.a. (Hg.): Innovationen: Standpunkte feministischer Forschung und Lehre 1. Wien: Bundesministerium für Wissenschaft und Verkehr, 1999 (Materialien zur Förderung von Frauen in der Wissenschaft; 9) 145-162.
Ritter, Joachim (Hg.): Philosophisches Wörterbuch der Philosophie. Bd. 1. Darmstadt: Wissenschaftliche Buchgesellschaft, 1971, 723-733.
Ritter,. Joachim; Karlfried Gründer (Hg.): Historisches Wörterbuch der Philosophie. Bd.9. Darmstadt: Wissenschaftliche Buchgesellschaft, 1995, 292-313.
Pauer-Studer, Herlinde: Moraltheorie und Geschlechterdifferenz, in: Herta Nagl-Docekal/Herlinde Pauer-Studer (Hg.): Jenseits der Geschlechtermoral. Beiträge zur feministischen Ethik. Frankfurt a.M.: Fischer, 1993, 33-68.
Pöltner, Günther: Grundkurs Medizin-Ethik. Wien: Facultas, 2002.
Schnabl, Christa: Feminismus als Ethik. Zu Herausforderungen der Ethik durch den Feminismus, in: Karl-Wilhelm Merks (Hg.): Verantwortung – Ende oder

Wandlungen einer Vorstellung? Orte und Funktionen der Ethik in unserer Gesellschaft. Münster: LIT, 2001, 241-255.
Schnabl, Christa: Gerecht sorgen. Grundlagen einer sozialethischen Theorie der Fürsorge. Freiburg; Wien: Herder, 2005.
Sherwin, Susan: The politics of women's health. Exploring agency and autonomy. Philadelphia: Temple University Press, 1998.
Swientek, Christine: Was bringt Pränatale Diagnostik? Informationen und Erfahrungen. Freiburg: Herder, 1998.
Tietjens Meyers, Diana: The Rush to Motherhood – Pronatalist Discourse and Women's Autonomy, in: SIGNS 26 (2001) 3, 735-773.
Walser, Angelika: Feministische Grundanliegen im bioethischen Diskurs, in: Ethica 12 (2004) 3, 293-314.
Wiesemann, Claudia: Wie kann über den Embryo in einer lebensweltlich angemessenen Weise gesprochen werden? Eine Kritik der Debatte um den moralischen Status des Embryos, in: Sigrid Graumann, Ingrid Schneider (Hg.), Verkörperte Technik – Entkörperte Frau. Biopolitik und Geschlecht. Frankfurt; New York: Campus Verlag, 2003 (Politik der Geschlechterverhältnisse 22), 141-151.
Wolf, Maria: Körper ohne Frauen. Biotechnische Reproduktion der Mutter als Material und Ressource, in: Marlen Bidwell-Steiner/Karin Wozonig (Hg.), Gender und Generation. Innsbruck; Wien; Bozen: StudienVerlag 2005 (Gendered Subjects. Bd. 2), 206-224.

Anmerkungen

1 Historisches Wörterbuch der Philosophie. Bd. 9, 292-313.
2 Gilligan: In a different voice.
3 Ich folge hier der Übersetzung von Christa Schnabl in ihrer Grundlagenarbeit zur Fürsorge: Schnabl, Gerecht sorgen, 15f.
4 Zu diesem Thema vgl. beispielsweise Kittay: Behinderung und das Konzept der Care-Ethik, 67-80.
5 Über die Gründe darf spekuliert werden: Zum einen wird dem Adjektiv „feministisch" bzw. sich selbst als Feministinnen deklarierenden Frauen im herkömmlichen wissenschaftlichen Diskurs des deutschsprachigen Raumes stets Misstrauen entgegengebracht, zum anderen wird die quer durch Parteien und Religionen geführte öffentliche Debatte von ganz bestimmten immer wiederkehrenden Themen und deren – meist männlichen Wortführern aus Naturwissenschaft und Medizin – dominiert.
6 Riegler, inzwischen glasklar wie unsichtbar, 145-62.
7 Natürlich gibt es Ausnahmen wie das Netzwerk reprokult unter www.reprokult.de
8 Jaggar, Feministische Ethik: 1993, 195.
9 Pauer-Studer: Moraltheorie und Geschlechterdifferenz: 1993, 36.
10 Schnabl: Feminismus als Ethik, 241-255.

11 Dieser Vorwurf, moderne Biotechnologie diene letztlich vor allem kommerziellen Interessen, findet sich wie ein roter Faden in allen mir bekannten Veröffentlichungen im Umfeld feministischer Bioethik. Vgl. beispielsweise Wolf: Körper ohne Frauen, 219 ff.
12 Für eine ausführliche Darstellung vgl. Walser: Feministische Grundanliegen im bioethischen Diskurs.
13 Curt Creutz: Die „Zweiheit in Einheit" von Mutter und ungeborenem Kind, 182-219.
14 Wiesemann: Kritik der Debatte um den moralischen Status des Embryos, 146.
15 So die pointierte Aussage der Körperhistorikerin Barbara Duden, vgl. Duden: in Der Frauenleib als öffentlicher Ort.
16 Hinweise finden sich am ehesten bei Kollek: Präimplantationsdiagnostik, 149ff.
17 vgl. beispielsweise Pöltner: Grundkurs Medizin-Ethik, 93-98.
18 Beauchamp and Walters: Contemporary issues in bioethics, 19.
19 Pöltner: Grundkurs Medizin-Ethik, 43f.
20 So Carl Djerassi in seinen Vorträgen oder auch in seinem Theaterstück „Unbefleckt", 21.
21 Firestone: Frauenbefreiung und sexuelle Revolution.
22 Corea: Muttermaschine.
23 Friedman: Autonomy, Gender, Politics, 81.
24 Meyers: The Rush to Motherhood, 735-773.
25 Sherwin: The politics of women's health.
26 Muraro: Die symbolische Ordnung der Mutter.
27 Ritter: Philosophisches Wörterbuch der Philosophie. Bd. 1, 723-733, hier besonders 731.
28 Friedman: Autonomy, Social Disruption and Women, 343.
29 Chatterjee; Riley: Planning an Indian Modernity, 811-845.
30 Obwohl es mittlerweile neue Testverfahren wie den Combined Test gibt und daher Teile des Buches von Swientek zur Pränataldiagnostik überholt sind, ist es als Quelle authentischer Erfahrung von Frauen immer noch wertvoll. Swientek: Was bringt Pränatale Diagnostik?

Diskussion

Wolbert: Ich habe zunächst generelle Bemerkungen zu Ihrer Anfangsbemerkung. Das ist ja tatsächlich auch ein Problem, wenn also an einer theologischen Fakultät automatisch Frauen für Feminismus zuständig sind.

Walser: Ja, die Schwierigkeit besteht vor allem in der Theologie und in ihrem kirchlichen Rahmen. Bei anderen Disziplinen ist das ja schon gar kein Thema mehr.

Weingartner: Ich habe eine Informationsfrage. Sie bezieht sich auf das, was die feministische Bioethik ist, oder wie der feministische Ansatzpunkt fokussiert wird bzw. was das Spezifische dabei ist. Ich glaube Sie wollen nicht sagen, dass man bei den deskriptiven Fakten, wenn man durch ein Elektronenmikroskop schaut, zu anderen Ergebnissen kommt, wenn ein anderes Geschlecht hineinschaut. Also um die deskriptiven Fakten handelt es sich nicht. Jetzt war ein zweiter, interessanter Punkt von Ihnen der Kontext. Die Konzentration auf den gesamten Kontext. Da würde ich sagen, wenn das feministisch eingestellte Leute besonders betonen, dann ist das sicher ganz wichtig. Aber spezifisch feministisch finde ich das nicht. Das ist nur eine Vernachlässigung einer bestimmten Art von Forschung in der Theologie, dass man eben zu wenig Kontext anschaut. Das gibt es überall: Natürlich in der Theologie, in der Textkritik, in der Linguistik, in der Philosophiehistorie. Da würde ich auch sagen, das ist nicht spezifisch.

Eine nächste Stufe wäre die Wertung oder die Bewertung. Da könnte ich mir schon eher vorstellen, dass etwas Spezifisches dabei ist. Aber das müsste man wahrscheinlich noch herausarbeiten. Das bezieht sich dann auch vielleicht auf die wertende Auswahl bei der Forschung. Es ist ein wichtiger Punkt, was man auswählt: z.B. ob man sagt, es ist mir egal, ob die Forschung mit dem Wohl der Menschheit zu tun hat oder nicht. Das ist ein Gesichtspunkt, da könnte man sagen, der feministische Fokus ist mehr auf das Wohl der Menschheit als Ziel der Forschung gerichtet als nur allein auf wahre Resultate, die von praktischen Zielen unabhängig sind. Aber natürlich vertreten das ja auch männliche Wissenschaftler.

Walser: Der gesamte feministische Zugang zur Bioethik ist ein wissenschaftskritischer Zugang. Er untersucht: Welche Fragen werden im bioethischen Diskurs eigentlich gestellt und welche werden ausgelassen? Sie haben völlig Recht, dass die Fragen selbst inhaltlich unter Umständen gar nicht ausschließlich feministisch sind oder gar nur feministisch beantwortet werden könnten. Es geht aber zunächst einmal um die Betrachtung eines Diskurses und seine Leerstellen. Daraus die richtigen Schlussfolgerungen zu ziehen ist dann natürlich oft eine heikle Sache. Ich sage ein Beispiel: Wir haben in den letzten Tagen hier sehr viele Fakten und Bilder der embryonalen Entwicklung betrachtet. Die Körperhistorikerin Barbara Duden, die viele feministische Publikationen beeinflusst hat, würde sagen: Allein dieser Zugang ist schon an sich kritikwürdig. Denn durch die Konzentration auf diese Bilder haben wir den Fokus in der ganzen Diskussion nur noch auf den Embryo gerichtet. Das Umfeld des Embryos – wobei diese Bezeichnung „Umfeld" schon vielsagend und falsch ist! – nämlich die Frau, die wirklich in einer Beziehung steht mit diesem Embryo, gerät aus dem Blickwinkel. Natürlich stellt sich die Frage, welche ethischen Konsequenzen diese meiner Ansicht nach an und für sich richtige Beobachtung Dudens nun hat, und da gehen nun die Meinungen auseinander. Barbara Duden neigt dazu, die ganze Pränataldiagnostik als Ausdruck der Medikalisierung der schwangeren Frau in Bausch und Bogen abzulehnen und nur noch ausschließlich auf das Bauchgefühl der Frauen zu setzen, das für den Embryo dann existenzentscheidend wird. Bei ihr ist der Embryo ausschließlich ein Teil des weiblichen Körpers, die Frau fühlt ihn oder eben auch nicht und daher kann nur sie allein über seine Existenz bestimmen. Biologisch-genetische Erkenntnisse über die embryonale Entwicklung werden weitgehend ignoriert, ein Rückfall in ein angeblich vormedizinisches Paradies ohne Pränataldiagnostik propagiert. Das ist wissenschaftliche Steinzeit, sage ich da kritisch. Als feministische Theologin, die sich dem Schutz des Lebens insgesamt verpflichtet sieht, kann ich die Schlussfolgerungen aus Dudens Ansatz nicht teilen. Ich teile aber sehr wohl Dudens Beobachtung, dass der Diskurs völlig einseitig nur um den Status des Embryos kreist und die Frau hier zum bloßen Umfeld degradiert wird.

Weingartner: In diesem speziellen Fall kommt eben dazu, dass der Kontext die Frau ist.

Ansonsten, die Anmahnung, dass der Kontext wichtig ist, ist einfach generell nicht spezifisch feministisch.

Zum Autonomieverständnis haben Sie freies Handeln in uneingeschränktem Sinne und uneingeschränktes Verfügen über das Eigentum betont. Was mir dabei als fehlend aufgefallen ist, ist die Frage, ob das freie Handeln unter die Berücksichtigung ethischer Regeln gestellt wird oder nicht, das ist dann eine andere Geschichte. Wenn man die Autonomie so versteht, dass sie einfach freies Handeln ist ohne irgendwelche Einschränkungen, dann ist das zu wenig. Aber wenn man dazu nimmt, dass freies Handeln unter ethische Regeln zu stellen ist, dann ist das ein ganz anderes Autonomiekonzept.

Noch eine kurze persönliche und lokale Bemerkung: Aus unserem Institut für Philosophie an der Uni Salzburg sind mehrere Frauen mit Uni-Karriere hervorgegangen: Frau Dr. Herlinde Pauer-Studer (Prof. an der Uni Wien) war meine Schülerin. Frau Dr. Eva Stranzinger haben wir mehreren Männern als Assistentin vorgezogen, weil sie begabter war. Frau Dr. Siegetsleitner ist jetzt bei Prof. Knöpffler. Die alle hatten keine Autonomie-Schwierigkeiten, ganz zu schweigen von Frau Prof. Weinzierl, die mehr Selbstbewusstsein, Durchsetzungskraft und kluge Vermittlungsgabe hatte als viele Professoren unserer GW-Fakultät.

Walser: Das was ich in meinem Vortrag zitiert habe, stammt einfach aus feministischen Beiträgen zu allen möglichen Fragen der Biomedizin. Wenn man da mal durchgeht und schaut: Was verstehen Feministinnen unter Autonomie, dann kommt man auf ein ganz breites Spektrum. Da ist unter vielen anderen auch ein Autonomiebegriff dabei, der Autonomie als Willkür versteht. Ich habe bitte nicht gesagt, dass ich diesen Autonomiebegriff für adäquat halte, und er ist auch nicht der einzige in der feministischen Diskussion, im Gegenteil! Es gibt viele feministische Philosophinnen, die letztlich am Kant'schen Autonomiebegriff festhalten. Ich habe in meinem Vortrag einfach versucht zeigen, wie unklar und verschwommen der Autonomiebegriff verwendet wird. Das gilt allerdings nicht nur für die feministische Literatur, sondern für das gesamte bioethische Spektrum.

Luf: Vieles was Sie zum Autonomiebegriff gesagt haben, war Balsam auf meine Wunden. Denn vielfach wird ein Autonomieverständnis verwendet, das autarkistisch verkürzt ist. Übersehen wird dabei, dass der Autonomiebegriff auch eine Verantwortungsdimension hat. Ich stehe ja unter Regeln und die Regeln sind relational und kommunikativ. Es geht somit um kommunikative Freiheit, und diese Dimension fällt aus. Das ist gar nicht gender-spezifisch, aber es ist ein wesentlicher Beitrag der Gender-Forschung ist, dass sie aus einer ganz bestimmten Perspektive dieses kommunikative Moment einmahnt.

Einen ganz kurzen Hinweis, um es wirklich auch noch zuzuspitzen. Wenn Sie sagen, bei der PND wird die Frau Hauptverantwortliche für die genetische Gesundheit. Dies wird juristisch noch verstärkt. Denn zunächst ging man davon aus, eine solche Analyse sollte ein Ausnahmefall sein und bleiben. Heute wird dies zu einem über den Ausnahmefall hinausreichenden Anspruchskonzept. Denn die Ärzte machen sich einer Fahrlässigkeit schuldig, wenn sie nicht darauf hinweisen, dass eine potentielle Gefahr besteht und raten aus defensivmedizinischen Gründen zur Analyse. Das wirkt aber wieder auf die Stellung der Frau und auf ihr Verhältnis zum Arzt zurück.

Pichler: Zunächst muss ich noch etwas dazu sagen, warum ich vorher den Zwischenruf gemacht habe. Sie beobachten, dass man den Frauen die Rolle frauenspezifischer Forschung zuweist und geben sich darob verwundert. Es gibt aber gute, pragmatisch-politische Gründe für diese Vorgangswiese. Ich habe, wie dazwischengerufen, vor 15 Jahren am Institut für Rechtspolitik ein Frauenrechts-Projekt gestartet. Na da war was los. Obwohl ich im Projekt überwiegend weibliche Kolleginnen angeheuert habe, gab es ein Gutachten von einer Dame, die inzwischen eine ganze Reihe von Ministerschaften durchlaufen hat, die gesagt hat, da kann nur ganz male-zwecknützige Forschung rauskommen, den Projektleiter müsst ihr los werden, der Rest ist dann gut, aber den Projektleiter müsst ihr loswerden. Also das schlägt vor und zurück. So nach den persönlichen Bemerkungen von Herrn Weingartner, natürlich schaffen wir Vorverständnis zur Thematik des Feminismus über „benevolente" Zugänge. Aber man muss wirklich sehen, das ist noch kein wirklicher Klimawandel, das ist ein Kleinbiotop, wo ein angenehmes Klima herrscht, aber einen Klimawandel kann ich nicht feststellen. Wobei natürlich jetzt der Feminismus auch seines hinzutut, weil gerade das, was Sie uns jetzt gesagt haben, der Umstand, dass es offenbar mehrere Feminismen gibt, führt ja im Grunde zu einer Sprachlosigkeit, aber es ist eine feindliche Sprachlosigkeit. Wir wissen ja nicht einmal, mit wem uns über die Richtigkeit der feministischen Vorschläge unterhalten sollen: Denn jedes Mal wird gesagt, ja die sind doch überhaupt nicht zuständig dafür, ihr habt euch ja die falsche Richtung gesucht. Ich könnte mir vorstellen, dass man dazu in der Bioethikkommission eigentlich auch recht disparate Erfahrungen macht, weil wahrscheinlich auch dort unterschiedliche Feminismen repräsentiert sind.

Gerade im rechtspolitischen Kontext hat die feministische Sicht eine ganz starke Bedeutung, weil ja – jetzt zitiere ich einen in der Richtung unverdächtigen Kollegen, nämlich Mayer-Maly – der sich irgendwann einmal positioniert hat und gesagt hat, wenn das Recht stärker von Frauen mitgeschrieben worden wäre und würde, würde es total anders aussehen. Ich stimme ihm zu: Es würde wirklich anders aussehen. Insofern haben meine Publikationen zu Bioethikkommmissionen immer das dänische Modell favorisiert, das inzwischen ein allgemein skandinavisches ist. Dort müssen per Gesetz nach dem Reißverschlusssystem tatsächlich 50 % Frauen drinnen sein.

Walser: Sie haben im Prinzip die Konsequenz jetzt schon gezogen: Anstatt einer oder vielleicht maximal zwei Alibifrauen, denen man dann beim Streiten zuschaut, wäre es gescheit, mehr Frauen zu beteiligen. Denn ich sage nur umgekehrt, die männliche Position ist ja auch nicht klar.

Pichler: Richtig. Aber Feministen gehen davon aus, es gäbe eine, besser die eine, männliche Position!

Walser: Der Feminismus, wie er sich heute darstellt, hat zumindest einen Strang, der dieses „Gegeneinander-ausspielen“ von männlich und weiblich hinter sich lässt und sagt: Gender ist eine wichtige Kategorie, aber es gibt noch viele andere Kategorien, die ebenfalls eine Rolle spielen. Bei Judith Butler löst sich diese Gender-Debatte ja schon wieder auf. Es geht ja sozusagen schon weiter. Und ich betrachte das auch als eine Herausforderung, Ihnen einfach zu sagen: Es gibt da im Feminismus schon wieder ganz andere Zugänge, es geht weiter. Das sind nicht die Feministinnen von '68, so wie Sie ja auch nicht stehen bleiben.

Pichler: Jetzt wirklich in der Sache selbst. Ich verstehe alle Ansätze, die nachschauen, ob diese Substitutions- und Surrogattechnologien nicht auf die Frauen in der Tat neue Drucksituationen ausüben. Aber man kann das versuchsweise auch einmal anders sehen. Es gibt auf Grund dieser Technologien ja auch gleichgeschlechtliche weibliche Paare, die sich ihren Kinderwunsch so erfüllen können.

Luf: Sie brauchen uns als anonyme Samenspender.

Pichler: Ja, aber das „Material" ist ja auch wohlfeil käuflich am Markt zu haben. Wir haben gestern gehört, dass mit Samenspenden in Billionendimensionen schwungvolle Geschäfte gemacht werden. Wenn man schon in Begriffen wie Marktwert diskutiert, dann muss man festhalten, dass männliches Material erheblich weniger wert oder billiger am Markt zu haben ist als befruchtungsfähige Eier.

Aber etwas anderes. Ist nicht sozusagen doch gerade mit diesen Surrogattechnologien auch ein segensreicher Einfluss verbunden? Frauen können heute selbstbestimmt ihre Proliferationswilligkeit zeitlich hinausschieben. Der Druck der biologischen Uhr müsste doch kleiner werden, wenn die Zeitspanne, die natürlich immer irgendwann auf 5 vor 12 geht, eben doch größer wird? Simulieren wir einmal den gerne zitierten Fall, in dem bei einem kinderwilligen aber kinderlosen Paar sich der Druck seitens des Mannes, ausgesprochen oder unausgesprochen, auf die Frau mit fortschreitender Uhr zu erhöhen beginnt. Dann stand ja bisher im Raum, irgendwann geht er und sucht sich eine proliferationsfähigere Jüngere. Dieses Zeitfenster wird heute weiter. Natürlich höre ich schon die feministische Antwort: die soll den Kerl hinauswerfen. Damit ist aber das Grundproblem nicht gelöst. In der Tat gibt es heute bei jüngeren Frauen, die natürlich in der Ausbildung immer länger brauchen und ihre Autonomiekonzepte verfolgen, Hoffnungen auf die Technologie, um das mit dem Kinderdruck hinausverlagern zu können. Wenn also im Feminismus ganz stark so herauskommt, dass diese Technologien sehr, sehr gefährlich für die Freiheit der Frauen sein können, muss man doch auch sehen, dass es viele Frauen geben wird, die für sich in solchen Technologien Benefizien erkennen ohne die Risken zu verkennen.

Walser: Deshalb habe ich nach längerem Nachdenken auch beschlossen, dass diese Frage, die ich am Beginn gestellt habe, nicht mit einem klaren ja oder nein in jeder Situation zu beantworten ist.

Knoepffler: Was mir sehr, sehr geholfen hat, war gerade auch wie Sie beim Behandeln des Autonomiebegriffs die Kritik an den „Principles of Biomedical Ethics" erklärt haben. So stellt sich die Frage – das ist deswegen für uns von Bedeutung, weil wir da eine Übersetzung überlegt haben – , ob es sinnvoll ist, dann das Buch überhaupt noch zu übersetzen.

Was ich denke zum Punkt des Status des Embryos. Die Kritik an Herrn Rager und mir verfehlt sozusagen ein Wissenschaftsprinzip denke ich, nämlich, dass man von einem erkenntnisleitenden Interesse natürlich methodisch abstrahieren muss. Also ich arbeite sehr stark an der Debatte um den Status und versuche hier, einerseits Inkonsistenzen in Argumentationen aufzuzeigen und andererseits herauszuarbeiten, was für Folgerungen mit bestimmten Annahmen verbunden Der von Ihnen dargestellte Feminismus übersieht wiederum andere Kontexte, also Begriffe wie unvergleichlicher Konfliktfall, der auch jetzt ständig in unseren Ethikkommissionen kommt, also Schwangerschaft ist unvergleichlich mit allem anderen. Denn auch ein Forscher könnte sagen: „Das was ich hier im Labor tue, ist auch ein unvergleichlicher Konfliktfall". Also das sind so Begriffe, die die Menschen für sich sortieren und meinen, damit ein Problem zu lösen und aber gar nicht merken, dass man das als Todschlagargument nimmt. Das wollte ich nur zur Klärung sagen.

Das zweite, was ich nicht begreife. Jetzt nicht an Ihrem Vortrag, sondern weitergehend die Frage, Sie haben ja die sozusagen Minimalbedingungen von Bauerschüler gegeben. Erfüllt nicht zum Beispiel auch die Enzyklika des Papstes Johannes Paul II. „Mulieris Dignitatem" genau diese Minimalbedingungen? In ihr wird ganz klare Aussage aufgestellt: Die Diskriminierung von Frauen ist moralisch falsch. Für sein Schreiben hat der Papst die moralischen Erfahrungen von Frauen aufgenommen. Und er gesteht ein, dass die Gesellschaft nicht die gleiche ist. Er zieht daraus sogar Folgerungen für sein Modell.

Das ist jetzt die Frage, die ich jetzt als echte Frage stelle: Wer ist also jetzt der König des Begriffs Feminismus? Ist Feminismus eine bestimme Weltanschauung, eine bestimmte Gruppe von Frauen, die sich gefunden haben in gewissen Milieus und jetzt sagen, nur das ist Feminismus?

Und das letzte, was ich als Anfrage stelle: Gibt es nicht eine gewisse Tendenz von Verbotstotalitarismus von denjenigen, die sagen, IVF ist keine Lösung, was ja einfach eine falsche Aussage ist. Sie sollte verboten werden. Das waren meine zwei Fragen.

Walser: Ich fange mal von hinten an. Also beim letzten Punkt gebe ich Ihnen Recht. Es gibt hier und da von feministischer Seite den Versuch, Frauen diesen Schmerz von Kinderlosigkeit einfach abzusprechen und zu sagen: Dieser Schmerz ist letztlich nur durch eine patriarchale Gesellschaft hervorgerufen, das ist kein wirklicher Schmerz. Und Sie haben m. E. auch Recht, wenn Sie sagen: Es gibt hier und da eine Tendenz zu einem Verbotstotalitarismus, gerade bei der IVF, der nicht richtig ist. Ich muss als Frau anderen Frauen zugestehen, dass sie andere Wege gehen. Das ist ein wichtiger Punkt, den ich durch die Beschäftigung mit den Differenzfeministinnen der Mailänder Schule gelernt habe. Die Andersartigkeit einer anderen Frau ist einmal die allerersten Hypothese, davon gehe ich aus. Deshalb habe ich vorher gesagt: Für die politische Kultur, für die Auseinandersetzung von Frauen mit diesen bioethischen Themen und für den Umgang miteinander, ist der Differenzfeminismus wichtig. Ob er wirklich ein neues und tragfähiges Autonomiekonzept bringt, da bin ich mir nicht sicher.

Ihre zweite Anfrage betrifft den Papst. 2004 erschien das „Schreiben an die Bischöfe über die Zusammenarbeit von Mann und Frau in der Kirche und in der Welt". Erstaunlich ist vielleicht, dass der Papst und die Differenzfeministinnen sich in wesentlichen Punkten treffen, ja ich würde sogar von einer Art päpstlichem Differenzfeminismus sprechen. Ausgangspunkt ist immer, dass Frauen und Männer wesentlich unterschieden sind. In diesem kirchlichen Schreiben wird dann klargestellt, dass der Unterschied zwischen Mann und Frau letztlich biologisch bedingt und vor allem in der reproduktiven Fähigkeit der Frau zu sehen ist. Eine Kategorie wie Gender, wo es ja um die sozial-kulturelle Dimension des Geschlechtlichen geht, wird vernachlässigt oder sogar explizit abgelehnt. Diese Ablehnung geschieht natürlich im Hinblick auf andere Diskussionen, insbesondere im Hinblick auf die Diskussion über Homosexualität. Die Gender-Kategorie umfasst ja, dass die Geschlechterrollen in Geschichte und Gesellschaft veränderbar und nicht für alle Zeiten festgefügt sind.

Knoepffler: Darf ich kurz nachfragen. Also man würde dann sagen, diese Feministin, die eine solche Position vertritt ist keine Feministin mehr. Und wenn er sie nicht hat, dann wäre der Papst mit diesem Schreiben eventuell ein Feminist.

Walser: Ich würde dieses Schreiben als Ausdruck eines päpstlichen oder kirchlichen Differenzfeminismus interpretieren, ja. Ich möchte aber selbst noch einmal auf die Frage zurückkommen, die Sie eigentlich als erste gestellt haben, denn sie geht mir selbst immer wieder durch den Kopf: Was würde sich denn in der ganzen Argumentation ändern, wenn ich den ontologischen Status des Embryos erweitere um eine Aussage über die Beziehung zwischen Embryo und Frau? Wenn ich nicht den Embryo allein, sondern diese Einheit Embryo und Frau als Ausgangspunkt meiner Überlegungen annehme?

Zecha: Vielleicht können wird das einmal so stehen lassen. Es können auch offene Fragen zu Protokoll gegeben werden.

Luf: Was mir auch wichtig an der feministischen Perspektive erscheint, ist der Hinweis, dass wir uns in diesen Diskussionen oft viel zu sehr auf den ontologischen Status fixiert sind. Wir glauben, damit hätten wir die Probleme gelöst, aber das ist nicht der Fall. Die Frage nach dem ontologischen Status ist natürlich nicht auszuklammern, weil man sie auch dann beantwortet, wenn man sie nicht explizit stellt. Aber damit sind die Lösungen noch nicht gewonnen, sondern dann muss man erst weiter die ethischen und rechtlichen Kontexte diskutieren.

Gibt es eine Pflicht zur Zeugung von „Saviour Siblings“?

Werner Wolbert

Bei einer bioethischen Tagung vertrat eine junge britische Referentin die Ansicht, wer sich gegen die *In vitro*-Zeugung von potentiellen KnochenmarkspenderInnen ausspreche, habe die Beweislast; schließlich gehe es um die Rettung eines Menschenlebens. Im Folgenden versuchte die Referentin, vorgebrachte Gegenargumente zu entkräften, etwa das der „Instrumentalisierung“ des Spenderkindes. Da ihrer Meinung nach keines der geprüften Gegenargumente schlüssig war, galt für die Referentin diese Maßnahme als ethisch erlaubt, solange keine besseren Gegenargumente vorgebracht würden. Die Beweislast wäre damit bei dem, der sich dagegen ausspricht. Dann ergibt sich aber eine Schwierigkeit, die der genannten Referentin nicht bewusst war: Wenn nichts gegen diese Maßnahme spricht, ist es den Eltern nicht nur erlaubt, einen „saviour sibling“ künstlich zu zeugen, sie hätten sogar die Pflicht dazu. Ein Dürfen bedeutet faktisch oft ein Müssen bzw. Sollen. So *darf* etwa die Feuerwehr im Einsatz schneller als 50 km/h fahren; wenn es aber brennt und die Verkehrslage es erlaubt, ist sie nicht mehr frei, von dieser Erlaubnis gebrauch zu machen oder nicht. Das Dürfen bedeutet in diesem Fall faktisch ein Sollen oder Müssen; sprachlich markiert die Rede vom ‚Dürfen‘ nur der Ausnahmecharakter dieses Sollens. Dass die obige Konsequenz durchaus real ist, zeigt auch die Tatsache zweier (allerdings erfolgloser) Prozesse gegen Ärzte wegen nicht erfolgten Hinweises auf die Möglichkeit der Zeugung eines Knochenmarkspenders durch Präimplantationsdiagnostik.

Auf obigen Einwand war die Referentin nicht gefasst; sie wolle doch nur die Autonomie der Partner respektieren und stärken. Daraufhin wurde gefragt, welchen Rat sie denn den Eltern geben würde, falls diese um solchen Rat bäten. Dazu verwies sie wiederum nur auf die Autonomie. Einer der Diskussionsteilnehmer, ein bekannter amerikanischer Bioethiker, bestätigte den obigen Einwand, dass sich aus dem Dürfen eine Verpflichtung ergebe. Er verstand diese Konsequenz aber nicht als kontraintuitiv, im Sinne einer *reductio ad absurdum*, sondern bestätigte sie: es gebe in der Tat eine solche Pflicht zur Zeugung eines Spenders. Stimmt man dieser Konsequenz zu, ergeben sich freilich neue Probleme: Gibt es solche Pflicht nur gegenüber eigenen Kindern oder Verwandten oder auch gegenüber anderen Menschen (falls das medizinisch Sinn machen würde). Wenn aber eine solche Pflicht nicht plausibel erscheint, muss es gewichtige Gründe gegen diese Praxis im Rahmen der In vitro-Befruchtung geben.

Mir erscheint die Konsequenz einer solchen Pflicht zunächst einmal kontraintuitiv. Daraus ergibt sich die Notwendigkeit, sich der Gegengründe, die hinter dieser „Intuition“ stehen, zu vergewissern.

1. Problematische Aspekte der IVF

Ein erster Gesichtspunkt ergibt sich aus den Unannehmlichkeiten und Risiken, die mit der In-Vitro-Befruchtung verbunden sind, von den Kosten (im sog. Nash-Case waren es 100.000 $[1]) einmal abgesehen. Die Unannehmlichkeiten sind zum einen mit dem Eingriff in einen intimen Bereich verbunden, der eine Beziehung auch belasten kann. Mit dem Arzt bzw. Biologen tritt eine dritte Person (meist ein Mann[2]) in die Zweierbeziehung ein. Diese Folgen bekommen die GynäkologInnen nicht mit; sie kennen die vorhergehende Not der Kinderlosigkeit. Speziell für die Frau ergeben sich Belastungen durch die Prozedur und speziell die Risiken der Hormonstimulation. Dennoch ergibt sich allein durch das Angebot der IVF ein gewisser Druck auf unfruchtbare Paare, wie Regine Kollek feststellt[3]:

> „Vielmehr machen es die wachsenden Möglichkeiten der Reproduktionsmedizin Paaren mit Kinderwunsch immer schwieriger zu begründen, warum sie nicht auf dieses Potential zurückgreifen wollen.“

Angesichts der zunehmenden demographischen Probleme unserer Gesellschaft könnte dieser Druck in Zukunft noch erheblich zunehmen, vor allem, wenn die grundsätzliche Bereitschaft zur Zeugung von mehr Kindern zunehmen sollte. Die allzu einfache Propagierung von Autonomie in der Weise der genannten Referentin ist somit in Frage zu stellen, und es ergibt sich die Notwendigkeit qualifizierter Beratung, die einem Druck zur IVF begegnen müsste.

Moraltheologisch würde man (falls man die IVF nicht in jedem Fall als unerlaubt ansähe) die künstliche Zeugung eines Spenders wohl in die außerordentlichen Mittel der Lebensrettung einordnen. Dies Kriterium lässt sich mit G. Kelly so formulieren[4]:

> „one must help a needy neighbour only when it can be done without improportionate inconvenience and with a reasonable assurance of success“.

Über die Frage, was hier „improportionate“ ist, ließe sich lange diskutieren. Im gegenständlichen Fall ergibt sich eine besondere Problematik jedoch dadurch, dass gar keine Probleme mit der natürlichen Fruchtbarkeit gegeben sein müssen, dass die primäre Indikation für eine IVF also gar nicht gegeben ist. Dies gilt auch im Falle der Präimplantationdiagnose, wobei diese freilich an sich Embryonen auszusondern sucht, die nicht lebensfähig oder genetisch geschädigt sind. Im gegenständlichen Fall wird nach einer positiven Eigenschaft gesucht. Wenn auch der sog. Nash-Case[5] einen ethisch gewichtigen Hintergrund hat, fragt sich, ob demnächst auch nach genetischen Eignungen für Musiker Sportler etc. gesucht würde, falls entsprechende Tests zur Verfügung ständen.

2. Zum Ideal von Autonomie als maximal choice

Die einleitenden Überlegungen haben bereits gezeigt, dass die Erweiterung von Handlungsmöglichkeiten nicht in jeder Hinsicht von Vorteil ist, was freilich selten ausdrücklich bedacht wird. Gerade für Menschen mit liberaler Ausrichtung scheinen solche Möglichkeiten die Mündigkeit der Menschen zu stärken, wenn auch vielleicht einige Grenzziehungen aus ethischen Gründen notwendig sind, für die man dann freilich starke Argumente fordert. Dass dabei auch ein (nicht zuletzt auch ökonomisch motivierter) Anwendungsdruck entsteht, wird oft übersehen oder heruntergespielt. Von einer Beraterin von *Pro Familia* in Deutschland weiß ich, dass sie oft Frauen rät, nicht jeden pränatalen Test an sich vollziehen zu lassen; darauf hat sie einen bösen Brief von einem Gynäkologen bekommen (der wohl nicht nur vom Wohl der Patientin motiviert war). Wer ein Verfahren, eine Therapie entwickelt, möchte diese natürlich auf den Markt bringen. Das gilt auch für das Potential der pränatalen Tests. Schwangere könnten fast jede Woche einen Test machen, bekommen aber andererseits keine ausreichende Beratung über den Sinn und die möglichen Implikationen der diversen Tests. Eine junge Schwangere hat mir folgendes über ihre Beratung berichtet: Die Arzthelferin erklärte ihr, welche Tests von der Kasse bezahlt würden, und empfahl ihr, noch weitere Tests zum Ausschluss eines behinderten Kindes zu machen zum Preise von 180 €. Das war die ganze Information[6].

Es ist also kritisch zu überlegen, ob die Maximierung von Optionen schlicht als *prima facie* wünschenswert anzusehen ist. In einer ländlichen württembergischen Gemeinde hat man eine Umfrage über die Einstellung der Leute zu den diversen neuen Diagnosemöglichkeiten beim Embryo gemacht. Die Befragten waren größtenteils skeptisch, fühlten sich aber dennoch verpflichtet, davon Gebrauch zu machen, falls sie selber die Entscheidung zu treffen hätten. Die Menschen spüren also die durch die Bereitstellung dieser Möglichkeiten aufgebürdete zusätzliche Verantwortung, die eben auch eine qualifizierte Beratung erfordern würde.

C. Mackenzie erkennt zwei problematische Annahmen bezüglich der Autonomie im Sinne von maximal choice[7]:

1. Die Vermehrung der Optionen beim Umgang mit dem eigenen Körper bedeute automatisch eine Erweiterung der Autonomie. Auf diese Weise werden alle Optionen (gerechte und ungerechte etc.) über einen Leisten geschlagen. Und schließlich bedeutet weniger bisweilen mehr[8].
2. Autonomie wird reduziert auf den Ausdruck individueller Präferenzen; diese erfolgen aber nicht in einem relationalen und sozialen Vakuum und haben ihrerseits soziale Auswirkungen.

M. Kettner setzt in seiner Definition einen etwas anderen Akzent[9]:

> „Autonomie ist die Fähigkeit von Personen, sich durch Handlungen darauf festzulegen, was von ihnen als je individuellen Personen gelten soll, und zwar so, dass ihr Sichfestlegen für sie selbst in Einklang mit allem übrigen steht, was für sie wahr, richtig und wichtig halten."

Auch hier wird deutlich, dass Präferenzen nicht in einem Vakuum erfolgen, was freilich in mancher Form von Beratung fälschlicherweise vorausgesetzt werden dürfte. Wo man die modernen Reproduktionstechniken sowie die entsprechende Diagnostik als Antwort auf Wünsche und Bedürfnisse von Frauen oder Paaren präsentiert, übersieht man, dass Bedürfnisse, soweit sie über das unmittelbar Lebensnotwendige hinausgehen, sozial konstruiert sind, kulturgebunden und historisch kontingent[10]:

> „Sie werden darüber hinaus durch vorhandene oder sich neu zu entwickelnde oder technische Möglichkeiten erzeugt. Bedürfnisse hängen also auch von dem Kontext ab, in dem sie wahrgenommen, artikuliert und befriedigt werden können.

Das Stichwort ‚Autonomie' verweist uns somit auf den sozialen Kontext, in dem die individuellen Entscheidungen sich ereignen. Die Bereitstellung entsprechender Techniken und erst recht die rechtlichen Regelungen dazu bestimmen bzw. verändern den Kontext unserer Entscheidungen auf diesem Gebiet, oft ohne dass wir selber irgendeinen Einfluss darauf haben. Im gegenständlichen Fall bedeutet die Möglichkeit der Auswahl durch Präimplantationsdiagnostik eine Ausweitung der Verantwortung, damit auch eine Art schwarzen Peter.

3. Menschenwürde und Gleichheit

Betraf der erste Gesichtspunkt die Eltern, so betrifft das Kriterium Menschenwürde vor allem das Spenderkind und die ausgesonderten Embryonen, aber auch um den Empfänger. Zunächst ist zu betonen, dass hier die Frage nach dem Status von Embryonen bewusst offen bleiben soll, was bereits in der Themenstellung angedeutet ist. Unter der Voraussetzung des vollen Personstatus auch des Embryos besteht zwar vielleicht nicht die Pflicht, jeden Embryo zu implantieren, im gegenständlichen Fall würde man aber vermutlich keinen legitimen Grund erkennen, Embryonen auszusondern (sofern sie denn lebensfähig sind).

Das wenigstens hypothetische Absehen von der Statusfrage scheint mir zum einen angesichts unterschiedlicher Positionen sinnvoll; selbst für den, der hier keine Zweifel hat, macht es Sinn, solche Fragen einmal von unterschiedlichen Voraussetzungen her durchzuspielen. Weiterhin werden in dieser Diskussion, Aspekte der Menschenwürde und des Tötungsverbots meist nicht auseinander gehalten. Zwar hängt beides zusammen: Hat ein Wesen Menschenwürde, gibt es in Fragen der Tötung andere Kriterien als im Fall von Tieren. Aber aus der Idee der Menschenwürde ergibt sich bekanntlich nicht ein Tötungsverbot in jedem Fall (etwa im Fall der Notwehr). Die fundamentalste (dennoch oft übersehene) Konsequenz aus der Menschenwürde, ist die Forderung nach Gleichbehandlung, weil die Menschen in ihrer Würde gleich sind. Die Idee der Menschenwürde sagt aber noch nicht für jeden Fall, was relevante Gleichheiten bzw. Ungleichheiten sind. Wohl schließt sie etwa jeden Rassismus und Partikularismus aus, wenn denn die Würde jedem Menschen qua Menschen zukommt. Ob es aber im Fall der Notwehr eine relevante Ungleichheit zwischen Aggressor und Opfer gibt, ist im Rahmen des Tötungsverbots zu klären. Hier ist die Menschenwürde nur notwendiges, aber nicht zureichendes Kriterium des Handelns. Darin liegt übrigens ein simpler Grund, warum aus der Menschenwürde so unterschiedliche Konsequenzen gezogen werden. (Das wird auch in Kants Anwendung der Selbstzweckformel, etwa in seiner Position zur Todesstrafe, deutlich; auch hier ist die Menschenwürde kein zureichendes Kriterium.).

Für den Embryo sind nun folgende drei Fragen zu unterscheiden:

1. Besitzt er bereits die volle Menschenwürde?
2. Wenn ja, gibt es trotzdem relevante Ungleichheiten zwischen Embryo (vor und nach der Nidation), dem Fötus und dem Geborenen?
3. Wenn nein, welche Art von Schutz, Respekt ist ihm geschuldet?

AutorInnen, die dem Embryo noch nicht den vollen Würdeschutz zukommen lassen, sprechen bisweilen vom Respekt, der diesem geschuldet sei. Leider scheinen bei diesem Kriterium die Konsequenzen einigermaßen beliebig zu sein. Betont man etwa, der Embryo dürfe nur hochrangigen Forschungszwecken geopfert werden, ist im Zweifelsfall fast jeder Forschungszweck (vielleicht abgesehen von kosmetischen) hochrangig. Interessant wäre aber die Frage, ob *gleicher* Respekt, *gleicher* Schutz geschuldet ist. Wir praktizieren solchen gleichen Respekt etwa gegenüber Leichnamen, obwohl diesen keinen Würdeschutz mehr genießen. Wenn solche Gleichbehandlung auch Embryonen gebührte, widerspräche die Zeugung von Saviour Siblings eben dieser Forderung nach Gleichbehandlung.

Wenn ein Embryo dagegen von vornherein nicht lebensfähig wäre, könnte man darin eine ethisch relevante Ungleichheit erkennen. Im gegenständlichen Fall geht es aber nicht um Lebensfähigkeit oder Krankheit. Die Eignung als Spender stellt normalerweise keinen Grund für eine Vorzugsbehandlung dar. Zwar ließe sich ein Fall konstruieren von fünf Personen in Lebensgefahr, von denen nur einer zu retten wäre; hier könnte – *ceteris paribus* – eine Eignung als Blutspender in einem dringenden Fall evtl. ein Grund für eine Vorzugsbehandlung sein. Aber diese Personen existieren bereits. Im Nash-Case waren aber 5 Zyklen notwendig. Wenn man pro Zyklus etwa die Entnahme von 10 Eizellen ansetzt und in Rechnung stellt, dass in einigen Fällen die Befruchtung nicht gelingt, könnten bis zu 40 Embryonen mit dem Risiko ihrer Verwerfung gezeugt worden sein. Die Zeugung auf Probe und die anschließende Ungleichbehandlung scheint deshalb ein erstes Bedenken gegen die diskutierte Maßnahme darzustellen.

Spricht man nun dem Embryo Würde zu, kommt man in Schwierigkeiten, wenn man das Tötungsverbot bzw. die Pflichten zur Lebensrettung, wie sie für Geborene gelten, in gleicher Weise auf den Embryo überträgt. Es stellen sich u.a. folgende Fragen:

- Gibt es eine Pflicht zur Implantation bzw. ein entsprechendes Recht für jeden Embryo?[11]
- Wie ist die „Entsorgung“ zu kategorisieren: Töten, Sterbenlassen?
- Gäbe es eine Pflicht zur Verhinderung von Spontanaborten, falls wir dazu in der Lage wären?

Dieses erste Bedenken betrifft die nicht-implantierten Embryonen. Was ist mit dem implantierten, der die erwünschte biologisch-genetische Ausstattung hat? Liegt hier eine „Instrumentalisierung“ vor? Bei dieser Frage hängen die unterschiedlichen Antworten u.a. mit einem ungeklärten Verständnis der dahinter stehenden kantischen Selbstzweckformel zusammen.

4. Der Mensch als Mittel und Zweck

Die Anwendung dieser Formel geht oft daneben (auch schon bei den kantischen Ausführungen zu Todesstrafe und Selbstentleibung[12]). Zum rechten Verständnis und zur rechten Anwendung ist immer zu berücksichtigen:

1. Es geht um die Behandlung *der Menschheit* als Mittel und Zweck.
2. Der Mensch kann nicht nur andere, sondern auch *sich selbst* als Mittel behandeln. (Viele sehen nicht ein, wieso, und übergehen einfach diese Schwierigkeit.)
3. Die Menschheit darf nicht *bloß* als Mittel behandelt werden.

zu 1.

‚Menschheit' meint hier nicht das, was wir heute darunter verstehen, die Gesamtheit der Menschen, das Menschengeschlecht (*genus humanum*), die biologische Spezies Mensch. ‚Menschheit' meint das, was den Menschen zum Menschen macht (*humanitas*); und das ist die moralische Befähigung. ‚Menschheit' meint also den Menschen qua moralisches Wesen, insofern er „der Sittlichkeit fähig" ist. *Qua* moralisches Wesen ist er Selbstzweck. Eine direkte Konsequenz daraus wird von Kant eigenartiger Weise nicht erwähnt: Gewissensfreiheit. Wenn ich den Menschen zwinge, etwas gegen sein Gewissen zu tun, taste ich seine Moralität an, verführe ihn zur Sünde. Ich achte seine Moralität nicht als Selbstzweck, sondern als bloßes Mittel, als etwas, das bloß einen Preis hat, ein Äquivalent verstattet. Ich darf ihm etwas Anderes vorziehen.

zu 2.

Die Frage ist nur, wie man in der kantischen Formel das Wort ‚Mittel' zu verstehen hat. Die Formel redet von einem ‚Mittel' anders, als wir es normalerweise gewohnt sind. Für uns ist beispielsweise ein Hammer ein Mittel (Instrument), einen Nagel in die Wand zu schlagen. ‚Mittel' in diesem Sinn meint ein „bonum utile" im Gegensatz zu einem „bonum in se". „Bonum utile" heißt hier: es hat keinen Wert in sich, ich will es *nur* als Mittel zu einem Zweck. Wenn ich diesen Zweck damit nicht erreichen könnte, wäre es für mich uninteressant. Mit ‚Mittel' kann man aber auch einen bedingten (nicht-sittlichen) Selbstwert bezeichnen. Ebenso können die Wörter ‚utilitas', ‚utilis', ‚Nutzen', (óõìöÝñïí) nichtsittliche Selbstwerte bezeichnen. (Vgl. die Schrift Augustins „de utilitate credendi"). Der deutsche Bundeskanzler schwört in diesem Sinn, den „Nutzen" des deutschen Volkes zu mehren. ‚Nutzen' heißt hier: Wohlergehen.

In der kantischen Formel dürfte ‚Mittel' diese Bedeutung haben: nicht-sittlicher bedingter Wert. Wer seinen eigenen Nutzen, sein Wohlergehen über seine moralische Berufung stellt, behandelt sich als bloßes Mittel (medium). ‚Mittel' bedeutet dabei nicht so etwas wie Werkzeug bzw. Instrument, sondern ein „Mittleres" zwischen sittlichen Werten und Übeln, Tugenden und Lastern, im Sinne des stoischen Adiaphoron, etwas, das von bloßem nicht-sittlichen Wert bzw. Übel ist, wie Gesundheit und Reichtum bzw. Krankheit und Armut, Dinge, die nicht die moralische Qualität eines Menschen ausmachen.

zu 3.

Nun können wir auch erklären, warum die Menschheit nicht *bloß* als Mittel gebraucht werden darf. Der Mensch als moralisches Wesen stellt zunächst einen unbedingten Wert dar, der unbedingt zu respektieren ist. Mit der ‚Menschheit', mit der moralischen Befähigung des Menschen, ist aber auch ein nichtsittlicher Wert gegeben. Wo jemand Moralität realisiert, die Liebe als Gesinnung hat, wirkt sich diese Liebe normalerweise auch zum Wohl aller aus (wenn auch ungewollt das Gegenteil erreicht werden kann). Der Empfänger eines Organs gebraucht in der Tat in diesem Sinn den andern als Mittel. Er lässt es zu, dass die Liebe des anderen sich zu seinem Wohl auswirkt. Aber das ist legitim, weil er ihn nicht bloß als Mittel behandelt. Er würde ihn bloß als Mittel behandeln, wenn er das Wohlergehen des anderen gar nicht berücksichtigte (wenn die Transplantation etwa für das Spenderkind lebensgefährlich wäre) bzw. wenn er zu seinem eigenen Wohl eine Handlung des anderen erwartete, die dessen moralischer Befähigung, dessen Selbstzwecklichkeit widerspräche, also eine sittlich falsche Handlung.

Zurück zum Nash Case. Zunächst ist die Situation des Spenders präzis zu beschreiben. Es gibt es gewisse Gefahren, die aber nicht eintreten müssen. Das Kind könnte, nachdem es etwa Knochenmark gespendet hat, sozusagen überflüssig sein nach dem Motto: Der Mohr hat seine Schuldigkeit getan. Dann wäre es als bloßes Mittel behandelt (erst recht, wenn er etwa anschließend zur Adoption freigegeben würde oder etwa nach der 16. Woche abgetrieben würde zur Entnahme von Stammzellen aus der Leber[13]). Ob sich das bewusst oder unbewusst in der Haltung der Eltern auswirkt, wird nicht immer leicht festzustellen sein, und eine entsprechende Haltung muss nicht real werden. Das Kind wird also nicht notwendigerweise auf seine Spenderrolle reduziert, auch wenn diese Gefahr besteht. Allerdings ist nicht zu vergessen, dass das Kind seine Existenz *nur* dem genannten medizinischen Bedarf verdankt. In der konkreten Behandlung mag also das Kind durchaus in seiner Würde respektiert werden. Aber die Optik einer solchen Praxis, Menschen für einen bestimmten Zweck zu zeugen, könnte die Idee der Menschenwürde durchaus verunklaren. Das gilt generell im heutigen medizinischen Kontext, in dem Menschen immer mehr zu potentiellen Organ- oder Gewebespendern werden. Der Bedarf an Spenderorganen wird oft mit einer Dringlichkeit angemahnt, dass man den Eindruck gewinnt, manche Ärzte möchten am liebsten jedem Gesunden eine Niere wegnehmen.

5. Pflicht oder Supererogatorium

Ein weiterer bedeutsamer Aspekt ergibt sich natürlich aus der Tatsache, dass das Kind vorher nicht gefragt werden kann, und es fragt sich, ob die Spenderrolle dem Kind schon vor seiner Zeugung aufgebürdet werden darf. Wenn es schon um Autonomie geht, wäre also auch die Frage der Autonomie des Kindes zu bedenken. Schließlich ist von Anfang an jeder Schönfärberei des Problems zu begegnen, gemäß der das Kind vielleicht für die Chance der Lebensrettung, mit der es auf die Welt kommt, geradezu dankbar sein müsste. Darf man also eine solche Entscheidung über den Kopf des Kindes treffen.

Zu dieser Frage des „proxy-consent" hat R. McCormick die Regel aufgestellt, dies sei nur gestattet, wo wir die entsprechende Handlung als geschuldet, pflichtmäßig betrachten würden, nicht dagegen im Fall eines Werks der Übergebühr[14]. Diese Regel gilt natürlich zunächst für schon lebende Kinder. Eine Blutübertragung (erst recht die Entnahme von Nabelschnurblut) würde zweifellos zu den Maßnahmen gehören, die man als verpflichtend ansehen würde (wenn eine Person mit einer seltenen Blutgruppe einen konkreten Menschen retten könnte), eine Nierenspende sicher nicht[15]. Die Frage einer Nierenspende könnte allerdings sich als Folge aus der Knochenmarkspende ergeben[16]. Bei der Nierenspende besteht immerhin u.a. ein gewisses Operationsrisiko, und Langzeitfolgen sind nicht auszuschließen, über die darüber hinaus die Forschung wohl noch nicht genügend weiß. Außerdem dürfte die psychologische Belastung des Spenders groß sein, zumal man auch im Voraus nicht weiß, ob und wie die Niere im Empfänger funktionieren wird. Damit wäre es sicher nicht erlaubt, einen künftigen Nierenspender gezielt zu zeugen. Bei der Knochenmarksspende handelt es sich dagegen um etwas, das sich regeneriert, wenn freilich auch diese Maßnahme invasiver ist und u.U. auch stärkere Ängste verursachen dürfte als eine Blutspende. Wäre sie deswegen verpflichtend? Wäre sie das nur innerhalb der eigenen Familie oder auch anderen Personen gegenüber? Aus den USA wurde vor einigen Jahren von einer Familie berichtet, in der auch ein Kind eine Knochenmarkstransplantation benötigte. Es stellt sich dann heraus, dass ein Halbgeschwister des Kindes aus einer früheren Affäre des Vaters existierte, mit dem aber bisher keinerlei Kontakt bestand. Die Familie versuchte dann, eine Knochenmarksspende gerichtlich zu erzwingen. Wäre die In-Vitro-Zeugung von Knochenmarksspendern ein paradigmatischer Fall, der solchen Zwang befördern könnte?

Zu betonen ist, dass die Einordnung einer Handlung als übergebührlich aus der Perspektive der dritten Person, des Beobachters erfolgt, nicht des Handelnden. Dieser kann durchaus ein übergebührliches Handeln als verpflichtend empfinden. Wir würden ihm aber keinen Vorwurf machen, wenn er es nicht täte. Das gilt wohl nicht für eine Knochenmarkspende. Aber was bedeutetes, das die Erwartung dieser Spende den Existenzgrund eines Menschen bedeutet?

Was den Empfänger angeht, ergibt sich eine Problematik ähnlich wie in andern Fällen der Transplantation von einem Lebenden. Die Beziehung zu dem Menschen, dem man sein Leben verdankt, dürfte bisweilen schwierig sein, vor allem wenn es ausgeprägte Dankbarkeitserwartungen auf Seiten des Spenders gibt. Jedenfalls wird ein künstlich gezeugter Knochenmarksspender gegenüber seinem geretteten Geschwister einen starken moralischen Vorteil haben.

6. Konklusionen

1. Aus den aufgezeigten Bedenken gegen die künstliche Zeugung von Gewebespendern ergibt sich zumindest der Ausschluss einer entsprechenden Verpflichtung.
2. Für den Fall, dass man keine Bedenken gegen die IVF und die Nichtimplantation von Embryonen hat, mögen die Gegengründe – den Einzelfall betrachtet – als nicht ausreichend erscheinen für ein Verbot, wohl aber gegen eine Verpflichtung.
3. Es bleibt die sozial- und rechtsethische Frage, ob man eine solche Praxis etablieren will, ob man Eltern solchen Entscheidungsdruck zuschieben will (und das schlechte Gewissen, falls sie sich nicht dazu entschließen), ob es gut ist, diese Wahl zu haben.
4. Angesichts mancher Möglichkeiten im Rahmen moderner Reprogenetik wird deutlich, dass sich ethische Probleme nicht nur durch Egoismus, sondern auch durch Altruismus ergeben. Es besteht die Gefahr eines erzwungenen Altruismus, der die Kehrseite von Ausbeutung, Unterdrückung ist, wenn der Mensch zum Ersatzteillager für den Mitmenschen wird.
5. Poetisch lassen sich die Bedenken formulieren mit einem Gedicht von Khalil Gibran:

> „Eure Kinder sind nicht eure Kinder.
> Es sind die Söhne und Töchter von des Lebens Verlangen nach sich selber.
> Und sind sie auch bei euch, so gehören sie euch doch nicht.
> Ihr dürft ihnen eure Liebe geben, doch nicht eure Gedanken.
> Denn sie haben ihre eignen Gedanken.
> Ihr dürft ihren Leib behausen, doch nicht ihre Seele.
> Denn ihre Seele wohnt im Hause von morgen,
> das ihr nicht zu betreten vermöget,
> selbst nicht in euren Träumen.“

Bibliographie

Kahn, Jeffrey P./Mastroianni, Anna C., Creating a Stem Cell Donor: A Case Study in Reproductive Genetics:

Kennedy Institute of Ethics Journal, 14 (2004) 81-96.

Kollek, Regine, Präimplantationsdiagnostik, Tübingen 2000 (= Ethik in den Wissenschaften Bd. 11).

Mackenzie, Catriona, Conceptions of Autonomy and Conceptions of the body in Bioethics, in: Jackie Leach Scully, Laurel Baldwin Ragaven, Petya Fitzpatrick (eds.), Feminist Bioethics: At the Centre, on the Margins (im Druck).

McCormick, Richard, Proxy Consent in the Experimentation Situation, in: ders., How Brave a New World. Dilemmas in Bioethics, Washington DC 1981, 51-71.

Samerski, Silja, Die verrechnete Hoffnung. Von der selbstbestimmten Entscheidung durch genetische Beratung, Münster 2002.

Schwartz, Barry, The Paradox of Choice. Why more is less, New York 2004.

Witschen, Dieter, Die Organspende eines Lebenden als supererogatorische Handlung betrachtet: Zeitschrift für medizinische Ethik 51 (2005) 277-289.

Wolbert, Werner, Der Mensch als Mittel und Zweck. Die Idee der Menschenwürde in normativer Ethik und Metaethik, Münster 1987 (= Münsterische Beiträge zur Theologie Bd 53).

Wolbert, Werner, Vom Nutzen der Gerechtigkeit. Zur Diskussion um Utilitarismus und teleologische Theorie, Freiburg i.Ue./Freiburg i.Br. 1992 (= Studien zur theologischen Ethik Bd. 44).

Wolbert, Werner, Zum Vorschlag einer „pränatalen Adoption“ überzähliger Embryonen und zur „Nutzung“ von Embryonen, in: Johannes W. Pichler, (Hg.) Embryonalstammzelltherapie versus „alternative“ Stammzelltherapien, Wien 2002 (= Schriften zur Rechtspolitik 16), 99-106.

Anmerkungen

1 Vgl. Kahn/Mastroianni 91.

2 Es wäre interessant zu wissen, ob es für das Erleben der IVF einen Unterschied macht, ob ein Mann oder eine Frau mitwirkt.

3 Kollek 146.

4 Ebd. 60 n. 73; nach KELLY (1951) 550-556, hier 553f.

5 Vgl. zu diesem Fall Kahn/Mastroianni.

6 Zur Problematik genetischer Beratung vgl. Samerski.

7 In einem Referat „Conceptions of Autonomy and Conceptions of the Body in Bioethics“ beim Kongress der IAB (International Association of Bioethics) November 2004 in Sydney (demnächst in : Jackie Leach Scully, Laurel Baldwin Ragaven, Petya Fitzpatrick [eds], Feminist Bioethics: At the Centre, on the Margins). Das Manuskript wurde mir dankenswerterweise von Frau Mackenzie zugänglich gemacht.

8 Vgl. dazu Schwartz.

9 Zitiert bei Kollek 121.

10 Kollek 149f. Das Angebot erzeugt hier auch die entsprechende Nachfrage.

11 Vgl. Wolbert (2002).

12 Vgl. Wolbert (1987) 43-46; Wolbert (1992) 119-138.

13 Vgl. Kahn/Mastroianni 87.

14 Vgl. McCormick, bes. 67-71.

15 Unsere Problematik ist zunächst vergleichbar mit der der Organspende von einem lebenden Spender. Prinzipiell ist diese Handlungsweise erlaubt, die früheren Bedenken

gegen eine „Selbstverstümmelung“ werden nicht einmal mehr im KKK erwähnt, der in Nr. 2296 formuliert:
„*Organverpflanzung* ist sittlich unannehmbar, wenn der Spender oder die für ihn Verantwortlichen nicht im vollen Wissen ihre Zustimmung gegeben haben. Sie entspricht hingegen dem sittlichen Gesetz und kann sogar verdienstvoll sein, wenn die physischen und psychischen Gefahren und Risiken, die der Spender eingeht, dem Nutzen, der bei dem Empfänger zu erwarten ist, entsprechen. Die Invalidität oder den Tod eines Menschen direkt herbeizuführen, ist selbst dann sittlich unzulässig, wenn es dazu dient, den Tod anderer Menschen hinauszuzögern.“

16 So nach Kahn/Mastroianni 88.

Diskussion

Knoepffler: Ich möchte mich der spannenden Grundfrage noch einmal zuwenden, ob man eine solche Praxis etablieren will, da damit ein Druck auf die Eltern ausgeübt wird. Die Alternative heißt ja, dass ich sozusagen die Frage so entscheide, dass die Eltern nicht die Wahl haben und damit diese Möglichkeiten gar nicht entstehen. Das wäre dann natürlich genauso moralisch zu rechtfertigen, warum ich Menschen sozusagen die Freiheit nehme. Also ich habe immer die Schwierigkeiten mit dem Druckargument, dass ich mit diesem Argument faktisch alles verbieten könnte. Also auch Universitäten, weil das natürlich auf Eltern einen Druck ausübt und wenn die Kinder es doch nicht schaffen, gibt es sehr viel Leid und Not oder so. Also Sie wissen, worauf ich hinaus will. Ich verstehe sehr gut das Anliegen, das dahinter steht, aber ich würde gerne wissen, wie beantworten Sie denn Ihre gestellte Frage.

Wolbert: Es ist, wie gesagt, etwas, das über uns kommt. Und es ist natürlich eine Frage, die man irgendwie im gesellschaftlichen Diskussionsprozess klären muss. Im konkreten Fall fällt die Entscheidung nicht leicht. Mein Problem ist, dass das ein problematisches Signal in eine bestimmte Richtung ist. Da wird es dann auch in weniger ernsten Fällen praktiziert werden. Ich bin also skeptisch, das zur Praxis zu machen, weil das natürlich ein Schritt in positive Eugenik ist. Man produziert Menschen nach Bedarf. Von daher habe ich Zweifel, ob man das tun sollte.

Knoepffler: Der Zweifel heißt, sie würden es nicht zulassen.

Wolbert: Ich würde sagen nein.

Pichler: Ich knüpfe unmittelbar an diese Frage an. Das mag natürlich im ethischen Diskurs im Rahmen der Denkmöglichkeiten stehen, doch die Welt ist anders, die Option ist ja da und ich würde daher Murphys Law strapazieren und sagen, was passieren kann, wird auch passieren. Das faustische Prinzip wird dafür sorgen, dass die Wahloptionen sogar noch mehr werden. Also für mich stellt sich die Frage so überhaupt nicht mehr, sondern es ist bestenfalls noch die Frage, ob man sie bewirbt oder wie man damit umgeht, dass es beworben werden wird. Und für mich stellt sich wirklich nur die Aufgabe, Erlaubtes von nicht Erlaubtem zu trennen. Wir müssen im gesellschaftlichen Diskurs erklären, was halten wir für erlaubt und was für nicht erlaubt. Da müssen wir durch. Dabei ist die ethische Frage eine interessante Klärungshilfe, aber wir müssen dann einfach dezisiv antworten. Und wir müssen wahrscheinlich, ganz in Ihrem Sinn Frau Walser, irgendwie Kontextregelwerke schaffen. Da sind dann wieder Ethikkommissionen gefragt. Bei diesen Kontextregelwerken müssen es nicht unbedingt solche von Prohibitivstrukturen sein, es könnte durchaus sein, dass man von einer Bioethikkommission so eine Art Empfehlung abgibt, dass man sagt: liebe Bürgerinnen und Bürger, werdet euch bewusst, hier entsteht auch ein Druck, setzt euch damit auseinander, ob ihr Opfer des Drucks werden wollt oder nicht. So eine Art Manifest der Gentechnologie, wo man sagt, wir verbieten nicht und gebieten nicht, sondern wir machen auf Dinge aufmerksam. Aber mehr glaube ich, ist in der Sache nicht zu tun.

Und dann noch etwas anderes Herr Wolbert, mit dem Sie eingestiegen sind. Ihr Beispiel aus dem Baden Württembergischen Nest lässt sich hochrechnen. Genskeptische Bevölkerungsteile werden glaube ich im Moment definitiv die Mehrheit sein.

Luf: bei der Humangenetik nicht, nur bei der anderen ....

Pichler: Ich nehme das zur Kenntnis. Wenn du das so sagst, wird das sicher stimmen. Zumindest wird es nicht so sein, dass es "a gmahte Wiesn" ist, sondern es wird skeptische Teile geben. Nur, in dem Augenblick, in dem es eine persönliche Betroffenheit gibt und subjektive Heilungshoffnungen bedient werden können, sieht alles anders aus. Nehmen Sie das auch für hier in unserem Diskurskreis als gegeben an, ich ziehe den Wechsel aber auf mich: Wenn eine Hochleistungsbiomedizin in Aussicht stellt, dass unter Zuhilfenahme von durchaus bedenklichen Gewinnungsmethoden für einen meiner Liebsten eine Heilung, die anders nicht mehr zu bewerkstelligen wäre, besorgt werden kann, weiß ich, dass alle Debatten erübrigt sind. Es ist doch völlig außer Frage, wenn in Israel die Experimentalfelder weitergehen, wird es entweder einen Exportmarkt geben, oder einen Tourismusmarkt. Die Leute werden dort hingehen, wo ihnen Heilungschancen winken.

Wolbert: Eine Sache habe ich vergessen. Ein anderer Fall in Amerika (von dem ich nicht weiß, wie er ausgegangen ist). Ein Kind brauchte Knochenmark. Als man dann überlegte, was zu tun sei, kam heraus, dass es ein Halbgeschwister dieses Kindes aus einer früheren Affäre des Vaters gab. Man hat versucht, dann eine Knochenmarkspende vor Gericht zu erzwingen. Wie es ausgegangen ist, weiß ich nicht.

Pichler: Das kann nicht gut ausgehen, selbst in menschenrechtswindigen Staaten könnte man mit einer derartigen „Expropriation" und „Zwangsbehandlung" nicht durchdringen.

Luf: Diese Spannung zwischen einer individualethischen und einer sozialethischen Dimension ist für eine Vielzahl von Fragen in der Bioethik der entscheidende Punkt und zwar gerade dann, wenn man sie aus rechtsethischer Perspektive betrachtet. Eines ist klar: Sie können in jeder Diskussion die individualethische Perspektive viel besser „verkaufen" als die sozialethische. Aus individualethischer Perspektive können Katastrophenszenarien schildern und die Reaktion provozieren, dass man dagegen etwas tun müsse. Wenn nun aber die Frage gestellt wird, was ist wenn diese Praxis zur gesellschaftlichen Normalität tendiert? Oder, was für die juristische Lösung immer ein großes Problem ist, wie kann ich die Ausnahme als Ausnahme bewahren? Oder ist die Ausnahme das Einfallstor zu einer strategisch motivierten Ausweitungsdiskussion? Was hat diese Ausweitung für einen Einfluss auf das gesellschaftliche Bewusstsein mit allen möglichen Folgeerscheinungen? Diese Fragen lassen sich aus meiner ganz persönlichen Erfahrung viel schwerer argumentieren als die individualethischen, weil sie gerade nicht diesen Touch des Mitleid an sich haben und viel abstrakter bleiben.

Wolbert: Bei dem Beispiel stehen sozusagen verschiedene Arten von Betroffenheit gegenüber, während in meinem Beispiel das eine abstrakte Sache gegen etwas anderes war. Mir ist dasselbe auch aufgefallen, um noch einmal das Folterbeispiel zu zitieren, wenn Sie Leute gefragt hätten zu dem Frankfurter Fall. Viele würden sagen: Wenn man ein Kind retten kann, soll man nicht ein paar Daumenschrauben anlegen. Ich war bei einer Tagung zu diesem Thema in der Katholischen Akademie Trier. Überrascht hat mich, dass die anwesenden PolizistInnen sagten: Wir wollen das nicht. Wir wollen diese Erlaubnis nicht haben, denn wenn wir sie haben, dann müssen wir es tun. Hier kann man jedenfalls eine andere, unmittelbar betroffene Sicht dagegen anführen.

Luf: Gegen die Dominanz der Betroffenheitsperspektive spricht folgendes Argument: Wenn man das Folterverbot durchbricht, dann wird der Anreiz für jene, die ohnedies dauernd foltern wollen, nochmals verstärkt. Argumente im Hinblick auf Größe und Intensität bestimmter Notkonstellationen lassen sich immer finden.

Breitenbach: Darf ich ad hoc etwas sagen? Was mich erschüttert hat, was aber ein Faktum ist: dass sehr ernste Rechtsprofessoren in den Vereinigten Staaten gesagt haben, es ist besser, es zu erlauben, denn dann ist es kontrollierbar – das war das Argument.

Luf: Das ist ein Argument eines ganz renommierten Harvard-Professors gewesen. Er hat gesagt: Machen wir es rechtsstaatlich, denn dann haben wir es wenigstens juristisch im Griff. Ich finde das ein schwaches Argument, denn das bereinigt ja gar nicht die Grauzonen, sondern macht diese noch verlockender.

Zecha: Ist es auch dann noch ein schweres Argument, wenn das Leben von Millionen auf dem Spiel steht...

Luf: Ich denke, gewisse Sachen kann man juristisch gar nicht beantworten, da muss man im Grunde genommen schweigen.

Walser: Ich möchte noch einmal zu einem anderen Thema kommen, nämlich zu der Frage: Gibt es eine Pflicht, diesen Embryo zeugen zu lassen. Ich möchte noch etwas weiter fragen: Gibt es eine Pflicht für die Frau, diesen Embryo zeugen zu lassen? Diese Pflicht kann es wohl nicht geben, denn damit instrumentalisiere ich ja nicht nur den Embryo, sondern es besteht auch die Gefahr, dass es zu einer Instrumentalisierung von Frauen kommt. Sie haben zu Recht auf den Kontext hingewiesen, denn in unserer Gesellschaft ist Altruismus traditionell eine Sache der Frauen. Mit dem Ruf nach Altruismus kann ich Frauen wieder unter Druck setzen.

Ich stelle mir aber noch eine andere Frage: Kann eine Frau das tun, im Sinne einer moralischen Erlaubnis, im Sinn einer vertretbaren Möglichkeit? Schließlich geht es ja nicht um eine Totalinstrumentalisierung, der Embryo wird ja nicht vernichtet.

Zecha: Heißt das, ob die freiwillige Instrumentalisierung unmoralisch ist?

Walser: Ja, genau.

Wolbert: Nein, ich würde sagen, wenn sie es will, ist es ein bisschen problematisch von einer Instrumentalisierung zu sprechen, das ist klar. Das ist es höchstens in der Konsequenz, wenn sich ein entsprechender Erwartungsdruck auf Frauen ergibt. Wenn jemand es absolut will, ist die Frage: Kann man sozusagen mit eigener Zustimmung instrumentalisiert werden? Natürlich kann man das kantische Beispiel Selbstentleibung nehmen. Wenn man die Selbstentleibung für unmoralisch hält, kann man sie natürlich als Selbstinstrumentalisierung hinstellen. Aber das ist nicht eine sehr plausible Ausdrucksweise.

Rager: Liegt da nicht eine doppelte Form von Instrumentalisierung vor, nämlich die Selbstinstrumentalisierung der Frau und die Instrumentalisierung des Kindes? Wenn die Frau sagt, ich sage ja zu einem Kind überhaupt um seiner selbst Willen, ist es doch etwas ganz anderes als wenn sie sagt, ich sage ja zum Kind als Mittel zu diesem Zweck.

Walser: Was ist denn, wenn sie sozusagen beides sagt? Wenn sie sagt: Ich nehme dieses Kind zu diesem Zweck, aber es wird ja nicht getötet, sondern es wird danach genauso akzeptiert. Eine Totalinstrumentalisierung liegt nicht vor.

Wolbert: Nein, höchstens dass man eben sagen kann, sie hätte sonst vielleicht kein Kind mehr haben wollen. Also ich bin mir selbst noch nicht ganz sicher, wie stark man diesen Aspekt bewerten soll. Es ist für mich selbst noch eine Frage.

Knoepffler: Also direkt dazu, weil ich das überhaupt nicht verstehe als Argument und zwar deswegen nicht, weil ja dieses entscheidende bei Kant und auch im Verständnis ist, dieses Ausschließliche, einfach bloß zum Instrument. Aber hier ist es ja so, dass jemand aus freiem Willen sagt, ok, da investiere ich auch meinen Körper, ich nehme eine Schwangerschaft auf mich, mir ist das so viel wert, das ist ja nicht eine vollständige Instrumentalisierung, also genau da hören die Begriffe auf. Und genau das gleiche gilt natürlich für das in der Weise gezeugte Kind mit dem bestimmten Merkmal, wo das Kind ja nicht in dem Moment, wo es dann Knochenmarkspender gewesen ist, auf den Müll geworfen wird, dann würde es ja kritisch werden, wenn man im Endeffekt sagt, ich hole mir irgendwo aus einem fernen Land ein Kind, nehme dem die Organe weg und werfe es dann weg. Und da bemerke ich, mir geht da die Begrifflichkeit richtig zuwider. Denn damit wird aus dem Begriff der Instrumentalisierung über viele Ketten ein völlig unwertiger...

Wolbert: Also ich vermeide von mir aus die Rede von der Instrumentalisierung, ich habe sie hier nur erwähnt, weil sie häufig verwendet wird. Ich versuche sie für mich zu vermeiden.

Knoepffler: Wo bleibt dann der Schutz, wenn ich nicht den vollen moralischen Status zuerkenne, wie sieht das im Hinblick auf die Schutzwürdigkeit aus? Sind 50 noch ok, und 70 nicht mehr? Da muss ich Ihnen ganz ehrlich sagen, stehe ich noch vor einem offenen Problem, ich will es Ihnen aber ein wenig erläutern. Also ein wenig vereinfacht, soweit ich die Sache kenne, es gibt jetzt auch in England Fälle, sie dürften so ungefähr bei 10, 2 bis 3 implantieren können, dann gibt es immer noch das Risiko, dass es nicht klappt. Wenn sie auf natürlichem Weg Geschlechtsverkehr haben, haben sie auch eine relative Wahrscheinlichkeit, je nachdem wie Sie disponiert sind, eine relative Wahrscheinlichkeit von 20 bis 30 %.

Was ich nur sagen will ist, dass hier natürlich auch immer, wenn jemand sagt, ich habe einen Kinderwunsch und ich arbeite flächendeckend um mir diesen mit meiner Partnerin zu erfüllen, und es passiert nach zwei Jahren. Dann kann er davon ausgehen, und die Periode einige Male später war, da ist einiges abgegangen. Damit will ich nur sagen, es wäre völlig widersinnig aus Schutzgründen zu sagen, das darfst du nicht tun. Ich will damit nur andeuten, warum ich deswegen in dieser Frage am Nachdenken bin und mir sage, ich habe wirklich ein hochwertiges Ziel, ich will einem geborenen Menschen das Leben retten, ich habe ein zweites hochwertiges Ziel, ich möchte einem zweiten Menschen Leben schenken, ich habe ein drittes hochwertiges Ziel, nämlich von den Eltern her gesehen, von der Frau und dem Mann her gesehen, die ja sagen, das ist mein Kind, ich habe eine Beziehung zu dem Kind und ich möchte, dass es lebt. Das fällt sehr ins Gewicht.

Luf: Jetzt fragt dann der Jurist, wie fixieren Sie, was ein hochwertiges Ziel ist?

Knoepffler: Hier kann ich es ziemlich gut fixieren, wenn einem Menschen das Leben gerettet werden soll, dann ist es ein hochwertiges Ziel.

Luf: Sozialethisch gesehen. Sie müssen jetzt immer wieder generalisieren. Dann bekommen Sie aber das Problem, dass alles hochwertig ist. Jede Forschung ist hochwertig, jedes Ziel ist hochwertig.

Knoepffler: Sie können sehr deutlich sagen: es macht einen riesigen Unterschied, ob Eltern hinkommen und sagen, was ja theoretisch schon möglich ist, das Kind sollte die und die Augenfarbe haben, oder das Geschlecht, in Indien ist das ja sogar zulässig. Und da kann man dann ganz klar sagen, das fällt raus, das geht nicht. So wie man ja in Deutschland die Ergebnisse einer Pränataldiagnostik nicht bekommt, bevor nicht sozusagen der rechtliche Abtreibungszeitraum vorbei st, damit man eben nicht dann eine Abtreibung vornimmt, damit man das richtige Geschlecht hat. Also was ich sagen will, man kann natürlich Regeln aufstellen und sagen, bei den und den Krankheitsbildern lassen wir es zu, bei anderen nicht, das wäre möglich. Was ich weiß, da haben wir ja auch in unserer Ethikkommission darüber gesprochen, ich bin ja ein Katalogvertreter, also sage, wofür eine Pränataldiagnostik sein darf, dafür darf auch die Implantationsdiagnostik sein, und den Katalog muss man auch bei der Pränataldiagnostik machen und den müssen die Fachleute Jahr für Jahr neu regeln. Aber was ich nicht einsehe ist, dass man im Endeffekt – das kann falsch sein, ich denke daran auch, aber ich will sagen, – es ist ein wichtiger Hinweis... Mich hat jetzt gestört diese Instrumentalisierungsdebatte, denn damit kann ich alles totschlagen, da darf ich Ihnen ja nicht mal noch eine Frage stellen, denn damit könnte ich Sie ja instrumentalisieren.

Breitenbach: Nur eine kurze Bemerkung. Dieses Jahr für Jahr neu Überdenken und neu Festlegen wegen der Pränataldiagnostik, das passiert tatsächlich. Wir haben in einem Meeting, das vor ein paar Monaten in Salzburg war, Herrn Hengstschläger als Sprecher gehabt, und der hat also wörtlich folgendes gesagt: jedes Jahr bei der Weihnachtsfeier diskutieren wir, welche Diagnose wir als abtreibungswürdig betrachten. Und da gibt es tatsächlich oft Änderungen und gerade bei der Trisomie ist da tatsächlich ein großes Fragezeichen. Einmal war sie es und dann wieder nicht.

Knoepffler: Also in Deutschland ist das nicht zulässig, Katalogisierung darf es nicht geben.

Breitenbach: In der Beratung des Einzelnen brauche ich einen Leitfaden und das muss irgendwann diskutiert werden. Meiner Meinung nach etwas, was immer wieder übersehen wird in solchen Diskussionen wie hier, ist, dass es fundamental ankommt auf die Schwere der Erkrankung, auf die Möglichkeit der Therapie und auf eine realistische Abschätzung des Leids, das für die Eltern und das Kind resultiert. Man kann eine schwerste Erkrankung, die innerhalb weniger Jahre zum Tod führt, nicht vergleichen mit zum Beispiel einer Chance, mit 50 Jahren Chorea Huntington zu bekommen.

Luf: Aber der Fall ist ja am wenigsten umstritten. In den französischen Ethikkommissionen war einer der ersten Fälle, der genannt wurden, die Chorea Huntington.

Knoepffler: Ja, wenn die Argumentation so geht, wenn ich ganz am Anfang entscheide macht es einen riesigen Unterschied. Natürlich töte ich nicht ein geborenes Kind mit Chorea Huntington-Disposition und biete auch keine passive Sterbehilfe an, wenn der eine Lungenentzündung bekommt. Während ich bei einem

Kind mit Trisomie 18 die Eltern fragen könnte, wenn der eine Lungenentzündung hat, soll man noch Antibiotika geben. Aber im 8-Zellstadium macht das einen riesigen Unterschied. Das Argument dahinter und die eigentlich schwere Aufgabe ist ja, sich die Mühe des Katalogs zu machen. Deshalb verstehe ich auch Herrn Wolbert sehr gut wenn er an dem Kritik äußert wenn er sagt, was heißt jetzt schutzwürdig, wenn es nicht mal voller Schutz ist. Weil das mit dem Katalog – ich habe bisher keinen erstellt, und deshalb kann man mir immer vorwerfen, du redest was, aber dann... Aber das geht ex negativo trotzdem ganz gut, wenn man weiß, ich rette da einem Menschen das Leben, das macht für mich einen anderen Unterschied als ich wähle nach Geschlecht.

Rager: Ich kann trotzdem Ihrem Argument nicht folgen, Herr Knoepffler. Ist eine Chorea Huntington, die nach 50 Jahren ausbricht, wirklich eine Indikation? Kann man nicht davon ausgehen, dass es nur eine gewisse Wahrscheinlichkeit gibt, dass sich bei diesem Mann die Chorea Huntington überhaupt manifestiert, dass dieser Mann dieses Alter überhaupt erreicht und nicht vorher schon an einer banalen Lungenentzündung oder in einem Verkehrsunfall stirbt. Wenn man die Chorea Huntington als eine Indikation ansieht, dann gibt es sofort eine Menge von Anschlussproblemen, z. B. diese Frau bekommt mit Sicherheit ein Mamakarzinom und wird daran sterben. Man kann x Fälle finden, die ähnlich gelagert wären.

Pichler: Aber Herr Bereitenbach hat ja gesagt, dass sie eben ringen darum.

Rager: Ich bin mir da mit Herrn Breitenbach völlig einig. Aber nicht mit Ihnen wenn Sie sagen, das wäre trotzdem eine Indikation um an einer Blastozyste oder im 8-Zellstadium unter Umständen einen Eingriff vorzunehmen.

Knoepffler: Ich habe erst mal nur versucht, die französische Regelung zu erklären, warum wir das da reinnehmen. Ich persönlich kann sehr gut verstehen – da kommt jetzt genau die rechtsethische Sache rein – wenn man anfängt, mit Katalogen, wird der Katalog größer und größer werden. Es geht los mit ganz klaren Krankheitsbildern wo man weiß, Trisomie 18, 13, 15 sowieso, das ist ganz klar. Dann wird es schwieriger, dann kommt Trisomie 21, dann kommt Chorea Huntington, dann kommt die Hasenscharte und dann geht es weiter, dass man Dispositionen bekommt, also Wahrscheinlichkeiten, dass man sagt, dieser menschliche Keim hat eine Wahrscheinlichkeit von 70 % einen schweren Herzfehler zu entwickeln, das kann man vermutlich hinkriegen, man weiß gar nicht, dass das passiert. Und deshalb ist das ein besonderes schwieriges Problem, weshalb ich auch an dem Punkt gestern nichts gesagt habe, weil ich darüber noch nachdenke.

Pichler: Das ist unser Dilemma, da stecken wir pausenlos drin, wir hier können nachdenken und nachdenklich sein. Aber Richter stecken in derlei Dilemmata drinnen, jeden Tag, aber sie können nicht Nichtentscheiden, sondern sie müssen entscheiden.

Knoepffler: Ich wollte nur sagen um auf das zu kommen. Der eigentliche Punkt ist aber trotzdem sich die Frage zu stellen, wie stehe ich dazu, ob etwas ganz am Anfang ist oder danach. Das hat für mich eine moralische Qualität.

Breitenbach: Ich möchte etwas ansprechen, was hier kaum angesprochen wurde, was mich aber bewegt. Ich meine die Frage nach dem Naturrecht, die Frage nach unserer biologischen Natur und wie diese unser Denken, unser Verhalten, unser Sozialleben determiniert oder nicht determiniert und wie weit das bioethische Fragen beeinflusst. So weit ich das sehe, haben die Ethiker sich kaum befasst mit einer anderen Gruppe von Menschen über die man geteilter Meinung sein kann, den Soziobiologen und Humanethologen, die definitiv auftreten mit dem Anspruch, wir wollen eine ganz neue Ethik begründen. Ich glaube, dass sie sehr schief liegen damit. Aber trotzdem: die Diskussion, die hier stattfindet, hat da noch kaum je Bezug genommen. Und so Dinge, wie dass wir eben ganz bestimmte Empfindungen haben, wenn wir ein kleines, schutzloses Kind sehen, das ist eine Universalie, die biologisch determiniert ist, mit Sicherheit. Aber wie viel sonst noch biologisch determiniert ist oder eigentlich allen Menschen gemeinsam ist, weil es in ihrer Biologie liegt, das wird nicht sehr stark diskutiert. Aber das wäre relevant.

Weingartner: Ich finde den neu hereingebrachten Gesichtspunkt von Prof. Breitenbach wichtig: Inwiefern sind die biologischen Grundlagen relevant für eine moderne und kritische Ethik. Ich will nur zwei Aspekte, die genannt wurden, herausgreifen: Zur Frage der biologischen Determiniertheit und zur Soziobiologie. Zum ersten möchte ich sagen, dass man Extreme wie einen strengen Reduktionismus (z.B. alle Gesetzte lassen sich auf deterministische reduzieren) vermeiden soll. Reduktionismen sind zwar – wenn sie wissenschaftlich durchgeführt werden – immer interessant, aber doch immer falsch. Schon in der Physik ist der Bereich, wo streng deterministische (d.h. sog. dynamische) Gesetze gelten, relativ beschränkt, d.h. klassische Mechanik plus Elektrodynamik (Maxwell) und Spezielle Relativität (in der Quantenmechanik nur zum Teil). In großen Bereichen wie Wärmelehre, Gase und Flüssigkeiten, Strahlung, Reibung, Quantenmechanik und kosmologische Entwicklungsprozesse etc. gelten statistische Gesetze, deren Wesen es ist, Freiheitsgrade für den Einzelfall (das Einzelteilchen, das Individuum) zuzulassen. Im biologischen Bereich sind die Anzahl und die Arten von Freiheitsgraden (auf Grund der dort geltenden statistischen Gesetze) noch viel differenzierter; man denke an alle Stufen von Lernprozessen primitivster bis höchster Art, die immer die Freiheit zu trial and error und erneutem trial zulassen. Das schließt nicht genetisch determinierte Verhaltensweisen aus, auch nicht bei hochentwickelten Lebewesen wie z.B. dass der Säugling bei der Geburt atmen und saugen kann.

Eine Bemerkung zur Soziobiologie. Im Zusammenhang mit der Frage von Herrn Breitenbach sind das Buch von Wolfgang Wickler *Die Biologie der 10 Gebote* und die Arbeiten von Maynard-Smith sehr interessant (nicht Konrad Lorenz, der ist zum Teil extrem und sehr übertreibend). Dort wird bei höheren Tieren die Respektierung des Eigentums (Reviers), faires Kampfverhalten, korrektes Informieren, Aufziehen der Jungen, etc. beschrieben, aber auch unter welchen Bedingungen dies nicht mehr eingehalten wird und unter welchen auch Tötung innerhalb der Art möglich ist. Dabei spielen neben erlernten natürlich auch angeborene Voraussetzungen, wie z.B. Verwandtschaftsgrad, eine große Rolle.

Was lässt sich für die Ethik daraus lernen? Zunächst ist interessant, was schon alles im Tierreich vorhanden ist und dort genetisch determiniert oder offen für einen Lernprozess und höhere Selektion ist. Dann aber wird man sehr vorsichtig sein müssen mit analogen Übertragungen auf menschliches Verhalten. Man kann ja auch umgekehrt fragen: Was schon im Tierreich vorhanden ist, ist zwar sicher zu Grunde liegend für den Menschen, aber es ist so wie es dort vorhanden ist gerade noch nicht spezifisch für den Menschen. Das menschlich Spezifische wird doch gerade das sein, was mittels Verstand und freiem Willen darüber hinausgeht.

Wolbert: Wenn wir uns da auf Naturgegebenheiten wie z.B. die Sympathie zu Kindern berufen. Da gibt es ja ein uraltes Problem in der Theologie, aber auch in der Stoa. Es ist natürlich immer ein Werturteil damit verbunden und theologisch war immer die Frage: Ist das, was wir in der Natur vorfinden, Ausdruck der Weisheit des Schöpfers oder ist es Folge der Erbsünde, also etwas Schlechtes? Die Bewertung ist dabei immer schon vorausgesetzt.

Und schließlich hat man projiziert: Für die Stoiker war der erste Drang des Säuglings der Drang nach Selbsterhaltung, die Epikuräer haben gesagt, der erste Drang ist der nach Hedone, nach Vergnügen, Glück usw. Man geht zurück an die Wiege, aber man projiziert schon die Position hinein, die man vertritt.

Greil: Ich hätte noch eine Frage. Ich finde das einen sehr interessanten Aspekt anzunehmen, dass es eine biologisch predeterminierte Ethik gibt oder ein biologisch predeterminiertes Wertebewusstsein gibt. Wenn Sie meinen, dass die Mutter-Kind-Beziehung, die Liebe zum Kind, etwas physiologisch vorgegebenes ist und damit z.B. ein humaner, ein humanistischer Wert gegeben ist. Die Frage ist nur, was daraus resultiert. Wollen Sie aus einem Wert, der biologisch predeterminiert wäre, wenn wir das beweisen könnten, dass er das ist, eine höhere Wertigkeit ableiten oder leiten Sie eine höhere Wertigkeit daraus ab, dass wir als Menschen frei geboren sind, egal wie wahr das ist? Und wenn es nur ein winziger Teil ist, aber ist es nicht der höhere Anteil von dem, was uns zum Menschen macht, dass wir über unsere biologischen Werte hinausgehen können. Also welche Bedeutung hat das dann?

Breitenbach: Ich betrachte das ja als Beobachter. Die Position, die Sie jetzt unterstellen ist die von Edward Wilson, der würde tatsächlich sagen, das ist ein höherer ethischer Wert, weil er biologisch vorgegeben ist. Ich würde nur einmal sagen, lesen wir das, was diese Leute geschrieben haben und welche Beobachtungen, auch ethnologische, sie gemacht haben.

Namensverzeichnis

Sachverzeichnis

Fachtermini

Autologe Transplantate	Der Spender des Transplantats und der Empfänger des solchen, sind ein und dieselbe Person.
Blastomere	Ist eine Zelle, die bei der Furchung entstanden ist (Embryonalentwicklung).
Blastozyste	Ist jenes Entwicklungsstadium (Bläschen-Stadium) der Embryogenese, das sich im Uterus einnistet.
Cytokine/Zytokine	Faktoren (meist Proteine) die Wachstum, Proliferation und Differenzierung von Zellen beeinflussen/regulieren.
Differenzierung	Beschreibt die strukturelle bzw. funktionelle Spezialisierung von Zellen oder biologischen Strukturen (Zellverbänden).
Epigenetische Faktoren	Faktoren welche die DNA modifizieren und somit die genomische Prägung (Imprinting) beeinflussen.
Feederzellen	Zellen, die durch Abgabe von löslichen Faktoren das Wachstum eine anderen Zelllinie positiv beeinflussen.
Graft versus Host-Reaction	„Transplantat-gegen-Empfänger-Reaktion". Dabei handelt es sich um eine immunologische Reaktion die nach einer Transplantation auftreten kann, wobei sich immunkompetente Zellen des Transplantats gegen den Empfänger richten.
Heterologe Transplantate	Der Spender eines Transplantates und der Empfänger sind unterschiedliche Personen.
In vitro Fertilisation	Ist eine Methode zur künstlichen Befruchtung („Befruchtung im Reagenzglas").
In vitro	Dieser Terminus beschreibt Prozesse, die im Reagenzglas oder ganz allgemein außerhalb lebender Organismen stattfinden. Gegenteil dazu ist „in vivo".
In vivo	(lat. im Lebenden) Dieser Terminus beschreibt Prozesse, die im lebenden Organismus ablaufen. Gegenteil dazu ist „in vitro".

Keimblätter — Begriff aus der Entwicklungsbiologie. Es entwickeln sich im Embryo drei Zellschichten aus denen sich anschließend definiert unterschiedliche Strukturen, Gewebe und Organe entwickeln. Mann unterscheidet: Entoderm, Mesoderm, und Ektoderm.

Klonen — Vorgang (natürlich oder künstlich) bei dem zwei oder mehrere genetisch identische Zellen oder Organismen entstehen.

Kryokonservierung — Methode zur Aufbewahrung von Zellen (z.B. Blastozysten, Stammzellen, Gewebestücke, ...) durch Einfrieren in flüssigem Stickstoff.

Mitochondrium — Zellorganelle die mit einer doppelten Membran um-geben ist und eine eigene DNA besitzt. Hauptaufgabe der Mitochondrien der eukaryotischen Zelle ist es, ATP herzustellen.

Pluripotenz — Beschreibt die Fähigkeit von Zellen viele unterschiedliche Zell und Gewebetypen zu generieren, nicht jedoch einen gesamten Organismus (lat. pluris = mehr, plus).

Stammzelle — Dies sind Zellen die nicht endgültig differenziert sind.

Teratokarzinom — Tumor aus Keimzellen, der unterschiedlichste differenzierte und undifferenzierte Zellen beinhaltet.

Tissue-Engineering — Eine Methode um in vitro Gewebe und Organstrukturen zu züchten.

Totipotenz — Fähigkeit von Zellen einen gesamten Organismus zu generieren (lat. totus = ganz, insgesamt, *ungeteilt).*

Trans-Differenzierung — Beschreibt die Fähigkeit von adulten Stammzellen sich in unterschiedliche Zelltypen, die nicht ihrem Ursprungsgewebe entsprechen, zu differenzieren.

Die Autoren

Michael Breitenbach, Prof. Dr. (<michael.breitenbach@sbg.ac.at>)
Geboren 1943 in Wien, Studium an den Universitäten Wien, Kiel und Aachen. Doktorat in Biochemie, Univ. Wien 1972, Habilitation in Biochemie, Univ. Wien 1982, Habilitation in Genetik, Univ. Wien 1991. Postdoctoral Studies Univ. Kiel 1972-74, Assistenz Professor für Biochemie, Universität Wien 1972-86, Assistenz Professor für Genetik, Univ. Wien 1986-91. O. Prof. für Molekulargenetic 1991 –. Gastprofessor am Weizmann Institut, Israel 1979/80. Gastprofessor an der University of Washington in Seattle, 1983. Gastprofessor an der University of Pennsylvania in Philadelphia, 1984, 1985. *Forschungsschwerpunkte:* Biogerontologie: Zellspezifische Alterungsprozesse bei Hefegenen und eukariotischen Genen. Allergologie: Molekulare Charakterisierung der Allergene von Pollen und Schimmelpilzen. 8 Patente (Molecular-allergology). Mitherausgeber von: „International Archives of Allergy and Immunology", „Applied and Environmental Microbiology", „FEMS Yeast Research", and „Experimental Gerontology". Buchedition: „Fungal Allergy and Pathogenicity" (zus. Mit R. Crameri und S. Lehrer) Basel 2002.

Gottfried Dohr, Prof. Dr. med. univ. (<gottfried.dohr@meduni-graz.at>)
Geboren 1952, o. Universitätsprofessor, Vorstand am Institut für Zellbiologie, Histologie und Embryologie, Medizinische Universität Graz. Studium der Medizin an der Karl Franzens Universität Graz und Promotion zum Doktor der gesamten Heilkunde im Jänner 1981. Seit 1981 Psychotherapeut, seit 1989 Lehrtherapeut und Supervisor für klientenzentrierte Psychotherapie (C. Rogers). 1988 Verleihung der Lehrbefugnis als Universitätsdozent für Histologie und Embryologie. 1994 Ernennung zum ordentlichen Universitätsprofessor für Histologie und Embryologie und Berufung an das Institut für Histologie und Embryologie – Medizinische Fakultät – der Karl Franzens Universität Graz, Österreich. Seit 1985 zahlreiche Vorträge und Seminare zum Themenbereich Reproduktionsbiologie und Reproduktionsimmunologie sowie Seminare zu psychosomatischen und medizinethischen Fragestellungen in der Reproduktionsmedizin. *Forschungsschwerpunkte*: Phänotypische Charakterisierung von menschlichen Keimzellen, Molekulare Prozesse in der fetomaternalen Interaktion, Immunologische Phänomene in der Schwangerschaft, Adulte Stammzellen, Ethische Fragen in der Reproduktionsmedizin. Über. 100 Publikationen als Erst- und Coautor in internatio-

nalen Zeitschriften sowie Buchbeiträge. Zahlreiche Einladungen zu Internationalen Kongressen zum Themenbereich Reproduktionsmedizin / Reproduktionsimmunologie.

Weitere Publikationen: Dohr, GA; Motter, W; Leitinger, S; Desoye, G; Urdl, W; Winter, R; Wilders-Truschnig, MM; Uchanska-Ziegler, B; Ziegler, A, *Lack of expression of HLA [corrected] class I and class II molecules on the human oocyte. J Immunol 1987 138: 3766-3770*

Blaschitz A, Lefant F, Mallet V, Hartmann M, Bensussan A, Geraghty D, Le Bouteiller P and Dohr G. *Endothelial cells in chorionic fetal vessels of first trimester placenta express HLA-G European Journal of Immunology, 1997, 27:3380-3388*

Dorfer, L; Moser, M; Spindler, K; Bahr, F; Egarter-Vigl, E; Dohr, G, *5200-year-old acupuncture in central Europe? Science 1998 282: 242-243.*

Dohr G. *Der extrakorporale Keim: Möglichkeiten und Grenzen der Forschung der Medizin. Schriftenreihe Recht: 2000, No. 11: Die Reproduktionsmedizin am Prüfstand von Recht und Ethik, p. 1-8*

Dohr G. *Was ist ein Embryo. in: Wort Wechsel – Srachprobleme in den Wissenschaften interdisziplinär auf den Begriff gebracht, Herausgeber: R. Esterbauer, E. Pernkopf und H-W. Ruckerbauer, Verlag Königshausen &Neumann, 2007, 196-202*

Richard Greil, Prof. Dr. med. univ. (<r.greil@salk.at>)

Ist Salzburger, hat nach einem Sub auspiciis praesidentis Studium an der Universität Innsbruck an ebendieser Universität seine Ausbildung zum Internisten und Hämatologen und Onkologen absolviert. Seit 1992 ist Prof. Greil habilitiert, im weiteren Verlauf erfolgte die Ernennung zum ao Prof. an der Univ. Innsbruck. Seit 2004 ist Prof. Greil an die III. Medizinische Univ. Klinik Salzburg mit Hämatologie, internistischer Onkologie, Hämostaseologie, Infektiologie und Rheumatologie berufen. Prof. Greil ist ausgewiesener klinischer und translationaler Krebsforscher, u.a. Mitbegründer des Tiroler Krebsforschungsinstitutes und seit der Berufung nach Salzburg Gründer und Direktor des Labors für Immunologische und Molekulare Krebsforschung in Salzburg. Er ist Mitglied zahlreicher internationaler Forschungsgruppen zur Therapie bösartiger Erkrankungen und Mitglied vieler internationaler Wissenschaftsvereinigungen in denen er zum Teil auch Österreich als Repräsentant vertritt. Prof. Greil ist u.a. Autor und Coautor von >110 wissenschaftlichen Publikationen zu Krebsforschung und Krebstherapie in Peer-reviewten Journalen und Autor zahlreicher einschlägiger Buchbeiträge. Prof. Greil ist lange Jahre Mitglied der Innsbrucker Ethikkommission gewesen, seit 6 Jahren Mitglied der Bioethikkommission des Österreichischen Bundeskanzlers und dort u.a zu den Themen embryonale Stammzellforschung, Biobanken-Problematik und Patientenverfügung aktiv. Er war in Beratungsgremien des Schweizer Parlaments zum Thema Stammzellen involviert und berät die Europäische Medikamentenzulassungsbehörde EMEA. Schwerpunkte seines Interesses in ethischen Fragestellungen liegen im Bereich der Problematik der Ressourcenallokation in einer prosperierenden Gesellschaft, den Fragen der Grenzziehungen menschlichen Anspruchs und Anrechts auf Selbstgestaltung und Entwurf seines Lebens und den Auswirkungen der maximalen Utilisierung biologischer Manipulationsmöglichkeiten menschlichen Lebens auf das Menschenbild und die Gesellschaft.

Josef Isensee, Prof. Dr. Dr. h.c. (<isensee@uni-bonn.de>)
Josef Isensee, geboren 1937 in Hildesheim, studierte Rechtswissenschaften und Philosophie in Freiburg i.Br., Wien und München. Seinen juristischen Vorbereitungsdienst sowie beide juristische Staatsprüfungen absolvierte er in München. Von 1962 bis 1970 war er tätig am Lehrstuhl von Prof. Dr. mult. Dr. h.c. Walter Leisner an der Universität Erlangen-Nürnberg. 1967 promovierte er dort zum Thema „Subsidiaritätsprinzip und Verfassungsrecht"; 1970 wurde ihm die venia legendi für die Fächer „Staats- und Verwaltungsrecht" sowie „Steuerrecht" verliehen. 1971 wurde Josef Isensee zum ordentlichen Professor an der Universität des Saarlandes, Lehrstuhl für Staats- und Verwaltungsrecht III, berufen. 1975 wechselte er an die Universität Bonn auf den Lehrstuhl für Öffentliches Recht. Seit 1986 ist er ordentliches Mitglied der Nordrhein-Westfälischen Akademie der Wissenschaften zu Düsseldorf; 1997 wurde ihm der doctor honoris causa scientarium iuris der Fakultät für Kanonisches Recht der Akademie für Katholische Theologie Warschau (heute: Kardinal Stefan Wyszyński-Universität) verliehen. Zum 01. August 2002 wurde Josef Isensee emeritiert. Im Wintersemester 2002/2003 war er Gastprofessor an der Friedrich-Schiller-Universität Jena, im Wintersemester 2003/2004 Gastprofessor an der Freien Universität Berlin.
Ausgewählte Veröffentlichungen:
Subsidiaritätsprinzip und Verfassungsrecht: eine Studie über das Regulativ des Verhältnisses von Staat und Gesellschaft (Berlin, 1. Aufl. 1968, 2. Aufl. 2001). Wer definiert die Freiheitsrechte? Selbstverständnis der Grundrechtsträger und Grundrechtsauslegung des Staates (Heidelberg, 1980). Das Grundrecht auf Sicherheit: zu den Schutzpflichten des freiheitlichen Verfassungsstaates (Berlin, 1983) in gemeinsamer Herausgeberschaft mit Paul Kirchhof: Handbuch des Staatsrechts der Bundesrepublik Deutschland (Heidelberg, 1. Aufl. ab 1987; 2. Aufl. ab 1995; 3. Aufl. ab 2003). Menschenwürde: die säkulare Gesellschaft auf der Suche nach dem Absoluten in: Archiv des öffentlichen Rechts 131 (2006), S. 173 – 218.

Nikolaus Knoepffler, Prof. DDr. (<N.Knoepffler@uni-jena.de>)
Geb. 1962, Lizenz für Theologie (Rom) und Promotionen in Philosophie (Rom) und Staatswissenschaften (Lüneburg), Habilitation in Philosophie (München), 2002 Gastprofessor an der Georgetown University, Washington DC und 2006 am Uehiro Centre of Practical Ethics der Oxford University. Inhaber des Lehrstuhls für Angewandte Ethik an der Universität Jena und Leiter des dortigen Ethikzentrums, Mitglied der Bayer. Bioethikkommission und 2. Vizepräsident der deutschen Akademie für Organtransplantation. *Veröffentlichungen* u. a. 2004: Menschenwürde in der Bioethik (Springer), Mitherausgeberschaften u. a. 2006: Einführung in die Angewandte Ethik, 2007: Human Biotechnology as Social Challenge (Ashgate).

Peter Laun, Mag. Dr. (<Peter.Laun@sbg.ac.at>)
Geboren 1971 in Schladming, Studium der Biologie/Genetik an der Universität Salzburg. Doktorat in Molekularbiologie/Zellbiologie, Universität Salzburg, 2003.
Forschungsschwerpunkte: Alternsforschung am Modellsystem Hefe, Differentielle Genexpression von alten und jungen Hefezellen, Bioinformatische Transkriptionsanalysen, Apoptose (programmierter Zelltod) bei Hefe, Oxidativer Stress.
Key publication:
Laun et al. „Aged mother cells of *Saccharomyces cerevisiae* show markers of oxidative stress and apoptosis“ Molecular Microbiology 2001 39:5 1166

Gerhard Luf, Prof. Dr. iur. (<gerhard.luf@univie.ac.at>)
Geboren 1943 in Wien, 1961 Matura in Wien, 1962 bis 1966 Studium der Rechtswissenschaften an der Rechtswissenschaftlichen Fakultät der Universität Wien. Juli 1966 Promotion zum Doktor iuris, ab 1. September 1967 Assistent am Institut für Kirchenrecht der Rechtswissenschaftlichen Fakultät der Universität Wien. 1978 Habilitation aus Rechtsphilosophie und Kirchenrecht. Seit 1. Oktober 1980 außerordentlicher Universitätsprofessor für Rechts-philosophie und Kirchenrecht. Seit 1984 Vorstand des neu gegründeten Instituts für Rechtsphilosophie und Rechtstheorie an der Rechtswissenschaftlichen Fakultät der Universität Wien. Seit 1990 Ordentlicher Universitätsprofessor. Seit 1991 Mitglied der Bioethik-Kommission der österreichischen Bundesregierung. Seit 2005 Vorstandsstellvertreter des neu gegründeten Instituts für Rechts-philosophie, Religions- und Kulturrecht und Leiter dessen Abteilung für Rechtsphilosophie, Rechtsethik und Juristische Methodenlehre an der Rechtswissenschaftlichen Fakultät der Universität Wien.

Wichtige Publikationen:
Gerechtigkeitstheorie zwischen Gemeinsinn und transzendentaler Reflexion: Überlegungen im Anschluß an Rawls' Theorie der Gerechtigkeit
in: Koch, Köhler, Seelmann (Hrsg.), ARSP-Beiheft 56 (15. IVR-Tagung Hamburg 1992), Steiner/Stuttgart 1994; S. 41 – 53.
Kant und die Menschenrechte. Überlegungen zur Ableitbarkeit von Menschenrechten aus dem kantischen Rechtsprinzip
in: Veröffentlichungen der Joachim Jungius-Gesellschaft der Wissenschaften Hamburg, Bd. 87, Hamburg 1999, S. 27 – 39.
Menschenwürde in der Biomedizin
in: Michael Fischer (Hrsg.), Der Begriff der Menschenwürde. Definition, Belastbarkeit und Grenzen, (= Salzburger Schriften zur Rechts-, Staats- und Sozialphilosophie, Bd./Vol. 19), Peter Lang/Frankfurt a. M. 2004; S. 235 – 252.
Menschenrechte als Gottesgesetz? Überlegungen zum Verhältnis von Islam und Menschenrechten
in: R. Gamauf (Hrsg.), FS für Herbert Hausmaninger zum 70. Geburtstag, Manz/Wien 2006; S. 161 – 174.
Rechtsphilosophische Aspekte der Kunstfreiheit
in: P. Werkner – F. Höpfel (Hrsg.), Kunst und Staat. Beiträge zu einem problematischen Verhältnis, Huter & Roth/Wien, 2007; 69 – 82.

Johannes W. Pichler, Prof. Dr. (<johannes.pichler@uni-graz.at>)
Geb. 1. Juli 1947, verh. seit 1972, drei Kinder. Studium and den Universitäten Salzburg und Wien, Dr. jur. 1971. o. Universitätsprofessor für Europäische Rechtsentwicklungen an der Rechtswissenschaftlichen Fakultät der Universität Graz und dort Vorstand des Instituts für Europäische Rechtsentwicklungen seit 1994. Direktor des Österreichischen Instituts für Rechtspolitik am Internationalen Forschungszentrum in Salzburg seit 1989.
Zum Tagungsthema einschlägige Bücher:
Einführung in die Patientenrechtspoltitik, (1990), Internationale Entwicklungen in den Patientenrechten (1992), Rechtsentwicklungen zu einer verschuldensunabhängigen Entschädigung im Medizinbereich (1994), (Hg.), Embryonalstammzelltherapie versus „alternative" Stammzelltherapien (2002).

Günter Rager, Prof. DDr. Dr.h.c. (<guenter.rager@unifr.ch>)
1966 Promotion in Philosophie, Universität München, 1972 Promotion in Medizin, Universität Göttingen. Von 1971 bis 1980 Forschung im Bereich der Neuroembryologie am Max-Planck-Institut für Biophysikalische Chemie, Göttingen. Vom 01.10.1980 bis 30.09.2006 Ordinarius und Direktor des Instituts für Anatomie und Spezielle Embryologie der Universität Freiburg, Schweiz. Seit

1.10.2006 emeritiert. 1983-1986 Präsident der Schweizerischen Gesellschaft für Anatomie, Histologie und Embryologie. 1986-1987 Dekan der Math.-Naturwiss. Fakultät der Universität Freiburg. 1999 bis 2006 Direktor des Instituts der Görres-Gesellschaft für Interdisziplinäre Forschung. 2005 (10. Juni) Verleihung der Ehrendoktorwürde durch die Theologische Fakultät der Albert-Ludwigs-Universität Freiburg i. Br. Im Bereich der *Embryologie* und der *Neurowissenschaften* sind es vor allem die Entwicklung des visuellen Systems und die funktionelle Architektonik des Cortex cerebri. Im *interdisziplinären Bereich* (philosophische Anthropologie, Medizinethik und Medizintheorie) geht es vor allem um das Verständnis der menschlichen Person im Gespräch mit verschiedenen Disziplinen.

Christian J. Thaler, Prof. Dr. med. (<Thaler@med.uni-muenchen.de>)
Leiter der Gynäkologischen Endokrinologie und Reproduktionsmedizin der Ludwig-Maximilians Universität München-Grosshadern, Facharzt für Frauenheilkunde und Geburtshilfe, Ärztlicher Psychotherapeut weiterbildungsermächtigt für das Spezialgebiet Gynäkologische Endokrinologie und Reproduktionsmedizin und Prüfer der Bayerischen Landesärztekammer für diesen Bereich. Studium an den Medizinischen Universitäten von München, Wien, Aberdeen/Schottland, Dallas/Texas. Weiterbildung und Spezialisierung an den Universitätsfrauenkliniken der Johann Wolfgang Goethe Universität, der University of Indiana, Indianapolis, USA und der Ludwig-Maximilans Universität München. Vice President der American Society for Reproductive Immunology (2000-02) und Vorsitzender der Arbeitsgemeinschaft Universitärer Reproduktionsmedizinischer Zentren (seit 2002).
Wichtige Publikationen: Thaler CJ, Budiman H, Ruebsamen H, Nagel D, Lohse P. (2006): Effects of the common 677C>T mutation of the 5,10-methylenetetrahydrofolate reductase (MTHFR) gene on ovarian responsiveness to recombinant follicle-stimulating hormone Am J Reprod Immunol Apr;55(4):251-8. Thaler CJ, Kindler-Doleschel S (2005): Ich will schwanger werden. Econ-Verlag, Ullstein Berlin. Buchholz T., Thaler CJ. (2003): Inherited Thrombophilia-Impact on Human Reproduktion. Am J Reprod Immunol, 50: 20-32

Angelika Walser, Dr. theol. (<angelika_walser@tele2.at>)
Geboren 1968 in Stuttgart, verheiratet, ein Kind. Studium der kath. Theologie und der Germanistik in Würzburg und München, Stipendiatin der Studienstiftung des Deutschen Volkes. Dissertation in Moraltheologie. Wissenschaftspreis der Unterfränkischen Gedenkjahrstiftung. 1995 Übersiedlung nach Österreich. 1995-1997 Vertretungslehrerin für das Fach kath. Religion an Wiener Schulen. 1998 Stipendium für das Österreichische Kuratorium für Journalistenausbildung in

Salzburg. 1999-2002 wissenschaftlich-pädagogische Assistentin bei den Theologischen Kursen der Erzdiözese Wien. 2002–2003 Assistentinnenvertretung am Institut für Moraltheologie der Universität Wien. 2003-2004 Assistentinnenvertretung am Institut für Systematische Theologie der Universität Innsbruck. Seit 2005 Aufbau eines EthikerInnengremiums für das EU-Netzwerk „Geneskin“ im Auftrag der Europäischen Kommission, 6. Rahmenprogramm „Life sciences, genomics and biotechnology for health”. Seit 2007 APART-Stipendiatin der Österreichischen Akademie der Wissenschaften mit einem Forschungsprojekt über feministische Autonomiebegriffe in der Bioethik am Institut für Moraltheologie der Universität Wien. Regelmäßige freie Mitarbeit in der Erwachsenenbildung und als Journalistin und Publizistin in Zeitungen und Rundfunk, u.a. der Wochenzeitung „Die Furche“ und beim Bayerischen Rundfunk.
Publikationen: Schuld und Schuldbewältigung in der Wendeliteratur. Ein Dialogversuch zwischen Theologie und Literatur“, hg. von Karl-Josef Kuschel und Georg Langenhorst. Mainz: Matthias-Grünewald-Verlag 2000. Die Frage nach der Autonomie von Frauen im Kontext von Reproduktionsmedizin und genetischer Frühdiagnostik, in: Marlen Bidwell-Steiner/Karin S. Wozonig (Hg.), Gender & Generation. Innsbruck: StudienVerlag, 2005,69-83.

Paul Weingartner, Prof. Dr. Dr. h. c. (<Paul.Weingartner@sbg.ac.at>)
Prof. em., Fachbereich Philosophie der Kultur- und Gesellschaftswissenschaftlichen Fakultät der Universität Salzburg; Direktor des Instituts für Wissenschaftstheorie und Wissenschaftlicher Leiter des Internationalen Forschungszentrums für Grundfragen der Wissenschaften, Salzburg. Studium der Philosophie, Physik, Mathematik und Pädagogik an der Universität Innsbruck. Doktorat 1961 (Hauptfach: Philosophie, Nebenfach: Physik). Habilitation 1964 Uni Graz, 1965 Uni Salzburg. O. Prof. für Philosophie mit besonderer Berücksichtigung der Wissenschaftstheorie an der Uni Salzburg 1971 – 1999. Ehrendoktorat der Marie Curie-Universität, Lublin, Polen 1995. O. Mitglied der New York Academy of Sciences seit 1997.
Forschungsschwerpunkte: Wissenschaftstheorie; Logik; Erkenntnistheorie; Religionsphilosophie. Publikationen: ca. 140 Aufsätze, 36 Bucheditionen und 10 Bücher (davon: Basic Questions on Truth, Kluwer 2000; Evil, different kinds in the light of a modern theodicy, Lang 2003. Laws of Nature (zus. Mit P. Mittelstaedt), Springer 2005. Gastprofessuren und Gastvorlesungen an mehr als 100 ausländischen Universitäten.

Werner Wolbert, Prof. Dr. theol. (<Werner.Wolbert@sbg.ac.at>)
1985 Habilitation. 1985-1989 o.ö. Professor für Moraltheologie und Ethik an der Theologischen Fakultät Paderborn. Seit 1989 o. Professor für Moraltheologie an

der Katholisch-Theologischen Fakultät der Universität Salzburg. Juni 1990 und 1993 Tätigkeit als „external examiner" an der Theologischen Fakultät der Universität Malta. 1995-2003 Mitglied im Vorstand der Societas Ethica. April/Mai 1996 Gastprofessur an der Theologischen Fakultät der Universität Uppsala (Schweden). 1997 Gastprofessur an der Theologischen Fakultät der Universität Tartu (Estland). 2001 Ehrenpromotion an der Theologischen Fakultät der Universität Uppsala. 1989 – 2004 Vorstand des Instituts für Moraltheologie, Christliche Gesellschaftslehre und Kirchenrecht an der Katholisch-Theologischen Fakultät der Universität Salzburg. Seit November 2003 Sprecher der österreichischen Sektion der Europäischen Gesellschaft für Katholische Theologie.
Publikationen: Güterabwägung und Selbstzwecklichkeit. Zur Eigenart einer deontologischen Theorie und zur tugendethischen Alternative: Freiburger Zeitschrift für Philosophie und Theologie 52 (2005) 145-170. Sind einige Unschuldige unschuldiger als andere? Zu ethischen Fragen des Abschusses von Zivilflugzeugen im Notfall: Theologie der Gegenwart 49 (2006) 140-144. Die religiöse Stimme in der Öffentlichkeit, in: Claude Ozankom (Hg.), Einst Staatsaffaire – dann Privatsache – heute ein Politicum. Die Gretchenfrage der Religion, Innsbruck 2006 (STS 30), 113-127. Menschenwürde als Anspruch und Beschränkung, in: Kurt Seelmann (Hg.), Menschenwürde als Rechtsbegriff, Stuttgart 2004 (ARSP Beiheft 101), 162-174. Ethische Probleme bei der Auswahl von Forschungszielen, in: Michael Fischer/Kurt S. Zänker (Hg.), Medizin und Bioethik, Frankfurt (Main) 2006, 169-179.

Gerhard Zecha, Prof. Dr. (<Gerhard.Zecha@sbg.ac.at>)
Professor am Fachbereich Philosophie der Kultur- und Gesellschaftswissenschaftlichen Fakultät der Universität Salzburg; Leiter der Abteilung für Grundfragen der Geistes- und Kulturwissenschaften am Institut für Wissenschaftstheorie, Internationales Forschungszentrum für Grundfragen der Wissenschaften, Salzburg. *Forschungsschwerpunkte:* Wissenschaftstheorie der Geisteswissen- und Gesellschaftswissenschaften; Werttheorie; Ethik, Philosophie der Erziehung. *Letzte Veröffentlichung*: „Werte in den Wissenschaften 100 Jahre nach Max Weber". Herausgegeben von Gerhard Zecha. Verlag Mohr Siebeck.

Wissenschaft und Religion
Veröffentlichungen des Internationalen Forschungszentrums für Grundfragen der Wissenschaften Salzburg

Herausgegeben von Hans Paarhammer und Alfred Rinnerthaler

Band 1 Paul Weingartner: Evil. Different kinds of evil in the light of a modern theodicy. 2003.

Band 2 Ignaz Steinwender: Die Geschichte einer Verführung. Kirche und Nationalsozialismus im Salzburger Bezirk Lungau, 1930–1945. 2003.

Band 3 Leopold Robert Fürst OSB: Das Vermögensrecht der österreichischen Ordensleute. 2004.

Band 4 Tommaso La Rocca (Hrsg.): Karl Renner. *Politik und Religion.* Die Religionsfrage als Frage der Demokratie. 2004.

Band 5 Rupert Struber: Priesterkorrektionsanstalten in der Erzdiözese Salzburg im 18. und 19. Jahrhundert. Die Priesterhäuser von Maria Kirchenthal, St. Johann in Tirol, St. Ulrich am Pillersee und Schernberg. 2004.

Band 6 Gerlinde Katzinger: Kirchliches Baurecht. Das kirchliche Bauwesen im Spannungsfeld von kirchlichen und staatlichen Rechtsnormen unter besonderer Berücksichtigung der Situation in der Erzdiözese Salzburg. 2004.

Band 7 Peter Klammer: *In Unehren beschlaffen.* Unzucht vor kirchlicher und weltlicher Gerichtsbarkeit im frühneuzeitlichen Salzburger Lungau. 2004.

Band 8 Alfred Rinnerthaler (Hrsg.): Historische und rechtliche Aspekte des Religionsunterrichts. 2004.

Band 9 Paul Weingartner (Hrsg.): Glaube und Vernunft. Interdisziplinäres Streitgespräch zur Enzyklika *Fides et Ratio.* 2004.

Band 10 Josef Limmer: Konzilien und Synoden im spätantiken Gallien von 314 bis 696 nach Christi Geburt. Teil 1: Chronologische Darstellung. Teil 2: Zusammenschau wichtiger Themenkreise. 2004.

Band 11 Gerhard Ammerer / Alfred Stefan Weiß (Hrsg.): Die Säkularisation Salzburgs 1803. Voraussetzungen – Ereignisse – Folgen. Protokoll der Salzburger Tagung vom 19.–21. Juni 2003. 2005.

Band 12 Franz Ortner: Salzburgs Bischöfe in der Geschichte des Landes (696–2005). 2005.

Band 13 Paul Weingartner (Hrsg.): Das Problem des Übels in der Welt. Vom interdisziplinären Standpunkt. 2005.

Band 14 Beate Beckmann-Zöller / Hanna-Barbara Gerl-Falkovitz (Hrsg.): Die *unbekannte* Edith Stein: Phänomenologie und Sozialphilosophie. 2006.

Band 15 Helmut Beneder: Antonius Johannes N. (Ferdinand) Reichsgraf von Herberstein, Bischof von Triest (1760–1774). Ein Leben im Spannungsfeld zwischen finanzieller Notlage und Repräsentation. 2007.

Band 16 Alfred Rinnerthaler (Hrsg.): Das kirchliche Privatschulwesen – historische, pastorale, rechtliche und ökonomische Aspekte. 2007.

Band 17 Gerlinde Katzinger: Balthasar Kaltner. Kanonist und (Erz-)Bischof an der Schwelle einer folgenschweren Wendezeit (1844–1918). 2007.

Band 18 Lukas Wallner: Die staatliche Anerkennung von Religionsgemeinschaften. Die historische und aktuelle Umsetzung der religiösen Vereinigungsfreiheit in Österreich unter Berücksichtigung des deutschen Religionsrechts. 2007.

Band 19 Alfred Rinnerthaler: Eine Kirche für Salzburgs Altkatholiken. Kontroversen rund um die Errichtung einer altkatholischen Kirchengemeinde in Salzburg. 2008.

Band 20 Paul Weingartner (Hrsg.): Rohstoff Mensch, das flüssige Gold der Zukunft? Ist Ethik privatisierbar? 2009.

www.peterlang.de